언어기관의 해부와 생리 ^{4판}

| 고도흥 저 |

학지사

머리말

발성에서 지각에 이르는 전 과정에 인체의 여러 기관이 서로 복잡하게 얽혀 있다. 해부생리학적인 관점에서, 언어는 뇌에서 계획되고, 발성기관인 성대를 진동하고, 혀, 아래턱, 입술 등과 같은 조음기관의 움직임을 거쳐 특정한 말소리가 만들어진다. 이렇게 만들어진 말소리는 공기 중에 음파(sound wave)의 형태로 청자의 청각기관인 귀에 도달하여 마침내 뇌의 청각중추로 보내진다. 이러한 음파의 시그널은 베르니케 영역에서 다시 통합적으로 해석이 되는 과정을 거치게 된다. 이러한 언어의 연쇄작용은 불과 0.003초 이내의 짧은 순간에 수행되기 때문에 우리는 생각과 거의 동시에 말을 계속할 수 있다.

단순한 말소리를 만들어 내는 데에도 우리 몸의 650개 근육 가운데 200여 개의 관련 근육이 한 치의 오차도 없이 서로 협응(coordination)해야 한다. 이러한 협응은 마치 서로 다른 악기로 하나의 화음을 만들어 내는 심포니 오케스트라(symphony orchestra)에 비견할 수 있다. 이처럼 인간의 구어 의사소통 체계는 복잡하지만 감탄스러울 정도로 경이롭고 신비하다. 감히 한 권의 책으로 그 경이로움과 신비스러움을 모두 풀 수는 없겠지만 적어도 이 책을 체계적으로 이해함으로써 우리는 비로소 언어가 지니는 복잡한 내적인 특성에 좀 더 가까이 다가갈 수 있다고 믿는다.

이 책을 만들기 전부터 개정 4판이 나올 때까지 오랜 기간에 걸쳐 필자에게 해부학교실(Cadaver Lab)에서 메스를 들고 직접 경험할 수 있도록 배려해 준 분들의 크고 작은 도움을 잊을 수 없다. 우선 캔사스대학에서 함께 박사과정을 한 오랜 절친이며, 말−언어−청각의 해부학과 생리학(Anatomy & Physiology for Speech-Language-Hearing)의 저자인 아이다호주립대학의 John Anthony Seikel 교수로부터 가장 커다란 도움을 받았다. 그리고 오하이오대 의과대학 해부학교실의 Donald P. Kincaid 박사와의 수년에 걸쳐 이어져 온 실질적인 경험은 이 책을 쓰는 데 필요한 자양분을 제공하였다. 이 밖에 필요한 때 연구환경을 만들어 준 테네시대학교 청각언어병리학과 Ilsa Schwarz 교수와 텍사스대학교 (오스틴) 언어병리청각학과 Rajinder Koul 교수께도 깊은 고마움을 표한다.

이 책이 나오기까지 많은 사람이 관여하였다. 그들의 도움이 없었다면, 이 결과물은 결코 빛을 보기 어려웠을 것이다. 많은 시간이 지났어도 초기에 열정적인 모습으로 그래픽디자인을 맡아 주었던 백정원 양의 노고를 잊을 수 없으며, 여러 해 동안의 강의와 세미나를 통해 적극적으로 토론에 참여하고 자료의 선별 및 복사, 수천 장의 스캔 및 한글화 작업을 포함하여 교정에 이르기까지 모든 정성을 아끼지 않았던 한림대학교 대학원을 거쳐 간 소중한 제자들에게 큰 공을 돌리고 싶다.

　　모쪼록 이 책으로 공부하는 학생이 늘 가까이 하는 좋은 책으로 남아 주었으면 하는 기대를 하며, 더 큰 욕심은 훗날로 미루고 감히 부족한 결과물을 내어 놓는다. 또한 수년간 강의를 함께하면서 조언을 아끼지 않으신 아이들세상의원의 이현숙 박사께 고마움을 표한다. 물론 내용상의 오류는 모두 필자의 몫이다. 끝으로, 이 책의 출간을 흔쾌히 맡아 주신 학지사 김진환 사장님, 까다로운 책의 편집을 위해 세세한 부분까지 애쓰신 편집부 여러분에게 깊은 감사를 드린다.

2017년 2월

　　그동안 필자의 과제로 오랫동안 미루어 왔던 『언어기관의 해부와 생리 워크북(workbook)』이 마침내 빛을 보게 되었다. 언어재활사 국가자격증을 준비하는 연습문제와 함께 까다로운 해부생리학적 지식을 이해하는 데 큰 도움이 되었으면 한다.

　　사실 이 책이 오래전부터 언어치료학을 전공하는 학부 및 대학원 학생들에게 기본서로 많은 사랑을 받아 왔지만 부족한 점 또한 많았음을 인정한다. 그럼에도 그동안 교재로 채택해 주신 교수님들께 따뜻한 감사의 말씀을 전해 드리고 싶다. 독자들로부터의 날카로운 질문과 보완을 요청하는 목소리를 이번 개정 3판에 담아내고자 하였다.

2019년 7월

　　현장에서 오랫동안 강의해 왔던 언어기관의 해부와 생리(학생들은 ‘언해생’으로 줄여 부름)에 대해 시간을 두고 살펴보니, 몇 차례 수정 보완을 했음에도 아직도 부족한 부분이 적지 않게 눈에 들어온다. 딱딱할 수 있는 내용이라 곳곳에 하이라이트를 추가하였으며, 제3장, 제4장 그리고 제7장은 상당한 분량의 내용을 수정·보완하였다. 부디 이번 개정에 들인 시간과 정성이 오롯이 독자들에게 잘 전달되기를 바란다.

2023년 8월 필자

이 책의 용어에 관하여 ⸱⸱⸱●

현재 사용되는 해부학 용어에는 일반적인 우리말의 규칙에서 벗어난 경우가 종종 있어 혼란을 준다. 예를 들면, 한 용어에 한자와 한글이 뒤섞인 경우(즉, 한자+한글+한자)에서 쉽게 찾아볼 수 있다. 또한 대다수의 전문가가 자기만의 기준으로 특정한 용어를 굳이 고집하는 경우에도 초심자들에게 혼란을 주고 있는 게 현실이다. 하지만 단어형성규칙에 위배된 전문용어가 다수에 의해 사용되고 있는 경우일지라도 더 늦기 전에 바로잡을 필요가 있다고 본다.

이를 고려하여 『언어기관의 해부와 생리(4판)』에서는 다음과 같은 기준에 따라 용어를 선택하기로 한다.

원어	번역 1	번역 2	용어 선택
cerebral cortex	대뇌피질	대뇌겉질	대뇌피질(단어형성법)
dysarthria	마비구어장애	마비말장애	마비말장애(다수 사용)
transcortical −	초피질 −	연결피질 −	연결피질 −
temporal lobe	측두엽	관자엽	측두엽
medulla oblongata	연수	숨뇌	연수(한자 선호)
pons	뇌교	다리뇌	뇌교
skeletal muscle	골격근	뼈대근육	골격근
external ear	외이	겉귀	외이
internal ear	내이	속귀	내이
bolus	식괴	음식덩이	음식덩이(한글 선호)
expiration	호기	날숨	날숨
inspiration	흡기	들숨	들숨
depressor muscle	하제근	내림근	내림근
digastric muscle	악이복근	이복근	이복근
sphenoid bone	접형골	나비뼈	둘 다 허용(대등)
swallowing	연하	삼킴	둘 다 허용
thyroid cartilage	갑상연골	방패연골	둘 다 허용
sublingual gland	설하선	혀밑샘	둘 다 허용

차례

CHAPTER 03 발성과 조음의 해부와 생리   91

CHAPTER 04 신경의 구조와 기능   153

CHAPTER 05　뇌와 언어　　　　　　　　　　　209

CHAPTER 08 요약 및 결어   359

그림 차례

표 차례

CHAPTER 01

해부 및 생리학의 기초

"사람은 다른 동물과 달리 말소리를 자유자재로 조절할 수 있는데, 이는 음성과 언어에 관여하는 대뇌 피질부가 상당히 발달해 있기 때문이다. 뿐만 아니라 소리를 만들어 내는 후두 또한 매우 발달해 있다. 후두는 그 안에 성대가 있어서 전통적으로 소리상자(voice box)라 불려 왔다. 성대는 폐에서 나오는 공기의 흐름을 조절하는 밸브 역할을 한다. 말하는 동안에 성대점막은 매우 빠른 속도로 여닫히며 일정한 기류를 아주 작은 공기 덩어리(puff of air)로 잘라 낸다. 이렇게 만들어진 성대의 진동은 '윙' 하는 소리로 바뀌게 된다. 진동음은 다시 성문으로부터 입술로 이어지는 소릿길을 지나면서 조음기관들이 이 단조로운 음을 구별 가능한 개별 음성으로 변환시킨다. 이때 인두강이나 구강은 소리를 크게 해 주는 공명강의 역할을 하고 말소리는 혀와 연구개의 위치, 턱의 움직임, 좁힘점, 성문하압의 크기 등에 따라 서로 다르게 산출된다."

1.1 언어의 연쇄

인간의 의사소통체계는 매우 복잡하면서도 신비하다. 의사소통은 말과 글뿐만 아니라 얼굴표정이나 몸짓 등으로도 가능하지만 주로 입말 또는 구어(spoken language)로 수행된다고 할 수 있다. 입을 통해서 나오는 한마디의 음성이 만들어질 때 우리 몸에서 어떠한 일이 일어나는지 아주 간단히 살펴보기로 하자.

[그림 1-1]에서 보듯이, 우선 소리를 내기 위해서는 성대가 떨려야 하고 성대의 진동은 뇌의 명령을 받은 신경의 전달이 있어야 한다. 이때 성대의 떨림은 성대 자체가 독자적으로 발생시키지 못하고 여러 성대근육의 협응으로 이루어진다. 또한 성대의 진동은 결국 폐에서 나오는 날숨에 의해서 가능하고 그 날숨은 성문 아래에서 생성되는 압력이 대기의 압력보다 커질 때 가능하다. 그러나 이것만 가지고는 한마디의 말소리도 만들어지지 않는다. 말소리는 성대의 진동 그 자체만으로 만들어지는 것이 아니라 성도라는 소릿길을 따라 만들어지는 것이다. 이 소릿길은 후두, 인두, 연구개, 혀, 아래턱, 입술 등으로 구성되어 있으며, 이들의 상호관계에 따라 서로 다른 소리가 만들어진다. 소릿길을 따라 공명강이라고 하는 빈 공간들이 있는데 이들 빈 공간들은 소리의 크기를 증폭하는 역할을 한다. 이 정도만 생각해도 소리가 만들어지는 과정이 얼마나 복잡한가를 짐작할 수 있다.

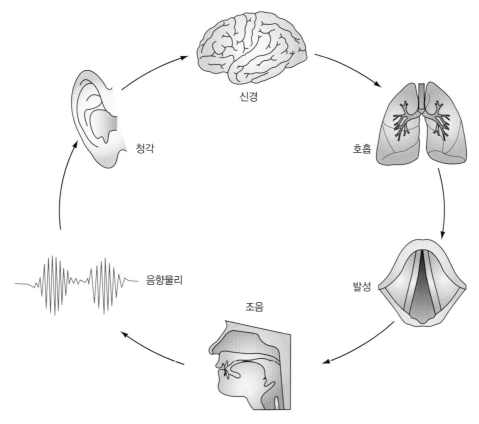

[그림 1-1] 언어연쇄(speech chain)

출처: Perkins & Kent(1986: 7)에서 수정 인용

이렇게 해서 생성된 한마디의 말은 화자의 입을 떠나 공기 같은 매체를 통해 전파된다. 소리는 성대가 떨릴 때 생기는 압력파로 전달되며, 성대가 1초 동안에 떨리는 횟수를 주파수(frequency)라 하고, 성대가 떨리는 폭을 진폭이라 한다. 진동의 폭은 힘을 받는 동안에는 줄어들지 않고 거의 규칙적으로 나타나지만 힘이 떨어져 그 폭이 점차 줄어 0(zero)이 되면 소리가 없어진다. 이때 규칙적인 진동은 하나의 주기(cycle)를 이루는데 주기는 성대가 한 번 떨리는 것을 가리킨다. 이 주기의 길이를 파장(wavelength)이라 하며, 길이가 길면 장파라 하고 짧으면 단파라 한다. 이러한 소리는 개인에 따라 서로 다른 주파수, 진폭, 파장을 형성하면서 1초 동안 대략 340m까지 간다. 물속에서는 온도의 영향을 크게 받지 않지만 공기 중에서는 온도와 습도의 영향을 받는다. 즉, 온도가 높고 습도가 높으면 소리가 더 멀리 전달된다. 진동에 의해 생긴 음파가 어떤 방향으로 진행하는 것을 파동이라 하며, 공기 중에서의 파동은 종적인 방향으로 진행하지만 물속에서는 횡적인 방향으로 진행한다.

화자의 성도를 거쳐 밖으로 나온 음성신호는 물리적인 방법으로 전파의 형태를 갖추어 청자의 귀에 전달되기 때문에 이러한 음성신호의 본질을 파악하는 것도 중요하다. 즉, 소리는 공기 같은 매체를 통하여 인간의 귀에 도달한다. 인체에서는 외이의 귓바퀴(auricle)에서 소리를 모으고 외이도를 통해서 소리를 일차 증폭시켜서 고막(tympanic membrane)이 진동하게 된다. 고막을 지나면서 약해진 압력은 인간의 뼈들 가운데 가장 작은 중이 속의 고실뼈 또는 이소골(ossicle)이라 하는 세 개의 작은 뼈들의 지렛대 작용에 힘입어 다시 크게 증폭되어 난원창(oval window)이라 하는 내이의 입구를 통하여 달팽이관으로 들어가게 된다. 내이에서는 유체역학적인 방식으로 유모세포에 압력을 주어 그 자극이 청신경으로 연결된다. 청신경은 음성신호를 측두골까지 전달하여 해독하고 음성신호는 언어중추인 베르니케영역(Wernicke's area)과 브로카영역(Broca's area)을 거쳐 다시 운동신경으로 보내는 과정을 거친다.

앞에서 간략하게 살펴보았듯이 화자가 한마디 음성을 만들고 공기라는 매체를 통해 청자에게 보내는 과정은 수많은 단계를 거치는 복잡한 과정이다. 이러한 전달체계에서 사소한 단계가 생략되거나 왜곡되어도 화자는 처음에 의도한 음성을 들을 수가 없는 것이다. 이처럼 소리가 생성되고 지각되는 과정을 체계적으로 이해하기 위해서는 인체에 관한 해부학적ㆍ생리학적 지식이 선행되어야 한다. 그중에서도 호흡기관, 발성기관, 조음기관, 뇌를 포함한 신경계, 청각기관 등이 언어의 생성과 지각에 관련이 있다. 더 나아가 소리의 물리음향학적인 특성에 이르기까지 종합적인 이해가 필요하다. 이처럼 언어에 대한 이해를 위해 해부생리학은 물론 물리음향학에 이르기까지 종합적인 접근이 필요하다.

?! 심장과 혈관

심장(heart)은 보통 자신의 주먹만 한 크기이지만, 하루 평균 10만 번 정도 뛴다. 그러니 우리가 80세를 산다고 하면 29억 번 이상을 박동하는 것이다. 그런데 여자는 남자보다 심장의 크기가 작아 상대적으로 더 빨리 뛴다.

우리 몸에 있는 혈관(blood vessel)을 한 줄로 늘어놓으면 약 10만km에 이른다. 지구의 둘레가 약 4만km이니 지구를 두 바퀴 반이나 돌 수 있는 길이이다. 심장을 출발한 혈액은 초속 60m라는 무서우리만큼 빠른 속도로 우리 몸속을 돈다.

1.2 생명체의 특성

?! 항상성(homeostasis)

이는 건강한 생명을 유지시키기 위한 인체의 안정적인 내적 환경(internal environment)을 말한다. 그러나 정적인 의미의 변화하지 않는 상태가 아니라 내적 형태가 변화하지만 비교적 좁은 범위 안에서 역동적 평형상태(dynamic equilibrium)를 이루며, 질병(disease)은 외부 요인에 의해 항상성이 불균형이 될 때 생긴다. 이 용어는 1865년 프랑스의 생리학자 베르나르(Bernard, Claude: 1813~1878)가 처음 사용하였다. 항상성 기전으로 조절되는 기능은 심박동, 조혈기능, 혈압, 체온, 전해질의 균형, 호흡 및 선분비 등이다.

인간을 비롯한 동물이나 식물, 미생물같이 살아 있는 생명체는 몇 가지 공통 특성이 있다. 첫째, 생명을 지닌 모든 유기체는 영양 섭취, 호흡, 성장, 에너지 전환 등의 생명활동을 한다. 생명활동을 위한 이러한 모든 화학적 반응을 물질대사(metabolism)라 한다. 둘째, 모든 생명체에서 일어나는 다양한 대사활동은 생체 내부 환경의 균형을 이루기 위해 일정하게 조절되는데, 이를 항상성(homeostasis)이라 한다. 항상성은 지나치면 억제하고 부족하면 촉진시키는 자가조절 기능을 말하며, 항상성 유지에는 많은 대사 에너지가 소비되고, 생명체는 이러한 항상성을 잃었을 때 질병상태가 된다고 할 수 있다. 셋째, 모든 생명체는 생활하면서 일정 기간이 경과하면 자라게 되는데, 이는 세포의 분열과 세포의 크기 증가에 기인하며, 이를 성장(growth)이라고 한다. 넷째, 생물은 본질적으로 자기를 닮은 새로운 개체를 남기려는 본능이 있는데, 이러한 본능은 생식(reproduction)에 의하여 이뤄진다. 대부분의 동물은 정자와 난자의 수정을 통해 모체의 자궁 내에서 발육하여 태아가 되고, 태아는 분만을 통해 새로운 생명으로 태어나게 된다. 생명은 생식을 통하여 자손에게 형질을 전달하기 때문에 개체는 죽어도 종족이 유지되는 것이다. 다섯째, 살아 있는 모든 생명체는 생식, 먹이, 도피 등을 위해 인간이나 짐승처럼 매우 빠르게 움직인다. 또한 식물 같은 원형질 유동이나 고착동물의 경우에도 생활을 위한 활동이 존재한다. 이러한 움직임을 운동(movement)이라 한다. 여섯째, 생명체는 각 부분으로 구성되어 있으며 각 부분이 상호의존(interdependence)과 상호작용(interaction)의 관계를 맺고 있다. 즉, 지배와 피지배 및 조절과 협응 등이 있기 때문에, 그 구성이 매우 복잡하여도 각 부분이 잘 통합되어 있어서 전체로서 하나의 통일된 개체를 이룬다. 그러므로 생명체를 다른 말로 유기체(organism)라고도 한다. 일곱째, 생명체는 내부 또는 외부 환경의 변화에 대한 물리 화학적인 자극(stimulus)에 대하여 적절히 반응(responsiveness)할 수 있다. 끝으로, 생명체는 외계의 변화에 대하여 적극적으로 대응 또는 적응(adaptation)하거나 생존하기 위하여 진화(evolution)할 수도 있다.

?! 증상과 징후

증상(symptom)은 주관적으로 환자가 경험한 것을 묘사할 수 있지만 다른 방법으로 감지하거나 평가할 수 없는 것을 가리킨다. 예를 들어, 환자가 느끼는 통증(pain), 구역질(nausea), 불안(anxiety) 등과 같은 것이다. 반면에 징후(sign)는 의사가 객관적 견지에서 식별하거나 측정할 수 있는 물리적 지표를 가리킨다. 예를 들어, 열(fever), 발진(rash), 혈압(blood pressure), 등이다. 병적 상태를 확인하기 위한 방법으로 혈액검사(blood test), X선, 자기공명영상(MRI), 컴퓨터단층촬영(computed tomography, CT) 등이 있다.

1.3 해부생리학

해부학과 생리학은 둘 다 생물을 대상으로 하는 자연과학이며, 의학의 기초가 된다. 생물은 그 종류가 많지만 생명현상을 연구하는 기전(mechanism)은 동일한 원리로 운영되고 있다.

해부학은 생명체의 내부 및 외부의 구조를 연구하는 학문이고, 생리학(physiology)은 생명체를 구성하고 있는 각 구조물의 기능(function)을 연구하는 학문이다. 해부학은 연구방법과 관찰범위에 따라 육안해부학(gross anatomy), 조직학(histology), 발생학(embryology)으로 구분한다. 생리학은 세포생리학(cell physiology), 인체생리학(human physiology), 세균생리학(bacteria physiology) 등으로 구분한다.

과거에는 해부학은 형태를, 생리학은 그 기능을 중점적으로 다루었으나, 인체의 구조와 기능은 밀접하게 연관되어 있어 해부학과 생리학을 구분하기란 어렵다. 따라서 이 책에서는 '기능형태학'의 의미로 해부의 생리학이란 개념을 사용하기로 한다.

1.3.1 해부생리학의 약사

1. 해부학

해부학(anatomy)이란 용어는 의학의 아버지로 불리는 히포크라테스(Hippocrates, B.C. 460~337)가 처음 사용하였으며 어원은 라틴어로 '가르고 나눈다(ana=apart, tome=to cut)'라는 의미이다. 인체를 대상으로 한 시신의 해부(dissection of the cadavers)는 이미 기원전 3세기경에 이집트의 헤로필로스(Herophilos)와 에라시스트라투스(Erasistratus)에 의해 시작되었다.

로마시대에 갈레노스(Claudius Galenos, A.D. 103~201)는 원숭이를 대상으로 해부학을 집대성하였다. 왜냐하면 갈레노스가 살던 시대에는 사람을 해부할 수 없었기 때문이다. 그의 절대적인 권위는 1,400년 동안 유럽 의학계를 지배하였다. 로마제국의 멸망(A.D. 476) 후 약 1,000년 동안은 중세 암흑기로 시체의 해부(dissection of cadavers)가 철저히 금지되었다. 대략 14세기에서 16세기는 과학이 재탄생하는 르네상스(Renaissance)시대였다. 레오나르도 다 빈치(Leonardo da Vinci, A.D. 1452~1519)는 훌륭한 예술가인 동시에 인체해부학의 기초를 확립했고, 750점 이상의 해부도가 아직도 남아 있다. 레오

나르도 다 빈치는 어떤 구조를 제대로 알려면 한 부분을 앞, 뒤, 옆에서 세 번은 해부해야 한다고 하였다. 근대 해부학의 아버지라 부르는 베잘리우스(Andreas Vesalius, 1514~1564)는 1543년에 계통적 '인체 해부도'를 완성하였으며, 이것이 근대 육안해부학(gross anatomy)의 시초가 되었다.

현미경해부학(microscopic anatomy)은 네덜란드의 얀센(Jansen) 부자가 1608년 발명한 현미경을 해부학적으로 응용함으로써 조직학의 초석이 다져졌다. 조직학(histology)은 1935년에 전자현미경이 발명된 이후 조직과 세포의 초미세구조를 밝혔고, 이에 따라 세포이론(cell theory)도 급속히 발전하게 되었다.

2. 생리학

그리스 철학자 아리스토텔레스(Aristoteles, B.C. 384~322)가 인체의 기능에 대해 깊게 고찰했으나, 에라시스트라투스(Erasisstratus, B.C. 304~250)가 물리적 법칙을 인체의 기능 연구에 응용하고자 시도했기 때문에 아리스토텔레스 대신 에라시스트라투스가 생리학(physiology)의 아버지로 불린다. A. D. 2세기경의 갈레노스(Galenos)는 르네상스 이전까지 해부학에서뿐만 아니라 생리학에서도 최고 권위자로 인정받았다. 심장이 폐쇄된 혈관을 통하여 혈액을 펌프질한다는 사실을 밝힌 영국 의사 윌리엄 하비(William Harvey, 1578~1657)는 혁신적 연구로 근대 생리학의 체계를 세웠으며, 이를 계기로 생리학은 드디어 실험과학으로 발전하게 되었다.

프랑스의 생리학자 베르나르(Claude Bernard, 1813~1878)는 췌장(pancreas), 간(liver)뿐만 아니라 대사성 뇌질환의 원인 같은 생리학의 여러 영역에 대하여 많은 연구를 하였다. 또한 그는 인체의 내적 환경(internal environments)은 외부 환경의 변화에도 불구하고 놀라울 정도로 불변성을 유지한다는 사실

〈표 1-1〉 20세기 생리학의 주요 연구 약사

1900년	혈액형 발견 – Karl Landsteiner
1910년	히스타민(histamine) 기능 연구 – Henry Dale
1918년	혈액량과 심장수축 강도 연구 – Ernest Starling
1921년	자율신경계의 기능 연구 – John Langley
1923년	인슐린 발견 – Frederick Banting, Charles Best, John Macleod
1932년	뉴런 기능 연구 – Charles Sherington, Edgar Adrian
1936년	아세틸콜린 발견 – Henry Dale, Otto Loewi
1939~1947년	근수축 ATP, 액틴(actin) 및 마이오신(myosin) 발견 – Albert von Szent-Georgi
1949년	스트레스의 생리적 반응 연구 – Hans Selye
1962년	DNA 구조 발견 – Francis Crick, James Watson, Maurice Wilkins
1963년	신경자극 발견 – John Eccles
1971년	호르몬 작용 연구 – Earl Sutherland
1981년	뇌의 우반구와 좌반구 기능 연구 – Roger Sperry
1986년	성장인자 발견 – Stanley Cohen, Rita Levi-Montalcin

을 밝혔다. 1932년 출간된 『The wisdom of the body』의 캐넌(Walter Cannon, 1871~1945)은 이와 같은 내부 불변성을 항상성(homeostasis)이라고 칭하였다. 그리고 그는 생리적 조절의 많은 기전은 오로지 항상성 유지를 위한 것이라고 하였다. 앞에서 언급하였듯이, 생리학은 해부학에 비해 훨씬 복잡하고 연구하기 힘들다. 따라서 더 많은 세부 전공들로 구성되어 있다. 20세기 생리학의 주요 연구 역사를 요약하면 다음과 같다(〈표 1-1〉 참조).

1.3.2 인체의 구조적 체계

세포는 모든 생명체의 기본 단위이지만, 사람의 몸은 다음과 같이 여러 단계의 복잡한 구조로 이루어져 있다: 원자(atom) → 분자(molecule) → 거대분자(macromolecule) → 소기관(organelle) → 세포(cell) → 조직(tissue) → 기관(organ) → 계통(system) → 유기체(organism)

1. 화학단계[1]

인체는 다른 물질처럼 다양한 화학물질의 조합으로 만들어진다. 원자(atom)는 모든 무생물과 생물의 가장 작은 구성단위이다. 신체를 구성하는 원자 중 가장 흔한 것은 수소, 탄소, 산소, 질소로, 신체를 구성하는 물질을 이루는 원자 중 99.3% 정도를 차지한다. 이러한 원자는 다른 원자와 조합을 이루어 단백질, 탄수화물, 지질, 핵산 등과 같은 분자(molecule)를 이룬다. 이런 원자와 분자가 모여 생물을 구성하는 기본물질이 된다. 또한 이런 분자가 모여 다시 세포의 구성요소인 핵(nucleus)과 같은 거대분자(macro molecule)를 만든다.

소기관(organelle) 또는 세포소기관은 세포 안에서 특정한 기능을 한다. 예를 들면, 에너지를 공급하는 미토콘드리아(mitochondria), 광합성을 담당하는 엽록체(chloroplast), 그리고 물질의 저장 및 분비에 관여하는 골지체(Golgi body)이다.

2. 세포단계

이러한 비생물적 화학구성요소들인 원자와 분자의 조합만으로는 생명현상이 일어나지 않는다. 세포(cell)는 생명체의 구조적·기능적 단위로서, 생명현상과 관계된 여러 반응을 일으킬 수 있는 가장 작은 단위이다. 매우 얇은 지질층인 세포막은 세포 내의 함유물을 둘러싸고, 세포 내의 화학물질을 세포 외부 환경과 분리시킨다. 세포막은 세포 내외로의 물질이동을 조절할 수 있기 때문에 세포 내부에는 세포 외부에 존재하는 화학물질과는 다른 원자와 분자의 조합이 존재한다. 세포를 연구하는 학문을 세포학(cytology)이라 한다.

---

1) 인체에 존재하는 주요 화학요소인 원자는 수소(Hydrogen: H) 63%, 산소(Oxygen: O) 26%, 탄소(Carbon: C) 9%, 질소(Nitrogen: N) 1%로 구성되어 있다. 그리고 기타 무기질요소로는 칼슘(Calcium: Ca), 인(Phosphorus: P), 포타슘(Potassium: K), 황(Sulfur: S), 염소(Sodium: Na), 클로린(Chlorine: Cl), 마그네슘(magnesium: Mg) 등이 0.7%로 구성되어 있다.

?! 세포의 발견

1665년 영국의 과학자 후크(Robert Hooke, 1635~1703)는 광학현미경으로 식물체에서 작은 상자 모양의 집합체를 발견하고 최초로 세포(cell)라고 명명하였다. 세포는 라틴어로 '작은 방'을 의미하는 cella에서 유래하였다. 그러나 당시에 후크가 본 것은 세포벽이었고, 이 세포벽에 싸인 구조를 세포라고 불렀다. 19세기에 이르러서 식물체나 동물체의 미세구조가 세포로 이루어졌다는 사실을 알게 되었다. 1950년대에 들어와서 전자현미경이 발달하여 0.002㎛ 정도의 아주 작은 구조물까지 관찰하면서 세포의 구조가 정확히 밝혀지게 되었다.

3. 조직단계

유사한 구조와 전문화된 기능을 가진 세포가 모여서 조직(tissue)을 형성하고, 이는 근육, 신경, 상피, 결합조직의 네 가지로 분류된다. 골격근(skeletal m.), 심장근(cardiac m.), 평활근(smooth m.)으로 이루어진 근육조직(muscle tissue), 정보를 전달하는 신경조직(nerve tissue), 세포와 주위 환경 간의 물질을 교환하는 상피조직(epithelium tissue) 그리고 혈액처럼 신체의 여러 부위를 연결하고 지지하는 결합조직(connective tissue)이 있다. 인체의 조직을 연구하는 학문을 조직학(histology)이라 한다.

국제단위계(Systeme International d'Unites, SI)는 세계적으로 가장 널리 쓰이는 국제 표준 도량형으로 미터법(metric units)이라고도 한다. 길이, 질량 등과 같은 기본단위(base units)에 매우 큰 수 또는 작은 수를 나타내기 위해 10의 거듭제곱 인수로 사용되는 접두어를 붙여 쓴다.

예: nano meter(10억분의 1 미터)

엑사(exa):	(100경)	기호: E	페타(peta):	(1,000조)	기호: P
테라(tera):	(1조)	기호: T	기가(giga):	(10억)	기호: G
메가(mega):	(100만)	기호: M	킬로(kilo):	(1000)	기호: k
헥토(hecto):	(100)	기호: h	데카(deca):	(10)	기호: da
데시(deci):	(10분의 1)	기호: d	센티(centi):	(100분의 1)	기호: c
밀리(mili):	(1,000분의 1)	기호: m	마이크로(micro):	(100만분의 1)	기호: μ
나노(nano):	(10억분의 1)	기호: n	옹스트롬(angstrom):	(100억분의 1)	기호: Å
피코(pico):	(1조분의 1)	기호: p	펨토(femto):	(1,000조분의 1)	기호: f
아토(ato):	(100경분의 1)	기호: a			

4. 기관단계

기관(organ)은 2개 이상의 조직으로 이루어져 특정 기능을 수행하는 단위를 일컬으며, 위(stomach)가 좋은 예이다. 위의 내면은 소화액을 분비하는 상피조직이며 위벽의 대부분은 근육조직으로 구성되어 있다. 결합조직은 근육벽을 강화시키며 신경섬유는 근육이 강력하게 수축하도록 자극하고 소화선에서 위액을 분비하도록 작용하여 소화작용을 촉진시킨다.

5. 계통단계

여러 기관들의 집합은 계통 또는 기관계(body system)를 구성한다. 기관계는 상호작용을 통하여 생존에 필수적인 역할을 한다. 예를 들어, 소화기계(digestive system)는 입, 타액선, 인두, 식도, 위, 췌장, 간, 담낭, 소장, 대장 등으로 이루어진다. 이러한 소화기관들은 상호작용을 통해 음식물을 분해하고, 분해된 물질은 혈액으로 흡수되어 모든 세포로 이동하게 된다.

11개 기관계는 구성에서 가장 높은 단계로 인체를 형성한다.

6. 유기체단계

인간같이 다세포로 구성된 유기체(organism)는 외부 환경에서 분리된 독립체로서, 구조적 · 기능적으로 연관되어 있는 다양한 기관계로 구성된다. 서로 다른 기관계는 각각 분리되어 있는 것이 아니며, 수많은 체내 반응은 다양한 기관계 사이의 상호작용으로 일어난다. 예를 들면, 혈압은 순환기계, 비뇨기계, 신경계, 내분비계 사이의 복합작용에 의해 조절된다([그림 1-2] 참조).

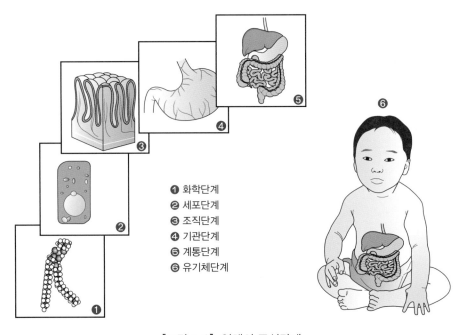

① 화학단계
② 세포단계
③ 조직단계
④ 기관단계
⑤ 계통단계
⑥ 유기체단계

[그림 1-2] 인체의 구성단계

출처: Perkins & Kent(1986: 7)에서 수정 인용

1.4 주요 해부학 용어

1.4.1 인체의 절단면

[그림 1-3]은 시상면, 관상면, 횡단면을 각각 보여 주고 있다.

1. 정중면(median plane): 사람의 몸을 좌우대칭으로 나누는 가상적인 면이다.
2. 시상면(sagittal plane): 정중면에 평행되는 모든 면으로 신체를 좌우로 나누는 면이다.
3. 관상면(coronal plane): 인체를 앞뒤로 나누는 면으로 이마와 평행하는 면이기 때문에 전두면(frontal plane)이라고도 한다.
4. 횡단면(transverse plane): 인체를 상하로 구분하는 면을 가리키기 때문에 수평면(horizontal plane)이라고도 한다.

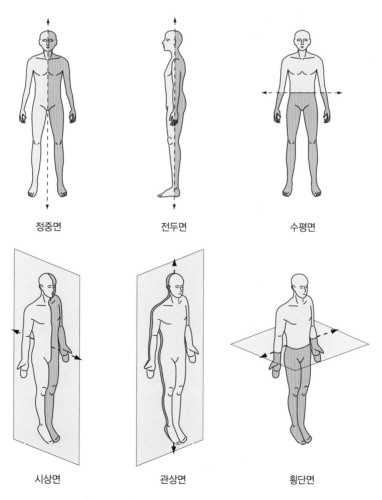

정중면   전두면   수평면

시상면   관상면   횡단면

[그림 1-3] 인체의 절단면을 나타내는 용어

1.4.2 인체의 방향과 관련된 용어

1. 복측(ventral): 앞쪽=전측(anterior)

2. 배측(dorsal): 뒤쪽=후측(posterior)

3. 상(superior): 머리에 가까운 쪽 = 두부(cephalic)

4. 하(inferior): 다리에 가까운 쪽 = 미측(caudal)

5. 내측(medial): 정중면에 가까운 쪽

6. 외측(lateral): 정중면에서 먼 쪽

7. 근위(proximal): 팔다리의 경우에 적용되며 몸통에 가까운 쪽

8. 원위(distal): 몸통에서 먼 쪽

9. 천부(superficial): 신체 또는 장기의 표면으로부터 가까운 쪽

10. 심부(deep): 신체 또는 장기의 표면으로부터 먼 쪽

11. 동측(ipsilateral): 같은 쪽

12. 대측(contralateral): 반대 쪽

13. 벽측(parietal): 벽에 가까운 쪽

14. 장측(visceral): 내장에 가까운 쪽

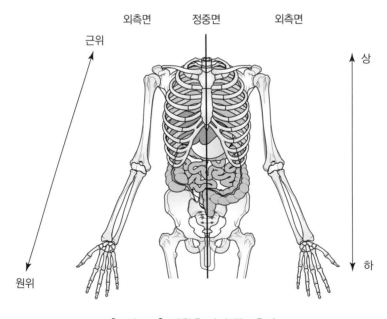

[그림 1-4] 방향을 나타내는 용어

출처: Tortora & Derrickson(2011:15)에서 수정 인용

1.4.3 그 밖에 이 책에서 자주 쓰이는 용어

1. 각(angle): 두 선이 만나는 모서리
2. 강(cavity): 체내의 빈 공간
3. 공(foramen): 신경 및 혈관의 통로가 되는 작은 구멍
4. 궁(arch): 활처럼 굽은 모양
5. 관(canal): 길게 이어진 구멍
6. 동(sinus): 기관 속의 굴속 같은 빈 공간 = 굴
7. 유두(papilla): 젖꼭지 형태의 돌출부
8. 융기(protuberance): 뼈의 한 부분이 무디게 돌출된 부위
9. 돌기(process): 뼈 표면에서 많이 튀어나온 부위
10. 와(fossa): 얕고 좁게 파인 자리 = 오목
11. 익(wing): 날개같이 펼쳐진 모양 = 날개
12. 절흔(notch): 칼로 깎아 놓은 것처럼 깊게 움푹 파인 홈 = 패임
13. 압흔(impression): 뼈의 한 부분이 손가락으로 눌린 듯한 부분
14. 총(plexus): 선이 그물처럼 얽힌 모양
15. 도(meatus): 기관 한 부분의 관이 굵어진 곳 = 길
16. 열(fissure): 기관의 한 부분이 갈라져 생긴 틈새
17. 극(spine): 가시 모양의 뾰족한 융기부 = 가시
18. 능(crest): 선상으로 길게 뻗은 융기부 = 능선
19. 관절돌기(condyle): 관절면을 가진 뼈끝의 뭉툭한 부분 = 과
20. 구(groove): 길게 연장되어 파인 홈 = 고랑
21. 판(plate): 뼈의 얇은 층
22. 조면(turberosity): 면이 거친 부분 = 거친면
23. 봉소(cellula): 벌집 모양의 작은 방들이 모여 있는 부분 = 벌집

1.4.4 체강

신체에는 주요 장기를 수용하는 빈 공간이 있는데, 이를 체강(body cavities)이라 한다.

신체의 후면은 배측체강(dorsal cavity), 전면은 복측체강(ventral cavity)으로 구분한다. 배측체강은 두개강과 척수강, 복측체강은 흉강, 복강 및 골반강으로 구분한다. 신체에는 두개강, 척추강, 흉강, 복강, 골반강이라는 5대 체강이 있는데, 이곳에는 체액(body fluid)과 내장(viscera)이라 총칭되는 기관(organ)이 늘어 있다([그림 1-5] 참조).

각 체강 속에 수용되어 있는 장기는 다음과 같다.

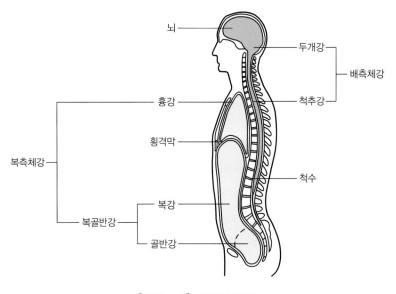

[그림 1-5] 체강의 위치

[그림 1-6] 체강의 구분 및 수용장기

1. 두개강(cranial cavity): 뇌(brain)
2. 척추강(vertebral cavity): 척수(spinal cord)
3. 흉강(thoracic cavity): 심장(heart), 폐(lungs), 기관(trachea), 식도(esophagus), 흉선(thymus gland) 등
4. 복강(abdominal cavity): 간(liver), 담낭(gallbladder), 위(stomach), 소장(small intestine), 대장(large intestine) 일부, 췌장(pancreas), 비장(spleen), 신장(kidney), 요관(ureter) 등
5. 골반강(pelvic cavity): S상결장(Sigmoid colon), 직장(rectum), 방광(urinary bladder), 자궁(uterus), 난소(ovary), 전립선(prostate gland), 난관(oviduct) 등

두개강과 척추강에는 뇌실과 지주막하강을 채우는 뇌척수액(cerebrospinal fluid, CSF)이 흐른다. 흉강과 복강은 횡격막(diaphragm)으로 구분하며, 흉강은 흉막강(pleural cavity)과 심막강(pericardial cavity)으로 구분한다. 흉막강은 장측흉막(visceral pleura)과 벽측흉막(parietal pleura)으로 폐를 보호하고, 심막

강은 장측심막(visceral pericardium)과 벽측심막(parietal pericardium)으로 심장을 보호한다.

장측과 벽측 흉막 사이에 흉막액(pleural fluid)이 채워져 있어 폐의 운동 시 윤활작용을 한다. 흉강에서 폐를 제외한 공간(심장, 기관, 기관지, 식도, 대혈관, 미주신경, 림프, 흉선)을 종격(mediastinum)이라 한다.

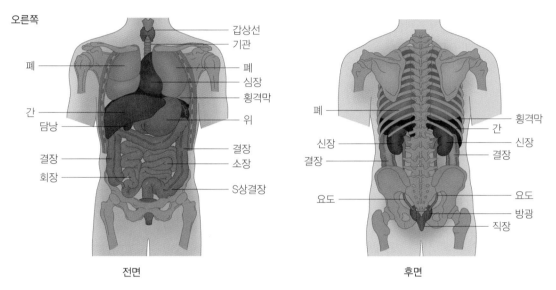

[그림 1-7] 복강과 흉강의 장기

1.4.5 인체의 기관과 계통

앞에서 살펴본 바처럼, 인체의 신체 구성단위는 세포와 세포의 집합인 조직이지만, 이들 세포는 무

〈표 1-2〉 인체의 계통과 그 기능

번호	계통(system)	주요 기능(function)
1	골격계(skeletal system)	체형형성(206개의 뼈), 근육부착, 혈액생성
2	근육계(muscular system)	신체의 운동, 체온조절, 자세유지
3	신경계(nervous system)	감각정보의 전달, 즉각적 운동조절
4	순환기계(circulatory system)	영양성분의 수송, 혈액과 림프의 이동
5	내분기계(endocrine system)	호르몬에 의한 인체의 대사활동 조절
6	호흡기계(respiratory system)	체내 산소공급, 가스교환, 발성
7	소화기계(digestive system)	음식물의 분해 및 흡수
8	비뇨기계(urinary system)	노폐물의 제거, 수분과 전해질의 균형
9	생식기계(reproductive system)	성장 및 생식
10	피부계(integumentary system)	온도조절, 외부 유해물질로부터 보호
11	림프 및 면역계(lymph and immunologic system)	골수와 림프기관의 면역기능

질서하게 존재하는 것이 아니고 여러 종류의 조직이 일정한 배열로 결합되어 폐, 위 등의 기관 또는 장기를 형성하고 있다. 한 개의 생리 기능을 하는 기관을 한데 모은 것을 계통이라 한다. 물론 각 계통은 각각 어느 정도 독립성을 지니고 작용하고 있지만 완선히 독립적인 것이 아니고 상호협조를 이룬다. 그 결과 개체라고 하는 생체의 항상 상태가 유지되는 것이다. 기능면을 위주로 인체의 계통을 분류하면 〈표 1-2〉와 같다. 이 장에서는 여러 계통 가운데 언어와 관련된 골격계(skeletal system)와 근육계(muscular system)를 좀 더 구체적으로 살펴보기로 한다.

이 밖에도 시각기, 평형감각기, 미각기, 후각기 및 피부 감각기 등의 감각기(sensory organs)가 있어 신체의 외부와 내부의 환경변화, 즉 자극을 수용하고 감지하는 감각작용을 한다.

1.5 신체의 구성

1.5.1 골격

[그림 1-8]에서 보듯이, 두개골(skull/cranium)은 두개부(cranial portion)와 안면부(facial portion)로 나뉘고, 중심에 있는 척추(vertebrae)는 경추, 흉추, 요추를 잇고 그 밑으로는 골반대(pelvic girdle)가 있으며, 흉부(thorax)는 쇄골(clavicle), 견갑골(scapula), 흉골(sternum), 늑골(ribs)이 있다. 사지골격의 상지(upper limb)로는 상완골(humerus), 척골(ulna), 요골(radius), 손목뼈 또는 수근골(carpals)이 있으며, 손목뼈는 중수골(metacarpals)과 지절골(phalanges)로 구성되어 있다. 하지(lower limb)는 대퇴골(femur), 슬개골(patella), 비골(fibula), 경골(tibia), 족골(tarsals), 중족골(metatarsals), 지절골(phalanges) 등으로 구성되어 있다. 이러한 골격계의 구성은 〈표 1-3〉에 정리되어 있다.

골격계(skeletal system)는 지지(support), 운동(movement), 보호(protection), 조혈(hemopoiesis), 광물질 저장(mineral reservoir) 등의 기능을 한다. 성인의 몸에는 206~208개의 크고 작은 뼈가 있으며, 뼈의 무게는 체중의 약 15%를 차지한다. 이 뼈들은 서로 연결되어 뼈대를 이루어 우리 몸의 생김새를 유지

〈표 1-3〉 골격계의 구성

체간골격 (80개)	두개골	뇌두개골	7개
		안면두개골	15개
	이소골(3×2)		6개
	설골		1개
	척추골		26개
	늑골(12×2)		24개
	흉골		1개
사지골격 (126개)	상지골(32×2)		64개
	하지골(31×2)		62개
합계			206개

한다. 뼈는 근육이 붙는 자리가 되며 관절에서 운동이 일어날 때 지렛대 같은 구실을 한다. 두개골, 늑골(갈비뼈) 같은 뼈는 안에 있는 뇌, 폐, 심장 등 부드러운 장기를 감싸서 보호한다. 또한 골수 또는 뼈속질에서는 혈액세포를 만들며, 칼슘의 99%는 뼈에 저장되어 있다. 뼈는 크게 머리, 목, 몸통을 이루는 몸통뼈대 또는 체간골격(axial skeleton)과 팔다리를 이루는 팔다리뼈대 또는 사지골격(appendicular skeleton)으로 이루어져 있다.

1. 두개골

두개골(skull) 또는 머리뼈는 14종, 22개의 뼈로 되어 있다. 이들은 대부분 봉합(suture) 형태로 관절을 이루나, 하악골은 측두골과 관절로 연결되어 있으며, 설골은 두개골과 떨어져 독립적으로 존재한다. 두개강(cranial cavity)을 둘러싸고 있는 부분을 뇌두개골(cranial cranium), 얼굴을 형성하는 부분을 안면두개골(facial cranium)이라 한다. 뇌두개골은 뇌와 시각과 청각 및 균형에 관계하는 기관을 보호하

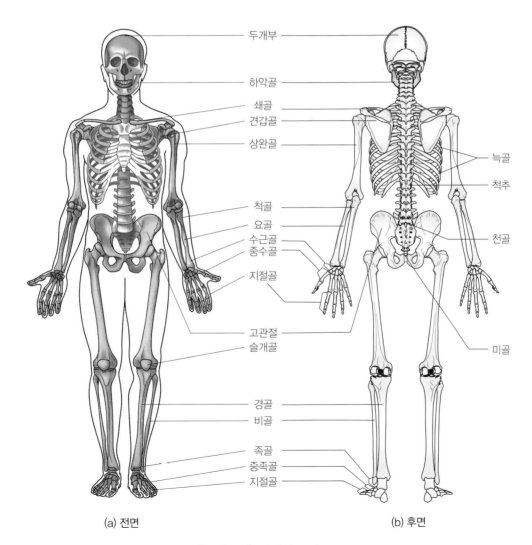

(a) 전면　　　　　　　　　　　　　　　　(b) 후면

[그림 1-8] 인체의 골격

고 지지하며, 안면두개골은 안와(orbit), 비강(nasal cavity), 구강(oral cavity) 등의 기초를 이루며 몸통골격의 최상부를 형성한다. 〈표 1-4〉에서 보는 바와 같이, 두개골은 뇌두개골(5종 7개)과 안면두개골(9종 15개)로 구성되어 있다.

〈표 1-4〉 두개골(cranial bones)의 종류

뇌두개골(cranial cranium, 5종 7개)		안면두개골(facial cranium, 9종 15개)	
후두골(뒤통수뼈, occipital bone)	1	사골(벌집뼈, ethmoid bone)	1
측두골(관자뼈, temporal bone)	2	하비갑개골(inferior nasal bone concha)	2
접형골(나비뼈, sphenoid bone)	1	누골(눈물뼈, lacrimal bone)	2
두정골(마루뼈, parietal bone)	2	비골(코뼈, nasal bone)	2
전두골(이마뼈, frontal bone)	1	서골(보습뼈, vomer)	1
		상악골(위턱뼈, maxilla)	2
		구개골(입천장뼈, palatine bone)	2
		권골(광대뼈, zygomatic bone)	2
		하악골(아래턱뼈, mandible)	1

(1) 두개골 전면

두개골을 전면에서 보면 안구, 안구근육 등 시각기를 수용하는 커다란 한 쌍의 웅덩이인 안와가 보이고 코의 상단에 비골(nasal bone)이 있으며 양쪽 뺨에 튀어나온 부분인 속칭 광대뼈로 부르는 권골(zygomatic bone)이 있다. 사골(ethmoid bone)은 불규칙한 모양으로 양쪽 안와 사이에 위치하는 뼈로서, 코중격 또는 비중격(nasal septum)과도 연결되어 있으며 아래쪽에서 서골(vomer)과 연결되어 있다. 서골은 비중격 아랫부분을 이루는 쟁기 모양의 뼈로서 비강 입구의 상당 부분을 둘러싸고 있다. 상악골(maxilla)은 안와의 하내측과 경계를 이루며, 외측으로 권골과 접해 있다. 그리고 안면 가운데 가장

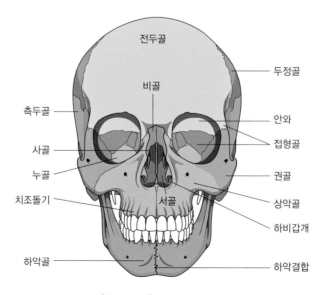

[그림 1-9] 두개골(전면)

크고 강한 뼈로 하악골(mandible)이 있는데, 정중앙의 하악결합(symphysis menti)에서 대칭으로 두 부분이 만나 형성된다([그림 1-9] 참조).

(2) 두개골 외측면

두개골의 외측면은 비공의 상단과 측두골의 유양돌기(mastoid process)를 연결하는 직선을 따라 뇌두개와 안면두개로 나뉜다. 뇌두개부에는 측두와(temporal fossa), 외이도(external auditory meatus) 및 유양돌기가 있으며, 안면두개부에는 권골궁(zygomatic arch), 측두하와(infratemporal fossa) 및 상, 하악골의 외측면이 있다. 외이부에는 외이공(external auditory pore)이 열려 있고, 바로 뒤에는 유양돌기가 있다. 외이공 바로 밑에는 가늘고 긴 경상돌기(styloid process)가 아래로 뻗어 있다. 권골궁은 권골과 측두골의 봉합으로 융합되어 형성된다([그림 1-10] 참조).

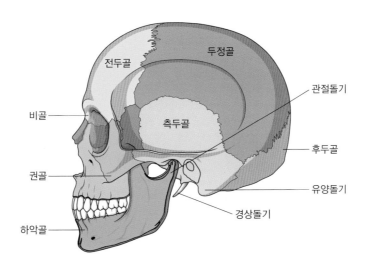

[그림 1-10] 두개골(측면)

(3) 두개골 하면

두개골의 아랫면은 다른 면에 비해 매우 복잡하며 많은 돌기와 구멍 때문에 불규칙적이고 울퉁불퉁하며 상악골, 구개골, 서골, 접형골, 측두골 및 후두골로 이루어진다.

이 밖에 앞니구멍(incisive foramen), 난원공(foramen ovale), 경동맥공(carotid foramen), 경정맥공(jugular foramen) 등이 있는데 두개강 안으로 들어가거나 혹은 나오는 혈관 및 신경이 통과한다([그림 1-11] 참조).

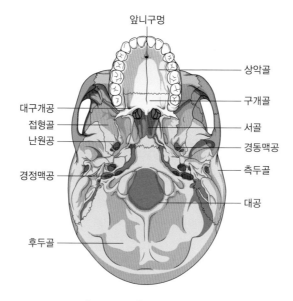

[그림 1-11] 두개골(하면)

두개골 봉합(cranial sutures)

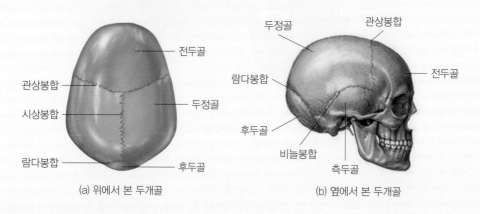

(a) 위에서 본 두개골   (b) 옆에서 본 두개골

두개골을 위와 옆에서 보면, 그림 (a)에서는 3 종류의 뼈(전두골, 두정골, 후두골)와 3종류의 봉합(관상봉합, 시상봉합, 람다봉합)을 볼 수 있다. 그림 (b)에서는 나머지 1개의 뼈(측두골)와 1개의 봉합(비늘봉합)을 볼 수 있다. 여기서 봉합(suture)란 각 두개골의 뼈를 연결하는 섬유성 관절을 말한다.

① 관상봉합(coronal suture): 전두골과 두정골 사이의 봉합

② 시상봉합(sagittal suture): 정중선과 두정골 사이의 봉합

③ 람다봉합(lambdoidal suture): 두정골과 후두골 사이의 봉합

④ 비늘봉합(squamous suture): 두정골과 측두골 사이의 봉합

2. 하악골과 설골

하악골과 설골을 모두 두개골로 볼 수도 있으며, 하악골은 두개골에 속하고 설골은 독립적인 위치를 확보한다고 보기도 한다. 안면두개골 9종 15개 가운데 하악골과 설골이 언어의 생성과 조음에 대표적으로 관여하므로 좀 더 구체적으로 살펴보고자 한다.

특히 하악골은 아래턱을 내림으로써 입을 벌릴 수 있도록 하기 때문에 조음기관으로서 큰 기능을 하고, 설골은 소리를 만드는 후두 바로 위에 위치하여 후두연골과 연결된 근육과 함께 음성의 생성에 관여한다.

(1) 하악골

[그림 1-12]에서처럼 아래턱뼈 또는 하악골(mandible)은 얼굴의 가장 아랫부분에 위치하며, 관자뼈 또는 측두골(temporal bone)과 함께 악관절을 형성한다. 악관절(temporomandibular joint)은 턱의 하강과 상승, 턱의 돌출과 뒷당김, 편측화를 위하여 세 가지 평면 움직임을 만든다. 씹기는 하악 변위의 회전 패턴 결과인 평면 움직임과 관련이 있다. 또한 안면골 가운데서 가장 크고 강한 뼈로서 아래턱을 형성하고 아랫니(lower teeth)와 결합되어 있다. 위에서 보면 U자 모양이나 옆에서 보면 L자 모양이고 좌우 16개의 하악 치아를 수용하며, 하악체(body of mandible)와 하악지(ramus)로 구분한다. 하악골은 출생 시 쌍으로 되어 있으나 만 2세에 이르면 중앙이 연골결합으로 연결되어 하나의 뼈가 된다.

① 하악체: 치아의 치근을 싸고 있는 부분인 치조돌기(alveolar process)가 있고 제2소구치(second premolar)의 아래에는 후상방으로 열려 있는 이공(mental foramen)이 있는데, 이곳을 통하여 이신경(mental n.) 및 이혈관(mental vessel)이 나온다. 턱의 제일 앞부분의 밑에는 삼각형 모양의 이융기(mental protuberance)가 있다.

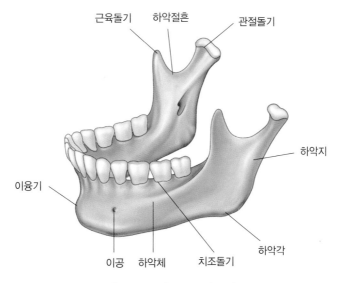

[그림 1-12] 하악골(측면)

② 하악지: [그림 1-12]에서처럼, 하악체 뒤와 위쪽으로 뻗은 하악지(ramus)로 인하여 각이 만들어지는데 이를 하악각(angle of mandible)이라 하며, 하악각 근처에는 저작근의 하나인 교근(masseter m.)이 있다. 하악지의 위끝에는 돌기가 두 개 있는데 앞의 것을 근육돌기(coronoid process)라 하며 저작근의 하나인 측두근(temporal m.)이 끝나는 부위이다. 그리고 뒤쪽에 있는 돌기를 관절돌기(condular process)라 하며, 관절면(articular surface)을 가지고 있는 하악두(head of mandible)가 있다. 이 하악두의 관절면은 측두골의 하악와(mandibular fossa)와 관절하여 악관절을 이룬다.

(2) 설골

[그림 1-13]은 목뿔뼈 또는 설골(hyoid bone)이 오른쪽 앞과 측면에서뿐만 아니라, 앞과 위에서 어떻게 생겼는가를 보여 준다. 출생 시에 설골은 방패연골 또는 갑상연골(thyroid cartilage)과 서로 융합되어 있다가 서서히 분리되어 2세경에 골화(ossification)된다.

설골은 갑상연골의 윗모서리 가까이에 있는 U자형의 작은 뼈로서 경상설골인대에 의해 측두골(temporal bone)의 경상돌기(styloid process) 끝에 매달려 있다. 설골은 후두의 강방 또는 갑상연골의 바로 위에 위치하므로 목 앞에서 아래쪽으로 뻗은 갑상연골 사이의 피하에서 쉽게 만져진다. 설골은 몸통(body)과 양끝의 대각(greater horns)과 위쪽의 소각(lesser horns)으로 구분되며, 다른 뼈와는 관절하지 않고 근육으로만 연결되어 있다.

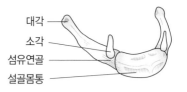

오른쪽 앞과 측면에서 본 설골

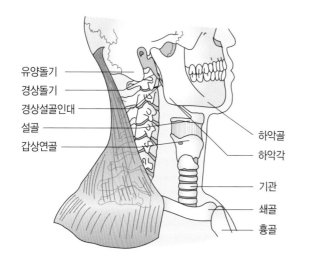

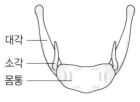

앞과 위에서 본 설골

[그림 1-13] 설골(측면)

3. 흉곽

흉곽(thorax)은 깔때기 모양으로 생겼으며 후벽을 이루는 12개의 흉추, 앞과 측면을 이루는 12쌍의 늑골, 지지대 역할을 하는 흉골로 구성된다. 이들을 둘러싼 공간이 흉강(thoracic cavity)이며, 이곳에는 심장, 폐, 식도, 기관 등이 있다. 각 늑골 사이에는 늑골사이공간(intercostal space) 11쌍이 있으며 늑간근(intercostal m.)으로 메워져 있다. [그림 1-14]는 흉곽의 외부와 내부의 구조이다.

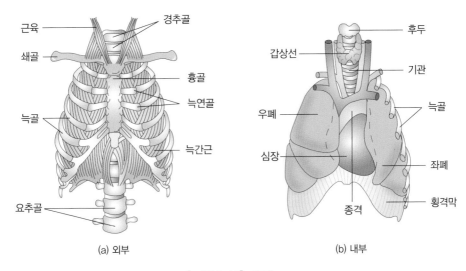

[그림 1-14] 흉곽

흉곽은 측면으로 늑골에 의해 경계가 지어진다. 늑골은 뒤쪽으로 흉추에, 앞쪽으로는 상당히 균일하게 나뉜 가슴뼈 또는 흉골에 부착되어 있다. 아래쪽 2쌍의 부유늑골을 제외하고, 다른 10쌍의 늑골은 늑골연골에 의해 흉골에 연결되어 있다. **[그림 1-15]**는 전면에서 본 흉골과 늑골의 모습이다.

(1) 흉골

[그림 1-15]에서처럼, 흉골(sternum)은 흉곽의 정중부에 있는 길이 14~16cm의 장방형의 뼈로 상부의 흉골병(manubrium), 중간의 흉골몸통 또는 흉골체(body of sternum), 하부의 칼돌기 또는 검상돌기(xiphoid process) 등 3부분으로 구분된다. 흉골병에는 쇄골(clavicle)과 제1늑골(first rib)이 붙어 있다. 쇄골은 인체에서 골화가 가장 먼저 시작되는 S자형의 뼈로 견갑골(scapula)과 흉골을 연결한다. 견갑골은 제2~7늑골 사이에 있는 삼각형의 편평골로 일명 주걱뼈라고도 한다. 흉골병과 흉골몸통의 결합부는 약간 솟아올라서 흉골각(sternal angle)을 이루고 그 양쪽에 바로 제2늑골이 부착되어 있다. 늑골절흔(costal notch)에는 7쌍의 늑골(즉, 진늑골)이 직접 관절한다. 참고로, 흉골체와 검상돌기의 결합부는 제9번 흉추이다.

(2) 늑골

갈비뼈 또는 늑골(rib)은 흉골과 흉추가 연결되어 늑추관절(costovertebral joint)을 형성한다. 이 관절의 운동으로 늑골이 당겨지면 흉곽의 용적이 커진다. 늑골은 흉곽의 외측벽을 구성하는 12쌍의 편평골로 이루어져 있으며, 흉추쪽을 늑골두(head), 이어지는 곳을 늑골경(neck) 그리고 앞바깥쪽을 늑골체(body)라 한다. 특히 늑골체의 끝은 늑연골로 흉골과 이어지는데, 흉골의 늑골절흔(costal notches)에 연결된 제1~7늑골을 진늑골(true ribs)이라고 하며, 직접 관절하지 못한 나머지 제8~12늑골을 가늑골(false ribs)이라 한다. 특히 제11~12늑골은 늑골 앞쪽 끝이 관절하지 않고 떠 있기 때문에 부유늑골(floating ribs)이라 한다. 그리고 12번째 늑골 바로 아래에는 첫째 요추(first lumbar vertebra)가 있다. 각 늑골 사이는 늑간극(intercostal space)이라 하며 11쌍이 있고, 늑간근(intercostal m.)으로 채워져 있다.

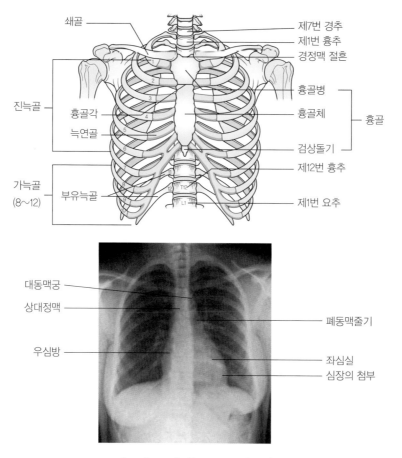

쇄골
제7번 경추
제1번 흉추
경정맥 절흔
진늑골
흉골병
흉골체
흉골각
늑연골
검상돌기
가늑골
(8~12)
부유늑골
제12번 흉추
제1번 요추

흉골

대동맥궁
상대정맥
폐동맥줄기
우심방
좌심실
심장의 첨부

[그림 1-15] 흉골과 늑골(전면)

5. 척추

흉강(thoracic cavity)은 뒤쪽으로 척추와 경계를 이루고, 척추(vertebrae)는 연골판으로 서로 이어진 작은 뼈(척주)의 연속으로 되어 있어, 인간이 다양한 자세를 취할 수 있도록 유연성을 제공한다. 척추는 위로 머리에서 아래로 골반까지 신체 전반의 골격계를 지탱해 준다. 척추는 26개(신생아 32~35개)의 추골과 추골 사이의 섬유연골인 추간원판(intervertebral disc)으로 구성되어 있으며, 성인의 경우 약 70cm이고 중앙에 척주관을 형성하여 중추신경이 척수를 수용하고 있다. [그림 1-16]은 척추의 정면, 후면이다.

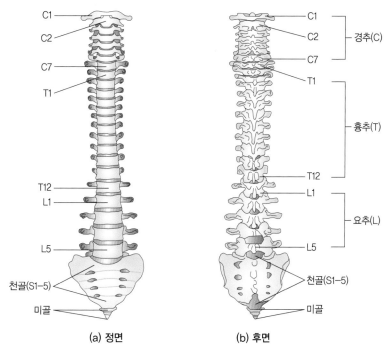

(a) 정면   (b) 후면

[그림 1-16] 척추

(1) 척추의 구분

목 부위에 있는 경추(cervical vertebrae), 심장과 폐의 뒤쪽 흉강에 자리 잡고 있는 흉추(thoracic vertebrae), 등의 아래쪽에 있는 요추(lumbar vertebrae), 골반(pelvis)의 후방에 있는 천골(sacrum), 그리고 척추의 아래쪽 말단에 '꼬리뼈'의 흔적으로 알려진 미골(coccyx)이 있다. 〈표 1-5〉에서처럼 신생아의 척추는 32~35개로 구성되어 있다. 즉, 경추 7개, 흉추 12개, 요추 5개, 천추 5개 그리고 미추가 3~5개로 되어 있다. 그러나 성인에서는 천추와 미추가 서로 융합되어 각각 1개씩의 천골과 미골이 되기 때문에 총 26개가 된다.

〈표 1-5〉 척추

구분	신생아	성인
경추	7개(C1~C7)	7개(C1~C7)
흉추	12개(T1~T12)	12개(T1~T12)
요추	5개(L1~L5)	5개(L1~L5)
천골	5개(S)	1개(S)
미골	3~5개(C)	1개(C)
합계	32~35개	26개

(2) 척추의 만곡

성인의 척추는 위로부터의 하중을 완충하기 위하여 앞뒤로 4곳이 급어 있는데, 이를 만곡(vertebral curve)이라고 한다. 척추의 만곡은 [그림 1-17]과 같다.

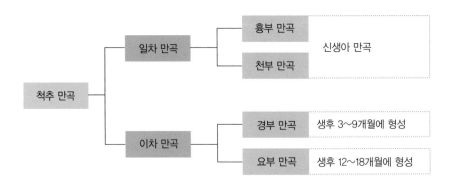

[그림 1-17] 척추 만곡의 구분

[그림 1-18]처럼, 척추를 측면에서 보면 경부와 요부는 앞쪽으로 볼록하게 구부러져 있고, 흉부와 천골부는 뒤쪽으로 볼록하게 구부러져 있다. 즉, 신생아 때는 2개의 만곡, 성인이 되어서는 4개의 만곡을 이루고 있다. 이와 같은 만곡 때문에 사람은 직립 상태에서도 몸의 균형을 쉽게 잡을 수 있는 것이다.

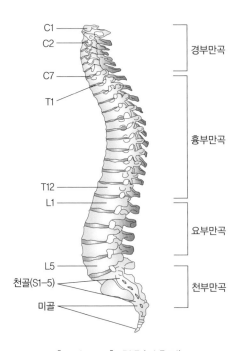

[그림 1-18] 척추(좌측면)

1.5.2 관절

견고한 구조물인 뼈끼리 만나는 곳에는 관절(joints)이 형성되어 있다. 관절을 통해 구부리기, 비틀기, 돌기 등의 움직임이 가능하다. 몸 전체에는 200개가 넘는 다양한 관절들이 있다. 뼈 사이에 있는 관절처럼 어떤 것은 움직일 수 없는 것도 있다. 무릎관절처럼 움직일 수 있는 관절은 관절을 에워싸는 윤활막(synovial membrane)에서 윤활액(synovial fluid)이 분비되어 연골(cartilage)의 끝부분이 매끄러워진다. 인대(ligament)는 관절이 움직일 때 관절을 안정시켜 주는 기능을 한다. 인대는 뼈와 뼈, 기관과 기관을 연결하고, 힘줄 또는 건(tendon)은 질긴 교원섬유(collagen fiber)가 다발(bundle)을 형성하고 있으며 근육과 뼈를 연결한다.

1.5.3 근육

근육(muscles)은 인체에서 가장 큰 용적을 차지하는 기관으로 체중의 40~50% 정도에 해당한다. 근육이란 수축 현상을 통해 화학적 에너지를 직접 기계적인 에너지와 열로 바꾸어 주는 일종의 '기계'라 할 수 있다. 근육수축에 직접적으로 이용되는 에너지원인 아데노신삼인산(adenosine triphosphate, ATP)이 근수축 시 아데노신이인산(adenosine diphosphate, ADP)과 인산(phosphate)으로 분해된다. 즉, ATP는 실질적으로 근육을 움직이는 연료인 것이다.

근육은 뼈에 부착되어 인체의 운동을 담당하며 기능과 형태에 따라 3종류로 구분한다. 대표적인 예를 들면, 마음대로 움직일 수 있는 수의근(voluntary m.)으로서 뼈에 부착되어 골격운동을 돕는 골격근(skeletal m.), 마음대로 움직일 수 없으며 내장의 장기를 싸고 있는 불수의근(involuntary m.)인 평활근(smooth m.), 그리고 의지에 관계없이 자율적으로 움직이며 가로 무늬를 가지고 있는 심근(cardiac m.)이 있다([**그림 1-19**] 참조).

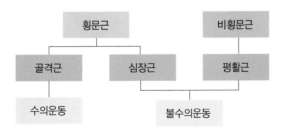

[**그림 1-19**] 근육의 분류

근육은 운동, 기능 및 모양에 따라 다양하게 명명된다. 운동과 기능에 따라 몇 가지 예를 들어 보면, 운동면에서는 구부리는 데 관여하는 근육을 굴근(flexor m.)이라 하고, 펴는 데 관여하는 근육을 신근(extensor m.)이라 하며, 내전 및 외전에 관여하는 근육을 내전근(adductor m.), 외전근(abductor m.)이라 한다. 그리고 조임근의 역할을 하는 괄약근(sphincter m.), 들어 올리는 데 관여하는 올림근(levator m.), 내리는 데 관여하는 내림근(depressor m.) 등이 있다. 기능 면에서는 어떤 운동을 할 때 중추적인 역할을 하는 주동근(prime movers)이 있으며, 이를 도와주는 보조근(assistant movers), 또한 주동근과 같은 역할을 하는 협력근(synergistic muscle) 및 반대 운동을 하는 길항근(antagonistic m.) 등이 있다.

인체 전면의 근육을 간략하게 살펴보면, 두경부에 얼굴을 형성하는 안면근(facial m.), 머리를 굴곡시키는 흉쇄유돌근(sternocleidomastoid m.), 견갑골의 회전과 어깨를 들어 올리는 전거근(serratus anterior m.), 어깨관절에서 팔의 굴곡 및 내전을 돕는 대흉근(pectoralis major m.), 견갑골에서 기시하여 앞 팔꿈치의 굴곡을 만드는 상완이두근(biceps brachii m.), 백선(linea alba)에 의해서 분리되며 척추를 구부리는 복직근(rectus abdominis m.), 복부의 내장을 압박시켜 주며 배뇨, 배변, 분만, 강제호식을 돕는 외복사근(external abdominal oblique m.) 등이 있다.

인체 후면의 근육을 간략하게 살펴보면, 후두골을 덮는 후두근(occipital m.), 팔과 견갑골을 움직이는 승모근(trapezius m.), 흉부, 복부 및 상지에는 팔의 내전 시 주동근의 역할을 하는 삼각근(deltoid m.), 상완의 내전을 담당하는 광배근(latissimus dorsi), 골반을 덮는 중둔근(gluteus medius)과 대둔근(gluteus maximus) 등이 있다([그림 1-20] 참조).

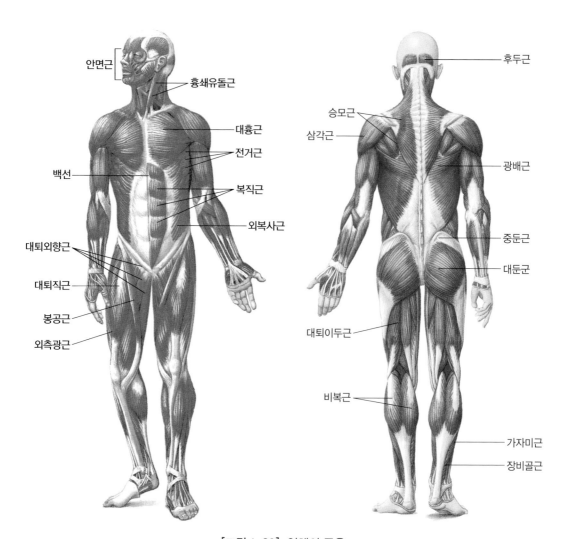

[그림 1-20] 인체의 근육

　　모든 근육에는 뇌신경(cranial n.)과 척수신경(spinal n.)이 분포되어 있는데, 뇌와 척수에서 운동신경 (motor n.)과 감각신경(sensory n.)을 내어 근육의 운동과 지각을 맡고 있다. 또한 자율신경(autonomic n.)이 혈관이나 근육의 긴장과 내장의 운동 및 지각을 담당하고 있다.

1. 머리의 근육

　　머리의 근육은 안면근 또는 표정근과 저작근으로 나눌 수 있다. 표정근은 눈, 귀, 코 및 입 주위를 싸서 괄약근으로 작용하며, 희로애락 등 복잡한 안면의 표정운동에 관여한다. 얼굴의 피부 밑에 있어서 피부를 움직이게 하고 안면신경의 지배를 받는다. 저작근은 악관절의 운동에 관여하며 삼차신경의 가지인 하악신경의 지배를 받는다.

　　후두근을 제외한 두경부의 근육에는 저작근(masticulatory m.), 설근(glossus m.), 구개근(velipalatini m.)이 있다.

(1) 표정근

　　표정근(m. of facial expression)으로 이마 주름에 관여하는 전두근(frontal belly m.), 눈을 감게 하는 기능을 가진 눈둘레근 또는 안륜근(orbicularis m.), 콧망울을 넓히는 코근(nasalis m.), 볼을 치아 쪽으로 접근시키게 하는 볼근(buccinator m.), 입을 다물게 하는 입둘레근 또는 구륜근(orbicularis oris m.), 보조개를 만드는 입꼬리당김근(risorius m.), 입꼬리를 끌어당겨서 웃을 때 작용하는 큰권골근(zygomaticus major m.), 윗입술에 주름을 잡아 부정적인 표정을 짓게 하는 작은권골근(zygomaticus minor m.), 슬픈 표정을 짓게 하는 입꼬리내림근(depressor anguli oris m.)과 아랫입술내림근(depressor labii inferior m.) 등이 있다.

　　[그림 1-21]과 [그림 1-22]는 각각 표정근을 정면과 측면에서 보여 주고 있다.

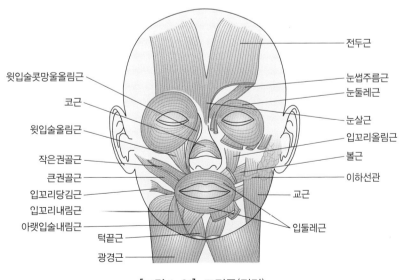

[그림 1-21] 표정근(전면)

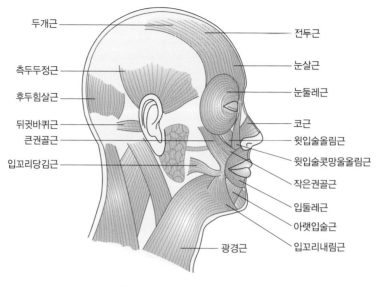

두개근 ─────

측두두정근 ─────

후두힘살근 ─────

뒤귓바퀴근 ─────
큰권골근 ─────

입꼬리당김근 ─────

───── 전두근

───── 눈살근

───── 눈둘레근

───── 코근
───── 윗입술올림근
───── 윗입술콧망울올림근
───── 작은권골근
───── 입둘레근
───── 아랫입술근
───── 입꼬리내림근

광경근 ─────

[그림 1-22] 표정근(측면)

(2) 저작근

저작근(masticatory m.)은 음식물을 씹고 깨무는 역할을 하는 강력한 근육으로 교근, 측두근, 내측날개근 또는 내측익돌근, 외측날개근 또는 외측익돌근 등이 있다(6.1.2 참조).

2. 목의 근육

목의 앞쪽에는 악이복근 또는 이복근, 하악설골근, 경상설골근, 이설골근 같은 설골상근과 견갑설골근, 흉골설골근, 흉골갑상근, 갑상설골근 같은 설골하근이 있어서 설골을 고정시키거나 하악골을 끌어 내리는 역할을 한다. 뿐만 아니라, 설골에 부착된 근육들은 음식물을 삼킬 때 상하로 설골을 움직이게 하여 연하작용을 돕는다.

이 밖에 목의 근육으로 넓은목근 또는 광경근(platysma)은 전경부로부터 측경부에 걸쳐서 피부 밑으로 달리는 얇고 넓은 1쌍의 근육으로 안면신경의 지배를 받으며, 구각을 아래로 당겨 슬픈 표정을 짓게 한다. 또한 흉쇄유돌근(sternocleidomastoid m.)은 흉골 및 쇄골에서 기시하여 유양돌기와 후두골에 걸쳐 있는 강력한 근육이며, 부신경과 경신경의 지배를 받는다.

(1) 설골상근

설골상근(suprahyoid m.)은 하악골(mandible bone)과 측두골(temporal bone)을 비롯하여 설골 위에 위치한 구조에 부착점이 있다. 설골상근은 [그림 1-23]에서 보듯이 하악신경(submandibular n.)의 지배를 받는 하악설골근(mylohyoid m.)과 설하신경(hypoglossal n.)의 지배를 받는 이설골근(geniohyoid m.) 그리고 전복은 하악신경, 후복은 안면신경의 지배를 받는 악이복근으로 이루어진 설골상근은 연하운동을 도와주거나 하악골을 끌어 내리는 역할을 한다. 이들 근육의 수축은 후두 전체를 목이 있는 위쪽으로 끌어당긴다.

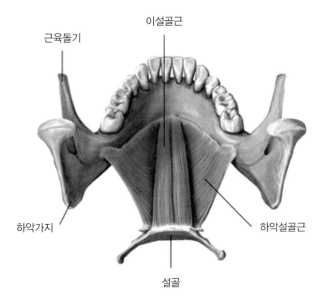

이설골근

근육돌기

하악가지

하악설골근

설골

[그림 1-23] 설골상근

(2) 설골하근

설골하근(infrahyoid m.)은 흉골(sternum)과 견갑골(scapula)을 포함하여 설골구조 아래에 외부 부착점을 갖는다. 이들 근육은 설골, 흉골, 갑상연골 및 견갑골에 부착하는 4개의 근육으로 이루어져 있다. 설골과 후두를 끌어 내리는 견갑설골근(scapulohyoid m.)과 흉골설골근(sternohyoid m.), 갑상연골과 후두를 끌어 내리는 흉골갑상근(strnothyroid m.) 그리고 설골을 끌어 내리는 갑상설골근(thyrohyoid m.)이 있다. 이들은 모두 수축할 때 후두를 아래쪽으로 내리는 역할을 하며, 설하신경이 관련되는 경신경의 지배를 받는다([**그림 1-24**] 참조).

설골상근과 설골하근의 기시부, 관련 신경 및 그 작용은 〈**표 1-6**〉으로 요약할 수 있다.

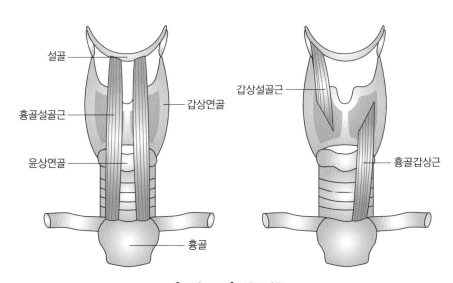

설골

흉골설골근

윤상연골

갑상연골

갑상설골근

흉골갑상근

흉골

[그림 1-24] 설골하근

〈표 1-6〉 설골상근 vs. 설골하근

근육	기시부(origin)	신경(ncrve)	작용(action)
설골상근(suprahyiod m.)			
악이복근 하악설골근 이설골근	측두골의 유양돌기 하악설곡선 하악골의 턱 융기	삼차신경 전복; 안면신경 후복 삼차신경 설하신경을 거쳐 C1~C2	살골과 혀의 기저부를 올린다. 설골과 구강저를 올린다. 설골과 혀의 기저부를 앞으로 끈다.
설골하근(infrahyiod m.)			
견갑설골근 흉골설골근 흉골갑상근 갑상설골근	견갑골 절흔(notch) 쇄골자루와 안쪽 끝 쇄골자루의 뒷면 갑상연골	신경선 고리를 거쳐 C1~C3 신경선 고리를 거쳐 C1~C3 신경선 고리를 거쳐 C1~C3 설하신경을 거쳐 C1~C2	설골과 후두를 끌어 내린다. 설골과 후두를 끌어 내린다. 갑상연골과 후두를 끌어 내린다. 설골을 끌어 내린다.

출처: Brunk-Kan(1979: 200)

1.6 성장과 발생

임신(pregnancy)에서 분만(labor)까지의 기간은 약 280일(40주) 혹은 4주를 1개월로 하여 10개월이라고 하는데, 모체의 자궁 속에서 발생 중인 생체는 발생 8주까지는 배아(embryo) 그리고 3개월째인 9주부터 출생까지는 태아(fetus)라고 한다. 배아라는 용어는 내세포피가 외배엽(ectoderm)과 내배엽(endoderm)으로 분화되는 발생 2주 후부터 사용한다. 특히 발생 4~8주 사이는 인체의 주요 기관계통을 형성하는 시기이기 때문에 기관형성기(period of organogenesis)라고도 한다.

수정란의 착상 부위는 자궁벽이고 착상시기는 보통 수정 후 7일이다. 임신 2개월이 되면 태아의 특징이 완성되고, 3개월이면 남녀의 차이가 구별되며, 4개월이 되면 태동을 시작하고, 5개월이면 모체가 태동을 느끼기 시작한다. 임신 28주(7개월) 이전의 출산을 유산이라 하며, 임신 29~38주 사이의 출산을 조산(premature labor)이라 한다. 신생아의 신장은 50~55cm이고, 체중은 평균 3.3kg이다.

〈표 1-7〉 발생과 성장의 구분

구분	기별	시점
출생 전	배아기(embryonic period) 태아기(fetal period)	임신 2개월까지 임신 3개월~출생 전
출생 후	신생아기(neonate) 유아기(infancy) 소아기(childhood) 학령전기(preschool ages) 사춘기(puberty) 청년기(adolesence) 성인기(adulthood) 노인기(senility)	생후 4주까지 생후 4주~1년 생후 1년~사춘기 5~6세 7~18세 남자: 15±2세, 여자: 13±2세 20세 이후 65세 이후

사춘기(puberty)는 생식능력을 갖게 되는 시기를 가리키며 여아와 남아가 서로 다르다. 이 시기에는 생식기가 성숙하고 2차 성징(sex characteristics)이 나타난다. 여아는 유방의 발달, 초경이 나타나고, 남아는 후두의 융기가 뚜렷해지고, 사정을 특징으로 한다. 일반적으로 여아의 사춘기가 남아보다 약 2년 정도 일찍 나타난다. 여아의 경우 사춘기는 13±2세, 남아의 경우는 15±2세이다. 특히 남아는 이 시기에 성대의 크기가 급격하게 커지면서 어른 음성과 아이 음성이 섞이는 변성기(mutational period)를 겪게 된다(〈표 1-7〉 참조).

번식에 관련된 호르몬에는 난포자극호르몬(follicle stimulating hormone, FSH)과 황체형성호르몬(luteinizing hormone, LH)이 있다. 이들은 시상하부에서 분비되는 성선자극방출호르몬(luteinizing hormone releasing hormone, LHRH)에 반응하여 방출된다. FSH는 정자생성을 자극하고, LH는 스테로이드(steroid)성 안드로겐(androgen)의 생산을 자극한다. 안드로겐은 테스토스테론(testosterone)과 함께 근육과 뼈를 키워 육체적으로 남자답게 만드는 남성호르몬이다. 특히 안드로겐은 후두의 성장을 자극하고 이로 인하여 성대가 길어지기 때문에 목소리의 높이가 낮아진다. 여아의 경우 FSH는 난자생성을 자극하고, LH는 여성 성호르몬인 에스트로겐(estrogen) 또는 프로게스테론(progesterone)의 분비를 자극하여 사춘기 말기에는 월경(menstruation)을 하게 된다. 여성은 50세를 전후하여 폐경(menopause)이 시작되는데, 이는 안드로겐 대 에스트로겐의 비율에서 에스트로겐의 비율이 현저하게 낮아지는 시기에 생기는 생리적인 현상이다. 남성의 경우에도 50세 이후에는 남성 성호르몬인 테스토스테론의 생산이 급격하게 감소하며 이를 남성 갱년기(male climacterium)라 한다.

생물학적 노화(aging)는 태어날 때부터 시작되어 전 생에 걸쳐 불규칙하게 지속되는, 인간에게 보편적으로 일어나는 현상이다. 특히 중-장년기부터 전반적 생리적 기능의 감퇴를 초래하는 퇴화(degeneration)가 눈에 띄게 진행되며, 65세 이상의 노인기에는 그 속도가 급격하게 진행된다.

해부 및 생리학의 기초 Tips

1 모든 생명체에서 일어나는 다양한 대사활동은 생체 내부 환경의 균형을 이루기 위해 일정하게 조절되는데, 이를 항상성(homeostasis)이라 한다.

2 인체의 구조적 체계는 세포(cell), 조직(tissue), 기관(organ), 계통(system), 유기체(organism)로 되어 있다.

3 세포는 순환기계에 의해 일정하게 공급되는 산소와 영양분을 필요로 한다. 순환기계는 이산화탄소와 다른 노폐물을 제거할 수 있도록 하여 생명유지에 요구되는 에너지를 발생시킨다.

4 골격(뼈)은 인체를 지지(support)하고, 각 기관들을 보호(protection)하며, 근육과 함께 운동(movement)에 기여하며, 무기질의 저장소(mineral storage)로 이용될 뿐만 아니라 조혈(hemotopoiesis)작용의 역할도 한다.

5 인체의 골격체계는 두개골(7), 이소골(6), 설골(1), 척추골(26), 늑골(24), 흉골(1)로 이루어진 체간골격(axial skeleton)과 상지골(64), 하지골(62)로 이루어진 사지골격(appendicular skeleton)으로 나뉘며, 모두 206개의 뼈로 이루어져 있다.

6 두개골(cranial bone)은 뇌두개골(5종 7개)과 안면두개골(9종 15개)이 있는데 이 가운데 1개로 구성된 것은 후두골(occipital), 접형골(sphenoid), 전두골(frontal)이고, 쌍으로 구성된 것은 측두골(temporal), 두정골(parietal), 하비갑개골(inferior nasal bone concha), 누골(lacrimal), 비골(nasal), 상악골(maxilla), 구개골(palatine), 권골(zygomatic)이다.

7 척추는 경추(cervical vertebrae) 7개, 흉추(thoracic vertebrae) 12개, 요추(lumbar vertebrae) 5개, 천골(sacrum) 1~5개, 미골(coccyx) 1~5개로 구성되어 있다.

8 근육(muscles)은 형태에 따라 수의근(voluntary m.)인 골격근(skeletal m.), 불수의근(involuntary m.)인 평활근(smooth m.) 그리고 의지에 관계없이 자율적으로 움직이는 심근(cardiac m.)으로 나뉜다.

9 근육은 기능에 따라 어떤 운동을 할 때 중추적인 역할을 하는 주동근(prime movers m.)이 있으며 이를 도와주는 보조근(assistant movers m.), 또한 주동근과 같은 역할을 하는 협력근(synergistic muscle) 및 반대 운동을 하는 길항근(antagonistic m.) 등이 있다.

10 목의 근육으로 설골상근(suprahyoid m.)은 악이복근(digastric m.), 하악설골근(mylohyoid m.), 이설골근(geniohyoid m.) 등으로 구성되며, 설골하근(infrahyoid m.)은 흉골설골근(sternohyoid m.), 흉골갑상근(sternothyroid m.), 갑상설골근(thyrohyoid m.) 등으로 구성되어 있다.

11 힘줄 또는 건(tendon)은 근육과 뼈를 연결해 주고 인대(ligament)는 뼈와 뼈 또는 기관과 기관을 연결해 준다.

단원정리

1. 언어의 연쇄(speech chain)란 무엇인가?

2. 항상성(homeostasis)에 대하여 간략히 설명하시오.

3. 인체의 구조적 체계란 무엇인가?

4. 11개의 인체의 계통을 열거하시오.

5. 시상면(sagittal plane)과 관상면(coronal plane)의 차이점은 무엇인가?

6. 복강(abdominal cavity)에 포함되는 장기들은 무엇인가?

7. 골격계의 주요한 기능에 대하여 간략히 설명하시오.

8. 뇌두개골(cranial cranium)을 열거하시오.

9. 두개골의 봉합(suture)이란 무엇이며 그 종류는 무엇인가?

10. 길항근(antagonistic m.)에 대해 예를 들어 설명하시오.

11. 수의근(voluntary m.)과 불수의근(involuntary m.)이란 무엇인가?

12. 힘줄 또는 건(tendon)과 인대(ligament)의 차이는 무엇인가?

CHAPTER 02

호흡의 해부와 생리

"인간에게 호흡의 중단은 곧 죽음을 의미한다. 아마도 신생아의 생애 첫 호흡과 사망하는 사람의 마지막 호흡은 인간이 경험하는 가장 극적인 순간일 것이다. 따라서 호흡의 일차적인 기능을 생명유지라고 하는 것이다. 즉, 인간은 생명을 유지하기 위해 필요한 산소(O_2)를 받아들이고, 물질대사의 결과로 생긴 이산화탄소(CO_2)를 배출해야 한다. 당연히 호흡의 이차적인 기능은 주로 날숨을 이용한 발성이다. 인간은 아침에 눈을 떠서 잠들기 전까지 말과 함께 하는 생활을 하고 있다. 하지만 신경이나 호흡에 기질적인 문제가 생기면 이로 인해 발성에 문제가 생기기도 한다. 그러므로 언어치료사(SLP)는 호흡기관의 구조와 기능은 물론, 호흡의 기전에 대하여 구체적인 지식이 필요하다."

생물학적 목적을 위한 호흡과정에는 신체조직이 요구하는 산소를 공급하기 위한 들숨(inspiration)과 세포활동의 결과 발생한 폐기물인 이산화탄소의 배출을 위한 날숨(expiration)이 필수적으로 관련된다. 뿐만 아니라 인간의 호흡은 대사작용, 체온조절, 내분비 균형과 여러 가지를 포함하는 다른 신체 기능과 통합되어 있는 놀랍도록 복잡한 기능이다(Boliek et al., 1996). 발화를 위한 호흡에서 날숨은 부가된 기능이라 할 수 있다. 즉, 인간은 생물학적으로 신체조직을 보호하도록 의도된 구조를 의사소통의 목적에 적응시키는 법을 알게 되었다.

2.1 생명유지를 위한 호흡과 발화를 위한 호흡

[그림 2-1]은 안정 시 폐용적(pulmonary volume)이다. 그림에서 보듯이 안정 시 들숨과 날숨의 비율은 40% 대 60%로 구성된다.

생명유지를 목적으로 하는 호흡과 발화를 위한 에너지원으로서의 호흡은 서로 다른 운동기능을 한다. 생명유지를 위한 호흡은 보통 특정한 순간에 신체의 필요에 의해 결정된 호흡의 정도에 대한 무의식적이고 자동적인 작용이다. 예를 들어, 우리는 조용히 앉아 있거나 책을 읽을 때보다 활발한 운동을 할 때 많은 양의 공기를 들이마신다. 이러한 공기 흡입량의 차이는 우리 혈액 속의 산소 수치에 따라 반사적으로 결정된다. [그림 2-2]에서처럼 생명을 위한 호흡 시에는 폐용량(pulmonary capacity)이 500cc 정도로 일정하지만 발화를 위한 호흡 시에는 더 많은 노력이 들어가기 때문에 3,500cc까지 폐용량이 변화하는 것을 알 수 있다.

Ferrand(2007)에 따르면 생명유지를 위한 호흡과 발화를 위한 호흡은 〈표 2-1〉에서 보는 바와 같이, ① 공기가 흡입되는 위치, ② 들숨 대 날숨의 시간 비율, ③ 주기별 흡입공기량, ④ 날숨을 위한 근육활동에서 중요한 변화가 일어난다.

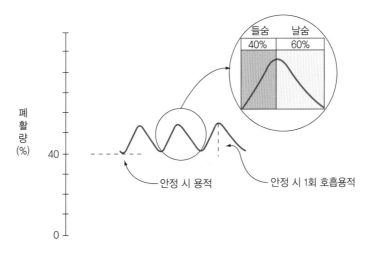

[그림 2-1] 안정 시 폐용적

출처: Perkins & Kent(1986: 48)

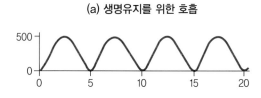

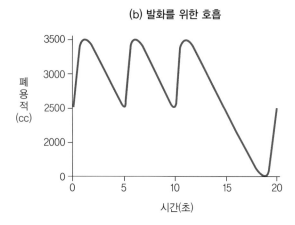

[그림 2-2] 생명유지를 위한 호흡(a)과 발화를 위한 호흡(b) 시 폐용량의 변화

출처: Seikel, King, & Drumright(2010: 158)

〈표 2-1〉 생명유지를 위한 호흡과 발화를 위한 호흡 시 발생하는 변화

변화	생명유지를 위한 호흡	발화를 위한 호흡
공기 흡입위치	코	입
들숨: 날숨 배출시간 비율	흡입 40% 배출 60%	흡입 10% 배출 90%
공기용적	500cc/폐활량(VC)의 10%	말의 길이나 크기에 따라 변화/폐활량의 20~25%
날숨을 위한 근육활동	수동적	능동적

출처: Ferrand(2007: 89)

　발화를 위한 호흡은 복잡한 작용에 의해 이루어지는데, 그 이유는 적절한 가스교환과 언어의 생성이 동시에 이루어져야 하기 때문이다. 예를 들어, 발화의 흐름을 깨지 않기 위해서는 언어적으로 적절한 지점에서 숨을 쉬어야 하며, 발화를 생성하기 위해 적당한 양의 공기를 들이마셔야 하고 한 숨에 몇 개 이상의 음절을 말할 수 있도록 하기 위해 적절한 길이의 날숨을 발생시켜야 한다.

　호흡체계는 또한 강도와 단어의 강세 그리고 강조 같은 발화의 운율적 요소와도 관련이 있다(Metz & Schiavetti, 1995). 인간 발화는 호흡기, 후두, 인두, 구개 및 안면근육 그룹에서 이루어지는 70~80개의 근육활동의 정교한 통제와 정확한 신경적 통합을 통해 발생한다(Davis et al., 1996).

2.1.1 공기의 흡입 위치

우리는 코를 통해서 건강하고 정상적인 호흡을 하게 된다. 코를 통한 호흡은 폐로 들어올 수 있는 이물질을 잘 걸러 줄 뿐만 아니라 습도와 온도도 잘 맞춰 준다. 즉, 작은 솜털들이 콧구멍 안쪽의 점막에 나 있고, 기관의 섬모와 유사하게 콧구멍 안에 있는 섬모는 먼지 입자나 오염물질을 걸러 내 호흡기 내부로 들어가는 것을 막아 줌으로써 공기를 거르는 기능을 한다. 또한 콧구멍 안의 점막은 들어오는 공기를 축축하고 따뜻하게 하여 습도와 온도를 조절하는 역할을 한다. 반면에 발화를 위한 호흡은 입을 통해서 이루어진다. 입을 통해서 들어오는 공기는 폐에 도달하는 거리가 짧고, 입 안에 있던 기존의 공기가 우리가 내는 소리의 대부분을 위한 에너지원이기 때문에 발화를 위해 훨씬 더 효율적인 것이다.

2.1.2 들숨 대 날숨의 시간 비율

앞에서 살펴본 바대로, 생명을 유지하기 위한 호흡에서는 보통 약 40%가 들숨에 사용되고 약 60%는 날숨에 사용된다. 각각의 들숨과 날숨은 연령, 신체적 조건, 기타 요인들에 따라 다르다. 반면에 발화를 위한 호흡에서는 들숨 시간은 전체 주기의 약 10%로 짧아지고, 날숨 시간이 주기의 90%까지 늘어난다. 생명유지를 위한 호흡에서는 들숨과 날숨의 주기가 대략 2초 동안 이루어지지만, 발화를 위한 호흡에서는 20~25초까지 지속될 수 있다. 이 비율은 말을 하기에 효율적이다. 만약 우리가 숨을 들이마시기 위해 매번 몇 초마다 멈추어야 한다면, 그리고 각각의 날숨을 위해 2초가 걸린다면 상당히 불편할 것이다. 이처럼 들숨은 짧게 하고 날숨을 늘림으로써, 우리는 부드럽게 연속해서 말을 할 수가 있다.

2.1.3 주기당 흡입공기량

각각의 연속적인 호흡에서 우리는 약 500cc의 공기를 들이쉬고, 동일한 양을 내쉬고, 다시 500cc를 들이마셨다 다시 내쉬면서 호흡이 계속된다. 이 500cc는 평균폐활량(mean vital capacity)인 약 5,000cc의 10% 정도이다.

그러므로 생명유지를 위한 호흡에서 우리는 폐가 수용할 수 있는 만큼의 공기를 들이마시지 않고, 약 10% 정도만 들이마시는 것이다. 발화를 위한 호흡 시 성인은 1회 호흡량(tidal volume)에서 일반적으로 폐활량의 약 50%까지 들이마시며 약 40%를 내쉬는데, 이는 잔여날숨 수준(residual expiratory level)까지 내려가는 것이다 (Porte, Hogue, & Tobey, 1995). 이렇듯, 우리는 발화를 한 번 할 때 조용한 호흡 시의 10%와 비교하여 폐활량의 약 20~25%를

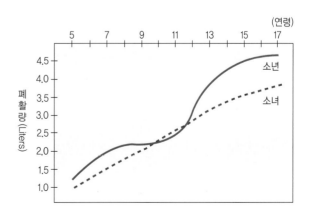

[그림 2-3] 폐활량

사용한다.

[그림 2-3]은 소년과 소녀의 폐활량을 보여 준다. 소녀는 5세~17세까지 거의 일정하게 연령에 따라 폐활량이 증가하는 반면, 소년은 10세를 전후하여 폐활량이 감소하다가 17세경에는 4,500cc로 크게 증가한다.

음소(phoneme)의 형태도 호흡에 영향을 미칠 수 있다. 무성 파열음과 무성 마찰음은 기류 유출량이 많이 필요한 반면, 유성 파열음과 유성 마찰음은 유출량이 덜 필요하다(Russell & Stathopoulos, 1988). 어린이는 일반적으로 폐활량의 약 65%에서 말을 시작하고 약 30%에서 말이 끝난다. 또한 어른보다 훨씬 더 많이 말하기 위한 목적으로 잔여날숨 수준보다 적게 숨을 쉰다(Stathopoulos & Saptenza 1997). 훈련받은 가수들은 노래를 부르는 동안에 훨씬 많은 양의 날숨을 이용하며, 때때로 거의 전체 폐활량을 이용하기도 한다(Watson & Hixon, 1985).

2.2 호흡기관의 구조 및 기능

생명유지를 위하여 조용히 숨쉬는 동안(즉, 산소를 신체조직에 나르고 신체조직에서 이산화탄소를 나르는 동안) 내쉬는 공기는 호흡관을 통하여 대기로 되돌아갈 뿐이다. 이러한 형태의 숨쉬기는 우리 생활에서 1분에 약 12~16번 수행되는 준자동화된 탄성반동(elastic recoil) 작용에 의하여 일어난다.

[그림 2-4]는 비강에서 폐에 이르기까지의 기도의 모습을 보여 준다.

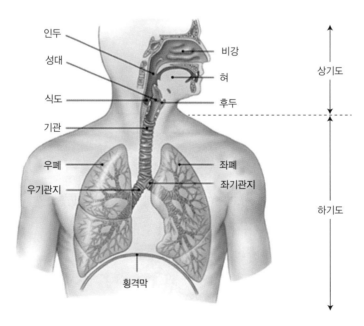

[그림 2-4] 호흡기관(respiratory organs)

2.2.1 기도

기도(respiratory tract/air pathway)의 경로를 간단히 살펴보면 코(nose) 또는 입(mouth), 인두(pharynx), 기관(trachea), 주기관지(main bronchus), 세기관지(bronchioles), 폐포관(alveolar ducts), 폐포낭(alveolar sacs), 폐포(alveolus)이다.

기도(airway)란 비강으로부터 인두, 후두, 기관, 기관지를 거쳐 세기관지에 이르기까지 호흡운동에 수반하여 외기와 폐포 사이를 가스가 이동하는 통로를 가리킨다. 처음에 외기가 기도를 통과하는 동안 수증기에 포화되고, 외기를 체온으로 덥히거나 날숨 공기를 식히는 온도조절(air conditioning) 작용을 하기 때문에 외기가 폐포에 도달할 때에는 거의 체온에 가까워진다. 폐로 공기를 유입시키거나 폐에서 공기를 배출하는 과정을 폐환기(pulmonary ventilation)라 한다. **[그림 2-5]**에서처럼 외부 환경과 폐 사이에 공기가 이동하는 경로인 기도는 하나의 기관으로 시작하여 분기부(carina)에서 2개의 기관지(bronchi)로 분리된 후에도 계속 둘씩 갈라져 점점 작고 많은 가지로 나누어진 다음 종말세기관지(terminal bronchiole)와 호흡세기관지(respiration bronchiole)를 거쳐 폐와 연결된다. 후두를 중심으로 위를 상기도, 아래를 하기도라 한다. 1차 가스교환은 폐포에서, 2차 가스교환은 세포에서 일어난다. 세

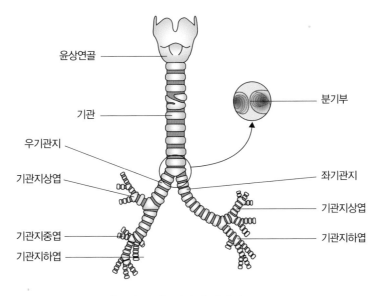

윤상연골

기관

우기관지

기관지상엽

기관지중엽

기관지하엽

분기부

좌기관지

기관지상엽

기관지하엽

[그림 2-5] 기관과 기관지

?! 순환계(circulatory system)

일정한 관을 통하여 영양물질과 산소(O_2)를 각 기관과 조직에 공급하고 대사물질인 이산화탄소(CO_2)와 노폐물은 신장을 통하여 체외로 배출하는 기능을 한다. 신체의 수송계로 액체인 혈액, 그것이 흐르는 도관인 혈관과 혈액을 밀어내는 펌프 역할을 하는 심장의 세 가지 주요 부분으로 구성되어 있다. 특히 심장과 혈관을 심혈관계(cardiovascular system)라 한다.

포에서 일어나는 가스교환을 내호흡이라 한다.

1. 기관

기관(trachea/wind pipe)은 제6경추 아랫면 윤상연골 바로 아래부터 기관 분기부에 이르는, 길이 10~11cm · 직경 2.5cm의 개방된 관으로 식도의 앞에 접해서 거의 수직으로 내려가 흉강에 들어가고, 이어서 심장의 후방 제5흉추 앞에 이르러 좌우 기관지로 나뉜다. 기관은 16~20개의 C자 모양의 기관연골(tracheal cartilages)로 이루어지고 그 사이에 결합조직이 연결되어 있어 안쪽의 공간이 오그라들지 않는다. 또한 연골과 인대의 조합은 탁월한 유연성을 지니고 기관을 보호한다.

기관의 내면은 점막상피로 덮여 있고 외면은 외막으로 덮여 있다. 내면의 점막상피에는 수백만 개의 섬모가 있어 항상 밖으로 움직인다. 또한 뒷벽에는 연골이 없고, 평활근이 2층으로 되어 있는 막성 벽(membraneous wall)으로 배열되어 있다. 섬모는 계속적으로 물결(wave)처럼 움직인다. 섬모가 아래쪽으로 천천히 움직일 때는 먼지, 오염물, 박테리아, 바이러스를 걸러내고 위쪽으로 움직일 때는 점액의 끈끈한 조직에서 서로 뭉쳐져 목으로 밀리고 결국 내뱉어진다. 그러므로 섬모작용은 폐로 들어가는 공기를 청소하는 여과기(filtering system)로서의 역할을 한다고 할 수 있다. **[그림 2–6]**은 폐와 기관 및 기관지의 구조를 보여 준다.

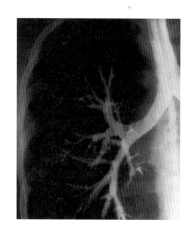
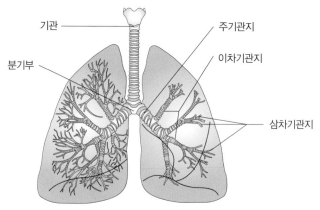

기관 ── 주기관지

분기부 ── 이차기관지

삼차기관지

[그림 2–6] 폐와 기관지

2. 기관지

기관지(bronchi)는 제5흉추의 위쪽 경계에서 좌우 기관지로 나뉘어 폐문에 이르는 기도 부분으로, 심장의 위치 때문에 좌폐의 면적이 작아 좌우대칭이 아니다. 우기관지(right bronchus)는 짧고 굵으며 정중선과 이루는 각이 작은 반면, 좌기관지(left bronchus)는 우기관지보다 가늘고 길며 정중선과 이루는 각이 크다(**[그림 2–5]** 참조). 기관지는 크게 호흡구역과 전도구역으로 나뉜다.

기관지 점막(mucosa)에서 분비되는 분비물에는 면역글로불린(immunoglobulin)이 함유되어 있어 각종 감염에 대한 면역작용을 한다. 폐포로 이물질이 침입하는 것을 방지하기 위해서 코털(hair of nostril)은 직경10㎛ 이상의 입자를 걸러내고, 여기를 통과한 이물질들은 대부분 비강 또는 인두점막에 흡착되어 제거된다. 직경 2~10μm의 이물입자는 더 가는 기도에서 기류의 속도가 늦어지면서 기관지벽에 낙하하게 되고 낙하된 소립자(particle)는 점막상피의 섬모(cilia)작용에 의하여 비강 방향으로 이동한다. 섬모는 점액으로 덮여 있으며 분당 1,000~1,500회 정도의 통합적인 운동을 하여 16mm/min 이상의 속도로 이물질을 비강 방향으로 이동시킨다. 이때 직경 2μm 이하의 미립자는 보통 폐포까지 도달하지만 폐포의 대식세포(macrophage)에 포식되어 림프절로 운반된다. 외기에서 폐포로 들어온 공기는 이 같은 기도의 세척작용(cleaning action)으로 거의 무균상태로 유입되며, 점액과 혼합된 이물질은 기침 또는 재채기반사에 의해 외부로 배출된다.

(1) 호흡구역

기도에서 호흡구역(respiration zone)이란 가스교환에 참여하는 호흡세기관지(respiratory bronchiole)부터 폐포관(alveolar duct)을 거쳐 폐포(alveolus) 또는 폐포가 모여 있는 주머니인 폐포낭(alveolar sac)까지를 말한다.

(2) 전도구역

종말세기관지 이전 부분은 가스교환에 참여하지 않고 공기 통로 역할만 하므로 전도구역(conducting zone)이라 한다. 전도구역은 공기의 통로가 될 뿐만 아니라 공기에 온도와 습도를 부여하고 공기 속의 이물질(foreign material)을 제거함으로써 신체를 방어하는 기능도 한다. 기도 내면을 덮고 있는 점액(mucus)은 이물질을 흡착하고, 한 방향으로 움직이는 섬모의 운동은 이물질을 목구멍 쪽으로 배출한다.

(3) 종말세기관지와 폐포

호흡계의 전도구역은 입, 코, 인두, 후두, 기관, 주기관지, 세기관지, 종말세기관지로 구성된다. 이

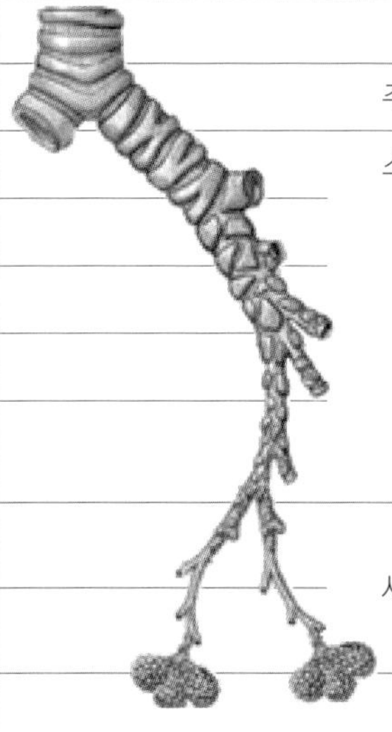

		이름	구분	직경(mm)	분지수	단면적(cm^2)
전도구역		기관	0	15~22	1	2.5
		주기관지	1	10~15	2	
		소기관지	2		4	
			3			
			4	1~10		
			5			
			6~11		1×10^4	
가스교환 부위		세기관지	12~23	0.5~1	2×10^4 ↓ 8×10^7	100 ↓ 5×10^3
		폐포	24	0.3	$3~6 \times 10^8$	$>1 \times 10^6$

[그림 2-7] 호흡기의 구분과 기도의 분지

들 구조는 공기를 호흡구역으로 전도함은 물론 부수적인 기능도 담당한다. 즉, 들숨의 가온과 가습 그리고 여과와 정화 등이다.

기관지는 아주 작은 종말세기관지(terminal bronchiole)로 갈라지는데, 여기서부터는 연골 없이 부드러운 근육과 점막으로만 이루어져 있다. 종말세기관지는 호흡세기관지(respiratory bronchiole)로 갈라진다. 이러한 세기관지는 수많은 하부조직(subdivision)으로 구성되어 있다. 기관으로 시작하여 아래로 내려가면 마지막에는 아주 작은 호흡기관지로 세분된다. Zemlin(1998)은 24단계로, Seikel, King & Drumright(2010) 등은 28단계로 세분한다. [그림 2-7]은 호흡기의 구분과 기도의 분지하는 과정이다.

작은 가지의 연속적인 세분화로 작은 가지의 총 표면적은 큰 가지보다 넓다(Seikel, King & Drumright, 2010). 이는 호흡을 위해 충분한 표면적을 확보하기 위한 것이다. 마지막 호흡기관지는 폐포관(alveolar ducts)으로 열려 있다. 각 폐포관은 미세하고 얇은 벽으로 되어 있으며 공기로 가득 찬 폐포(alveolus)로 이루어진다. 성인 폐의 직경은 0.25~0.50mm이며 약 3~6억 개의 폐포로 구성되어 있다. 이 폐포에서 호흡의 기본인 산소와 이산화탄소의 교환이 이루어진다. 각 폐포는 모세혈관망으로 둘러싸여 있다. 각 폐포 안에는 인지질(phospholipid) 같은 계면활성제(surfactants)라 부르는 물질이 있는데, 폐포의 표면장력을 낮추어 폐포가 확장되도록 유지시키며, 들숨 때에 안쪽으로 당겨지는 것을 방지한다. 미숙아는 이 물질이 부족할 수 있어서 심각한 호흡 문제를 초래하기도 한다. 폐포와 모세혈관 사이는 얇은 벽이므로 가스교환이 쉽게 이루어질 수 있다.

기관, 세기관지, 폐포, 모세혈관은 폐의 안쪽 구조를 만든다. 폐를 이루는 수백만 개의 폐포는 공기를 담고 있고, 이는 폐의 통기성과 탄성을 좋게 만든다.

2.2.2 폐

폐(lung)는 흉강 안에 위치한다. 이 흉강은 앞과 옆에 있는 늑골외곽과 흉골, 뒤에 있는 척추와 척주(vertebral column) 그리고 아래쪽에 있는 횡격막 근육과 결합되어 있다. 많은 근육이 늑골외곽과 흉부에 붙어 있다. 그래서 폐는 잘 보호되고 밀폐된 상태로 잘 유지된다. 건강한 몸에서 공기는 세기관지를 통해서만 들어오고 나갈 수 있다.

1. 구조

좌폐는 상엽(upper lobe)과 하엽(lower lobe)의 2엽으로 되어 있으며, 표면은 3면으로, 늑골면, 횡격면, 종격면으로 나뉜다. 이에 비하여 우폐는 상엽, 중엽(middle lobe), 하엽의 3엽으로 되어 있고 좌폐보다 크다(우폐 대 좌폐의 중량비 10:9). [그림 2-8]은 폐의 구조이다.

폐는 한 쌍의 반원추상 기관이며, 그 표면은 흉막으로 싸여 있다. 폐첨은 위가 약간 뾰족하며, 쇄골 위로 2~3cm까지 솟아 있다. 폐의 아랫부위는 횡격막 위에 얹혀 있다. 종격으로 향한 안쪽의 가운데에는 폐문(hilus)이 있고, 여기를 통해 기관지, 폐동맥, 폐정맥, 림프관, 신경이 출입한다.

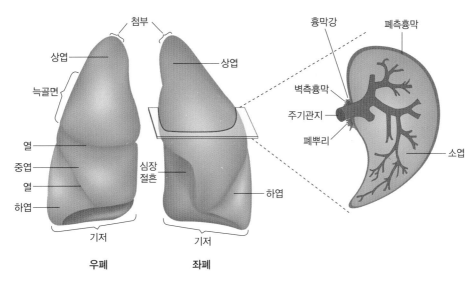

[그림 2-8] 폐의 구조

2. 특성

폐는 수백만 개의 작은 폐포낭(alveolar sac)으로 이루어져 있으며, 안쪽 표면적은 산소와 이산화탄소의 확산을 위하여 매우 넓다. 폐는 흉부골격의 벽에 달라붙어서 골격 벽과 함께 움직인다. 폐포낭은 세기관지라고 부르는 관에 영양을 공급하고, 세기관지는 다시 기관지라는 더 큰 관에 영양을 공급하고, 기관지는 최종적으로 기관이라는 하나의 근육-연골 관에 영양을 공급한다. 기관은 폐에서부터 위로 뻗어 있고 후두의 아래쪽에 있다. 가스교환은 폐포 내 공기와 폐모세혈관 사이에서 이루어진다. 사람의 폐는 허파꽈리 또는 폐포(alveolus)라고 하는 작은 공기주머니를 가지고 있다. 한쪽 폐에 있는 폐포의 수는 약 3억 개에 달하고 하나의 크기는 100~200μm이다. 그 안쪽 표면적을 합쳐서 펴면 100m²로 체표면적보다 약 50배 넓으며, 테니스 코트 반 정도의 넓이와 같다. 폐포의 구경은 0.2~0.3mm이며, 폐포의 주위에는 실핏줄 또는 모세혈관(capillary)이 거미줄처럼 얽혀 있고 혈액이 폐포 내 공기와 매우 가까이 접촉하고 있어 그곳에서 가스교환이 이루어진다. 폐포 벽에는 모세혈관이 풍부하게 분포되어 있으

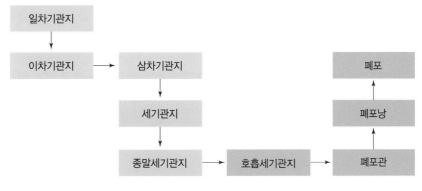

[그림 2-9] 기관의 분지(종합)

며 폐포 하나를 둘러싼 모세혈관의 수는 약 2,000개나 된다고 추정한다. 심장에서 온 혈액은 이곳에서 이산화탄소를 버리고 들숨을 통해 들어온 산소를 갖고 다시 심장으로 되돌아간다. 따라서 폐와 심장은 '이와 잇몸의 관계'일 수밖에 없다. 심근경색이나 심부전이 생기면 폐에서 심장으로 가는 혈액이 폐로 되돌아와 폐의 혈류가 과다해져 숨을 못 쉬게 된다. 반면에 폐가 나빠지면 결국 심장에 무리가 생기게 된다.

2.2.3 흉막과 종격

1. 흉막

늑막 또는 흉막(pleura)은 복막, 심막과 함께 조직학적으로 장막에 속하는 막양조직이다. 흉막은 두 겹으로 구성되어 있는데, 한 겹은 장측흉막(visceral pleura)이고 또 다른 한 겹은 흉벽의 내면을 덮는 벽측흉막(parietal pleura)이다. 폐흉막과 벽측흉막 사이의 공간을 흉막강(pleural cavity)이라 하며, 그 안에 흉막액이 들어 있다([그림 2-10] 참조).

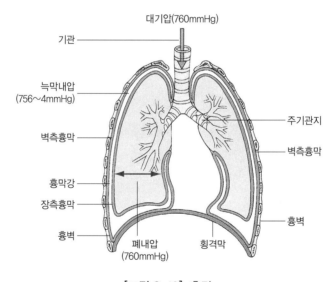

[그림 2-10] 흉막

2. 종격

종격(mediastinum)은 좌우 흉막강 사이에 있는 흉강의 중간 부위 전체를 가리킨다. 앞은 흉골, 뒤는 척주, 위는 흉곽입구, 아래는 횡격막으로 둘러싸인 부분이다. 종격 안에는 폐와 흉막을 제외한 모든 흉막장기인 심장, 기관, 기관지, 식도, 대혈관, 미주신경, 림프, 흉선 등이 들어 있다([그림 2-11] 참조).

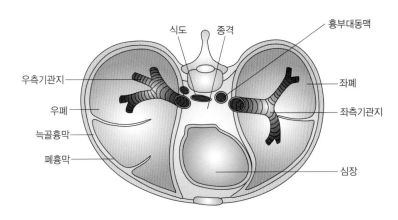

[그림 2-11] 종격을 보여 주는 흉곽의 횡단면

2.2.4 폐의 환기과정

[그림 2-12]는 폐의 환기과정을 보여 준다. 모세혈관의 혈액과 공기 사이의 가스교환은 확산작용으로 일어난다. 가스가 혈액 속으로 들어가려면 폐포모세혈관막(alveoalr capillary membrane)이라는 얇은 막(총 두께 1μm)을 통과해야 한다. 폐포 내막에는 표면장력(surface tension)이 생겨 폐포가 수축하게 되는데, 계면활성제라는 물질이 있어 표면장력을 감소시킨다.

폐는 흉강이라는 작은 병 안에 있는 잘 부푸는 부드러운 스펀지와 같다. 폐의 각 모서리를 늑골이 잡고 있어 실제로 숨을 크게 들이쉬면 휴식상태보다 크게 늘어난다. 영아의 경우에는 늘어나지 못하는데, 이는 발달 초기에는 흉강 안을 폐가 완전히 메우고 있기 때문이다. 신체의 성장에서 폐는 늑골보다

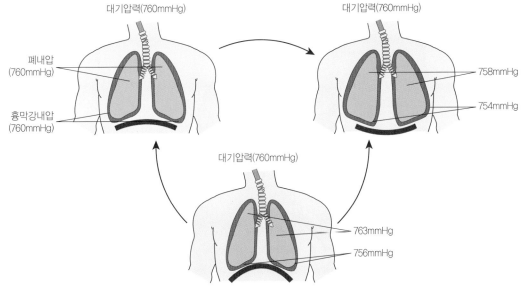

[그림 2-12] 폐의 환기과정

성장속도가 느리다. 이로 인해 흉강 안에 공간이 생겨 음압을 형성하고 폐의 팽창을 가능하게 한다. 영아는 폐와 흉강의 크기가 같아 2~3번의 호흡을 해야 성인의 호흡과 비슷한 효과가 있다. 성인의 폐는 완전히 팽창하나 완전한 수축은 하시 않아 산기량이 남아 있다.

2.2.5 흉부의 근육

흉부의 근육은 흉곽의 전측면에 위치하는 근육 덩어리이다. 주로 늑골을 움직여서 흉곽을 변화시켜 호흡에 관여하는 8개의 근육이 여기에 속한다. 외늑간근, 늑골올림근(늑골거근), 상후거근은 들숨근육으로 작용하며, 내늑간근, 흉횡근, 늑하근 및 하후거근은 날숨근육으로 작용한다.

늑골거근과 횡격막을 제외하고 모두 늑간신경의 지배를 받는다. 특히 횡격막은 중앙에 중심건(central tendon)이 있으며, 흉강과 복강을 구분하고 있다. 내늑간근은 외늑간근의 안쪽에 위치하며 외늑간근과 서로 반대 방향으로 주행한다.

1. 주호흡근

(1) 횡격막

횡격막(diaphragm)은 호흡근 중 가장 효과적인 근육으로 횡격신경(phrenic n.: C3~C5)의 지배를 받는다. 횡격막은 돔 형태(dome-shape)의 근육으로 흉강 쪽으로 휘어져 있으며 날숨 시 3개의 늑골에 해당하는 흉곽 내면을 누르게 된다. 또한 들숨 시 횡격막 근육이 수축하면 편평해지고 흉강 부피가 증대한다. 횡격막이 내려감으로써 복부내장은 그만큼 앞쪽으로 밀린다. 흉곽은 횡격막 운동과 늑골뼈대의 들어 올림에 따라 변화한다. 횡격막은 호흡과 발성에 주요한 역할을 한다. **[그림 2-13]**에서 들숨과 날숨

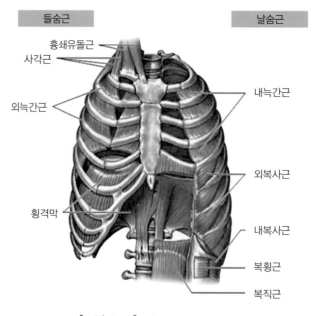

[그림 2-13] 날숨근 vs. 들숨근

시 횡격막의 기능을 볼 수 있다.

원래 발성기관의 일차적인 생물학적 기능은 발성이 아니라 호흡(respiration), 씹기 또는 저작(mastication), 삼키기(swallowing) 같은 생명유지 활동을 하는 것이고, 이차적인 기능으로 발성을 한다. 앞에서 보았듯이, 횡격막은 흉강과 복강을 구분하는 경계로서, 호흡과 발성에서 가장 중요한 역할을 한다. 횡격막이 수축하면 들숨이 일어나고 이완하면 날숨이 일어난다. 따라서 발화하는 동안 횡격막은 이완되고, 배의 근육수축으로 횡격막을 들어 올려 폐에서 공기를 밀어낸다.

(2) 외늑간근

호흡에 중요한 또 다른 근육은 외늑간근(external intercostals)이다. 11쌍의 외늑간근은 늑골 사이사이에 연결된 근육이다. 각각의 늑골 표면 아래쪽에서 시작하여 경사각에서 밑으로 향하는 섬유를 따라 아래의 늑골 상부경계로 삽입된다. 이 근육이 수축하면, 들숨을 위해 늑골 전체가 올라가고 전후 그리고 측면으로 흉강의 용적이 커진다([그림 2-14] 참조).

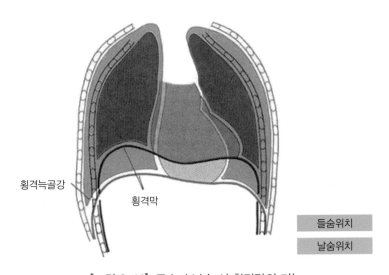

횡격늑골강

횡격막

들숨위치
날숨위치

[그림 2-14] 들숨과 날숨 시 횡격막의 기능

2. 부호흡근

늑골외곽, 등, 목, 복부에 붙어 있는 다른 많은 근육은 호흡할 때 우리 몸의 필요에 따라 역할이 바뀐다. 우리가 숨쉬기를 원할수록 더 많은 근육이 흉부강의 체적을 늘리고 늑골의 곽을 들어 올리는 것을 돕기 위해서 사용된다. 이러한 근육들을 부호흡근(accessory respiratory m.)[1]이라 한다.

---

1) 대표적인 부호흡근으로는 경부(neck)의 사각근(scalens m.)과 흉쇄유돌근(sternocleidomastoid m.), 흉부(thorx)의 늑골, 거근(costal levators m.), 대흉근(pectoral major m.), 소흉근(pectoral minor m.), 전거근(serratus anterior m.), 하후거근(serratus posterior inferior m.), 상후거근(serratus posterior superior m.), 쇄골하근(subclavius m.), 늑하근(subcostals m.), 가로흉근(transverse thoracic m.), 복부(abdomen)의 외복사근(external oblique m. of abdomen), 내복사근(internal oblique m. of abdomen), 복직근(rectus abdominis m.), 복횡근(transverse abdominal m.) 등이 있다.

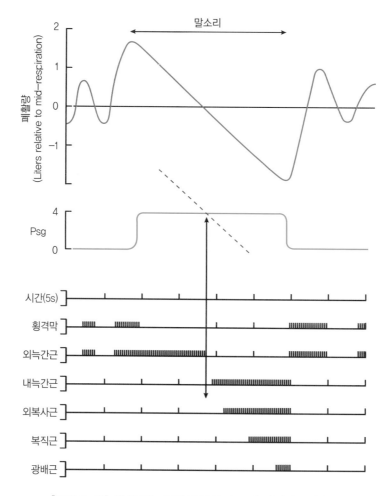

[그림 2-15] 발화하는 동안의 근육과 그와 관련된 근육활동

출처: Ladefoged(1967: 12)

[그림 2-15]는 호흡과 언어음의 발성 시 관련 근육이 어떻게 연결되는지를 보여 준다. 여기서 호흡과 언어음의 발성 시 폐의 용적, 성문하압, 이완압력 그리고 근육활동의 측정을 공통적인 시간의 좌표 위에 위치를 잡았다. 이 그림을 통하여 우리는 호흡 시와 발성 시에 횡격막과 외늑간근이 주로 작용하고, 이완압력 곡선과 교차하는 지점에서는 외늑간의 작용이 멈추고, 대신 내늑간근(internal intercostal m.)·외복사근(external oblique m. of abdomen)·복직근(rectus abdominis m.) 및 광배근(latissimus dorsi m.)이 작용하는 것을 알 수 있다.

2.2.6 외호흡과 내호흡

호흡이란 생물이 체내의 유기물을 분해하여 활동에 필요한 에너지를 얻는 과정으로 생물 생존에 필요한 산소(O_2)를 밖으로부터 흡입하고, 불필요한 이산화탄소(CO_2)를 배출하는 기체교환 현상을 말한다. 바꾸어 말하면, 세포가 살아가는 데 필요한 에너지는 물질대사를 통해 만들며, 이 물질대사에 필요한 O_2를 끊임없이 세포로 공급하지 않으면 안 된다. 또 물질대사의 결과로 생긴 CO_2는 세포 밖으로 배출한다.

호흡을 단계별로 살펴보면 다음과 같다. ① 대기와 폐포 사이에서 공기의 교환이 일어나게 하기 위해서 숨쉬기(breathing)와 환기(ventilation)의 기계적인 움직임이 일어난다. ② O_2와 CO_2는 확산과정에 의해 폐는 모세혈관 안 혈액과 폐포 안 공기 사이에서 교환된다. ③ O_2와 CO_2는 폐와 조직 사이의 혈액으로 수송된다. ④ 혈액과 조직 사이에서 O_2와 CO_2의 교환이 일어난다([그림 2-16] 참조).

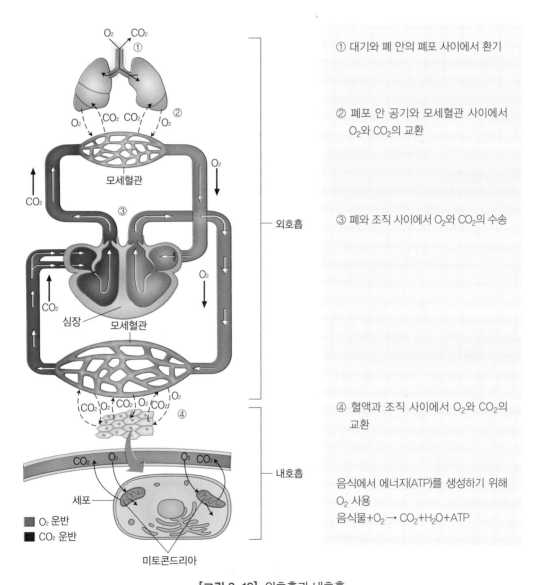

[그림 2-16] 외호흡과 내호흡

1. 외호흡

외호흡(external respiration) 또는 폐호흡(pulmonary respiration)은 외부 환경과 신체 사이에서 O_2

와 CO_2를 교환하는 일련의 과정을 말한다. 즉, 외호흡은 O_2가 체외로부터 체내의 폐를 둘러싼 모세혈관으로 들어가고, 조직세포에서 만들어진 CO_2가 폐포의 모세혈관에서 체외로 배출되는 가스교환(exchange of gas)을 말하며, 폐포의 모세혈관으로 들어온 O_2는 혈액의 체순환(systemic circulation)을 통해 온몸의 모세혈관으로 운반된다.

2. 내호흡

내호흡(internal respiration) 또는 세포호흡(cellular respiration)은 영양물질로부터 에너지를 생성하는 동안 O_2를 사용하고 CO_2를 생산하는 미토콘드리아(mitochondria) 안에서의 세포 내 대사과정이다. 다시 말하면, 세포가 살아가는 데 필요한 에너지는 물질대사(metabolism)로 만들며, 이 물질대사에 필요한 O_2를 끊임없이 세포 안으로 공급하지 않으면 안 된다. 또 물질대사의 결과로 생긴 CO_2는 세포 밖으로 배출해야 한다. 이처럼 세포 내에서 O_2를 소비하고 CO_2를 배출하는 가스교환을 내호흡이라 한다.

?! 모세혈관

모세혈관(capillary vessel)은 약 100억 개에 달하며, 혈액과 조직 사이에서 액체, 영양물질과 노폐물을 교환하는 곳이다. 세동맥과 세정맥을 연결하는 그물 모양의 가느다란 관으로 전체 혈액의 5%를 포함하고 있다. 모세혈관의 직경은 8~20μm이며, 매우 가는 것은 적혈구 1개가 통과할 정도이다. 모세혈관의 혈류 속도는 매우 느리고 완만하다.

2.2.7 들숨과 날숨

기본적으로 우리는 폐 내부의 공기 압력을 줄이고 늘리면서 폐 내부에서 외부로 공기를 내보낸다. 폐포압(alveolar pressure, Palv)인 폐 안의 공기 압력이 음압일 때, 대기 중의 공기가 호흡계로 들어오게 된다. 왜냐하면 공기는 압력이 높은 곳에서 낮은 곳으로 이동하기 때문이다. 이러한 것을 들숨이라 한다. 폐포압이 양압일 때, 폐의 공기는 외부대기로 보내진다. 이것을 날숨이라 한다.

1. 들숨

들숨(inspiration)이란 공기가 폐 내부로 들어오는 과정으로서, 능동적인 근육수축에 의해 폐가 팽창(inflation)됨으로써 일어난다. 정상적인 들숨에서는 횡격막만 사용한다. 횡격막이 수축하면 복강 내용물을 아래로 눌러 흉강의 용적이 커진다. 강한 들숨 때에는 외늑간근이 수축함으로써 늑골을 위와 앞쪽으로 들어 올려 역시 흉강을 넓힌다. 그 밖에 깊고 강한 들숨 시에는 목과 가슴의 부수적인 근육(accessory m.)을 사용한다. 이처럼 흉강의 용적이 커지면 흉막공간(pleural space)의 용적도 커지고 흉막강내압(pleural pressure)은 낮아진다. 그에 따라 폐는 팽창하고 폐 안으로 공기가 들어오게 된다([그림 2-17] 참조).

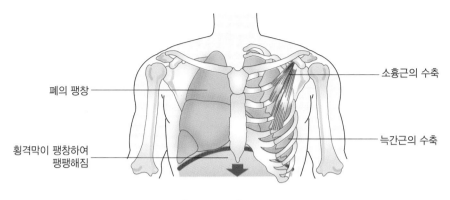

소흉근의 수축

폐의 팽창

늑간근의 수축

횡격막이 팽창하여
팽팽해짐

[그림 2-17] 들숨

폐로 공기를 들여보내려면, 폐포압은 공기가 호흡계 내로 들어오게끔 하기 위해 음압이 되어야 한다. 폐포압이 감소하려면 흉강(thoracic cavity)과 폐의 용적이 증가해야만 한다. 인체는 기관의 수직적 부피를 증가시키면서 편평해진 횡격막을 수축하는 것으로 폐용적을 증가시킨다. 동시에, 외늑간근은 늑곽(rib cage) 전부를 위로, 그리고 약간 밖으로 당기면서 수축한다. 이렇게 하면 기관의 앞뒤 그리고 양 옆의 부피가 증가한다. 흉막결합에 붙은 폐는 흉강과 같은 방향으로 당겨지며 용적이 증가한다. 폐가 팽창을 시작하자마자 폐포압은 날숨의 정점인 $-1cmH_2O$에서 $-2cmH_2O$에 도달하면서 대기압(atmosphere pressure) 아래로 떨어진다. 폐포압이 감소할 때, 대기 중의 공기가 입이나 코를 통해 호흡계 내부로 들어온다. 공기는 세기관지를 통해 지나가고, 마지막에 폐의 폐포에 도달한다. 거기에서 신선한 산소는 폐포를 둘러싼 모세혈관으로 전달되고, 순환체계에 의해 몸의 모든 세포로 운반된다.

2. 날숨

날숨(expiration)을 위해서 폐포압은 대기압보다 높아야 하며, 폐의 용적은 감소해야 한다. 이를 위해, 기관의 수직적 길이를 감소시키면서 횡격막은 돔 형태(dome-shape)로 뒤로 늘어진다. 외늑간근은 늑골이 원래의 위치로 되돌아오는 것을 가능하게 하면서 늘어지고, 기관의 앞뒤 길이를 감소시킨다. 횡격막과 흉곽은 탄성반동력(elastic recoil force)을 발생시킨다. 이것과 동반하여, 폐의 부피 또한 감소한다. 폐용적이 감소할 때, 폐포압은 대기압과 비교하여 약 $+2cmH_2O$로 증가한다. 순환체계를 따라 폐로 운반된 이산화탄소(CO_2)를 운반하는 공기는 폐포압이 대기압의 수준에 도달할 때까지 호흡계와 폐 밖으로 나온다. 각 들숨과 날숨의 끝에서 폐포압은 대기압과 같아지고, 짧은 시간 동안 공기는 들어오지도 나가지도 않는다. 그리고 다시 날숨과 들숨의 주기가 시작된다.

생명을 유지하기 위한 호흡이나 발화를 위한 호흡 모두에서 들숨은 흉곽과 폐의 부피를 늘리기 위해서 횡격막과 외늑간근의 수축이 필요하다. 생명유지를 위한 호흡에서 날숨은 수동적 과정으로 탄성 회복력에 전적으로 의존한다. 반면에 발화를 위한 호흡에서 날숨은 필요한 압력을 조절하기 위하여 근육의 힘을 이용해야 하기 때문에 능동적인 과정이라 할 수 있다. 발화를 위한 호흡에서 우리는 폐활량의 약 60%까지 들이마시며, 약 $10cmH_2O$의 폐포압을 만들어 낸다. 발화를 위한 호흡에서 근육 유형은 말의 강도, 말의 특정 부분에 대한 강조, 특정 단어나 음절에 대한 언어적 강세 같은 요인에 따라서 달라진다. 또한 이 근육 유형은 연령에 따라 달라지기도 한다. 어린이는 어른보다 발화 시 더 높은 기도 압력을 생성시키며, 어린이의 경우 연령이 높을수록 더 높은 기도압력을 이용한다(Solomon & Charron, 1998).

폐 안의 공기를 밖으로 불어 내는 날숨은 훨씬 더 간단한 과정이다. 정상적인 들숨이 끝나면 횡격막이 이완함으로써 흉강 용적이 줄어들고 그에 따라 폐가 수축(deflation)한다. 그러나 강한 날숨 때에는 복근(abdominal m.)이 수축함으로써 횡격막을 위로 밀어 올리고, 내늑간근이 수축함으로써 늑골을 아래로 당겨 내려 흉강을 더욱 좁힌다. 공기의 배출은 주로 내늑간근의 수축에 의한 흉곽의 하강 및 복직근의 수축에 의한 횡격막의 상승에 기인한다([그림 2-18] 참조). 복식호흡(abdominal respiration)은 복근을 폈다 오므렸다 함으로써 횡격막이 신축하여 일어난다. 이에 비하여 흉식호흡(thoracic respiration)은 흉곽의 운동, 즉 외늑간근과 늑골거근의 작용으로 일어나는 호흡을 가리킨다. 보통 호흡은 양자가 조화된 흉복식호흡이다. 여자는 복부근의 긴장이 상대적으로 약하기 때문에 흉식호흡을 많이 하는 것으로 알려져 있다. 또한 생활습관상 허리띠나 코르셋(corset)으로 복부를 압박하는 데도 원인이 있다고 하며, 특히 임신말기에 두드러지게 나타난다. 일반적으로 초식동물은 복식호흡을 하고 육식동물은 흉식호흡을 하는데, 사람은 복식호흡을 하는 것으로 분류된다.

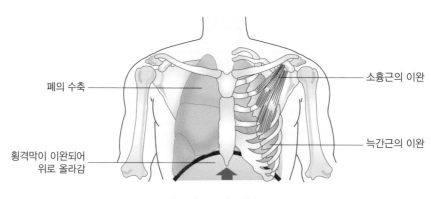

폐의 수축

소흉근의 이완

늑간근의 이완

횡격막이 이완되어
위로 올라감

[그림 2-18] 날숨

2.2.8 호흡률

들숨과 날숨의 이러한 주기는 태어나는 순간부터 죽는 순간까지 계속된다. 이러한 과정은 우리가 깨어 있을 때나 잠잘 때, 우리가 일생 동안 성장하면서 호흡할 때, 그리고 우리가 말을 하기 위해 호흡을 조절할 때 발생한다. 성인의 경우 조용한 호흡 시 들숨과 날숨을 1회로 하여 1회에 500cc씩 분당 12~18회 호흡하는데, 힘든 일을 하면 산소의 요구량이 증가한다. 신생아는 분당 호흡주기가 40~70회이고, 5세 정도에 25회, 성인이 되면 12~18회가 된다. 중요한 점은 성장과 발달로 흉강이 확장하고, 폐가 원래의 크기 이상으로 늘어난다는 점이다. 〈표 2-2〉는 호흡률(rate of breathing)이 유아에서 성인까지 어떻게 변화하는지 보여 준다. 어린이와 성인 간의 호흡 차이는 폐의 구조와 기능이 유아에서 성인에 걸친 호흡의 성숙과 관련되어 있다.

수많은 해부학적 · 생리학적 변화가 생애 첫 해 동안 발생한다. ① 폐포는 크기와 수가 증가한다. ② 폐포관은 수적으로 증가한다. ③ 폐포의 표면적이 증가한다. ④ 폐의 크기와 무게가 증가한다. ⑤ 흉강이 더 커지고 모양도 변화한다. ⑥ 늑골의 각도가 위로 향하는 형태로 변화한다. ⑦ 늑골근의 부피도 증가한다. ⑧ 흉막강내압은 대기보다 낮아진다(Boliek et al., 1996). 신경계의 성숙 또한 나이가 들어감에 따라 더 성숙된 호흡 패턴의 발달에 영향을 미친다.

〈표 2-2〉 연령과 성별에 따른 분당 호흡량 비율

연령	성별	활동	분당 호흡(회)
유아	남, 여	깨어 있는 동안	40~70
	남, 여	잠자는 동안	246~116
5세	남, 여	깨어 있는 동안	25
7세	남, 여	깨어 있는 동안	19
10세	남	깨어 있는 동안	16
	여	깨어 있는 동안	18
15세	남, 여	깨어 있는 동안	20
성인	남, 여	조용한 호흡	12~18
성인	남	심한 운동 시	21
	여	심한 운동 시	30

출처: Ferrand(2007: 81)

2.2.9 폐순환의 특성

체순환(systemic circulation)에 비해 폐순환(pulmonary circulation)은 혈압과 혈관저항이 낮고 혈관의 용압률이 높은 것이 특징이다.

우심실(right ventricle)을 출발한 폐동맥(pulmonary artery)은 기도(airway)의 분지와 같은 형태로 계속 분지하며, 폐포(alveolus)에 도달해서는 폐모세혈관(pulmonary capillary)을 형성하여 그물같이 폐포벽을 둘러싼다. 폐포 표면을 덮은 혈액은 가스교환을 통해 산소(O_2)를 받아들이고 이산화탄소(CO_2)를 내보낸다. 혈액의 모세혈관 경과시간(capillary transit time), 즉 혈액이 폐모세혈관을 통과하는 데 걸리는 시간은 약 1초이며, 이 시간 동안 가스교환이 일어난다. 산소와 결합된 혈액은 폐정맥(pulmonary vein)을 통해 좌심방(left heart)으로 돌아온 후 대동맥(aorta)을 통해 체순환으로 나간다.

모세혈관으로부터 간질강(interstitial space)으로 빠져나온 체액의 대부분은 모세혈관으로 재흡수되지만 나머지는 폐의 림프계(lymphatic system)로 모인다. 만약 폐의 간질액(interstitial fluid)에 체액이 축적되면 확산거리의 증가로 가스확산이 방해받게 되는데, 이러한 상태를 폐부종(pulmonary edema)이라 한다.

2.2.10 폐용적 및 용량

폐활량은 체중, 기, 나이 등과 관계가 있다. 20세까지 10년에 100cc씩 증가한 폐활량은 25세경까지 유지되다가 감소하기 시작한다. 폐활량은 여성이 남성보다 생의 전반에 걸쳐 비슷한 비율로 작아진다. 호흡에는 압력의 평형이 필요하다. 폐포압의 감소는 흉강을 확장시킨다. 이때 흉강과 횡격막이 폐에서 멀어지기 때문에 늑막 사이의 압력이 감소한다. 폐에서 멀어지는 힘은 흉막 내 음압(negative intrapleural pressure)을 높이므로 폐포압을 떨어뜨리는 원인이 된다. 폐포압이 하강하면 폐와 대기 사이의 압력 평형을 맞추기 위해 공기가 폐로 유입된다. 날숨은 흉강의 크기를 감소시키고, 이로 인해 양압이 형성되어 공기가 구강을 통해 외부로 빠져나간다. 날숨을 쉬는 동안 흉막내압(intrapleural pressure)은 약간 음압이 되어 대기압과 같아지지는 않는다.

폐가 간직하는 공기량은 조건에 따라 4개의 용적(volume)과 4개의 용량(capacity)으로 구분한다. 여기서 폐용적이란 폐를 기능에 따라 구분해 놓은 것이고, 폐용량이란 폐용적 가운데 두 가지 이상을 합친 것을 의미한다. 폐의 용적과 용량을 측정하는 데는 [그림 2-19]에서처럼 폐활량계[2]를 사용한다.

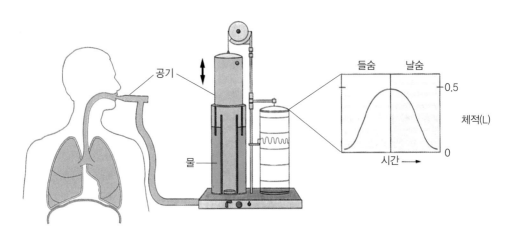

[그림 2-19] 폐활량계(spirometer)

1. 폐용적

폐용적(lung volume)은 주어진 시간에 폐 속에 있는 공기의 양이며, 그 공기의 어느 정도가 발화를 포함한 다양한 목적을 위해 사용되는가를 말한다(Solomon & Charron, 1998). 폐용적은 1회 호흡용적, 들숨예비용적, 날숨예비용적 그리고 잔기용적을 말한다.

(1) 1회 호흡용적

1회 호흡용적은 안정호흡 시 호흡주기마다 흡입 또는 배출하는 공기량을 의미한다. 1회 호흡용적

---

[2] 호흡을 생리학적으로 측정하기 위하여 폐활량계(spirometer), 호흡속도계(pneumotachograph), 호흡기록기(pneumograph) 등의 기기를 사용한다.

(tidal volume, TV)은 나이, 체격, 신체적 활동의 정도에 따라 다르다. 휴식 시의 호흡(quiet breathing) 동안 성인남성의 1회 호흡용적은 약 500~750cc의 범위이다. 가벼운 신체적 활동을 할 경우에는 1회 호흡용적이 대략 1,670cc까지 증가하며, 신체적 활동이 커지면 1회 호흡용적이 약 2,030cc까지 증가한다(Zemlin, 1998). 일반적으로, 여성은 휴식 시 1회 호흡용적이 약 450cc인데 남성보다 적은 공기를 흡입하고 배출한다(Seikel, King & Drumright, 2010).

아동은 성인보다 폐가 작아서 1회 호흡용적도 작은데, 7세에는 대략 200cc 정도이고, 13세에는 400cc 이하의 범위다. 남성과 여성의 1회 호흡용적의 성별 차이는 아동이 성장하면서 보다 명확해진다. 7세와 10세의 소년, 소녀는 1회 호흡용적이 유사하다. 13세까지는 소년이 소녀보다 1회 호흡용적이 더 크고, 16세에 소년은 560cc, 소녀는 410cc로 기본적으로 성인의 1회 호흡용적에 도달한다.

(2) 들숨예비용적

들숨예비용적(inspiratory reserve volume, IRV)은 안정 시 들숨이 끝난 후 더 들이마실 수 있는 공기량을 의미한다. 성인의 들숨예비용적은 약 3,100cc이다. 이것은, 특히 길거나 큰 발화를 위해 보다 많은 공기가 필요한 연설 시에 볼 수 있다.

(3) 날숨예비용적

안정 시 날숨이 끝난 후 더 내쉴 수 있는 공기량을 의미한다. 성인의 경우에 날숨예비용적(expiratory reserve volume, ERV)은 1,000~2,000cc의 범위이다. 아동의 날숨예비용적(ERV)은 7세에 약 500cc, 13세 소년의 경우 1,180cc, 소녀의 경우 940cc까지의 범위이다(Hoit et al., 1990).

(4) 잔기용적

폐조직은 흉곽의 흉막결합으로 인해 항상 약간은 긴장되어 있다. 그러므로 건강한 사람의 폐는 결코 완전히 수축되지 않기 때문에 폐 속에는 항상 1,000~1,500cc 정도의 공기가 남아 있다. 이처럼 잔기용적(residual volume, RV)은 최대 날숨이 끝난 후 폐 안에 남아 있는 공기량을 의미한다. 성인은 보통 약 1,000~1,500cc이고, 결코 날숨으로 배출될 수 없다. 신생아와 유아의 폐는 잔기용적이 훨씬 적다. 유아의 폐는 성인보다 흉곽에 비해서 폐가 크다. 따라서 유아의 폐는 성인의 폐 수준으로 팽창하지 않기 때문에 잔기용적이 크지 않은 것이다. 아동이 성장함에 따라 폐와 흉부 사이의 관계는 점차적으로 성인과 유사해지고, 잔기용적의 양은 증가한다. 7세까지 잔기용적은 약 450~500cc이고, 10세까지는 대략 630cc이다. 13세가 되면 거의 800cc까지 증가하고, 16세에는 성인과 유사한 범위에 이른다.

2. 폐용량

폐용량(lung capacity)은 2개 이상의 폐용적을 합한 것을 말하며, ① 폐활량, ② 기능적 잔기용량, ③ 총 폐활량의 세 가지로 구분할 수 있다.

(1) 폐활량

폐활량(vital capacity, VC)은 1회 호흡용적(TV), 들숨예비용적(IRV) 그리고 날숨예비용적(ERV)의 결합이다. 다시 말해, 폐활량은 한 사람이 가능한 한 깊이 숨을 들이쉰 이후에 숨을 내쉴 수 있는 공기의 최대량이며, 발화 등 모든 목적을 위해 사용 가능한 전체 공기의 양을 가리킨다. 여기에는 자발적 통제하에 있지 않은 잔기용적(RV)은 포함되지 않는다. 폐활량은 연령, 환경, 신체조건, 산소에 대한 필요조건 등에 따라서 달라질 수 있다. 다섯 살의 소녀와 소년은 폐활량이 각각 약 1,000cc와 1,250cc이다(Zemlin, 1998). 7세까지 폐활량은 약 1,500~1,600cc이고, 9세까지 약 2,000cc 정도로 증가한다. 13세까지 폐활량은 소년의 경우 약 1,000cc, 소녀의 경우 약 500cc가 증가한다. 소년은 17세까지 약 4,500cc, 소녀는 약 3,750cc이다. 평균값 5,000cc가 전형적인 성인의 폐활량이다. 폐활량은 나이가 들어가면서 다소 감소한다.

(2) 기능적 잔기용량

기능적 잔기용량(functional residual capacity, FRC)은 안정 시 날숨이 끝난 후 폐 안에 남아 있는 공기량이다. 즉, 날숨예비용적(ERV)과 잔기용적(RV)을 합친 것이다. 청년층은 평균 2,500~3,500cc이다. 7세의 기능적 잔기용량(FRC)은 1,000cc보다 약간 적고, 10세에는 1,400cc, 13세에는 대략 1,700~2,000cc까지 증가한다. 16세에는 성인 수준에 도달된다.

(3) 총 폐활량

총 폐활량(total lung capacity, TLC)은 폐에 들숨을 최대로 흡입하였을 때 폐 안의 공기량을 말한다. 즉, 1회 호흡용적(TV), 들숨예비용적(IRV), 날숨예비용적(ERV), 잔기용적(RV)이 모두 포함된다. 폐용적과 폐용량처럼, 총 폐활량은 나이와 함께 증가하고 성별에 의해 영향을 받는다. 7세 소년과 소녀의 값은 2,000cc 범위에 있다. 10세는 2,000~3,000cc 범위이다. 13세까지 성별 차이가 나타나는데, 소년은 평균 4,000cc 범위이고 소녀는 약 3,700cc 범위이다. 16세가 되면 그 차이가 보다 명확해지는데, 남성은 6,000cc 범위이고 여성은 5,000cc 범위이다.

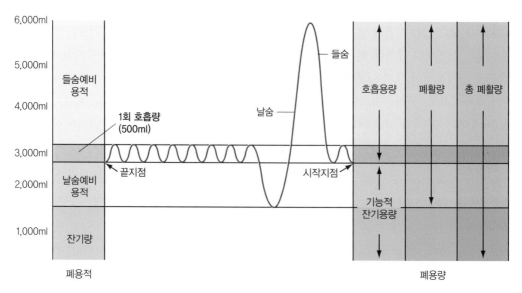

[그림 2-20] 폐용적 및 용량을 나타내는 호흡곡선(spirogram)

[그림 2-20]은 폐의 용적 및 용량을 나타내는 호흡곡선이고, 〈표 2-3〉은 성인남성의 폐의 용적과 용량이다.

〈표 2-3〉 폐의 용적과 용량(성인남성 기준)

폐용적(lung volumes) ※단일용적 기준		
1회 호흡용적(TV)*	1,500cc	호흡주기당 날숨과 들숨의 용적(조용한 정상 호흡 기준)
들숨예비용적(IRV)	3,100cc	1회 호흡량보다 많은 들숨용적
날숨예비용적(ERV)	1,200cc	1회 호흡량보다 많은 날숨용적
잔기용적(RV)	1,200cc	최대 날숨 후 자발적으로 배출할 수 없는 폐 안에 남아 있는 공기의 용적
폐용량(lung capacities) ※두 개 이상의 용적 기준		
폐활량(VC)	4,800cc	공기를 최대한 들이마신 후 내쉴 수 있는 공기의 용적(IRV+TV+ERV)
기능적 잔기용량(FRC)	2,400cc	폐 안에 남아 있는 공기의 양(ERV+RV)
총 폐활량(TLC)	6,000cc	폐가 가질 수 있는 공기의 총량(TV+IRV+ERV+RV)

* 1회 호흡량 500cc 가운데 약 350cc만이 폐포까지 도달하고, 약 150cc는 사강에 머물게 된다.

출처: Tortora(1997: 419)

3. 사강

1회 호흡용적의 전부가 폐포에 도달하는 것은 아니며, 그중 약 150cc는 폐포로 가지 않고 기도에 머물게 되므로 가스교환에는 직접 작용하지 않는다. 이것을 무효공간 또는 사강(dead space)이라 한다. 이 공기는 항상 상부 호흡기관과 세기관지에 존재하며, 다음 호흡 주기 동안 들숨의 마지막과 날숨의 첫 번째가 된다(Zemlin, 1998). 따라서 날숨 동안 폐포에서 배출된 마지막 150cc의 공기는 사강에 남아 있다가 가장 먼저 폐포로 다시 들어간다. 사강은 해부학적 사강(anatomical dead space)과 기능적 사강(functional dead space)으로 나뉜다.

- 해부학적 사강 = 호흡계의 전용량−폐포용적
- 기능적 사강 = 1회 환기량−가스교환에 관여하는 용적

건강한 사람들은 해부학적 사강과 기능적 사강이 일치하며, 기능적 사강을 생리적 사강이라고도 한다.

4. 폐포환기율

폐포환기율(alveolar ventilatory rate, VA)은 1분 동안 폐포환기가 이루어진 용적을 가리킨다. 즉, 폐한기량 중에서 폐포로 들어가 실제 가스교환에 참여하는 기체의 양이다. 1회 호흡마다 폐포환기에 참여하는 가스의 양은 1회 호흡용적(tidal volume, TV)에서 무효공간(VD)을 뺀 양이므로 500cc−150cc=350cc이다. 이 값에 분당 호흡수인 12를 곱하면 폐포환기율=12회×350cc=4,200cc/min이 된다.

2.2.11 폐용적과 폐활량의 발달

일반적으로, 폐용적과 폐활량은 유아기부터 사춘기를 거치면서 증가하고, 16세에는 성인과 유사해진다. 폐용적과 폐활량은 나이와 함께 감소하기 시작하는 장년기까지는 안정을 유지하는 것처럼 보인다. Hoit & Hixon(1987)은 청년층(25세), 장년층(50세), 노년층(75세)을 대상으로 폐용적(LV)과 폐활량(VC)의 평균값을 조사하였다. 〈표 2-4〉에서처럼, 연령이 증가하면서 폐활량과 폐용적이 약간 감소하는 것을 알 수 있다.

〈표 2-4〉 연령에 따른 폐용적(LV)과 폐활량(VC)

	25세	50세	75세
총 폐활량(TLC)	6,740	7,050	6,630
폐활량(VC)	5,350	5,090	4,470
기능적 잔기용량(FRC)	3,120	3,460	3,440
날숨예비용적(ERV)	1,730	1,500	1,280

출처: Hoit & Hixon(1987)

2.2.12 호흡과 기류의 압력

기류의 방향이 폐에서 체외가 되면 대기압과 폐 사이의 압력차가 발생한다. 모든 기압의 측정은 대기압을 기준으로 한다. 들숨은 중력보다 큰 힘이 필요하다. 들숨을 하는 동안 조직은 늘어나고, 연골은 뒤틀어지며, 배는 팽창한다. 날숨 때에는 이런 현상이 원상태로 돌아가기 위해 힘이 반대로 작용하며 스스로 압력을 만들어 낸다.

[그림 2-21]은 이완압력곡선(relaxation pressure curve)과 다양한 폐활량의 크기로, 대상자에게 숨을 들이쉬게 한 후에 호흡계(manometer)를 사용하여 구강내압을 측정한 결과이다. 양압(positive pressure)

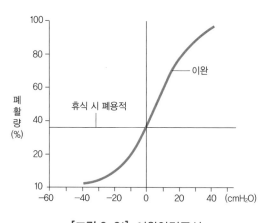

[그림 2-21] 이완압력곡선

출처: Seikel, King & Drumright(2010: 153)

은 신체가 원상태로 되돌아가려는 힘의 크기를 측정한 것이다. 조직이 원상태로 돌아가려는 반동현상으로 힘이 생성된다. 발성에 필요한 압력이 5cmH$_2$O인 것을 고려한다면 60cmH$_2$O는 매우 의미가 있다고 볼 수 있다. 곡선의 아래는 폐활량을 적게 사용하도록 요구받은 사람의 폐포압이다. 그어진 직선은 이완점으로 대기압과 폐포압이 같아져 평형을 이루기 때문에 압력이 발생하지 않는 점이다. 압력이 '0'이 되는 점에서는 폐활량이 38% 정도이므로 폐에 남아 있는 양은 총 교환 가능한 양의 38%가 된다. 따라서 폐활량의 62% 정도의 숨을 들이마실 수 있다. 곡선의 아랫부분에서는 폐가 원위치로 돌아가려는 힘이 우세하다. Agostoni & Mead(1964)는 폐활량의 55% 이하에서 양의 압력곡선이 나타나지 않는다고 하였다. 폐는 날숨예비용적(ERV) 이상이면 공기를 누르게 되어 양압을 형성하는데, 55% 이하에서 지속적인 성문하압(subglottal air pressure, Ps)[3]을 유지하기 위해 근육의 활동을 시작한다.

지속적으로 말을 할 때에는 날숨보유량(expiratory reserve)을 사용하는데, 이를 위해 날숨근을 사용한다. 말을 하면서 날숨보유량을 많이 쓰게 되면, 외늑간근·외경사근이 차례대로 활동한다. 복압을 높이는 데 필요한 만큼 근조직을 모은다는 점이 중요하다. 복압이 높아지면 이어서 폐포압이 높아진다.

말하기에 필요한 압력에는, 폐포압, 성대층 아래의 압력, 즉 기도압력(trachea pressure) 또는 성문하압 그리고 구강 안의 압력 혹은 구강압력(oral pressure) 등이 있다. 공기압력은 대개 cmH$_2$O의 단위로 압력 변화를 보여 주는 눈금 장치인 압력계로 측정한다. 부착된 마우스피스를 통해 공기를 입으로 불어넣으면 압력이 생성되고 눈금의 위치가 바뀌게 된다.

이 장치의 눈금은 반드시 읽어야 하기 때문에, 말할 때처럼 급격하게 변하는 압력은 측정하기에 적절하지 않다. 반면에 정적인 압력은 측정할 수 있으므로, 사람이 일정 시간 동안 만들어 내고 유지할 수 있는 압력이 어느 정도인지를 알 수 있다. 이러한 종류의 측정은 신경계에 문제가 있거나 혹은 구개파열 등의 문제가 있는 사람이 얼마나 많은 압력을 만들어 낼 수 있는지 측정하는 데 유용하다(Decker, 1990).

구강과 비강의 압력은 말하는 동안 매우 빠르게 변한다. 압력의 변화를 전기적인 신호로 전환시켜 주파수변조(frequency modulation, FM) 기록기나 컴퓨터 등 적합한 도구로 진행하고 기록하는 작업이 필요하다. 이러한 변화는 구강이나 입과 얼굴을 덮는 마스크에 삽입할 수 있는 관으로 고정된 압력변환기로 만든다(Decker, 1990). 이런 기술로 측정한 압력변화는 분석과 추후 관찰을 위해 저장할 수 있도록 기록하였다.

말에 사용되는 압력은 전형적으로 cmH$_2$O의 단위로 측정하고 표현한다. 회화를 위한 압력은 5~10cmH$_2$O로 낮다. 이 수준은 사람이 만들어 낼 수 있는 총 압력의 크기에 비해 작다. 예를 들어, 대부분의 5세 어린이는 최대 35~50cmH$_2$O까지 산출할 수 있다. 어른은 60cmH$_2$O 이상이다. 그러나 정상적인 회화를 위해서는 요구되는 압력이 낮더라도 시간에 따른 차이를 유지하기 위하여 흉벽의 근육이 조심스럽게 단계적인 힘을 생산해야 한다(Solomon & Charron, 1998). 말을 위해 필요한 전체적 압력 범위 안에서 압력은 난어나 음절의 강세, 성대진동의 변화 등에 따라 순간적으로 다양하게 변한다. 일

3) 발성을 위해서는 성문 아래의 압력이 성문 위의 압력보다 높아야 한다. 일상적인 대화 시에 성문하압은 8cmH$_2$O 정도 필요하다(7cmH$_2$O의 성문하압: 60dB 정도의 강도). 부드럽게 이야기할 때 3cmH$_2$O, 큰 소리로 이야기할 때 20cmH$_2$O 정도가 필요하다.

반적으로 어린이의 대화는 성인보다 기관압력이 높고, 크게 말하기 위해서 어린이와 성인 모두 기관압력을 높인다고 보고되었다(Stathopoulos & Sapienza, 1997).

폐내압(intrapulmonary pressure)은 대기압과의 차이로 표현한다. 안정 시 들숨이 진행될 때 폐내압은 약 2mmHg 낮아지며, 반면에 안정 시 날숨은 폐내압이 대기압보다 약 2mmHg 상승함으로써 진행된다. 이와 같이 미세한 정도의 압력차에 의하여 400~500ml의 공기가 들숨과 날숨을 통하여 폐의 안팎으로 이동하는 것이다.

폐 안팎의 공기의 이동은 폐용적 변화에 따른 압력의 차이에 의하여 일어난다. 폐 내외의 압력차를 의미하는 경폐압(transpulmonary pressure)은 허탈(collapse)을 방지하고 폐를 팽창(inflation)시키는 원동력이다. 폐와 흉벽은 둘 다 탄성이 있는데, 폐는 수축하려는 경향이 있고 흉벽은 확장하려는 경향이 있다. 폐내압은 흉벽내압보다 크기 때문에 그 압력의 차이가 폐를 흉벽에 붙어 지탱하게 한다. 결국 폐용적의 변화는 들숨과 날숨이 진행되는 동안 흉강의 용적 변화와 같아진다. 그런데 흉벽이나 폐에 구멍이 생기면 공기가 흉막강 안으로 빨려 들어가게 되고, 이로 인해 경폐압이 소실되며, 결국 폐는 허탈하게 된다. 이러한 상태를 기흉(pneumothorax)이라 한다.

호흡주기(breathing cycle) 중 압력과 용적의 관계는 다음과 같다. 정상적인 날숨 직후 호흡근은 이완되어 있으며 공기 이동은 없다. 이때 폐포내압은 $0cmH_2O$이고 늑막강압은 $-5cmH_2O$이다. 들숨이 시작되면 흉강이 넓어지므로 흉막강압은 감소(큰 음압이 됨)하고 폐포내압도 감소하여 음압(약 $-1cmH_2O$)이 된다. 외부 압력과 폐포내압의 차이에 의해 외부의 공기는 폐 내로 들어오고 폐포내압이 대기압과 같아지면 들숨이 끝난다. 이같이 공기의 이동은 혈류의 경우에서처럼 압력이 높은 곳에서 압력이 낮은 곳으로 일어나고, 그 유량(flow)은 압력차(pressure difference)에 비례한다. 날숨 중에 흉막강압은 증가(작은 음압이 됨)하고 폐포내압이 대기압보다 높아져(약 $1cmH_2O$) 공기는 폐포에서 기도로 빠져나간다.

2.2.13 계면활성제

탄성력 외에 폐용압률에 큰 영향을 미치는 요인은 폐포 안의 기체와 액체 경계면(gas-liquid interface)에 존재하는 표면장력(surface tension)이다. 폐포 안의 표면장력은 안으로 당기는 힘을 만든다. 따라서 표면장력은 폐포내압을 높임으로써 폐포를 불안정하게 한다. 이러한 현상은 폐포가 작을수록 현저하고, 특히 폐용적이 작을 때 잘 나타난다.

폐포 내면의 특수한 상피세포는 폐포 계면활성제(pulmonary surfactant)라는 일종의 세제를 분비하여 표면장력을 거의 없애는 역할을 한다. 폐포 계면활성제는 포스파티드 콜린(phosphatide-choline)을 주성분으로 하는 지단백으로서 폐포 내면을 덮고 있으며, 표면장력을 감소시킴으로써 폐포의 허탈을 방지하고 폐가 잘 팽창하게 한다. 폐포 계면활성제가 부족한 경우에는 호흡곤란증후군(respiratory distress syndrome)을 유발할 수 있다.

2.2.14 흉막결합

호흡이 발생하기 위하여 폐는 용적을 증가시키거나 감소시켜야 하며, 이렇게 할 수 있는 단 한 가지 방법은 팽창과 수축이다. 그러나 폐에는 근육이 거의 없기 때문에 외부로부터의 힘에 의존하여 움직인다. 이때 외부로부터의 힘은 폐와 기관구조 간의 연결을 통해 발생한다.

각 폐는 장측흉막(visceral pleura)이라는 얇은 점막으로 표면이 둘러싸여 있다. 그리고 기관 내부의 표면은 벽측흉막(parietal pleura)이라는 또 다른 점막으로 둘러싸여 있다. 이러한 두 흉막층(pleural layer)은 두 개의 분리된 점막이라기보다는 앞뒤로 포개진 하나의 연속적인 막이다. 이 두 흉막 사이에 흉수(pleural fluid)라는 액체가 있는 흉막공간(pleural space)이라는 매우 작은 공간이 있다. 내장과 벽측 흉막은 이 액체의 얇은 층에 의해 분리되어 있을 뿐이다. 흉수의 화학적인 성질 때문에 흉막공간과 흉수는 약 $-6cmH_2O$의 음압을 이룬다(Seikel, King & Drumright, 2010). 두 구조가 밀착하여 있고 압력이 음성이 될 때, 두 개는 함께 더 밀착하여 흡수하는 경향이 있다. 왜냐하면, 흉막공간에의 압력이 음압이며 결코 양압으로 바뀌지 않을 때 폐와 기관은 영구적으로 더 밀착하여 끌어당기며, 사실 하나의 단위로서 기능하기 때문이다. 기관이 무엇을 하든지 혹은 기관이 아무리 움직인다 할지라도 폐가 함께 당겨진다. 기관이 근육의 활동 때문에 팽창할 때 폐 또한 팽창한다. 기관이 크게 수축할 때 폐 또한 그렇다. 기관과 폐 사이에는 인대(ligaments)나 힘줄 또는 건(tendons) 같은 어떠한 구조적인 부착물도 없다는 것을 기억해야 한다. 단지 흉막공간에 기관과 폐를 유지하게끔 하는 음압만이 있다. 이러한 밀착 기전이 흉막결합(pleural linkage)이다. 그러나 이러한 연결은 완전히 일방적인 것이 아니다. 왜냐하면 폐 또한 기관에 영향을 미치기 때문이다. 폐는 기관에 연결되어 있으며 최대 용량을 위해 기관이 팽창하는 것을 방해한다. 폐가 없다면 기관은 더 팽창된 상태가 될 수 있다. 기관이 없다면, 폐는 더 수축된 상태일 것이다.

흉막은 단지 흉강에 폐를 연결하는 중요한 역할을 하는 것은 아니며, 다른 기능도 한다. 흉막의 두 번째 기능은 기관과 폐가 서로 기대어 움직이기 위한 부드럽고 마찰이 없는 표면을 제공하는 것이다. 만약 기관과 폐의 표면 사이에 마찰을 완화해 주는 용액이 없다면 사람은 숨을 쉴 때마다 고통을 감내해야 하는 상황이 발생할 수도 있다. 흉막의 세 번째 기능은 보호기능이다. 각 폐는 각각 밀폐된 장측 흉막에 둘러싸여 있기 때문에 칼이나 총에 의하여 하나의 흉막이 뚫린다 하여도 다른 폐는 여전히 손상되지 않은 상태로 밀폐되어 있기 때문에 생명에는 지장이 없다.

2.2.15 연령에 따른 호흡의 변화

언어 산출에 필요한 많은 기능처럼 말을 위한 숨쉬기도 일생을 사는 동안 변화하고 발전한다.

[그림 2-22]에서처럼, 아이는 어른보다 폐와 흉부용량이 작다. 폐의 너비, 길이 그리고 전체적인 용량이 14~16세까지 계속적으로 증가한다(Stathopoulos & Sapienza, 1997). 그러나 성인은 연령이 증가함에 따라 폐활량이 점진적으로 감소한다. 또한 연령이 높아질수록 성대를 둘러싼 근육의 기능 저하로 언어의 산출이 지연되기 쉽기 때문에 70대 이후의 노인은 명료도 또는 조음정확도를 유지하기 위해 더 느리게 말하는 것에 익숙해진다.

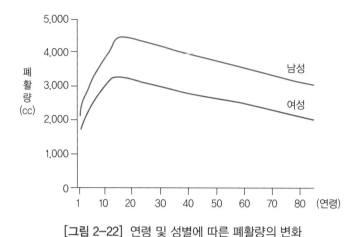

[그림 2-22] 연령 및 성별에 따른 폐활량의 변화

출처: Seikel, King, & Drumright(2010: 144) 재인용

　어린이는 어른에 비하여 말을 산출할 때 폐용량을 더 많이 사용한다(Stathopoulos & Sapienza, 1997). 어린이는 말을 산출하는 데 더 효과적이며 노력을 적게 들이는 것으로 보인다. 그렇지만 어린이에게 호흡계의 이러한 다양성은 말의 유창성(fluency)과 관계가 있다. 만약 어린이들이 발화하는 동안 '음', '어', '저기' 등의 간투사(interjection) 사용, 연장발화(prolongation)와 주저하기(hesitation)가 많이 나타난다면 이는 한 번의 날숨에 적은 양의 음절을 사용하고 각 음절에 좀 더 많은 폐용량을 사용하기 때문이다(Hoit et al., 1990). 그러므로 임상적으로 말의 유창성을 평가할 때 말 호흡을 고려하는 것이 매우 중요하다고 할 수 있다. 말하거나 읽을 때에 느리거나 중간에 끊김이 많은 대상자는 같은 나이의 좀 더 유창한 다른 대상자보다 한 음절에 더 많은 공기를 소비하고 한 번의 숨에 적은 양의 음절을 산출하는 것으로 예상된다.

　말에 대한 성인의 호흡계의 유형에서 일어나는 변화는 청소년의 기간을 넘어 해부학적이고 심리적인 변화로 발생한 결과이다. 호흡 유형의 변화는 다음과 같은 원인에 의하여 유발될 수 있다. 예를 들면, 연령이 높아지면서 흉부 모양이 변형되는 늑골연골의 경직화나 석회화, 근육의 수축성 감소, 폐포 표면의 긴장과 폐의 모세혈관 용량의 점진적인 감소, 전반적인 폐 크기의 감소 등을 들 수 있다(Sperry & Klich, 1992). 이러한 변화는 폐의 반동압력, 폐활량의 감소, 날숨 여분용량, 들숨의 여분용량 등에 영향을 끼치고, 잔여용량을 밖으로 내보낸다.

　Sperry와 Klich(1992)는 연령이 높은 여성과 연령이 낮은 여성의 말 호흡을 비교하였는데, 이 집단들에서 폐용적과 말 호흡의 차이를 발견하였다. 예를 들어, 연령이 낮은 여성의 집단에서는 평균폐활량이 3,356cc, 연령이 높은 여성의 집단에서는 평균폐활량이 2,356cc로 나타났다. 연령이 높은 사람들은 흡입 후 즉각적으로 발성을 시작하지 못하며, 젊은 사람이 말을 하는 것보다 더 많은 양의 공기를 두세 차례씩 소비한다는 것이다.

2.2.16 호흡리듬과 호흡중추

호흡운동은 생체의 요구에 따라 자동적으로 혹은 반사적으로, 수의적으로 조절된다. 호흡이 정지되면 목숨을 잃게 되므로, 생명의 안전을 보장하기 위하여 조절경로는 몇 겹으로 발달하여 연계되어 있다. 호흡운동의 조절은 크게 신경학적 조절과 화학적 조절로 나누어 볼 수 있다.

1. 호흡운동의 신경학적 조절

[그림 2-23]에서처럼 호흡은 연수(medulla oblongata)와 뇌간(brain stem)에 위치한 호흡중추(respiratory center)[4]에서 조절한다. 연수에는 들숨중추(inspiratory center)라는 한 무리의 신경세포가 있어서 자발적인 흥분으로 주기적으로 횡격막(diaphragm) 등 들숨근(inspiratory m.)을 수축시킨다.

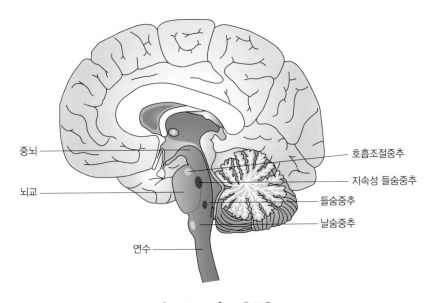

중뇌

뇌교

연수

호흡조절중추

지속성 들숨중추

들숨중추

날숨중추

[그림 2-23] 호흡중추

호흡중추는 지속성 들숨중추(apneustic inspiratory center)와 주기성 날숨중추(pneumotaxic expiratory center)가 있다. 또한 뇌교(pons)의 하부에는 간헐성 억제중추가 있다고 하여, 이를 통틀어 호흡조절중추 또는 호흡중추라 한다. 즉, 호흡의 주기를 형성하는 부위는 결국 뇌교의 상부에 있다고 하겠다. 들숨중추를 자극하면 모든 들숨근이 수축하고 날숨중추를 강하게 자극하면 역시 날숨근의 수축이 일어난다. 평소에는 두 호흡중추가 상반적으로 작용하여 들숨중추가 흥분하여 있을 때에는 날숨중추가 억제되기 때문에 두 중추 사이의 신경섬유의 연락은 매우 긴밀하다.

들숨중추는 대뇌피질(cerebral cortex)로부터 들숨을 억제하는 종료신호(cut-off signal)를 받는다. 또하나의 종료신호는 기도(airway), 평활근(smooth m.)과 골격근 방추(skeletal m. spindle)에 존재하는 신

---

4) Legallois는 1824년에 연수로 들어가는 미주신경을 차단하면 호흡운동이 정지하는 것을 최초로 발견했다.

전수용기(stretch receptor)에서 전달받는데, 이러한 신호는 폐의 과팽창(overinflation)을 방지하는 역할을 한다.

안정 시 날숨은 수동적인 과정이지만 강한 호흡 시에는 역시 연수에 위치하는 날숨중추에 의해 날숨근(expiratory m.)이 수축된다. 뇌진탕(cerebral concussion), 뇌부종(cerebral edema) 등 약물이나 전신마취(general anesthesia)에 의해 호흡중추가 마비될 수 있는데, 이러한 경우에는 호흡이 멈추게 된다. 만약 감정적 자극이 변연계를 통해 작용하면 그 자극은 호흡중추에 즉시 전달되어 호흡의 속도가 빨라진다.

2. 호흡운동의 화학적 조절

공기 중의 산소를 체내의 세포까지 전달하는 핵심요소는 헤모글로빈(hemoglobin)이다. 헤모글로빈은 철분을 함유한 단백질로 모든 적혈구에는 2억 8,000만 개가 존재한다. 헤모글로빈은 폐에서 산소를 싣고 와서 세포에 전달하고 다시 산소를 가져오기 위해 돌아간다. 세포에 도달한 산소는 혈관에서 세포막을 통해 세포로 들어간다. 세포로 들어간 산소는 소화계에서 혈액을 통해 전달된 포도당과 일련의 화학반응을 거쳐 결합한다. 이 반응으로 포도당 속에 들어 있던 에너지가 방출된다. 또한 노폐물인 이산화탄소와 물이 발생한다. 이러한 세포 내 화학반응이 일어나는 곳은 미토콘드리아이다.

이산화탄소(CO_2)는 가장 유효한 호흡중추 자극물이다. 혈액 속에 CO_2 증가 또는 대사물질에 의한 pH 감소는 호흡촉진작용을 강하게 자극한다. 따라서 혈액 속에 CO_2 양이 증가하면 폐의 들숨요구량이 현저하게 높아진다. 그 결과, 날숨에 의해서 CO_2는 배출되고 혈액의 pH가 조절된다. 혈액의 pH가 저하하면 호흡이 증가하고 pH가 상승하면 호흡은 억제된다. 즉, CO_2가 증가하면 pH가 저하하고, CO_2가 감소하면 혈액의 pH가 상승한다. 그런데 호흡중추의 신경세포를 보다 자극하는 것은 호흡중추 근방의 화학수용기로서, 호흡중추는 이들로부터 오는 흥분충동을 받아 반사적으로 흥분한다고 알려져 있다.

?! 복식호흡 vs. 흉식호흡

호흡은 신체를 건강하게 하는 가장 기초적인 활동이다. 호흡은 생명이 붙어 있는 한 24시간 내내 끊임없이 계속되어야 하는데 하루에 호흡으로 마시는 공기의 양은 8,000리터 이상이다. 우리 몸의 세포는 산소를 공급 받아 에너지를 얻고, 내쉴 때 나오는 이산화탄소는 혈액의 산도(pH)를 조절한다.

복식호흡(abdominal breathing)은 횡격막을 내려서 아래쪽의 폐가 부풀어 오를 공간을 늘리는 것이다. 반면에 흉식호흡(costal respiration)은 어깨와 갈비뼈를 들어 올려서 폐의 위쪽 공간을 확보하는 방식이다. 복식호흡의 1회 환기량은 흉식호흡에 비해 2배 가량 높은 것으로 알려져 있다. 복식호흡의 이점으로 1) 폐활량의 향상 2) 활발한 신진대사 3) 긴장의 완화 4) 스트레스 호르몬의 방출 감소 5) 면역력의 향상 등을 들 수 있다.

2.2.17 호흡과 관련된 말 산출 장애

신경학적 질병으로 인한 호흡근의 약화는 말 산출에 여러 가지 문제를 일으킬 수 있다. 호흡근의 강화는 폐활량(VC)을 증가시키는 데 도움이 될 뿐만 아니라 호흡에 대한 지구력도 향상시킬 수 있다. 훈련을 통하여 폐용적을 증가시켜 구강압력이나 기도압력을 일정 수준으로 유지시킴으로써 발화의 명료도와 유창성을 증가시킬 수 있다고 한다(Solomon & Charron, 1998).

파킨슨병(Parkinson's disease, PD) 환자들은 횡격막이 수축할 때 흉벽근육의 강직성(rigidity) 때문에 흉곽의 움직임이 감소하므로, 정상적인 화자보다 구강압력(Poral)이 낮게 나타난다. 따라서 발화 시 강도(intensity)의 감소와 말명료도(speech intelligibility)의 저하가 특징적으로 나타난다. PD 환자들은 약한 기식성 음성과 발화의 높낮이가 단조로울 수 있기 때문에 발화의 길이를 짧게 하여 발화하도록 하여야 한다.

뇌성마비(cerebral palsy, CP)는 출생 시나 직후에 뇌의 영구적 또는 비진행성 결함에 의해 발생하며, 신경손상으로 인하여 경련성 편마비, 양측성 마비, 사지마비, 무정위운동증(athetosis), 운동실조증, 정신지체 등 다양한 문제가 나타난다. 특히 무정위형 CP 환자들은 불규칙적이며 조정되지 않은 호흡이 일어날 수 있다. 또한 실조형(ataxic) CP 환자들은 약화된 근육의 긴장과 협응이 잘 되지 않아 불규칙한 발화속도와 단조로운 리듬이 특징적으로 나타난다.

소뇌질환(cerebellar disease) 환자는 근육의 협응에 장애를 받고 수의적인 운동에 심각한 제약을 받을 수 있다. 운동기능의 손상으로 음성의 피치(pitch)나 강도의 조절이 예측할 수 없이 유동적이다. 말 산출은 느려지고 단조로운 리듬으로 마치 로봇처럼 발화하는 소위 주사구어(scanning speech)를 하게 된다. 물론 이러한 말소리의 장애도 호흡장애에 기인한 것이다.

?! 과호흡증후군(hyperventilation syndrome)

폐에서 산소(O_2)와 이산화탄소(CO_2) 기체교환이 너무 일어나서, 특히 CO_2 배출이 너무 많이 일어나서 생기는 증상이다. 이에 대한 원인으로는 저산소증, 폐 질환, 심혈관질환 등이 있지만, 지나친 흥분이나 불안 등 심인성 요인(psychgenic factors)이 많다. 증상으로는 호흡곤란, 어지럼증, 수면무호흡증 등이 있다.

2.2.18 이상호흡

아무런 장애 없이 폐와 세포의 조직에서 가스교환이 일어나는 것을 정상호흡(eupnea)이라 한다. 하지만 정상호흡이 이루어지지 않을 때가 있는데, 이를 이상호흡(abnormal breathing)이라 한다. 이상호흡에는 호흡수는 정상이지만 그 깊이가 깊은 과호흡(hyperpnea), 호흡수가 증가하는 빈호흡(tachypnea), 폐포환기량이 증가할 때 생기는 과환기(hyperventilation), 폐포환기량이 감소하는 저환기(hypoventilation)뿐만 아니라 다음과 같은 유형이 있다.

1. 호흡곤란

숨이 가쁘다든지 가슴이 답답하다든지 하여 노력하지 않으면 호흡운동을 하기가 매우 힘든 상태를 호흡곤란(dyspnea)이라 한다. 호흡곤란의 주된 원인은 혈액 속의 이산화탄소의 농도가 높아지면서 호흡중추가 지나치게 자극받았기 때문이다. 호흡곤란의 원인으로는 상기도가 좁아져 기류에 대한 기도저항이 커져서 일어나는 천식과 복강과 흉강 내에 액체가 지나치게 많이 고여 일어나는 복막염(peritonitis)이나 늑막염(pleuritis)이 있고, 폐포 안에 염증이 생겨 가스의 확산을 막아서 일어나는 폐렴(pneumonia), 심장질환에 의한 혈액순환 장애 등이 있다.

2. 질식

질식(asphyxia)이란 외계와 조직의 가스교환이 원활하지 않은 상태를 가리킨다. 질식에 의해 조직에 산소결핍(anoxia)이 발생하면 사망에 이른다. 질식 상태의 초기에는 호흡운동이 증가하고 호흡곤란이 생기며, 그다음 의식을 잃게 된다. 이때 전신에 경련이 일어나고, 중추신경의 마비로 근육이 이완되며, 동공확대와 혈압하강이 일어나고, 발작성 호흡 후에 호흡이 정지된다.

?! 수면무호흡증후군 vs. 영아돌연사증후군

수면무호흡증후군(sleep apnea syndrome)은 들숨 시 기도가 좁아지거나 인두가 막혀서 기도의 저항력이 증가된 상태를 가리킨다. 심각한 코골이의 경우 수면무호흡으로 발전될 확률이 높으며, 고도비만의 경우 목 부위의 지방이 상기도를 좁혀 호흡장애가 일어날 수 있다. 심하면 저산소증이나 심장마비(heart attack) 등을 유발할 수 있다.

영아돌연사증후군(sudden infant death syndrome, SIDS)은 미국의 경우 영아 사망원인 1위로 꼽히며, 생후 2~12개월 영아가 돌연사하는 경우를 말한다. 보통 장시간의 저환기와 저산소증의 결과로 초래되는 무호흡이 주요 원인이다. 폐포 내 저산소 농도로 말미암아 동맥이 수축되며, 이러한 상태가 지속되면 폐순환의 저항이 증가된다.

3. 무호흡

무호흡(apnea)은 호흡운동이 정지하는 경우를 말한다. 혈액 내의 이산화탄소 분압이 40mmHg에서 15mmHg로 급격히 떨어지면서 산소의 분압은 100mmHg에서 120~140mmHg로 급상승하게 되므로 호흡중추에 작용하던 자극이 감소하기 때문에 일어난다.

4. 체인-스톡스 호흡

이 호흡은 일정 간격을 두고 약한 호흡, 호흡곤란, 무호흡, 강한 호흡이 교대로 되풀이되면서 일어난다. 이 호흡은 호흡중추의 흥분성이 현저히 낮아져서 일어나기 때문에 무호흡의 경우와는 다르게 시간이 길게 계속되면서 진행된다. 체인-스톡스 호흡(Cheyne-Stokes respiration)은 두개강 내압의 상승, 마약 및 일산화탄소의 급성 중독의 경우에 일어나는 무호흡과 호흡곤란이 되풀이되는 것으로서, 생체가 죽기 직전에 반드시 이 호흡이 있게 마련이다.

5. 저산소증

저산소증(hypoxia)이란 신체 각 부위에 산소의 공급이 충분하게 이루어지지 않는 상태를 말한다. 혈액 속 O_2분압의 저하는 호흡촉진 작용에 기여하지만 60mmHg 이하로 떨어지면 오히려 호흡의 촉진작용이 약해진다. 저산소증의 원인은 폐혈류장애, 폐환기장애, 혈액의 부족으로 말초조직 세포에 산소 이용능력이 감소하는 빈혈(anemia) 등에 기인한다. 저산소증의 경우 가장 크게 영향을 받는 곳이 뇌(brain)이다. 심한 경우 10~15초 사이에 의식을 잃게 되고, 뇌조직에 산소의 공급이 3~4분 동안 중단되면 뇌조직의 변성이 일어나 회생불능 상태에 빠지게 된다.

호흡의 해부와 생리 Tips

1. 생명체가 외부로부터 계속 산소(O_2)를 얻고 체내에서 생성된 이산화탄소(CO_2)를 외부로 배출하는 기체 교환(exchange of gas) 과정을 호흡(respiration)이라 한다.

2. 흉강(thoracic cavity)은 흉벽과 횡격막(diaphragm)으로 구분되며, 흉강의 구조는 얇고 수분이 많은 횡격막으로 덮여 있다.

3. 폐는 장측흉막으로 덮여 있는데, 흉벽을 덮고 있는 벽측흉막에 대응하고 있다.

4. 두 개의 흉막 사이에 있는 전위공간(potential space)을 흉막내강(interpleural space)이라 한다.

5. 기관지 나무(bronchial tree): 기관(trachea) → 일차기관지(primary bronchi) → 이차기관지(secondary bronchi) → 3차기관지(tertiary bronchi) → 세기관지(bronchioles) → 종말세기관지(terminal bronchioles) → 허파꽈리 또는 폐포(alveoli)

6. 폐내압은 들숨 시 대기압보다 낮고 날숨 시 대기압보다 높다.

7. 폐 안의 압력의 변화는 폐용적의 변화에 따라 형성되며, 이때 체적과 압력은 서로 반비례 한다라는 보일의 법칙(boyle's law)의 적용을 받는다.

8. 폐의 신축성은 팽창 후 복귀하려는 탄성력(elasticity)에 의해 생긴다.

9. 폐포 액체의 표면장력(surface tension)은 내부로 향한 힘을 발휘하여 팽창을 억제한다.

10. 들숨과 날숨은 골격근의 수축과 이완에 의하여 생긴다.

11. 조용한 들숨 동안에 횡격막과 외늑간근을 수축함으로써 흉곽의 용량을 증가시킨다.

12. 외호흡(external respiration)은 외기와 폐포 사이의 기체교환, 폐포와 혈액 사이의 산소와 이산화탄소의 교환이며, 내호흡(internal respiration)은 혈액과 조직세포 사이에서 산소와 이산화탄소의 교환이다.

13. 호흡의 조절은 신경성 조절과 화학적 조절에 의해 설명된다. 신경성 조절은 뇌교와 연수에 위치하는 호흡중추에 의해서 조절되고, 화학적 조절은 혈액 내에 있는 산소, 이산화탄소, 체온의 변화에 의해서 호흡의 주기성이 조절된다.

14. 의식적인 호흡은 대뇌피질과 척수의 지배를 받는다.

15. 산소는 폐의 기체교환에 의해서 폐포 내 모세혈관으로 들어가 혈액을 통해서 각 조직으로 운반되는 반면, 조직에서 생긴 이산화탄소는 폐포로 운반된 후 체외로 방출된다. 이러한 혈액과 폐포 또는 혈액과 조직세포 사이의 기체교환은 두 기체에 대한 분압차에 의한 확산에 의해 일어난다.

16. 폐의 환기과정에서 이산화탄소와 탄산의 혈당농도가 조절됨으로써 혈액의 적당한 산과 알칼리의 균형이 이루어진다.

🔖 단원정리

1. 생명을 위한 호흡과 발화를 위한 호흡의 차이점은 무엇인가?

2. 일차기관지에서 폐포에 이르는 기관지의 분지는 무엇인가?

3. 종격(mediastinum) 안에 있는 장기들을 열거하시오.

4. 주호흡근(major respiratory m.)을 열거하시오.

5. 횡격막(diaphragm)의 주요 기능을 구체적으로 설명하시오.

6. 흉식호흡과 복식호흡의 차이점은 무엇인가?

7. 외호흡과 내호흡을 정의하고 그 차이점을 설명하시오.

8. 잔기용적(residual volume)이란 무엇인가?

9. 사강(dead space)이란 무엇인가?

10. 표면장력(surface tension)이란 무엇인가?

11. 호흡중추(respiratory center)에 대하여 설명하시오.

12. 체인-스톡스(Cheyne-Stokes respiration) 호흡이란 무엇인가?

ANATOMY AND PHYSIOLOGY FOR SPEECH, LANGUAGE, AND HEARING

CHAPTER 03

발성과 조음의 해부와 생리

"사람은 다른 동물과 달리 말소리를 자유자재로 조절할 수 있는데, 이는 음성과 언어에 관여하는 대뇌 피질부가 상당히 발달해 있기 때문이다. 뿐만 아니라 소리를 만들어 내는 후두 또한 매우 발달해 있다. 후두는 그 안에 성대가 있어서 전통적으로 소리상자(voice box)라 불려 왔다. 성대는 폐에서 나오는 공기의 흐름을 조절하는 밸브 역할을 한다. 말하는 동안에 성대점막은 매우 빠른 속도로 여닫히며 일정한 기류를 아주 작은 공기 덩어리(puff of air)로 잘라 낸다. 이렇게 만들어진 성대의 진동은 '윙' 하는 소리로 바뀌게 된다. 진동음은 다시 성문으로부터 입술로 이어지는 소릿길을 지나면서 조음기관들이 이 단조로운 음을 구별 가능한 개별 음성으로 변환시킨다. 이때 인두강이나 구강은 소리를 크게 해 주는 공명강의 역할을 하고 말소리는 혀와 연구개의 위치, 턱의 움직임, 좁힘점, 성문하압의 크기 등에 따라 서로 다르게 산출된다."

[그림 3-1]에서 보듯이, 신생아와 원숭이의 후두(larynx) 위치는 경부에 높이 위치함으로써 공기의 통로와 음식물의 통로가 따로 구분되어 먹는 순간에도 호흡이 가능해지는 현상이 나타난다. 신생아 성대의 구조는 성인과 달리 뒤쪽 성대(posterior glottis)가 앞쪽 성대(anterior glottis)에 비해 면적 및 길이에서 비율이 더욱 높으므로 구조상으로는 발성보다 호흡에 유리하게 구성되어 있다. 또한 인간이 네 발로 걷다가 직립보행을 하는 진화과정에서 영장류처럼 후두의 위치가 조금씩 하강하여 현재의 성인 후두 위치로 자리를 잡았다는 것을 쉽게 유추할 수 있다. 이는 아직 홀로 서지 못하는 아기가 보행이 가능해질 때 후두의 위치가 점차 하강하는 것을 보면 명백해진다.

신생아의 후두는 성인보다 위쪽(제2경추)에 위치하나 성인의 후두는 제4~6경추까지 내려간다. 하강하는 시기는 주로 생후 1~2년 사이가 가장 많으며, 이는 직립보행이 가장 활발해지는 때로서 직립보행과 더불어 후두가 하강함을 알 수 있다. 이로 인하여 구강 및 인두강의 구조가 변화하게 되었고 성도(vocal tract)의 길이가 길어져서 다양한 음성 및 언어의 사용이 보다 용이해진다. 그러나 이러한 진화과정에서 생긴 후두 위치의 하강은 생리적인 관점에서는 기도와 식도가 서로 인접해져 후두의 방어기능에 문제가 되어 후두마비나 기도폐쇄 같은 질환을 유발하기도 한다. 다른 동물에 비해 인간은 이러한 문제점을 보완하기 위해 기도에 이물질이 들어갈 경우 성문상부에서 기침반사(cough reflex) 같은 반사체계(reflex system)가 발달하게 되었다.

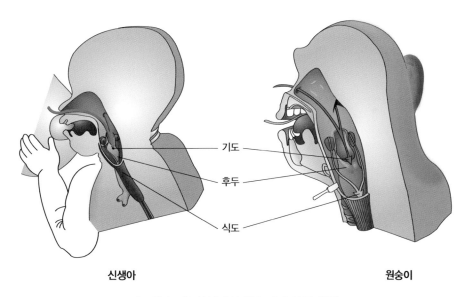

기도

후두

식도

신생아   **원숭이**

[그림 3-1] 신생아와 원숭이의 후두 위치

3.1 발성

3.1.1 후두의 기능과 위치

1. 기능

후두는 여러 가지 기능을 한다. 우리는 흔히 후두의 가장 중요한 기능이 발성(phonation)[1]인 것으로 알고 있으나 후두의 일차적 기능은 기도를 보호하는 것이다. 후두는 여러 반사작용을 통하여 이물질이 폐로 들어오는 것을 막기 위한 적절한 감각과 근육기제(성대를 빠르게 닫는 행동)를 가지고 있다. 이물질이 기도로 들어올 경우 여러 반사작용이 무의식적으로 작동하여 폐를 보호하고 있다. 기도를 보호하기 위한 일련의 반사경로는 음식물이 후두개나 피열후두개주름(aryepiglottic fold)에 닿아 이 자극으로 들숨운동의 억제가 시작되며 진성대(true vocal folds)가 강력하게 닫히고, 이로 인해 가성대의 닫힘이 이차적으로 유도된다. 이어서 피열후두개주름이 안쪽으로 당겨지면서 후두개가 뒤쪽으로 밀려 후두 입구를 막게 된다.

후두의 실제 크기(사진)

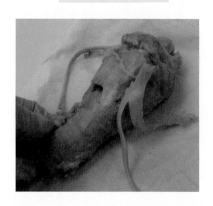

윗부분에는 후두, 아랫부분에는 기관이 있다. 양옆에는 미주신경의 가지인 상후두신경(좌)과 되돌이후두신경(우)이 위치해 있다. 필자의 손가락과 비교해 보면 그 크기를 가늠해 볼 수 있다.

후두의 이차적인 기능은 호흡(respiration)이라 할 수 있다. 후두는 인두에서 기관에 이르는 공기 통로로 견고한 연골로 구성된 개방관에 불과하지만, 성대의 운동을 통하여 성문열의 개폐가 조절된다. 즉, 평상시 성문은 안정위를 취하며 안정흡기 시에 약간 열린다.

아마도 후두의 삼차적인 기능은 발성으로 볼 수 있을 것이다. 발성을 위해서는 구강, 인두, 후두, 폐, 횡격막, 복부와 목근육의 상호작용이 필요하다. 발성은 양측 성대가 내전된 상태에서 폐에서 나오는 날숨기류에 의해 성문하압이 형성되고, 이 압력에 의해 성대의 점막이 옆으로 서서히 이동될 때 날숨기류가 성문의 좁은 통로를 지나면서 만들어진다. 정상적인 발성을 위해서는 적절한 호흡, 성대의 내전, 성대조직의 진동 능력, 적절한 성대 모양, 성대 길이와 긴장도의 조절 능력 등이 필요하다. 사람은 다른 동물과 달리 음성을 자유자재로 조절할 수 있는데, 이는 발성에 관여하는 대뇌피질부가 상당히 발달했기 때문이다.

후두의 중요한 기능 가운데 하나는 삼킴활동 중에 기도와 폐를 보호하는 것이다. 후두는 삼킴활동

---

[1] phonation과 vocalization은 둘 다 '발성'으로 번역할 수 있지만 엄밀한 의미에서 구별된다. 이들은 성대의 진동(vocal cord vibration)을 의미하는 용어로서 공통점을 가지고 있으나 phonation은 인간의 언어음(speech)을, vocalization은 인간의 언어음을 포함하여 동물의 발성기관을 통해 만들어지는 소리를 가리킨다. 따라서 동물의 발성은 phonation이 아니라 vocalization인 것이다.

동안 후두개에 의하여 폐쇄된다. 삼킴활동 중에 후두는 전상방으로 움직이며 동시에 혀의 기저부는 후하방으로 움직인다. 이러한 일련의 움직임으로 후두개는 후하방으로 움직여 후두 입구를 덮어 음식물이 양측 조롱박오목(pyriform fossa)을 거쳐 식도(esophagus)로 들어가게 된다. 뿐만 아니라 후두는 물건을 들어 올리는 행동에도 중요하다. 물건을 들어 올리는 동안 폐 안에 있는 공기를 가둠으로써, 후두의 닫힘으로 인해 생긴 성대 아래 압력은 팔의 근육이 당길 수 있도록 하는 견고한 기초를 제공한다.

2. 위치

[그림 3-2]에서 볼 수 있듯이 후두는 설골(hyoid bone)이라고 부르는 말발굽 모양의 뼈 아래에 위치한다. 설골은 하악골 안에 있고, 막성조직, 갑상설골막, 외측갑상설골인대에 의해 후두에 연결되어 있다.

후두의 뼈대는 연골로 이루어져 있기 때문에 좋은 목소리 산출과 삼키는 동안의 전반적 운동에 필요한 유연성을 제공한다. 후두의 바닥은 기관 꼭대기의 바로 위에 놓여 있는 반지 모양의 윤상연골로 되어 있다. 윤상연골의 뒷부분 위쪽에는 작은 피라미드 모양의 피열연골 두 개가 위치해 있다. 성대는 양쪽 피열연골과 갑상연골 안쪽을 연결해 주면서 위치한다. 갑상연골은 방패 모양이고 후두골격의 앞면을 구성한다. 이 연골은 성대와 후두의 다른 내부구조를 보호한다. 갑상연골의 전상방 근처에 있는 돌기를 후두융기(laryngeal prominence, 일명 Adam's apple)라고 부른다. 이 돌출 부위는 특히 남성의 사춘기 이후에 현저해진다. 출생 시 갑상연골의 각도는 남성은 110°, 여성은 120° 정도이고, 성인여성과 성인남성의 경우 각각 120°와 90°를 유지하게 된다.

성대가 갑상연골의 내부 각에 앞쪽을 부착시킨 지점이 바로 성대돌기의 아래이다. 갑상연골의 하부 돌기(아래 뿔)는 윤상연골의 옆에 부착되어 있어서 이 두 연골이 앞뒤로 흔들릴 수 있고, 이렇게 하여 성대의 긴장이 증가하거나 감소한다.

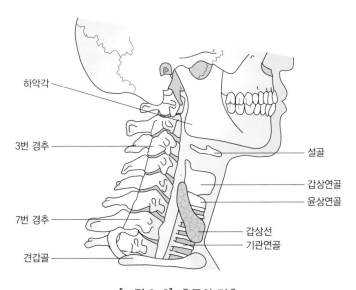

[그림 3-2] 후두와 경추

[그림 3-3]은 목의 구조 및 후두를 둘러싼 근육과 연골이다.

연골과 근육 외에, 외부막이 후두를 바깥구조(위에 있는 설골 또는 아래에 있는 기관)와 연결하고, 내부막이 후두연골을 서로 연결하여 운동범위뿐만 아니라 방향도 조절한다. 외부 후두막으로는 쌍으로 되어 있지 않은 갑상설골막, 측설골갑상인대 두 개, 설골후두개인대 하나, 윤상기관막 하나가 있다. 내부 후두막(가운데 윤상갑상 인대와 쌍으로 된 측 윤상갑상막으로 구성)은 탄성원추, 사각막, 피열후두개주름이 있다.

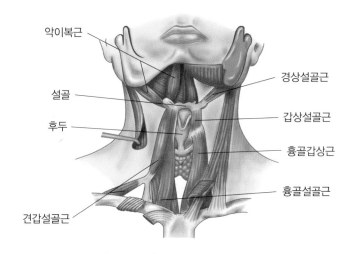

악이복근
경상설골근
설골
갑상설골근
후두
흉골갑상근
흉골설골근
견갑설골근

[그림 3-3] 목과 후두의 근육

성대는 뒤쪽으로 피열연골에 부착되어 있다. 이들 연골은 쌍으로 되어 있고 모양이 피라미드형과 비슷하다. 피열연골은 윤상연골의 뒤쪽 위에 놓여 있고 적절한 내근의 활동으로 중앙선에 근접하거나 당겨져 떨어질 수 있다. 피열연골들이 접근했을 때, 이물질로부터 폐를 보호하거나 발성을 목적으로 후두를 준비시키기 위해 성대를 닫는다. 피열연골들이 서로 떨어졌을 때, 피열연골은 성대를 분리시켜 구-비강과 폐 사이의 자유로운 호흡경로를 내 준다. 피열연골에는 소각연골이라 하는 위로 확장된 작은 부분이 있다. 소각연골은 성대의 후방을 부착하는 데 피열연골을 돕는다. 후두개는 갑상연골에서 혀의 뒤까지 위로 뻗은 나뭇잎 모양의 연골이다. 인체에서 후두개의 역할은 일반적으로 후두와 기도를 보호하는 것이라고 할 수 있다.

3.1.2 후두의 구조

후두골격(laryngeal skeleton)은 1개의 뼈와 9개의 연골로 이루어져 있다. 연골 중 3개는 독립적이며, 6개는 쌍을 이루고 있다. 독립적인 연골은 방패연골 또는 갑상연골(thyroid cartilage), 반지연골 또는 윤상연골(cricoid cartilage), 후두개연골(epiglottic cartilage)이고, 짝을 이루는 연골은 모뿔연골 또는 피열연골(arytenoid cartilage), 잔뿔연골 또는 소각연골(corniculate cartilage), 쐐기연골 또는 설상연골(cuneiform cartilage) 등이다. 후두의 연골성 구조는 설골에 부착되어 있다. 설골은 혀에 붙어 있는 'U'

자 모양의 작은 뼈이다. 후두는 설골갑상막에 의해서 설골에 연결되어 있다. 설골은 앞부분의 몸체와 'U' 자 모양의 측면인 긴 대각으로 이루어져 있다. 각각의 대각으로부터 약간 위쪽으로 돌출된 부분이 소각이다. **[그림 3-4]**는 후두의 전면, 측면, 후면이다.

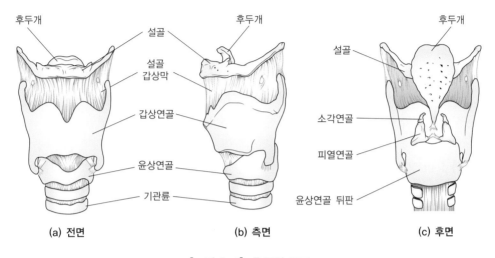

(a) 전면   (b) 측면   (c) 후면

[그림 3-4] 후두의 구조

후두개와 설근 사이에 파인 곳을 후두계곡이라 한다. 이곳에서 피열후두개주름과 갑상연골 사이를 지나 후두로 들어가는 통 모양의 고랑을 이상와(pyriform sinus)라고 한다.

[그림 3-5]에서처럼 후두는 성문을 중심으로 성문상부(supraglottal), 성문부(glottal), 성문하부(subglottal)로 나눌 수 있다. 성문상부는 후두개 첨부에서 후두전정(laryngeal vestibule)까지이고, 성문부는 성대를 포함하여 성대인대의 5~7mm 아래까지를 말하며, 성문하부는 성문부의 최하단에서 윤상연골의 하연(즉, 기관 바로 위)까지를 가리킨다.

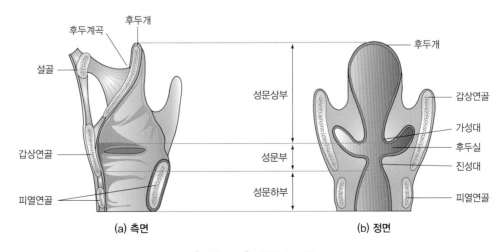

(a) 측면   (b) 정면

[그림 3-5] 성문의 구분

1. 후두의 주요 연골

후두의 기초는 연골이며 연골 사이에는 관절이 있고, 이 관절을 움직이는 후두근의 작용으로 갑상연골과 피열연골 사이에 앞뒤로 걸쳐 있는 성대인대(vocal ligament)와 성대근(vocalis m.)으로 구성된 한 쌍의 성대주름이 넓어졌다 좁아졌다 하면서 발성을 하게 된다. 후두는 9개의 연골로 이루어지는데, 가장 크고 눈에 띄는 것은 갑상연골(thyroid c.)이다. 피열연골(arytenoid c.)은 기도의 첫째 고리 위에 위치한 반지 모양의 윤상연골(cricoid c.) 위에 부착되어 있다. 또 다른 후두연골은 성대 위에 부분적으로 걸려 있는 나뭇잎 모양의 후두개(epiglottis)로 공기 통로를 보호한다. 갑상연골의 위와 앞에 위치한 말굽 모양의 설골은 다른 뼈에 결합되지 않은 유일한 뼈이다. 후두, 혀, 하악에 대한 지원기능을 하며 근육 부착을 통하여 머리와 목의 자세에 영향을 미친다. [그림 3-6]은 후두에서 각 연골을 하나하나 분리한 것이다.

설골의 약 1cm 정도 아래쪽에 후두의 연골 중 가장 큰 갑상연골이 있다. 이 구조는 양측의 판이 앞쪽에서 합쳐진다. 앞에서 본 것처럼 이 판들이 합쳐지면서 각도가 생기는데, 이 돌출 부위를 후두융기(laryngeal prominence)라 한다. 갑상연골에서 V자 모양의 작은 패임 부분을 갑상절흔(thyroid notch)이라 하며, 후두융기의 위쪽 표면에 위치한다. 두 개의 길게 나온 상각은 갑상연골의 양면과 하나가 되고 설골에 이어지게 하는 수단으로서 위쪽으로 뻗어 연결된다. 두 개의 작은 소각은 아래쪽을 향하여 뻗어 있고, 윤상연골과 연결되어 있다. 갑상연골의 후면은 열린 구조이며, 성대는 갑상연골의 안쪽 표면에 연결되어 있다. [그림 3-7]은 여러 방향에서 본 갑상연골이다.

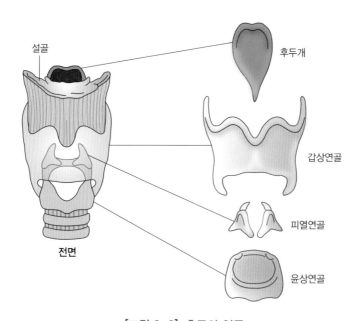

[그림 3-6] 후두와 연골

출처: Seikel, King, & Drumright(2010)에서 수정 인용

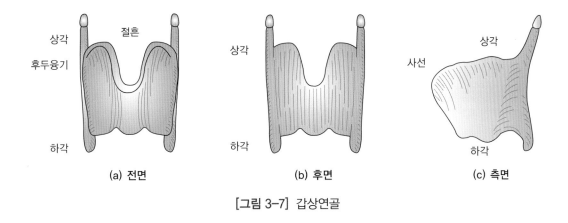

상각
절흔
후두융기
하각
(a) 전면

상각
하각
(b) 후면

상각
사선
하각
(c) 측면

[그림 3-7] 갑상연골

두 번째의 독립적 연골은 반지 모양인 윤상연골이다. 이것의 모양은 앞쪽은 좁고 뒤쪽은 사각의 판에 크게 펴져 있다. 이 뒤쪽 판의 이름은 모양 그대로 네모인대(quadrate ligament)라 한다. 윤상연골은 갑상연골의 아래쪽 약 1cm 정도에 위치하며, 완벽한 반지 모양으로 기관의 첫 번째 고리 바로 위에 있다. 윤상연골은 전방보다 후방의 높이가 높아서 갑상연골 후방의 양측에 있는 하각(inferior horn)과 겹친 상태에서 관절을 형성하고, 전방은 갑상연골과 윤상연골 사이가 겹치지 않고 빈 공간을 형성한다. 따라서 양측 후방에 위치하는 윤상갑상관절(cricothyroid joint)을 중심으로 관절 부위는 고정되어 축으로 움직일 때 앞쪽에서 갑상연골과 윤상연골 사이가 위아래로 좁아졌다 넓어졌다 한다. 이러한 움직임은 성대의 길이를 조절하는 데 중요한 역할을 한다(안철민, 2004). 윤상기관막은 윤상연골의 하부경계와 첫 번째 기관 연골고리(ring)의 상부경계 사이에 있다.

[그림 3-8]은 여러 방향에서 본 윤상연골이다.

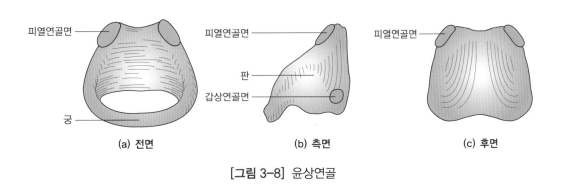

피열연골면
궁
(a) 전면

피열연골면
판
갑상연골면
(b) 측면

피열연골면
(c) 후면

[그림 3-8] 윤상연골

후두개연골은 세 번째 독립적 연골로 오크(oak) 나뭇잎 모양의 폭이 넓은 연골이다. 갑상절흔 바로 아래에 있고 갑상후두개인대에 의해 갑상연골의 안쪽 표면에 붙어 있으며 설골후두개인대에 의해 설골 몸체에 붙어 있다. 후두개는 하향의 수믇벽이 있어서 삼킴활동을 하는 동안 후두의 출구를 덮어서 음식이나 액체가 직접 식도로 가게 하는 마치 다리 같은 중요한 기능을 수행한다.

[그림 3-9]는 윤상연골에 부착된 피열연골이다. 피열연골은 윤상연골의 후상부에 위치하여 갑상연골의 전면 상하 중간의 후방 안쪽에서 기시하는 갑상피열근(thyroarytenoid m.)과 서로 연결되어 있다. 한 쌍

의 피열연골은 윤상연골의 네모인대 위쪽 표면에 위치하는 작은 구조로서 피라미드 모양이며, 기저면
은 넓고 평평하며 첨부는 좀 더 위쪽으로 뻗어 있다. 두 개의 돌기가 그 기저부에서 뻗어 있다. 첫 번째
돌기는 탄성의 성내돌기로 전방으로 갑상연골을 향하고, 두 번째 돌기인 근육돌기는 외측과 후방으로
향한다. 피열연골은 발성에 결정적인 역할을 하는데, 성대가 성대돌기에 붙어 있기 때문이다. 후두의
여러 근육들이 근육돌기에 닿게 되고 피열연골이 움직이면, 붙어 있는 성대가 열리거나 닫히게 된다.

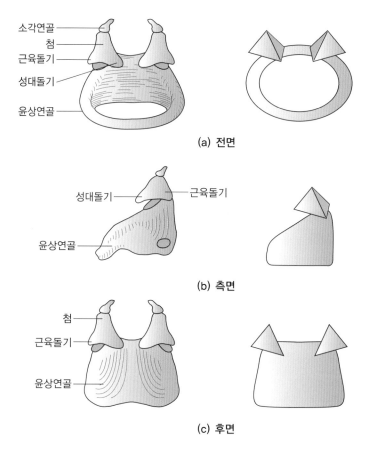

(a) 전면

(b) 측면

(c) 후면

[그림 3–9] 피열연골과 윤상연골

2. 후두관절

후두에는 두 쌍의 연결부 또는 관절(joints)이 있는데, 두 쌍 모두 정상적인 목소리를 내는 데 중요하
다. 윤상피열관절(cricoarytenoid joint)은 각 피열연골의 기저부와 윤상연골의 네모인대의 위쪽 표면 사
이의 연결부다. 이 관절은 회전가동관절(diarthrosis rotatoria)로, 진동운동을 통해 연골을 앞·뒤로 움직
일 뿐만 아니라 내측·외측으로 미끄러지듯 움직일 수 있어서 피열연골의 운동범위를 넓힌다. 성대는
피열연골의 성대돌기에 붙어 있기 때문에 피열연골의 움직임은 성대의 위치에 영향을 미친다. 근육돌
기에 후두근육이 수축하면, 근육돌기는 전외측으로 움직이고 성대돌기를 중앙으로 끌어당기면서 성대
를 내전시킨다. 반대로, 근육돌기가 후방으로 당겨지면 성대돌기와 붙어 있는 성대가 외전된다. 따라
서 윤상피열 연결부는 성대의 개폐에 관여하는 기관이다.

⟨표 3-1⟩ 후두골격의 구조

뼈(bone)	
설골(hyoid)	혀에 부착: 갑상설골막에 의해 후두와 연결됨
독립적인(unpaired) 연골(cartilage)	
윤상연골(cricoid)	반지 모양의 연골: 후두의 가장 깊은 내부; 윤상기관막에 의해 기관과 연결
후두개연골(epiglottis cartilage)	탄력적, 나뭇잎 모양의 연골로 설골과 갑상연골에 부착됨: 주름이 후두 입구를 닫기 위해 아래로 접힘
갑상연골(thyroid)	가장 큰 연골: 윤상연골로 이어진다; 성대가 전교련에 부착됨
쌍을 이루는(paired) 연골	
피열연골(arytenoid)	윤상연골의 정방향 얇은 판의 윗부분에 위치함: 성대가 성대돌기에 부착됨 후두근이 근육돌기에 부착
소각연골(corniculates)	피열연골의 정점에 위치함
설상연골(cuneiforms)	피열후두개 주름에 삽입된 탄력이 있는 가지모양의 연골
관절(joint)	
윤상피열관절(cricoarytenoid)	정방형판의 위 표면연골의 기저 사이: 성대의 내전과 외전에 관련됨
윤상갑상관절(cricothyroid)	윤상연골의 측면과 갑상연골의 상각 사이: 성대가 줄어들고 늘어남에 따라 기본주파수 조절에 관련됨

출처: Ferrand(2007: 121)

윤상갑상관절(cricothyroid joint)은 갑상연골의 각각의 소각과 윤상연골의 측면 사이에 위치한다. 이 관절도 갑상연골을 윤상연골의 아치를 향하게 아래로 비틀거나, 윤상연골을 갑상연골에 가깝게 하기 위해 돔을 위쪽으로 향하게 비틀기도 한다. 이런 방법으로 윤상연골 또는 갑상연골의 앞쪽의 거리가 멀어진다. 성대가 늘어나고 확장되고 긴장되면 성대의 진동이 더욱 빨라지게 된다. 따라서 윤상갑상관절은 인간 음성에서 기본주파수(fundamental frequency, F0)[2]를 조절하는 중요한 기능을 한다(⟨표 3-1⟩ 참조).

3. 후두의 밸브

후두는 본질적으로 다양한 기능을 수행하기 위해 개폐되는 세 종류의 밸브를 갖고 있는 속이 빈 관(hollow tube)이다. 이 밸브들은 결합조직의 덩어리나 주름(folds)이라고 불리는 근육섬유로 만들어져 있고, 후두의 위쪽부터 아래쪽까지 걸쳐 있다. 여기에는 피열후두개주름, 가성대, 진성대가 포함된다.[3] **[그림 3-10]**은 위와 뒤에서 본 가성대와 진성대의 위치이다.

---

2) 기본주파수(F0)란 복합음을 이루는 구성성분 중 가장 하위의 주파수로서 1초 동안에 성대가 열리고 닫힐 때 만들어지는 진동수를 가리킨다.

3) 음성학에서는 일반적으로 가성대를 false vocal cords라 하며 진성대를 true vocal cords 또는 vocal cords라고 한다. 그러나 의학에서는 가성대를 실주름, ventricular folds라고 하며, 진성대를 성대주름, true vocal folds 또는 vocal folds라한다. 간혹 용어가 혼용되더라도 오해가 없기를 바란다.

4. 피열후두개주름

피열후두개주름(aryepiglottic folds)은 가장 상부로, 후두개의 측면에서 각 피열연골의 첨부까지이며, 결합조직(connective tissue)과 근육섬유(muscle fibers)로 된 얇은 판 구조이다. 원형으로 수축되거나 후두개를 뒤쪽으로 당기고 삼킴 시 후두의 출구를 닫는 괄약근 활동을 한다.

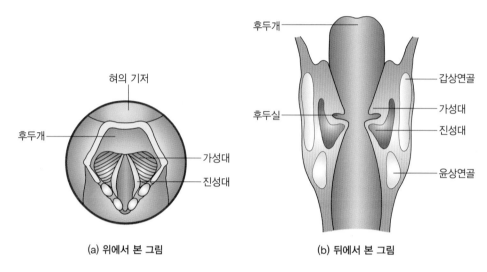

(a) 위에서 본 그림   (b) 뒤에서 본 그림

[그림 3-10] 후두

5. 가성대

진성대 위에 가성대가 있는데, 갑상연골 바로 위에 붙어 있으며, 피열연골의 위 앞 표면에 붙어 있다. 가성대(false vocal folds/ventricular folds)는 상대적으로 근육조직이 없고, 정상적인 상태에서는 내전을 위해 중앙선 부분까지 확장될 수 없다. 후두관은 아래에 있는 기관에서 위에 있는 혀와 입술까지 확장되어 이어져 있는 점막(mucous membrane)으로 덮여 있다. 가성대에는 근육이 거의 없기 때문에 정상 발음과 관련된 기능을 하지는 않는다. 가성대는 성대처럼 근육이 충분하지 않아서 최소한의 움직임만 가능하다. 삼킴 시, 무거운 물체를 들어 올리는 노력이 필요한 활동을 하는 동안이나 배설 또는 출산 같은 본능적 기능을 하는 동안에 가성대는 닫혀 있다. 발성 중에는 지속적으로 열려 있고, 오직 병적인 상태에서만 닫히게 된다. 진성대에서 가성대를 분리하는 것은 아주 작은 공간인 후두실(laryngeal ventricle)이다. 후두실은 진성대와 가성대를 도와주는 역할을 하는데, 진성대에 대해서는 성대진동에 용이하게 분비물을 생산하고 음성에 대해서는 일부 공명대 역할을 하기도 하며, 가성대에 대해서는 복압 상승을 보다 용이하게 하기 위한 공기저장 역할을 하기도 한다. 가성대는 기저(base)가 위로 향함으로써 닫혔을 때 폐와 기관의 압력에 쉽게 열리지 않는, 즉 후두의 기능 중 하나인 복압 상승에 보다 용이하게 발달되어 있다.

6. 진성대

피열연골에서부터 갑상연골 앞부분의 내부를 확대하면 기도를 가로지르는 근육을 볼 수 있는데, 이를 성대주름 또는 진성대(true vocal folds)라 부른다. 진성대는 복잡한 발성장치로서 후두관에서 공기가 성문열을 통과할 때 진동을 일으켜 성대음원(glottal source)을 만들고, 그 바로 위에 형성된 후두실은 소리의 일차 공명을 일으킨다. 가성대, 즉 전정주름에서 진성대를 분리하는 후두실, 즉 모르가니실(Morgani)에는 점액을 분비하는 무수히 많은 선이 존재한다. 생산된 점액은 진성대를 따라 흐르면서 정밀한 발성과정 동안 성대가 수많은 개방과 폐쇄를 유지하기 위한 천연 윤활유 역할을 한다.

진성대, 즉 성대는 다섯 개의 층(layer)으로 이루어져 있다. 진성대는 기저가 아래로 향함으로써 닫혔을 때 외부로부터의 침입에 강력한 방어기능을 가지게 된다. 예를 들면, 후두경련(laryngospasm) 같은 경우에 성대가 쉽게 열리지 않는 것은 이러한 해부학적 특성이 있기 때문이다. 반면에 폐와 기관으로부터의 압력, 즉 아래에서 위로의 압력에는 약하기 때문에 성문이 쉽게 열려서 발성이 보다 용이하도록 발달되어 있다.

진성대는 갑상피열근, 근육을 둘러싸고 있는 세 개의 점막층, 점막을 덮고 있는 상피층으로 이루어져 있다. 진성대의 가장 바깥쪽은 상피(epithelium)로, 매우 얇지만 강한 조직이다. 기저막(basilar membrane)은 상피와 연결되어 아래로 나란히 층을 이룬다. 심부와 기저막은 고유층(lamina propria)이라고 부르는 점막이며, 세 층을 이루고 있다. 고유층의 표층(superficial layer)은 라인케 공간(Reinke's space)이라고 알려져 있고, 매우 탄성적인 섬유질로 되어 있으며, 유연성이 크다. 중간층(intermediate layer)은 역시 탄성섬유질이지만, 표피층보다 더욱 조밀하나 유연성이 작다. 고유층의 심부는 심층(deep layer)으로 대부분 콜라겐섬유로 구성되어 있고 섬유모세포가 풍부하며 중간층보다 유연성이 작다. 고유층의 중간층과 심층은 성대인대(vocal ligament)라고 부르며 라인케 공간 바로 밑에 위치하고 있다. 성대를 만드는 마지막 구조는 심층의 내부에 위치한 갑상피열근(thyroarytenoid m.)으로 성대의 몸체를 구성한다. 갑상피열근은 성대내근으로 다른 층들보다 더 조밀하고 두껍다. **[그림 3-11]**에서 성대의 단면과 층을 볼 수 있다.

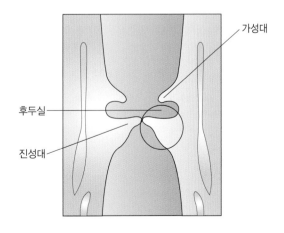

가성대

후두실

진성대

[그림 3-11] 성대(횡단면)

기능적으로 이 다섯 개의 층은 서로 다른 기계적인 특성을 갖고 있으며 성대의 진동에 중요한 작용을 한다. 성대는 뒤쪽 2/5는 연골성(cartilaginous), 앞쪽 3/5은 막성(membranous)으로 구성되어 있다. 정상 성대에서 음성의 질에 영향을 주는 곳은 대부분 막성부이다.

7. 성문과 그 기능

좌측 진성대와 우측 진성대 사이의 공기 통로를 성문(glottis)이라 한다. 성문의 전체 길이의 전반부 3/5을 형성하는 막성문은 양쪽 측면의 성대인대에 의해 경계를 이루고 있다. 성대돌기는 성대의 후반부 2/5를 담당하는 연골성분의 양쪽 측면을 형성한다. 막성문은 성인남성의 경우에 약 15mm이고 성인여성의 경우 약 12mm이다. 연골성문은 사람의 성, 연령, 체격에 따라 길이가 약 4~8mm 정도 변한다. 또한 성문의 모양은 성대의 모양에 따라 변한다. [그림 3-12]는 후두내시경으로 찍은 성문이다.

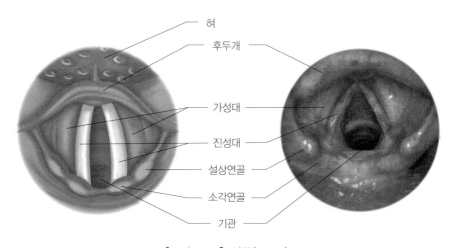

허
후두개
가성대
진성대
설상연골
소각연골
기관

[그림 3-12] 성문(glottis)

조용한 숨쉬기 경우에 성문은 열리지만 매우 크게 확장되지는 않는다. 성대는 정중앙(paramedian)에 위치한다. 그러나 활발한 운동 중에는 더 많은 공기를 들이마실 때 좀 더 넓게 열린다. 이러한 모양은 힘이 들어간 외전으로 알려져 있다. 발성의 경우 성문이 중앙에 위치하면서 닫힌다. 속삭임은 막성문이 닫히고 연골성문이 열리면서 산출된다.

[그림 3-13]에서 라링고그래프(laryngograph) 또는 전기성문파측정기(electroglottograph, EGG)를 보면 여성의 성문파(glottal wave)는 초당 진동수가 220Hz이고, 남성(필자)의 성문파는 초당 진동수가 110Hz임을 확인할 수 있다.

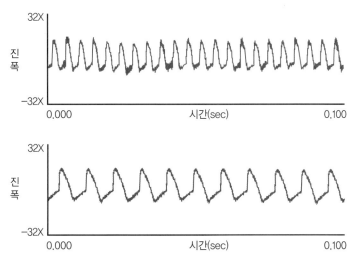

[그림 3-13] EGG를 통해 본 성인여성(위)과 성인남성(아래)의 성문파

[그림 3-14]에서 EGG로 본 성대의 여닫힘을 볼 수 있다. 여기서 EGG 경사지수(slope quotients)는 양측의 성대가 서로 접촉하는 동안 성대의 움직임을 가리키기 때문에 음성장애 환자를 평가하는 데 유익한 수단으로 활용할 수 있다.

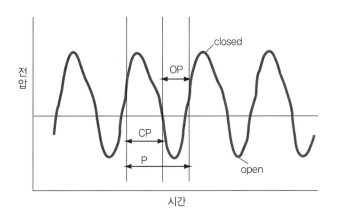

[그림 3-14] EGG로 본 성문의 개방과 폐쇄(정상인)

예를 들어, 성문폐쇄지수(closed quotient, CQ)는 전체 진동주기와 폐쇄기의 시간을 비교한 것이다.[4] CQ의 정상치는 0.50~0.60(Nair, 1999)이며, CQ가 높을수록 성문이 폐쇄하는 시간이 길다는 것을 의미한다. 작은 소리보다는 큰 소리에서 CQ가 더 높아지며, 긴장음의 경우에도 CQ가 더 높게 나타난다. 그러나 가성(falsetto)의 경우에는 결정적인 폐쇄가 일어나지 않기 때문에 CQ가 매우 낮다. 이러한 객관적인 잣대(objective yardstick)를 이용하여 성대의 과대기능(hyperfunction)과 과소기능(hypofunction)을

---

[4] CQ(closed quotient)=CP(closed phase)/P(period of cycle).

평가할 수 있다(Orlikoff, 1991). 또한 성문접촉지수(contact index, CI)는 성문의 폐쇄기와 개방기 사이의 시간 차이를 비율로 표시한 것으로, CI는 성대덮개(vocal fold cover)의 점막파(mucosal wave)가 매우 민감하게 작용하기 때문에 성대가 이떤 특정한 성구(voice register)에서 어떻게 진동하는가를 보어 줄 수 있다(Ferrand, 2007).

[그림 3-15]는, (a) 정상음(modal), (b) 기식음(breathiness), (c) 가성(falsetto), (d) 애성(hoarseness)을 발화하는 동안 성문의 개폐를 나타내는 성문파(glottal wave)이다. 이처럼 음질(voice quality)을 성문의 개폐에 따라 평가할 수 있기 때문에 EGG의 분석결과를 광범위하게 활용할 수 있다.

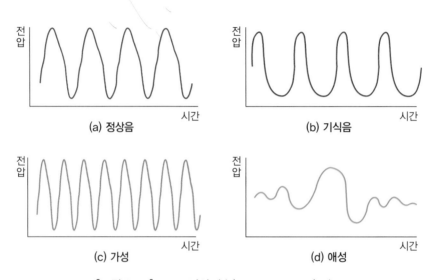

[그림 3-15] EGG 경사지수(slope quotients) 비교

출처: Ferrand(2007: 152)에서 수정 인용

성대의 진동은 성대의 길이(length), 무게(mass), 긴장(tension)의 정도에 따라 크게 달라진다. 성대의 진동, 즉 주파수(frequency)는 성대의 질량과 반비례하고, 긴장도에 비례한다(다음 공식 참조).

$$f = \frac{1}{2L}\sqrt{\frac{t}{m}}$$

where L=length, t=tension, and m=cross-sectional mass

위 공식에서 보는 바와 같이, 길고 두꺼운 성대일수록 진동주파수가 낮고 성대가 느슨하면 진동이 느리다. 따라서 상대적으로 성대가 큰 성인남성의 음성은 아이의 음성보다 더 낮다. 물론 성대뿐만 아니라 성도(vocal tract)도 진동에 큰 영향을 미치는데, 성도가 길면 길수록 낮게 진동하여 유아(약 8.5cm)보다는 성인여성(약 14.5cm)이, 성인여성보다는 성인남성(약 17cm)의 기본주파수가 더 낮다.

3.1.3 성도

소릿길 또는 성도(vocal tract)는 공명관으로서 성문(glottis)에서 입술(lips)까지의 거리를 가리킨다. 한국 성인남성의 평균 성도의 길이는 17cm이고, 성인여성의 평균 성도의 길이는 성인남성의 5/6이며 대략 14.5cm이다.

모음의 경우, 폐로부터 성대를 통과하기 전까지는 동일한 소리이다. 하지만 혀의 위치, 턱을 벌리는 정도, 입술모양 등에 의해 성도의 모양이 달라질 때마다 다른 공명체가 되어 개별음이 만들어지는 것이다. 후두는 성대의 진동으로 발생하는 모든 유성음의 음원(sound source)이 된다.

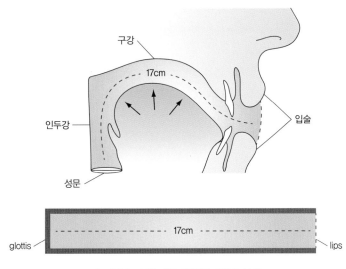

[그림 3-16] 성도(한국 성인남성)

3.1.4 후두의 근육

해부학적인 면에서의 후두는 크게 후두를 둘러싸고 있는 띠근육(strap m.)인 흉골설골근, 갑상설골근, 흉골갑상근 같은 후두외근과 후두의 골격인 연골구조, 그리고 후두 및 성대 등으로 구성된 후두 내 구조로 구분하는데, 이들은 해부학적 및 기능적 변화에 따라 직접 또는 간접적으로 성대에 영향을 미쳐 음성에 변화를 초래하게 된다.

1. 후두내근

후두에는 5개의 후두내부근육인 후두내근(laryngeal intrinsic m.)이 있다. 윤상갑상근(cricothyroid m.)은 상후두신경(superior laryngeal n.)의 지배를 받지만 다른 4개의 근육은 되돌이후두신경(recurrent laryngeal n.)의 지배를 받는다. 되돌이후두신경은 뇌기저부에서 경부로 내려와 흉부에서 다시 후두로 돌아오는 긴 주행경로를 거친다. 이 후두내부근은 후두에서 시작해서 후두 자체 내에 삽입점이 있다. 후두내근은 성대의 내전(adduction), 외전(abduction) 및 긴장(tension)에 관여한다. 5개 중 2개의 근육은 성대를 내전시키는 기능을 하고 하나는 성대외전에 관여하며, 다른 하나는 성대를 늘이고 긴장시키고, 나머지 근육은 성대의 주요 몸체를 이룬다. **[그림 3-17]**은 후두내근의 구조이다.

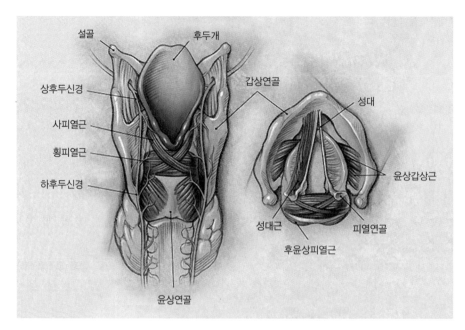

[그림 3-17] 후두(연골과 근육)

첫 번째 내전근은 외측윤상피열근(lateral cricoarytenoid, LCA)으로 한 쌍의 근육이다. 이 근육은 윤상연골의 외측에서 시작해서 피열연골의 근육돌기에 삽입된다. 이 외측윤상피열근이 수축하면, 근육돌기를 앞쪽의 중앙으로 끌어당긴다. 이는 성대돌기를 안쪽과 아래쪽으로 서로 끌어당기는 효과가 있다. 성대돌기에 연결된 성대는 또한 막성문을 닫으면서 서로를 향해 결합한다.

피열사이근 또는 피열간근(interarytenoid m., IA)은 두 번째 내전근이다. 이 근육은 2개의 근육섬유 다발로 구성된 쌍을 이루지 않는 근육이다. 피열간근은 피열을 함께 당겨 끌어 주면서 주름의 내전에 기여하여 성대의 팽창을 다소 감소시키는 역할을 한다. 즉, 피열간근이 수축하면 피열연골을 서로 중앙 쪽으로 문의 후반부를 닫으면서 미끄러지게 한다.

쌍을 이루는 후윤상피열근(posterior cricoarytenoid m., PCA)은 성대를 열게 하는 유일한 성대외전근이다. PCA는 크며, 윤상연골의 뒷면에서 시작하여 각각의 피열연골 근육돌기에 삽입되는 팬 모양의 근육이다. 이 근육이 수축하면 근육돌기가 뒤쪽으로 회전하는데, 성대돌기가 서로 떨어지도록 잡아당겨서 성대가 열리는 효과가 있다. **[그림 3-17]**에서 후두의 연골과 근육의 전체적인 기능

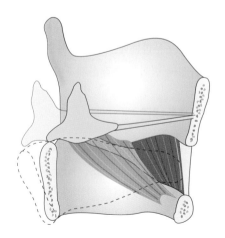

[그림 3-18] 윤상갑상근의 작용

을 볼 수 있다.

한 쌍의 윤상갑상근(cricothyroid m., CT)은 근육섬유 두 개로 구성된다. 직근(pars recta)은 윤상연골의 외측표면에서 시작한다([그림 3-18] 참조). 직근 섬유는 거의 수직으로 갑상연골의 아랫부분 가장자리에 삽입되도록 나 있다. 사근(pars oblique)과 직근은 같은 곳에서 출발하지만 사근의 섬유는 좀 더 각을 이루고 갑상연골의 하각 아래 표면에 삽입되도록 나 있다.

이 근육은 피치조절기로서 작용한다. 이 근육이 수축할 때, 갑상연골은 아래 윤상연골 쪽으로 기울어져서 갑상연골의 전교련과 피열연골 사이의 거리를 증가시킨다. 성대가 전교련 앞쪽으로, 그리고 피열연골 뒤쪽으로 연결되어 있기 때문에 이 두 지점 사이의 거리 증가는 면적당 질량을 감소시키고 긴장을 증가시키면서 성대를 잡아당기고 늘어나게 한다. 이로 인해 성대의 진동률이 증가하여 보다 높은 피치를 산출한다([그림 3-18] 참조).

(1) 후윤상피열근

[그림 3-19]에서 보듯이 후윤상피열근(posterior cricoarytenoid m., PCA)은 유일한 외전근(abductor m.)으로 후두 내부근육 중 가장 크다. 섬유조직은 윤상연골의 뒷표면 중간에 움푹한 부분에서 시작하여 위쪽으로 경사지게 올라가 같은 쪽에 있는 피열연골의 근육돌기에 부착된다. 이곳에는 되돌이후두신경(recurrent laryngeal n.)이 분포되어 있다. 이 근육은 피열연골을 회전시키므로 주요 기능은 성대를 외전시키는 것이다.

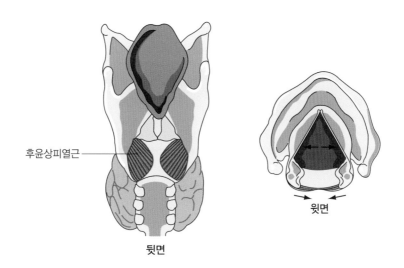

후윤상피열근

뒷면

윗면

[그림 3-19] 후윤상피열근(뒤와 위에서 본 그림)

(2) 외측윤상피열근

[그림 3-20]에서 보듯이, 한 쌍의 외측윤상피열근(lateral cricoarytenoid m., LCA)은 후윤상피열근에 대한 직접적인 길항근(antagonistic m.)으로 성대를 내전시키는 역할을 한다. 윤상연골 아치의 위쪽 가장자리에서 시작하여 같은 쪽에 있는 피열연골의 근육돌기에 부착된다. 이 근육에도 되돌이후두신경이 분포되어 있다. 이 근육이 수축할 때면 근육돌기가 앞쪽을 향해 회전한다.

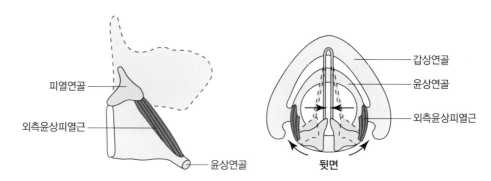

[그림 3-20] 외측윤상피열근의 수축으로 인한 성대내전의 원리

(3) 횡피열근과 사피열근

[그림 3-21]에서 보듯이 가로피열근 또는 횡피열근(transverse arytenoid m.)은 한쪽 피열연골의 뒷표면과 측면 가장자리에서 시작하여 맞은편 피열연골의 동일한 위치에 부착된다. 그렇기 때문에 이 근육은 한 쌍이 아니다.

횡피열근은 두 피열연골 사이의 공간을 가로지른다. 횡피열근에는 양측 되돌이후두신경이 분포되어 있어서 이 근육이 수축할 때면 피열연골이 접촉되면서 성대가 압축되고, 따라서 성대가 내전된다.

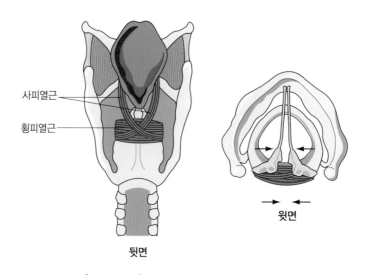

[그림 3-21] 횡피열근과 사피열근의 기능

사피열근(oblique arytenoid m.)은 한쪽 피열연골의 근육돌기에서 시작하여 반대편 피열연골의 정상에 이르기까지 위쪽으로 가로지르고 있다. 이 근육의 섬유는 후두개 측면 경계선까지 경사져서 계속되며 피열연골의 정상을 벗어난 지점부터는 피열후두근이라고 알려져 있다. 양측 되돌이후두신경의 지배를 받으며 성대의 내전에 활동적인 역할을 한다.

(4) 갑상피열근

갑상피열근(thyroarytenoid m., TA)의 섬유조직은 갑상연골의 내부 표면에서 시작되며 뒤쪽으로 연장되어 피열연골의 외측 표면에 부착된다. [그림 3-22]에서 보듯이, 갑상피열근은 한 쌍의 근육으로 진성대의 몸체를 형성하며 성대를 짧고 두껍게 만들어 성대를 이완시켜 피치를 낮추는 역할을 한다. 성대를 늘여 성대를 얇게 하는 피치를 높이는 윤상갑상근

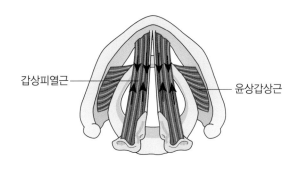

갑상피열근 —　　　　　— 윤상갑상근

[그림 3-22] 갑상피열근(위에서 본 그림)

과 길항관계를 형성한다. 갑상피열근은 발성기능에 매우 중요한 역할을 하며 미주신경(vagus nerve)의 분지인 되돌이 후두신경의 지배를 받는다. 갑상피열근의 심층부를 성대근(vocalis m.)[5]이라 한다. 또한 이 부분은 덮개-몸체 모델(cover-body model)을 형성한다. 갑상피열근은 한 쌍의 근육으로 전교련(anterior commissure)에서 피열연골로 나 있다. 때때로 갑상근육(thyromusclaris)으로 지칭되는 보다 많은 외측섬유가 각 피열연골의 근육돌기에 삽입되고, 갑상성대근으로 지칭되는 많은 중앙 섬유는 각 성대돌기에 삽입된다. 그러나 이 근육은 피열간근처럼 두 부분의 근육이 아니고 외측과 중앙섬유 모두를 포함하는 전체 근육이며 성대근이라 한다. 갑상피열근은 다른 후두내근의 수축에 의해 열리고 닫히며 긴장되고 이완한다. 그러나 갑상피열근은 성대를 단단하게 하는 내부압력을 가해서 성대진동비율을 증가하는 데 도움을 주며, 가장 잘 볼 수 있고, 성대의 근육 부분을 형성한다.

성대의 내부 가장자리에는 성대인대가 있는데 전교련에서 시작하여 피열연골의 성대돌기 끝부분까지 연장되어 있다. 성대는 갑상피열근의 두 부분 모두 피열연골의 내부표면과 성대인대 등을 포함하는데, 성대는 전체가 탄성원뿔이라고 하는 단단하고 하얀 막으로 둘러싸여 있다. 갑상피열근은 이중기능을 하는 것으로 알려져 있다. 즉, 저발성 주파수를 산출할 때는 짧아지고 근육 스스로 지니는 긴장과 탄력성 때문에 성대내전구조로서의 역할도 한다.

(5) 윤상갑상근

[그림 3-23]에서처럼, 후두 외부의 앞쪽에 윤상갑상근이 위치해 있는 것을 볼 수 있다. 윤상갑상근(cricothyroid m., CT)은 갑상피열근과 함께 기본주파수(F0) 조절을 책임지는 근육이다. 수축 시 윤상갑상관절 안에서 갑상연골을 앞으로 회전시킴으로써 성대를 팽팽하게 하여 피치[6]를 상승시키는 역할을 한다. 한편, 윤

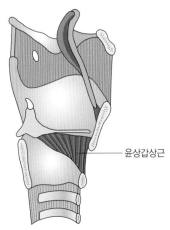

　　　　　— 윤상갑상근

[그림 3-23] 윤상갑상근(측면)

---

5) 성대근은 갑상피열근의 가장 깊은 내부에 자리 잡고 있으며, 성대를 긴장시키는 데 관여한다.
6) 피치(pitch)란 초당 성대진동수, 즉 기본주파수에 대한 주관적 또는 심리적 지각을 가리키며, 단위는 Hz이다.

상갑상근은 성대를 늘리는 기능을 하면서 피치를 하강시키는 역할도 한다. van den Berg(1958)는 윤상갑상근작용의 효과를 종적 긴장(longitudinal tension)이라고 불렀다.

윤상갑상근의 자극은 미주신경(vagus n.)의 또 다른 가지인 되돌이후두신경(recurrent laryngeal n.)에 기인한다. 윤상갑상근은 윤상고리의 측면에 붙어 있고 직근과 사근에 의해 갑상연골 쪽에 영향을 미치고 성대를 긴장시키는 내전활동을 한다. 〈표 3-2〉는 8개의 후두내근과 그 기능이다.

〈표 3-2〉 후두내근

근육		부착	기능
외측윤상피열근		외측윤상연골에서 피열연골의 근육돌기 쪽으로 연결	성대를 내전시킴
피열간근	횡피열근	한 피열연골 뒷면의 외측 가장자리에서 다른 피열연골 뒷면의 외측 가장자리로 연결	성대를 내전시킴
	사피열근	한 피열연골 뒷면의 아래에서 다른 피열연골 뒷면이 정점에 연결	
후윤상피열근		후윤상연골에서 피열연골의 근육돌기에 연결	성대를 외전시킴
윤상갑상근	직근	윤상연골의 앞쪽에서 갑상연골의 아래쪽 가장자리에 연결	성대를 늘이고 긴장시킴
	사근	윤상연골의 앞쪽에서 갑상연골의 하각에 연결	
갑상피열근		앞의 접합면에서 근육돌기에 연결	성대를 짧게 하고 이완시킴

출처: Ferrand(2007: 129)

2. 후두외근

후두외근(laryngeal extrinsic m.)은 한쪽은 후두에 붙어 있고 또 다른 한쪽은 후두 외부와 붙어 있는 근육을 말하며, 이 근육은 후두가 고정되도록 지탱하고 목에서 후두의 위치를 상승시키거나 하강시킨다. 후두외근은 띠근육(strap m.)으로 수축 시 후두를 하강시키는데, 이 근육에 의한 후두의 상하운동이 성대에 이차적으로 영향을 미쳐 발성에도 영향을 끼친다. 이 근육이 후두의 작용에 어떠한 영향을 주는지에 대한 연구결과는 매우 다양하게 보고되었으나 일반적으로 피치의 상승에 기여하는 것으로 알려져 있다. 후두외근은 후두와 기관을 아래로 당기는 효과와 후두를 앞으로 당기는 효과에 의해 윤상연골과 갑상연골의 해부학적 관계에 변화를 준다. 즉, 갑상연골이 앞으로 기울어짐으로써 윤상연골과 갑상연골의 거리가 좁아져 결과적으로 성대가 길어져 피치가 상승하게 된다. 이러한 현상은 많은 갑상선 수술 환자가 수술 후 후두외근과 후두기관의 일시적 운동장애로 인해 음성의 변화가 일어나는 현상으로 증명된다고 하겠다.

후두외근은 설골하근(infrahyoid m.)과 설골상근(suprahyoid m.)으로 나뉜다. 설골상근은 아래턱뼈 또는 하악골(mandible bone)과 관자뼈 또는 측두골(temporal bone)을 비롯하여 설골 위에 위치한 구조에 부착점이 있다. 반면에 설골하근은 흉골(sternum)과 어깨뼈 또는 견갑골(scapula) 등 설골구조 아래에 외부 부착점이 있다. 설골상근의 수축은 후두를 위로 올리고, 설골하근의 수축은 후두를 아래로 내린다. 손가락을 갑상연골에 대고 침을 삼키면 후두의 위아래 움직임을 확인할 수 있다.

후두외근 가운데 턱두힘살근 또는 이복근(digastric m.), 이설골근(geniohyoid m.), 하악설골근

(mylohyoid m.), 경상설골근(stylohyoid m.), 설골설근(hyoglossus m.)은 후두를 위로 올리는 데 기여하고 견갑설골근(omohyoid m.), 흉골설골근(sternohyoid m.), 흉골갑상근(sternothyroid m.), 갑상설골근(thyrohyoid m.)은 후두를 내리는 데 기여한다.

[그림 3-24]에서 보듯이, 후두외근은 설골이나 다른 후두연골 같은 후두에 한 연결점을 갖고 흉골이나 두개골 같은 후두 외부조직에 다른 연결점을 갖는 근육이다. 후두외근은 후두를 둘러싸고 제자리에 고정시켜 주는 망상조직을 형성한다.

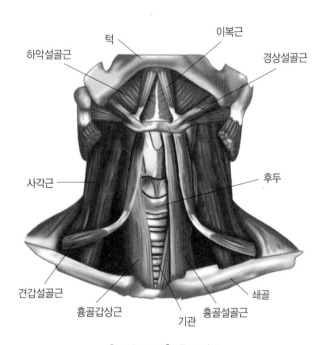

[그림 3-24] 후두외근

3.1.5 발성이론

전통적으로 소리상자(voice box)로 불려온 후두(larynx)에서 소리의 근원을 찾을 수 있다. 물론 여기서 만들어진 성문파(glottal wave)는 단지 음원(sound source)일 뿐, 소리 그 자체는 아니다. 이 음원은 '소릿길'이라는 성도를 지나면서 공명(resonation)되고 조음(articulation)되어 입 밖에서 음파(sound wave)를 만들어 청자의 귀에 전달되는 것이다.

발성을 위해서는 성대의 진동(vibrations of the vocal folds)이 필수적이다. 그런데 성대가 진동하기 위해서는 다음 같은 전제조건이 있어야 한다. ① 두 성대 사이의 거리가 어느 정도 이상 가까워야 한다. ② 성대의 상태가 유연해야 한다. ③ 성문 위와 성문 아래에 충분한 압력차이가 있어야 한다(즉, 성문하압>성문상압). 일반적으로 성대진동을 설명하는 대표적인 이론에는 근탄성기류역학이론과 덮개-몸체이론이 있다.

1. 근탄성기류역학이론

현재 말소리 산출이론으로 가장 폭넓게 받아들여지고 있는 근탄성기류역학이론(myoelastic aerodynamic theory)은 19세기 중엽에 Helmholz(1821~1894)가 제기하고, 1958년 van den Berg가 발전시킨 이론이다. 이 이론에 따르면, 성대는 신경자극보다 폐에서 나오는 기류에 의해서 활성화된다. 즉, 날숨 시 성대가 닫힘으로써 기도 내 압력이 상승하게 되고, 기도 내 압력이 성대를 닫히게 하는 압력보다 높아지면 성대가 열리며, 이어 베르누이 효과(Bernoulli's effect)에 따라 압력이 떨어져 성대가 다시 닫히게 된다. 이러한 기도 내 압력의 반복적인 변화가 성대의 여닫음을 만들고 이로 인한 공기 분출이 성대음을 만든다는 것이다. 또한 성대의 진동주기는 기류역학에 따라 결정된다는 것이다. 즉, 폐에서 배출되는 기압에 의하여 한 줌의 공기(puff of air)가 진동하는 동안 성문을 열게 만든다. 성문이 열리고 닫히는 기제를 이해하기 위해서는 먼저 베르누이 효과와 성문하압의 작용에 대하여 이해하여야 한다.

(1) 베르누이 효과

18세기 스위스의 수학자 겸 물리학자인 Daniel Bernoulli(1654~1705)는 기체 또는 액체의 흐름이 협착된 통로를 지날 때 속도(정해진 방향의 속도)가 증가한다는 사실을 발견하였다. 아래의 수식에서처럼 이러한 속도의 증가가 움직이는 기체와 액체 분자의 압력을 떨어지게 하고, 이 압력의 하강이 흐름의 방향과 수직으로 작용한다는 것이다.

$$d \times (V^2 P) = C$$

where d = density, V = velocity, P = pressure, C = constant

즉, 전체 에너지가 불변하는 한, 속도가 증가하면 압력은 떨어진다. 만약 유량이 같다면, 유체의 속도는 좁혀지는 지점에서 증가하나 압력은 그만큼 떨어진다. 예를 들어, 복도로 바람이 갑자기 불어올

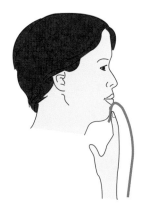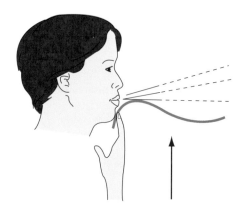

[그림 3-25] 베르누이의 원리를 보여 주는 예

때 조금 열어 놓은 방문이 활짝 열렸다가 갑자기 '쾅' 소리를 내며 닫히는데, 이는 베르누이 효과 때문이다. 실험을 통해 확인해 보면, 얇은 종이 한 장을 접어서 한쪽 끝을 턱에 대고 입으로 불어 종이 윗면의 기류 속도를 상승시키면 밑면보다 압력이 낮아져 종이가 떠오르고, 바람 불기를 멈추면 종이는 중력 때문에 원래의 상태대로 땅을 향해 떨어질 것이다([**그림 3-25**] 참조).

이 원리를 성대진동의 원리를 설명하는 데 적용할 수 있다. 성문 아래의 압력이 성대 위의 압력보다 큰 상태에서 폐에서 생성된 기류가 붙어 있던 두 성대를 뚫고 빠른 속도로 지나가면 두 성대는 떨어지게 되지만, 공기의 흐름은 수직 방향이 되며 압력은 급격히 저하하여 진공상태가 되고 떨어진 두 성대는 압력차에 의해 빨려 들어와서 다시 붙게 된다. 다시 말해, 성대는 베르누이의 원리에 따라 상대적으로 넓은 기관을 지나 좁은 성문을 통과하는 동안 성대 사이의 압력이 갑자기 떨어지고 속도가 빨라지면서 성문이 닫히게 된다.

[**그림 3-26**]은 통로의 협착된 부위에서 속도가 증가하고, 그로 인해 측벽에 대한 압력(P)이 감소하여 a와 b가 서로 붙게 되는 결과를 보여 주고 있다. 성대는 폐에서 올라오는 공기를 진동시키는 소리 생성기로 작용하므로 성도에서 음파를 형성한다. 이처럼 근탄성기류역학이론은 근육의 힘, 조직의 탄성력, 공기압력과 흐름의 결합으로 설명된다.

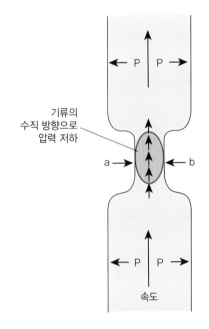

기류의
수직 방향으로
압력 저하

[**그림 3-26**] 베르누이의 원리

(2) 성문하압

성대는 공기흐름을 조정하는 밸브로 작용을 한다. 성문이 닫히면 폐에서 나오는 공기는 성문이 열릴 수 있을 만큼의 충분한 수준에 도달할 때까지 진성대 밑에서 압력을 형성한다. 한 번 방출된 공기가 성문을 통과하면 성문하압(subglottal air pressure)이 떨어질 것이며, 팽팽한 성대의 탄력을 닫힌 위치로 되돌려 보낸다. 성문하압은 팽팽한 성대의 탄력을 극복하기에 충분한 힘을 가질 때까지 재형성되며, 이러한 순환은 반복된다. 음성의 강도는 성문하압의 정도에 따라 변화한다. 즉, 성문하압이 크면 클수록 음성의 강도는 더 커진다. 피치는 일차적으로 후두기제의 기능이며 강도에 관계되는 피치는 일차적으로 호흡계의 기능이다. 그러나 이 두 계통은 독립적으로 작용하지 않으며 서로 협응한다.

성문하압이 충분히 커지면 붙어 있는 성대근육은 떨어지고 열려 있는 성대 사이의 좁은 공간, 즉 성문을 지나는 공기는 빠른 속도로 빠져나간다. 성대가 성대내전근에 의해 수축(15msec 정도로 빠르게 수축됨)되어 접촉되면서 성문을 빠져나오는 기류를 차단한다. 이때 공기의 통로가 완전히 차단되는 것이 아니라 성문 틈이 2.5mm 정도까지 좁혀지면서 극소량의 기류는 성대를 진동시키고 성문하압은 증가한다.

발성을 위한 필수조건으로 성문 아래의 압력이 성문 위의 압력보다 높아야 한다. 성문하압은 음절에 강세가 있을 때 높아지고 그 밖에는 비교적 일정하다. 성문하압은 무성음같이 성문에서 일어나는 기류의 저항이 떨어질 때 낮아진다. 학자들은 성문하압이 진동주기를 좌우하는 데 일차적으로 기여한다고 주장한다. 말하는 사람마다 후두 근육조직을 이용하는 방법이 피치를 조절하는 성문하압과 관련되어 각각 다르지만, 성문하압이 후두를 움직이는 데 가장 큰 역할을 한다는 사실이 광범위하게 받아들여지고 있다.

　성대진동을 시작하기 위해서 성대는 닫혀야 한다. 이러한 닫힘은 중앙압축이라고 불리는 힘을 가하는 외측윤상피열근과 피열간근에 의해 이루어진다. 중앙압축이 닫힌 성대를 중앙에 유지시킬 때, 성대 아래에 있는 공기압이 상승하기 시작한다. 성문하압이 충분히 강할 때, 닫혀 있는 성대의 저항을 넘어서게 되고 성대가 열리도록 힘을 가하게 된다. 1회의 공기진동이 이루어질 수 있는 공기의 양이 소리굽쇠와 매우 유사한 방법으로 성도 내에 진동을 형성하면서 성도를 빠져나간다. 그러면 이러한 음파는 다양한 성도 밸브가 소리를 변형시키는 성도를 통해 전파된다. 반면, 성대는 두 힘의 상호작용 때문에 다시 닫히기 시작한다. 첫째, 일단 성대가 열리도록 힘이 가해지면 성대의 자연탄성력 때문에 중앙으로 다시 되돌아오기 시작한다. 성대가 다시 닫히기 시작할 때, 성대는 좁은 길을 형성한다. 둘째, 성대의 닫힘에 의해 형성된 이러한 좁은 길을 통과하는 공기는 베르누이 원리로 알려진 기류역학 때문에 음압을 형성한다. 원리에 따르면, 좁은 길을 지나는 공기는 속도가 증가하고 압력은 감소한다. 성대 사이의 압력 감소는 서로를 향해 끌어당김으로써 성대를 완전히 닫히게 한다. 한 번 더 성문하압이 형성되기 시작하고 전체 과정이 되풀이된다. 물론 말하는 동안에 성대는 초당 수백 번 진동한다.

　[그림 3-27]에서 A는 폐기류가 성대 아래에서 압력을 형성하는 것이고, B는 기압이 성대의 아랫부분을 분리시키는 것을 가리키며, C는 성대의 윗부분이 열리기 직전의 모양이고, D는 성대가 열려 기류가 빠져나감으로써 기압이 감소하는 것을 가리키고, E는 압력과 탄성력이 떨어진 성대가 중앙선(midline) 뒤쪽으로 향하게 하고, F는 성대가 아래쪽으로 접촉하고, G는 하나의 주기가 완성된 것을 보여 준다. 이렇게 성대진동은 성문이 닫히고 열리는 반복적인 과정이다. 닫힌 성대가 성문하압에 의해 열리게 되며, 베르누이 효과 및 근육의 탄력성에 의해 다시 닫히게 되는 것이다.

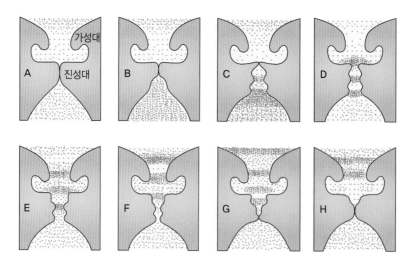

[그림 3-27] 성문하압과 진동주기(전두절단면)

출처: Borden, Harris, & Raphael(1994: 81)

(3) 성대의 진동

[그림 3-28]에서 보듯이, 한 쌍의 성대는 맨 밑부터 개방되어 맨 위까지 진행되고 맨 위가 개방됨에 따라 밑 부분은 폐쇄된다.[7] 정상인의 성대에서는 가성 등 특수한 발성을 제외하면 진동 중에 하면에서 상방을 향해 전파되는 파상의 움직임이 점막표면에 보인다. 이것을 점막표면의 파상 운동이라 하여 점막파동(mucosa wave motion)이라 한다.

성대 부근에 입술 모양의 융기가 2개 나타나는 시기가 있는데 위의 융기를 상순(upper lip), 아래 융기를 하순(lower lip)이라 한다. 진동 중 성대주름은 수평 방향뿐만 아니라 상하 방향(vertical excursion), 전후 방향(longitudinal excursion)으로도 움직인다. 성대주름의 수평 방향 움직임은 개방기(opening phase)에는 주로 상순의 움직임을, 폐쇄기(closing phase)에는 주로 하순의 움직임을 나타낸다.

성대는 본래 태어날 때부터 탄성이 있는 물질로 이루어져 있다. 이러한 팽팽한 탄성체는 본래의 상태로 되돌아가려는 성질이 있기 때문에 성대진동의 주기가 반복되는 중요한 요인이 된다. 물론 여기에 기류역학이론(베르누이 힘)이 적용된다. 베르누이 힘이란 성문상압(supraglottal air pressure)보다 강한 성문하압에 의하여 폐에서 생성된 기류가 붙어 있던 두 성대를 뚫고 빠른 속도로 빠져나가면 두 성대가 떨어지지만, 압력은 급격히 떨어져서 진공상태가 되고, 떨어진 두 성대는 압력차에 의해 빨려 들어와서 다시 붙게 되는 것이다. 그리고 성대는 주기적으로 움직이며 소

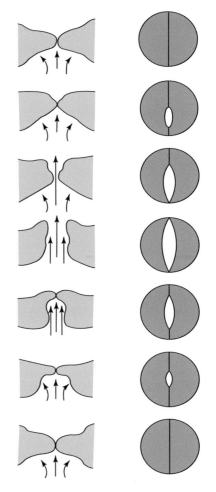

[그림 3-28] 정상인의 성대진동

리를 형성하는 공기의 파열을 생성해 낸다. 따라서 소리의 압력파 역시 주기적으로 나타나게 된다. 기류역학이론은 정립된 이론으로서 피열연골(arytenoid cartilage)의 성대돌기(vocal process)가 성대내전근의 수축에 의하여 3mm 이내로 내전된 상태에서 성대 사이의 좁은 틈으로 적은 양의 공기가 성문상방으로 내보내질 때 성대의 틈이 기류역학적(aerodynamic) 원리에 의하여 주기적으로 여닫히는 현상이 일어난다는 학설이다.

[그림 3-29]에서는 성대의 1회 진동을 유발하는 적은 양의 공기가 성대 위로 분사되는 모양을 보여 주고 있다.

이 이론에 따르면, 성대근의 탄력(myoelastic power)에 대한 성문하압의 크기에 따라 성대의 여닫힘

---

7) 성대는 점막의 율동에서 하순(lower lip)이 상순(upper lip)보다 빨리 닫히기 때문에 점막의 이동파(traveling wave)가 형성된다.

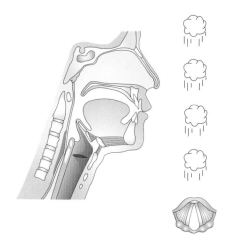

[그림 3-29] 근탄성에 의한 공기의 분사

이 결정된다. 이때 성문하압의 크기가 성대근의 탄력보다 커지면 성대가 벌어지면서 공기가 좁은 틈으로 흘러서 올라가게 된다. 이때 성대점막을 내측으로 빨아들이는 힘이 발생하는데 이는 베르누이 효과로 발생하는 것이며, 이 베르누이 현상이 성대의 주기적인 여닫힘 운동이 시작하고 유지되는 데 가장 중요한 역할을 하는 물리적 원리이다. 다시 말하면, 성대가 다시 원래 위치로 되돌려지도록 기여하는 두 힘 가운데 하나는 근탄성이며, 또 다른 하나는 베르누이 효과라는 기류역학의 원리이다.

2. 덮개-몸체이론

성대진동의 원리는 오랫동안 근탄성기류역학이론이 지배적이었으나, 시간이 흐르면서 성대가 하나의 획일적인 매체가 아니라는 설명이 대두하였다. 일본의 이비인후과 의사이며 음성학자인 Hirano(1974, 1981)는 성대 해부학에 괄목할 만한 연구결과를 소개하였다. 즉, 성대에는 몇 개의 층(layers)이 있고, 각 층은 단단함과 유연함으로 구분할 수 있다고 한다. 각 층은 조직의 구성성분과 단단함의 특성에 따라서 고유의 진동방식이 있다. 성대는 다층이고 매우 복잡한 진동체이다. 이러한 구조적 복잡성은 음향적으로 복잡한 음파를 일으키며, 그 결과 풍부하고 공명하는 인간음성이 생성된다고 한다. 그 후에도 Hirano와 Kakita(1985), Hirano 외(1988)가 전자현미경 등의 첨단기술을 이용하여 연구한 결과, 이들 층의 세포성분이 다르며 기계적 성질도 다르다는 것을 발견하였다.

덮개-몸체이론(cover-body theory)에 의하면, 말하고 노래하는 데 있어서 성대의 조절은 성대주름에 있는 조직의 상이한 층 구조에 따라 자동적으로 제어된다고 한다. 덮개층(cover layer)과 몸체층(body layer) 간에 상대적인 단단함(stiffness)의 정도에 따라 여러 유형의 성대진동이 만들어지게 된다. 여기서 단단함은 변위되는 것에 대한 조직의 저항으로 설명할 수 있으며, 반대로 유연함은 변위되는 것이 용이하다는 것을 의미한다. **[그림 3-30]**에서처럼 성대는 상피(epithelium), 고유층(lamina propria) 그리고 성대근육으로 이루어져 있다.

덮개(cover)는 상피와 고유층의 표층(superficial layer)으로 구성되며, 몸체(body)는 고유층의 중간층과 심층으로 구성된다. 이행부(transition) 혹은 성대인대(vocal ligaments)는 고유층의 중간층(intermediate layer)과 심층(deep layer)을 에워싸고 있다. 고유층의 중간층에는 탄성섬유(elastic fibers)가 풍부하고 심층에는 교원섬유 또는 콜라겐섬유(collagenous fibers)가 풍부하다. 고유층의 표층은 라인케공간(Reinke's space)이라 하여 성대진동 시 발성에 필수적인 점막 파형의 형성에 꼭 필요한 구조이다.

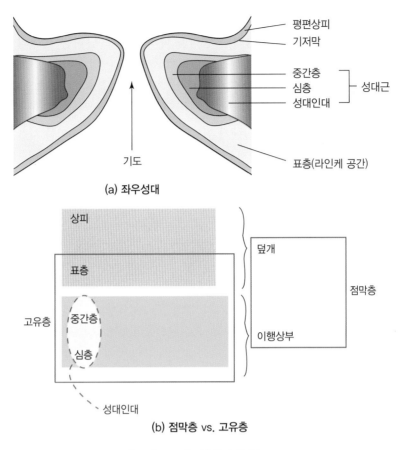

(a) 좌우성대

(b) 점막층 vs. 고유층

[그림 3-30] 성대의 층 구조

출처: Kent(1997: 107)

[그림 3-31]에서 보듯이 성대는 상층과 하층이 마치 스프링으로 연결된 것처럼 되어 있으며, 진동하는 동안 두 층은 수평과 수직의 성분을 갖고 있는 유형을 만들어 내는 데 상호작용한다. 그런데 성대는

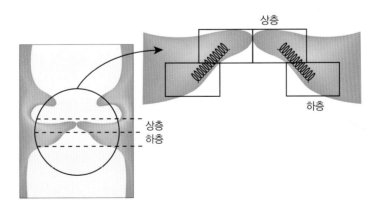

[그림 3-31] 성대근육의 탄성력

출처: Kent(1997: 119)

한 번에 열리고 닫히는 것이 아니라 밑에서부터 위로 열리고 닫힌다.

이런 복잡한 진동은 수직적이고 수평적인 면적을 따라 열리고 닫히는 성대의 시간차(timing differences) 때문이다. 수직적으로, 성대의 아래가 닫히기 시작할 때, 위 공간은 열려 있다. 공기가 성문을 통해 위쪽으로 흐르면서 음압이 발생하고 닫히는 움직임 또한 위쪽으로 진행된다. 성대의 위 공간이 닫혀 있는 동안 아래는 다시 열리기 시작한다. 이런 성대 아래 · 위 부분의 열림과 닫힘 사이의 시간차를 수직 위상차라고 한다. 성대는 앞에서 뒤로의 열림과 닫힘 간의 동일한 시간차가 있다. 성대는 성대돌기에 뒤쪽 연결부에서 앞쪽 접합선의 앞부분까지 열린다. 닫힘에서의 이런 시간차를 종적 위상차라고 한다. 이러한 시간차는 물결파 같은 성대의 진동을 일으키는데, 이것은 느슨하고 유연한 성대 밖의 층에서 명확하다. 이것을 점막파라고 한다.

3.1.6 기류의 기제 및 발성방식

1. 기류의 기제

Pike(1943)를 비롯한 많은 언어학자는 "성도 안에서 기류와 압력을 이용하여 언어를 생성하기 위하여 에너지원을 제공한다."라고 주장하였다. Pike는 세 가지 기본적인 기제(mechanism)를 구별하였는데, 즉 폐기류, 성문기류, 연구개기류가 그것이다.

(1) 폐기류

호흡기 순환이 이루어지는 동안 폐의 안팎으로 유입되고 방출되는 기류는 소리를 만드는 데 이용할 수 있으며, 후두와 성도의 기능에 따라 음질(vocal quality)이 결정된다. 폐기류(pulmonic airstream)는 유입(ingression)과 방출(egression)로 설명된다. 물론 폐기류가 방출될 때 언어음이 만들어지는 것이 보통이다. 즉, 화자는 폐에 상대적으로 공기가 가득 찼을 때 이용 가능한 이완압력(relaxation pressure)을 이용할 수 있고, 공기가 천천히 방출되므로 조음상의 노력이 덜 필요해진다.

(2) 성문기류

후두가 위로 움직여 성문을 폐쇄하면 위에 있는 공기가 압축되어 기류가 바깥으로 방출된다. 숨을 들이마셨다가 멈춤으로써 이같은 소리를 낼 수 있다. 조음을 하는 동안 일반적으로 후두의 움직임에 의해서 만들어진 기류는 상대적으로 약하고 길이가 짧기 때문에 정상적인 폐기류를 이용하는 음성에 앞서거나 뒤따르는 성문기류(glottalic airflow)로 음성이 만들어진다. 성문유입기류를 사용하여 음성을 생성하는 것은 일반적으로 내파음으로 알려져 있다. 방출음(ejectives)은 아프리카의 여러 언어와 미주의 여러 아메리칸 인디언어에서 볼 수 있다.

(3) 연구개기류

연구개기류(velaric airflow)는 연구개가 인두벽에 확실히 접촉을 하기 위하여 혀의 뒷부분을 들어 올림으로써 전적으로 구강 안에서 생성된다. 방출기류 및 유입기류가 입안의 공기를 공급받아 발생함에도 불구하고 보통 말을 할 때에는 유입기류만이 사용된다(예: 혀 차는 소리, clicks). 혀가 아래로 운동할 때 그 위에 있는 기실(air chamber)이 커지고 닫혔던 기압의 하강은 열리면서 짧지만 아주 강한 공기의 유입을 이끌어 냄으로써 혀 차는 소리가 난다. Maddieson(1986)에 의하면 혀 차는 소리는 남부 아프리카 지역에서 주로 나타나며, 세계 언어의 1%를 차지한다.

2. 발성방식

[그림 3-32]는 성문의 개방 정도에 따라 서로 다른 발성이 이루어지는 것을 보여 주고 있다. 그림에서, (a) 발성할 때와, (b) 강한 호흡을 할 때에는 성문의 개방 정도가 전체적으로 크게 다른 모습을 보이고 있으며, (c) 유성음을 발성할 때와, (d) 속삭임을 할 때의 성문 개방에는 큰 차이가 없지만 속삭임을 할 때에 성대가 완전히 내전되어 있으며 피열연골 사이로 기류가 흐르는 것을 볼 수 있다.

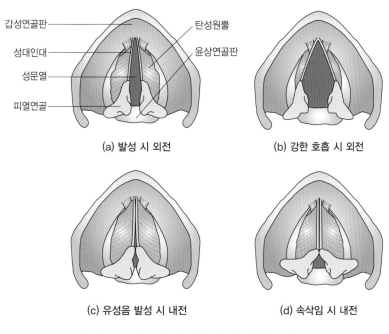

[그림 3-32] 호흡과 발성 시 성문의 개방 정도

발성이라는 용어는 주로 성대의 진동을 뜻하지만 후두가 음원으로 기능하는 것도 포함된다. 인간의 목소리를 성대의 열린 정도, 즉 성문협착(glottal stricture)의 정도에 따라 기술할 수 있다. 그리고 Ladefoged(1998, a lecture note)가 기술한 것처럼 각각의 언어에서는 성대 간극의 연속 내에 변별적인 값들이 존재한다.

Catford(1977)는 성문협착의 네 가지 형태와 세 가지 조음작용의 위치에 바탕을 둔 열세 가지 발성방식에 대하여 정의하였다. [그림 3-33]은 유성음과 무성음의 발성 시 성대의 열림 정도를 후두내시경으로 관찰한 것이다.

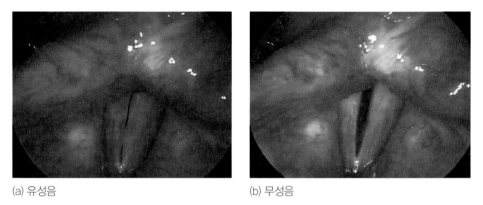

(a) 유성음   (b) 무성음

[그림 3-33] 음성 산출 시 성대의 진동

(이 그림은 분당제생병원 ENT에서 필자의 후두를 Fiberscope로 찍은 사진임)

3. 정상 발성에 필요한 조건

정상 발성(normal phonation)을 위해 다음의 몇 가지 조건을 충족해야 한다.

1. 성대가 정상적인 진동을 하기 위해서는 적절한 성문폐쇄가 선행되어야 한다. 성문의 폐쇄가 불충분하면 폐로부터의 날숨이 성문에서 유출되어 성문하압을 높이기도 어려울 뿐만 아니라 정상적인 진동이 불가능하다.

2. 성대의 층 구조에 문제가 없어야 한다. 성대는 상피와 고유층(표층, 중간층, 심층) 그리고 성대근으로 구성되어 있다. 이들은 서로 세포성분도 다르고 탄성(elasticity)도 달라 점막표면에 효과적으로 파동이 일어나는 데 기여한다. 중간층과 심층 사이에는 성대인대(vocal ligaments)가 있다. 또한 중간층과 심층으로 이루어진 딱딱한 몸체(body)와 상피와 표층으로 이루어진 부드러운 덮개(cover)가 있어서 점막파동(mucosal wave)을 기계적으로 일어나게 한다. 성대마비나 암에 의하여 이러한 층 구조가 무너지면 점막파동이 저하되거나 사라질 수도 있다.

3. 성대의 질량(mass), 대칭성(symmetry), 균질성(homogeneity)에 문제가 없어야 한다. 같은 조건하에서 진동체의 질량이 증가하면 진폭은 감소하고 속도는 느려진다. 정상인의 두 성대는 서로 대칭을 이루지만, 어느 한쪽 성대에 폴립이나 결절 같은 병변이 생기면 성대도 비대칭적으로 진동한다. 성대는 막성부 중앙이 가장 부드럽고 전후로 약간 단단한 거의 균질한 구조인데, 병변에 의해서 이러한 균질성이 파괴되면 다른 패턴으로 진동하게 된다.

3.1.7 후두의 생리학적 특성

영유아기에 6~9mm이던 성대는 사춘기에는 12~15mm가 되고, 성인기에는 남자가 20~25mm, 여자가 15~20mm가 된다. 이러한 형태학적 발달은 인간 음성의 주요 세 가지 특성(피치, 강도, 음질)에 영향을 미치는 음향학적 변화를 일으킨다. 피치의 음향학적 측정인 기본주파수(F0)는 후두의 해부학적·

〈표 3-3〉 연령에 따른 성대의 특징

연령	전형적인 유형
출생 시	성대 길이는 5~7mm이며, 성대 길이의 1/20이 연골성이다.
4세	성대인대(Vocal ligament)는 1~4세 사이에 나타난다.
6세	성별에 관계없이 성대의 길이는 8mm이며, 성대인대의 두 층이 6~15세 사이에 분화한다.
8세	후두의 조직에서 성별의 차이가 나타나기 시작한다.
12세	남자와 여자의 고유판(lamina propria) 분화가 거의 이루어진다. 청소년 음성은 남자의 경우 12.5~14.5세에 변화하고, 성대 길이는 사춘기 소녀의 경우 12~17mm이고, 사춘기 소년의 경우 15~25mm에 이른다.
16세	성대가 형태학적으로 성인으로 완성된다.
성인	성대의 길이는 여자의 경우 약 17mm, 남자의 경우 약 23mm에 이른다.

생리학적 변화뿐 아니라 호흡, 성문하 체계에 의해 점진적으로 하강한다(Mueller, 1997).

연령 증가에 따른 성대인대의 긴장과 근육의 위축은 후두 자체를 낮추어 음성이 변화한다. 또한 심혈관, 근육, 골, 신경계 및 호흡기계 등에도 영향을 미쳐 이 기관의 변화는 다시 발성기능에 영향을 미치게 된다. 따라서 연령 증가에 따른 음성변화는 다양한 요인에 의해 이루어짐을 알 수 있다.

성도 전체 형상의 형태적 변화를 보면, 어려서는 인두강이 좁고 후두의 위치가 높다. 나이가 듦에 따라 후두가 하강하고 인두강의 길이가 늘어난다. 나이가 들면서 후두가 성장하여 전후 지름에 해당하는 성대의 길이도 증대한다. 20세경에는 성대의 전 길이 및 막성부의 길이 증대가 정지된다. 후두는 태아기부터 사춘기까지 상하 방향과 전후 방향 사이에서 일정한 상관을 유지하면서 성장하지만, 그 성장속도는 전후 방향에서 좀 더 크며, 연골상부의 성장은 신장 · 체중의 증가 등과 일정한 상관을 나타낸다(〈표 3-3〉 참조).

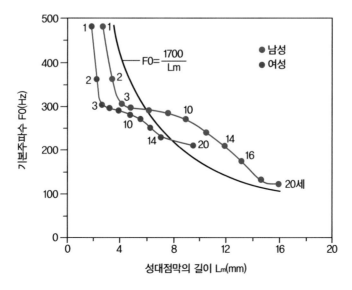

[그림 3-34] 연령에 따른 성대의 길이와 기본주파수의 관계

출처: Titze(1994: 180)

[그림 3-34]는 연령에 따른 성대점막의 길이(membranous length)와 기본주파수(F0)의 관계를 나타낸 것이다. 여자는 변성기 이후 성대 길이가 증가하지 않는 반면에 남자는 지속적으로 서서히 증가하는 것을 알 수 있다. 성인이 되면 남자는 여자에 비하여 성대 마성부의 길이가 여자보다 60% 정도 더 길어진다.

3.1.8 성대의 조절과 후두의 신경

1. 성대

성대(vocal folds)는 성대주름이라 불리는 막에 둘러싸여 있으며, 갑상연골에서 윤상연골로 근육활동이 이어지면 그 결과로 피치가 올라간다. 이 활동은 윤상연골에 붙어 있는 피열연골과 갑상연골 사이의 거리를 증가시킨다.

이 활동이 성대를 늘일 때 성대근육의 동시수축은 성대 긴장을 증가시킨다. 성대 긴장이 증가하면 성대를 조금 가늘게 하고 성대가 더 빨리 움직이도록 하여 피치를 증가시킨다. 즉, 피치는 성대의 무게, 긴장 및 길이의 변화와 일치하여 변한다. 남성의 후두는 여성의 후두에 비하여 더 크고 길기 때문에 남성의 목소리는 여성보다 피치가 더 낮다. [그림 3-35]을 보면 성대의 질량이 커지면서 긴장도가 떨어질 수 있다는 것을 알 수 있다.

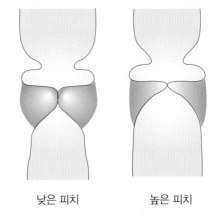

낮은 피치　　　높은 피치

[그림 3-35] 성대의 두께에 따른 피치의 변화
출처: Perkins & Kent(1986: 105)

[그림 3-36]에서 보는 바와 같이, 성대의 길이는 신생아의 경우 남아가 약 5mm, 여아가 약 4.5mm이고 만 2세가 되면 남아와 여아의 성대 길이가 10mm를 상회한다. 16세경에는 여성의 경우 16mm, 남성의 경우는 이미 20mm를 상회한다. 성인의 경우 남성은 20~25mm, 여성은 15~20mm 정도가 된다.[8] 여기서 한 가지 주목할 것은 남성은 성인이 된 후에도 성대의 길이가 계속해서 완만하게 증가한다는 것이다.

성대의 길이는 초당 성대진동수를 가리키는 기본주파수와 함수관계에 있다. 즉, 성대의 길이가 길면 길수록 F0는 떨어진다. Eguchi & Hirsh(1969)는 3~6세 사이에 F0가 급격히 감소하다가 그 후 서서히 변해서 13세경에는 여성은 성인의 주파수에 도달하고 남자는 계속 감소한다고 하였다. 그러나 Kent(1997)에 의하면, 3~6세 사이 급격한 F0의 감소가 나타나지 않는다. 물론 여성의 경우 변성기가 시작되는 13세경부터는 성대의 길이도 거의 성인과 비슷하기 때문에 이때 이미 성인 수준의 F0를 보여주게 된다.

---

8) 안철민(2004)에 의하면, 한국인의 성대 길이는 소아기에 남자가 8mm, 여자가 6mm 정도이고, 성인기에는 남자는 17~23mm, 여자는 15~19mm 정도로 길어진다고 한다.

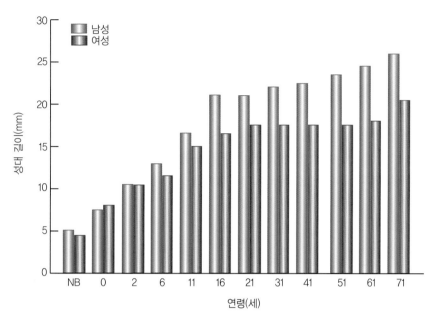

[그림 3-36] 성별과 연령에 따른 성대의 길이

출처: Kent(1997: 129)

[그림 3-37]에서 보는 바와 같이, 남녀의 F0는 성인남성의 경우 30세경부터 80세 이후까지 완만하게 증가하는 것을 알 수 있다. 반면에 성인여성의 경우 20대부터 80대에 이르기까지 거의 비슷한 수준의 F0를 보이다가 70대, 80대 이후에는 오히려 완만하지만 감소하는 현상을 보여 주고 있다. 우리는 앞에서 F0는 성대의 무게와 길이에 반비례하고 긴장에 비례한다는 사실을 알았다. 그런데 이같은 사실이 노년기 남성과 여성의 경우에는 적용되지 않는다. 즉, 노년기 남성의 경우에는 성대의 길이도 최대이

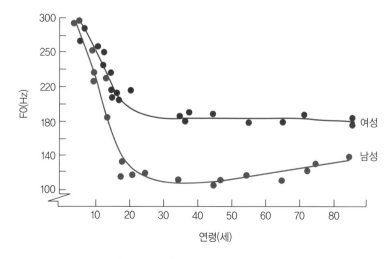

[그림 3-37] 성인남녀의 F0 비교

출처: Kent(1997: 132)

고 성대의 운동기능의 저하로 탄력성이 떨어짐에도 불구하고 초당 성대 개폐속도는 낮아지지 않고 오히려 높아지는 데 반하여, 성인여성의 경우에는 노년기에 이르러 아주 완만한 정도이지만 오히려 F0가 낮아지고 있다. 이는 다른 이유로는 설명하기 어렵고 호르몬의 분비와 관련 있는 것으로 보인다. 즉, 남성의 경우에는 노년기에 이르러 여성 호르몬이 과다해지면서 여성화되는 반면에, 여성의 경우에는 이와는 반대로 남성 호르몬이 과다하게 분비되어 남성화되기 때문이 아닌가 한다.

[그림 3-38]은 Kent(1976)가 선행연구들을 종합하여 출생 후부터 19세까지 발달에 따른 F0의 변화를 나타낸 것이다. 10세 이전까지는 F0값이 성별에 따라 차이를 보이지 않는다. 1~3세까지는 남자와 여자 모두 F0가 급격히 하강한 후 사춘기(mutational period)인 11세나 12세가 될 때까지 점진적으로 하강한다. F0의 가장 급속한 변화는 생후 4개월간, 생후 1년간, 그리고 남자의 경우에 한하여 13세에서 17세까지라고 보고되고 있다.

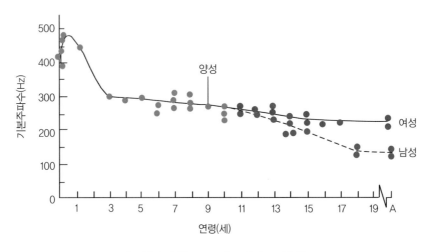

[그림 3-38] 1~19세까지의 F0 변화

출처: Kent(1976: 423)

2. 성대의 조절

호흡과 발성의 목적을 위한 성대의 활동을 조정하는 내부 후두근육은 기능에 따라 외전, 내전, 긴장, 이완근으로 분류한다. 내부 후두근육은 외전근 하나, 내전근 두 개, 긴장근 두 개, 이완근 두 개로 되어 있다. 후윤상피열근은 성대를 여는 역할을 한다(외전). 이 쌍으로 된 근육은 윤상연골 뒤쪽에서 피열연골각 측면으로 뻗어 있다. 후윤상피열근이 수축할 때 피열연골이 아래쪽과 뒤쪽으로 당겨지고, 피열연골은 각각에서 미끄러지면서 떨어지게 하는 원인이 된다. 성대가 떨어지면서 성대 사이에 삼각형의 공간이 형성되는데, 이를 성문이라고 부른다. [그림 3-39]는 피열연골의 활주에 의하여 성문이 내전되는 것이다.

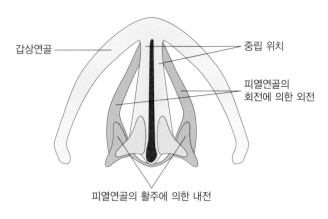

갑상연골

중립 위치

피열연골의
회전에 의한 외전

피열연골의 활주에 의한 내전

[그림 3-39] 성대의 운동

(1) 외전

외전(abduction)이란 인체를 해부학적인 자세에서 좌우대칭이 되도록 둘로 나눈 중심선에서 멀리 떨어지는 운동이며, 여기에 관여하는 근을 외전근(abductor m.)이라 하고, 성대의 운동에서 보면 외전은 성대가 열리는 것이다. 안정상태일 때 성대는 피열연골의 성대돌기에 부착된 갑상연골 뒤쪽과 등쪽으로 넓게 V자 모양으로 분리되어 있다. 발화하는 동안 무성자음(/s/, /t/)을 낼 때는 성대가 외전한다. 무성자음은 피열연골의 근육돌기에 부착된 삼각근에 의해 성문을 빠르게 개방하여 성문 진동을 차단하는 것이 필요하다. **[그림 3-40]**에서처럼, 후윤상피열근이 수축할 때 근육돌기를 아래쪽 중앙으로 잡아당겨 피열연골을 회전시키며 이러한 작용에 따라 성대돌기가 분리된다.

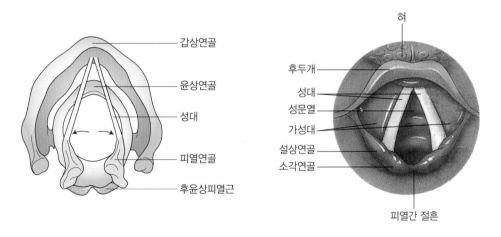

갑상연골

윤상연골

성대

피열연골

후윤상피열근

혀

후두개

성대

성문열

가성대

설상연골

소각연골

피열간 절흔

[그림 3-40] 성대의 외전

(2) 내전

성대에서의 내전(adduction)은 양 성대가 서로 접근하여 성문이 좁아지는 것을 가리킨다. 내전운동은 발성 개시를 위해 후두의 위치에서 발음기관이 취하는 특징을 갖는다. 유성음을 내기 위해서는 성대가 내전되거나 가깝게 모여야 한다. 유성자음(/v/, /z/)을 낼 때는 모음을 발성할 때보다 덜 견고하게

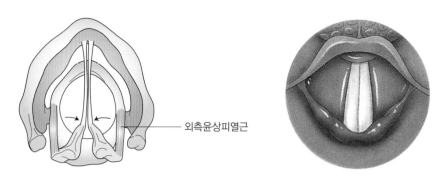

외측윤상피열근

[그림 3-41] 성대의 내전

내전한다. 이때 가로피열근 또는 횡피열근(transverse arytenoid m.)과 X자 사피열근(oblique arytenoid m.)으로 구성된 피열간근(interarytenoid m., IA)에 의해 피열연골이 내전되면서 성대돌기가 서로를 향해 안쪽으로 흔들린다. 외측윤상피열근도 윤상연골의 측면 전방에서 피열연골의 측면 부위까지 이어진다. 외측윤상피열근의 윤상연골을 앞으로 당기고 회전하기 때문에 성대를 내전하게 하여 성대가 탄력을 유지하도록 돕는다([그림 3-41] 참조).

일차 내전근육은 외측윤상피열근이다. 이것 또한 한 쌍으로 되어 있고, 각 구성요소는 위쪽과 뒤쪽으로 윤상연골에서 각 피열연골까지 뻗어 있다. 이 근육이 수축할 때 피열연골은 앞쪽으로 당겨져서 그것의 앞쪽 부분이 중앙선에서 만나게 된다. 그 결과 성대가 닫히고 성문이 사라지게 된다.

외측윤상피열근은 내전과정에서 횡피열근과 사피열근의 도움을 받는다. 이 근육은 피열연골 뒤쪽 사이를 가로지르고 있고, 수축할 때 두 피열연골을 함께 중심선에서 꽉 조인다. 성대 긴장은 윤상갑상근에 의해 이루어지는데, 이것은 한 쌍으로 된 근육으로 윤상연골의 앞쪽에 붙어 있고 위쪽으로 갑상연골 아래쪽 가장자리까지 확장된다. 이 근육이 수축할 때, 윤상갑상근이 윤상연골과 갑상연골의 앞쪽 부분을 각각의 방향으로 당겨서 성대를 잡아 늘이는데, 성대는 갑상연골의 내부 각 앞에 붙어 있다. 이런 활동이 일어나기 위해 피열연골(성대 뒤쪽에 붙어 있음)이 다른 내근에 의해 안정적으로 자리를 잡는다고 가정한다.

성대의 이완은 성대를 구성하는 몇 개의 근육에 의해 이루어진다. 성대는 가장자리에 있는 성대인대(vocal ligaments), 성대인대와 평행인 갑상성대근과 평행으로 있는 갑상근으로 되어 있는 갑상피열근으로 구성되어 있다. 갑상성대근이 수축하면 성대가 길어져 성대 긴장을 유발한다. 갑상근이 수축하면 앞쪽과 뒤쪽 방향으로 성대가 짧아져, 성대 긴장이 감소함으로써 성대가 이완한다.

3. 후두의 신경지배

후두를 움직이는 신경은 제10번 뇌신경(CN X)인 미주신경(vagus nerve)[9]이고, 많은 미주신경섬유는 설인신경(glossopharyngeal n.)과 부신경(accesory n.)의 기시부인 의문핵(nucleus ambiguous)에서 시작

---

9) 라틴어로 vagus는 '방황'이라는 의미로 기시하는 시작점부터 작용하는 부위도 매우 넓고 다른 뇌신경과의 관계가 애매하여 붙여진 이름이다. 우리말에서도 그 의미를 그대로 살려 한자로 迷走(미혹할 미, 달릴 주)라 하였다.

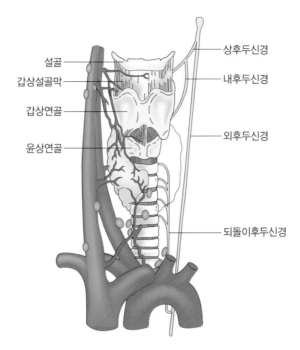

상후두신경

내후두신경

설골

갑상설골막

갑상연골

외후두신경

윤상연골

되돌이후두신경

[그림 3-42] 후두의 신경

된다. 특히 미주신경과 설인신경은 경정맥공(jugular foramen)을 따라 뇌를 떠난다. 미주신경의 몇몇 신경가지는 발화기제(speech mechanism)에 직접적으로 관여하기 위해 경부(neck region)에 멈춘다. 미주신경은 다른 뇌신경에서 신경섬유를 공급받기도 한다. 예를 들면, 부신경에서 운동신경을 받아 되돌이신경으로 보낸다. 미주신경의 인두가지는 범구개장근(tensor velipalatini m.)을 제외한 인두와 연구개의 근육과 점막을 지원하는 감각과 운동신경이다.

상후두가지(superior laryngeal branch)는 운동신경이고 윤상갑상근과 하인두수축근의 일부를 지원한다. 상후두가지는 내후두가지(internal branch)와 외후두가지(external branch)로 나뉘며, 내후두가지는 감각신경으로 혀의 기저부의 점막과 후두의 성문상부의 점막을 지원하기 위해 갑상설골막을 뚫는다. 되돌이후두신경 또는 반회후두신경(recurrent laryngeal n.)은 후두의 훨씬 아래로부터 미주까지 올라오는 데서 이름지어졌다. 이 신경은 윤상갑상근(cricothyroid m.)을 제외한 모든 후두내근과 성문 아래 후두 점막을 지원하기 위해 위로 길게 원을 그리며 올라온다. 오른쪽 되돌이신경은 오른쪽 총경동맥(right common carotid)과 쇄골하동맥(subclavian artery)의 뒤로 돈다. 왼쪽 되돌이신경은 아래쪽으로 미주신경을 떠나서 대동맥궁(aortic arch) 뒤와 아래로 윤상갑상막(cricothyroid membrane)을 통하여 후두로 들어가기 위하여 기관과 식도 사이의 홈을 통하여 위로 올라간다. 왼쪽 되돌이신경은 또한 성문 아래 후두 점막과 윤상갑상근을 제외한 모든 성대내근에까지 분포되어 있으며, 작은 가지들이 되돌이후두신경을 떠나서 식도와 기관의 근육이나 점막을 지원한다.

[그림 3-42]에서 보듯이 성문상부와 성문부의 신경조절은 상후두신경에 의존하고 성문하부의 신경조절은 되돌이후두신경에 의하여 실현된다.

미주신경은 흉곽과 복부 장기를 포함하여 심장과 다른 내부 장기를 부교감신경섬유로 조절하는 뇌신경 중 가장 긴 쌍이다. 세 종류의 심경섬유로 이루어져 있으며 기관지, 복부 안의 많은 장기에 널리 분포한다.

① 감각신경섬유는 후두, 식도, 위, 간, 소장, 대장의 일부, 간, 췌장, 기관, 폐, 심장 등의 장기로부터 받는다.
② 운동신경섬유는 구개, 인두, 후두의 횡무늬근에 분포한다.
③ 부교감신경섬유는 위에 나열한 장기들의 샘세포 또는 선세포, 민무늬근, 심장근육 등에 분포한다.

미주신경의 병소(lesions)는 연구개마비, 삼킴장애, 빈맥(tachycardia) 등뿐만 아니라 실성증(aphonia), 기식음성(breathiness), 편측성 거친음성(unilateral roughness) 같은 음성 문제를 일으킨다.

3.1.9 사춘기 음성과 노인 음성의 특징

1. 사춘기 음성

사춘기의 급속한 후두발달은 남아가 여아보다 빠르다. 후두성장의 결과로 저하된 피치로 말하는 음성변화(mutation)가 나타나는데, 특히 남아의 경우 더욱 현저하다. 이를 일컬어 변성장애(puberphonia)라 한다. 이는 아동기의 피치가 사춘기 이후에도 유지되어 나타나는 상태를 말하는데, 급격한 변화의 시기에 아동기에 머무르려는 시도로 나타나며 발달한 신체와 아동기의 높은 피치와의 부조화이다. 이러한 현상은 정상적인 조직 변화로 남성은 발성조절을 위함이지만 음성의 이상을 초래한다(Seikel, King, & Drumright, 2010).

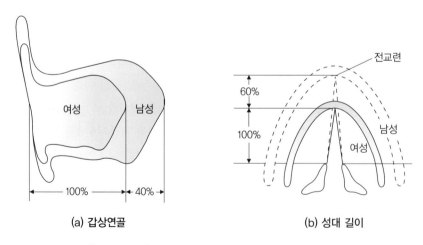

(a) 갑상연골   (b) 성대 길이

[그림 3-43] 갑상연골의 크기에 따른 성대의 길이

출처: Titze(1994: 179)

성대의 층 구조의 변화에서 신생아기부터 20세경까지 점막상피에는 특이할 만한 변화를 볼 수 없지만, 점막 고유층의 변화는 현저하여 15세가 되면 고유층의 중간층과 상층이 확실히 분화된다. 후두는 사춘기가 되면 전후경, 좌우경 모두 확대되며 후두융기가 남자에게서 급격히 확대되는데, 이는 2차 성징 중 하나이며 남성호르몬(testosterone)의 영향을 받기 때문이다. 여자도 후두가 발달하지만 그 속도나 정도가 남자에 비하여 매우 느리고 작으며, 또 발육의 방향이 주로 후두의 상하축을 따라 일어나기 때문에 성대의 신장은 별로 없다.

변성기를 살펴보면 남자의 경우에 12~13세에 204.03Hz에서 168.06Hz로 1차 F0 하강이 눈에 띄게

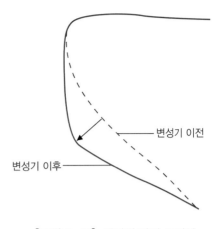

[그림 3-44] 성대의 단면 도식화

나타나고 16세에 접어들면 정상 성인남성의 평균 F0에 매우 근접한다고 볼 수 있다(김선해, 2007).

변성기의 시기와 속도는 개개인에 따라 다르나 약 4년 정도가 걸리며 대부분의 남자는 12세경에 시작한다. 여자는 조금 더 이르고 16세경이면 거의 완성된다(Boone et al., 2005). **[그림 3-43]**은 남녀의 성별에 따른 성대점막의 길이의 변화, 성대 길이와 갑상연골을 나타낸 그림이다.

[그림 3-44]에서, 실선은 변성기 이후이며 점선은 변성기 이전으로, 변성기 이후 성대의 중간인 점선 부분이 실선 부분으로 팽창함으로써 성문이 사각형에 가까워진다. 신체적 발달이 급격하게 이루어지는 변성기는 신장 성장 면에서도 증가폭이 크다.

2. 노인 음성

음성의 변화는 자연스러운 노화 과정의 결과로 성대 점막의 건조, 성대인대의 유연성 감소, 후두근 섬유의 위축, 괴사(necrotic) 등이 성대 신장성과 수축성을 방해한다. 윤상피열관절은 골 표면이 고르지 않고 얇아지며 갑상윤상연골과 피열연골의 골화는 20대부터 일찍 시작하여 일생 내내 진행된다(Kahane, 1982). 이러한 노년기의 변화는 발성능력의 조절능력을 감소시키고 F0의 불안정성이 증가한다(Linville & Fisher, 1985).

폐경기를 거치면 호르몬 변화로 음성의 변화가 급격하게 나타난다(Honjo & Isshiki, 1990). 진성민(1997)에 따르면 성대는 연령 증가에 따라 특징적인 남녀의 차이가 있으며, 남자의 경우 성대위축이, 여자의 경우는 성대부종이 가장 많이 나타났다고 한다. 일반적으로 60~80대 남자 음성의 기본주파수(F0)는 노년기가 되면서 서서히 상승한다(Hollien & Shipp, 1976).

3.1.10 선천성 후두질환

후두가 배아기 발달단계에서 비정상적으로 발달하는 경우 호흡과 음성산출에 크고 작은 영향을 주게 된다. 산부인과 의사는 신생아가 정상적으로 태어났는가를 알아보기 위해 아기의 엉덩이를 손바닥

으로 한두 차례 때려 울음소리를 듣는다. 건강한 아기는 엄청난 소리로 울음을 터뜨리지만, 선천적으로 건강에 문제를 가지고 태어나는 아기는 울음소리가 특징적으로 약하고 호흡이 불규칙할 수도 있다. 또는 호흡 시 그르렁거리는 소리를 내거나 색색거리는 소리를 내기도 한다. 이와 같은 경우에 해당되면 산부인과 의사는 긴장하고 즉시 소아과 의사와 협의해야 한다. 일단 출생 후 신생아에게 질환이 노출되면, 소관은 산부인과에서 소아과로 넘어간다. 하지만 경우에 따라 소흡기내과, 이비인후과, 신경과 의사들과의 협진이 필요할 수 있다.

1. 후두연화증

선천성 후두연화증(congenital laryngomalacia)은 신생아에게서 나타나는 가장 흔한 후두질환이다. 이 질환은 배아기 때 성문상부 연골발달이 늦어져서 생기며, 신생아에게는 무른 후두연골로 인해 들숨에 따라 좁혀지면서 기도를 방해하기 때문에 호흡곤란이라는 문제까지 생길 수 있다. 출생 시에 증상이 나타나거나, 생후 2~5개월 사이에 주로 나타난다. 입술에 청색증을 보일 수 있으며, 숨쉴 때 색색거리거나, 그렁그렁하는 천명(stridor)과 관련이 있다. 심한 경우에는 호흡곤란, 무호흡에 이를 수도 있다. 자가호흡이 쉽지 않은 경우에는 신속하게 목에 삽관을 하여 가래를 빼주어야 한다. 물론 경미한 경우에는 성장과 함께 자연치유될 수도 있다.

2. 후두횡격막

선천성 후두횡격막(congenital laryngeal web)이란 배아기 발달에서 양쪽 성대 사이에 비정상적인 막(membrane)이 형성되었을 때 생기는 질환이다. 이 질환은 후두 기형 가운데 드물게 나타나며, 보통 성문의 전방부에 많이 나타나는 것으로 보고되고 있다. 이러한 막은 전방에서 두껍고 후방으로 갈수록 얇아지는 경우에 많으며 막이 성문부를 차지하는 범위가 넓을수록 호흡의 문제가 심각해질 수 있다. 후두횡격막이 있는 신생아는 좁아진 기도로 인해 호흡 시 색색거리는 천명, 호흡곤란, 쉰목소리와 심한 경우에 실성증이 나타날 수 있다. 이러한 신생아는 아주 약한 울음소리가 특징적으로 나타나며, 병적인 증상으로는 급성폐쇄성 후두염이 나타나기도 한다. 성문부의 50% 이상을 침범한 경우에는 확장술(dilation) 등과 같은 수술적 처치가 필요하다.

3. 성문하협착증

선천성 성문하협착증(congenital subglottic stenosis, CSS)은 배아기 때에 문제가 있어 신생아의 성문하부의 윤상연골 부위가 좁아지거나 막히게 되어 호흡곤란이 수반될 수 있는 질환이다. 들숨과 날숨 시 색색거리거나 그렁그렁하는 소리가 나는 천명(stridor)이 가장 흔한 증상이다. 이 질환은 보통 아동의 50% 이하만이 후두기관재건술(laryngotracheal construction, LTR)이라는 수술적 처치가 필요하고 대부분 아동은 성장하면서 문제가 해결된다.

3.1.11 무후두발성

후두는 목소리를 내는 기능뿐만 아니라 그보다 더 중요한 생명유지를 위한 호흡과 음식물이 기도를 통해 폐로 들어가지 못하게 한다. **[그림 3–45]**에서와 같이, 후두암으로 후두적출술(laryngectomy)을 받은 환자는 목소리를 내는 기관인 후두가 없어지게 된다. 따라서 후두적출술을 받게 되면 호흡, 삼킴, 발성 등에 변화가 생긴다.

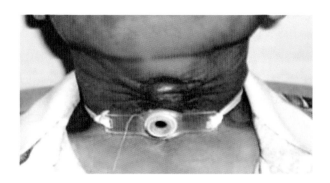

[그림 3–45] 후두적출 후 삽관

후두를 적출하면 기도를 보호하는 기능을 하지 못하기 때문에 기도를 식도와 분리하기 위해 목에 작은 구멍을 낸 후, 이를 통해 호흡을 하게 된다. 목소리를 내는 후두를 제거하였기 때문에 성대의 진동으로 발성을 하는 대신 식도 위쪽에 위치한 위식도조임근 또는 상식도괄약근(upper esophageal sphincter m., UES)을 떨리게 하여 목소리를 만드는 대체 수단을 활용해야 한다. 만약 그 조임근이 원활하게 진동하지 못하게 되면 기계를 이용하여 진동을 인위적으로 만들어야 한다.

후두적출술을 받은 환자는 식도발성(esophageal speech, ES), 기관식도발성(tracheoesophageal speech), 전기후두(electric larynx)를 이용하여 제한적인 의사소통을 할 수 있다. 식도발성은 공기를 인두–식도 부위까지 흡입해서 식도를 진동시키면서 다시 그 공기를 밖으로 분출시킴으로써 가능하다. 즉, 식도발성은 기도와 상관없이 식도로 공기를 흡입해서 다시 트림하듯이 내뱉으면서 말소리를 만들어 내는 것이다. 이에 비하여 기관식도발성은 폐에서 올라온 공기가 기관을 거쳐 기관과 식도 사이의 구멍을 통해 식도로 이동되어 식도 부위를 진동시켜 말소리를 만들어 내는 것이다. 또한 전기후두란 수술 부위가 넓어 위식도조임근의 진동이 어려울 때 인공적으로 전기후두를 통해 진동을 만들어 준다. 환자는 전기후두를 턱 밑에 대고 말을 할 때마다 버튼을 누르고 입모양을 말하듯 움직이면 제한적이지만 의사소통이 가능하다.

?! GRBAS 평정법

음성평가의 주관적인 평가란 언어치료사가 음성장애 환자의 음성을 듣고 평가하는 것을 가리킨다. Perkins (1971)는 음성의 청각적 인상(acoustic image)을 구체화시키기 위하여 조조성(R: rough), 기식성(B: breathy), 무력성(A: asthenic), 준정상성(N: near normal)이라는 네 개의 인자를 추출하였다. 그러나 일본에서는 Takahashi & Koike(1976) 등을 비롯한 몇몇 연구진이 청각적 인상이라는 심리학적 계측법에 대하여 의문을 제기하여 새로운 대안을 모색하기 시작하였다. 이들은 마침내 구체적인 인자의 분석을 위해 정량적 평정법으로 GRBAS 척도를 제시하였으며, 이어 일본음성언어의학회(Japanese Society of Logopedics and Phoniatrics)가 이를 수용하여 일반적으로 쓰이게 되었다.

GRBAS란 사실 RBAS 척도(G: grade)라는 의미로 Perkins의 네 가지 인자 가운데 세 가지를 채택하고 준정상성(N)이라는 인자 대신에 새로운 인자인 노력성(S: strained)을 추가한 것이다.

G: 평가척도(grade)
R: 조조성(rough): 주로 성대의 좌우불균형 또는 불규칙적인 진동에 기인
B: 기식성(breathy): 주로 성문의 폐쇄부전, 즉 성대의 불완전한 내전에 기인
A: 무력성(asthenic): 주로 성대근육의 긴장부전 또는 저긴장성(hypofunction)에 기인
S: 노력성(strained): 주로 성대의 과긴장성(hyperfunction)에 기인

GRBAS에서는 4단계(0, 1, 2, 3) 척도를 사용하며 0은 정상 음성을 가리키고, 3은 가장 심한 음성장애를, 그리고 1, 2는 중간을 가리킨다. 언어치료사는 상태에 따라 0.5, 1.5, 2.5로 기재할 수 있다. 피검자에게는 하나의 모음([a] 또는 [e])을 연장발성(sustained phonation)하도록 하여 차트에 기재한다. 정량적인 평가의 결과를 보면, GRBAS의 인자들 가운데 B(기식성)>R(조조성)>S(노력성)>A(무력성) 순으로 관여하는 정도의 수치가 나타난다고 한다.

GRBAS의 문제점으로는 실제 현장에서 평가척도를 구성하는 하나하나의 인자가 서로 완전히 독립적이지 못하기 때문에 판정에 보편타당성이 결여될 수 있다는 점이다. 또한 청각적 인상을 판별하는 데 판정자에 따라 차이가 크다. 4개의 인자 가운데 하나인 A(무력성)는 단순히 소리의 높낮이, 즉 피치(pitch) 조절상의 문제일 수도 있다. 따라서 A는 병적인 음성의 질(quality)을 평가하는 척도라기보다는 심인성 발성장애에 국한된 것으로 볼 수 있다.

미국언어병리청각협회(ASHA)의 지원으로 GRBAS의 4단계 평가척도의 신뢰도 문제를 개선하고 음질의 청지각평가 방법을 대체하기 위하여 오랜 기간의 연구과정을 거쳐 CAPE-V(consensus auditory-perceptual evaluation of voice)를 개발하였다. 3~5초 동안 /a/와 /i/ 연장발성, 문장읽기 및 자발화를 이용하여 전반적인 중증도(overall severity), 거친 음성(roughness), 기식성 음성(breathiness), 노력성 음성(strain), 피치(pitch) 그리고 음의 크기(loudness)를 매개변수로 분석한다.

3.2 조음

3.2.1 조음기관

조음기관(articulatory organ)은 일반적으로 상후두의 성도(vocal tract)에서 소리를 생성하는 데 이용하는 기관을 가리키며, 그 위치가 고정되어 있는 수동부(passive articulators)와 자유롭게 움직일 수 있는 능동부(active articulators)로 구분한다. 수동부에는 윗입술·윗니·치경(잇몸)·경구개·인두 등이 있고, 능동부에는 혀·아래턱·아랫입술·연구개 등이 있다([그림 3-46] 참조).

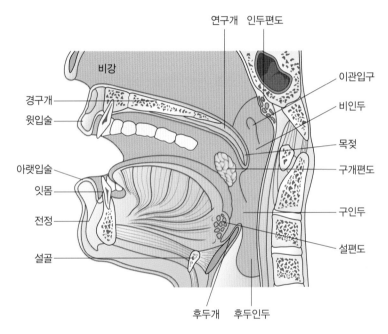

[그림 3-46] 조음기관

1. 입술

입술(lips)은 바깥 대기와 구강을 연결하는 통로가 된다. 입술은 조음자(articulator)의 가장 앞쪽을 대표하기도 하며 동시에 성도 전체의 끝이기도 하다. 인간의 입술은 유연성과 운동성 때문에 조음과정을 이루어 내는 것으로 보인다. 입술은 근육이 풍부한 두 개의 살로 된 주름이며 외부는 피부로, 내부는 점막(mucosa)으로 이루어져 있다. 입술과 관련된 근육은 입술의 열림과 닫힘의 조절, 윗입술과 아랫입술을 올려 주고 내려 주는 것, 입술을 동그랗게 만들고 튀어나오게 하는 것을 가능하게 한다.

인간의 입술에는 유연성과 운동성이 있어서 조음을 할 수 있는 것처럼 보인다. 입술의 주요 근육 중 하나는 타원형의 띠 모양을 한 섬유질로 이루어진 괄약근(sphincter m.)인 입둘레근 또는 구륜근(orbicularis oris m.)이다. 이 근육이 수축하면 입술이 모이게 되고, 굳게 다물며, 동그랗게 또는 앞으로 돌출하게 하여 /p/, /b/, /m/, /w/ 같은 양순음 산출을 할 수 있다. 입술의 돌출은 턱끝근(mentalis m.)

이 보조한다. 이러한 소리는 구강 부분의 감각이 용이하고 쉽게 잘 보이기 때문에 발달과정 초기에 학습되는 것으로 보인다. 일반언어학적으로 언어발달 과정에서 두 입술소리인 양순음(bilabials)이 제일 먼저 습득된다는 사실은 널리 알려져 있다. 입술은 또한 순치음 /f/와 /v/ 산출을 위해 치이와 접촉할 수 있다([그림 3-47] 참조).

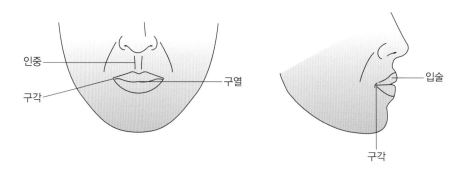

[그림 3-47] 입술

입술을 올리는 것은 작은 권골근(zygomatic minor m.)과 2개의 윗입술올림근(levator labii superior m.)이 조정하고, 아랫입술을 낮추는 것은 아랫입술내림근(depressor labii inferior m.)이 조정한다. 볼근(buccinator m.),[10] 입꼬리당김근(risorius m.)과 큰권골근(zygomatic major m.)은 입모서리가 옆으로 움직이는 것을 조정한다.

2. 혀

혀(tongue)는 구강 바닥에 있는 골격근의 집단이며 구강의 크기와 모양의 변화에 가장 크게 기여한다. 외부를 덮어 주는 점막과 혀를 세로로 나누어 주는 섬유질의 중격(septum)과 함께 대부분 근육으로 이루어져 있다. 혀는 앞쪽으로 설골에 연결되는 근육에 고정되어 있다. 혀는 3개의 내근과 4개의 외근으로 구성되어 있다. 혀의 외근(extrinsic m.)은 혀의 위치를 다양하게 만들어 주고, 모두 혀 자체 안에 부착되어 있는 내근(intrinsic m.)은 하나는 혀에 부착되고 다른 하나는 혀의 외부구조에 부착되어 있는 외근(extrinsic m.)으로 구분한다.

혀의 고유근 또는 내근은 [그림 3-48]에서 보듯이, 하종설근(inferior longitudinal glossus m.), 상종설근(superior longitudinal glossus m.), 횡설근(transverse glossus m.), 수직설근(vertical glossus m.)이 있다. 혀 내근은 연하와 조음 시 혀의 모양을 알맞게 조절한다. 일반적으로 혀는 구강과 인두강의 외형을 결정한다. 다시 말해, 혀는 특정한 조음을 위해 다양하게 움직여야 할 때 관여한다. 혀는 근육조직이기 때문에 광범위하게 움직일 수 있다. 특히 발화하는 동안 혀의 움직임은 놀라울 정도로 빠르게 움직인다(〈표 3-4〉 참조).

---

10) 볼근을 일명 나팔수근(Bugler's m.)이라 하는데, 이는 이 근육의 역할이 나팔을 부는 동안 볼이 팽창하는 것과 비슷해 붙인 이름이다.

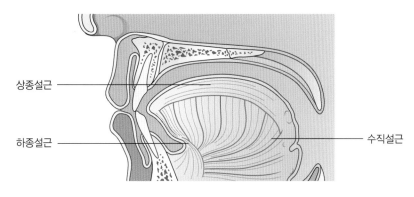

[그림 3-48] 혀의 내근

〈표 3-4〉 혀의 내근

근육	부착점	작용
상종설근	설골과 가운데 중격으로 가쪽 경계와 첨부에 부착	혀끝을 들어 올려 줌
하종설근	혀뿌리와 설골로부터 첨부에 부착	혀끝을 끌어 내림
횡설근	가운데 중격으로부터 점막하 조직에 있는 가쪽 경계에 부착	혀의 양 측면을 중앙선 쪽으로 잡아 당겨 혀를 좁혀 줌
수직설근	후설의 점막으로부터 점막하 조직에 있는 가쪽 경계에 부착	혀를 끌어 내림

출처: Ferrand(2007: 183)

혀의 외근에는 구개설근(palatoglossus m.), 경상설근(styloglossus m.), 이설근(genioglossus m.), 설골설근(hyoglossus m.), 설인두근(glosopharyngeus m.), 이설골근(geniohyoid m.)이 있다. [그림 3-49]와 〈표 3-5〉에서 보듯이, 혀의 돌출은 이설근, 후퇴는 설골설근, 들어 올리는 기능은 경상설근과 구개설근

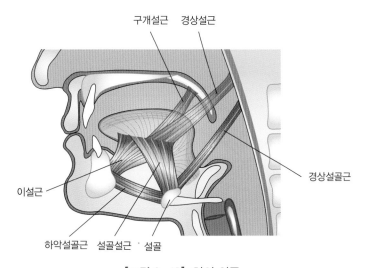

[그림 3-49] 혀의 외근

출처: Ferrand(2007: 182)에서 수정 인용

〈표 3–5〉 혀의 외근

근육	부착점	작용
이실근	아래딕의 인쪽 표면으로부터 혀의 침부와 후부 및 설골에 부착	혀 앞쪽 섬유의 수축으로 혀가 줄이듦
설골설근	설골로부터 혀의 가쪽 경계에 부착	혀의 양 측면을 끌어 내림
구개설근	구개건막의 앞쪽과 양 측면으로부터의 혀의 뒤 가쪽 경계에 부착	혀의 뒷부분을 들어 올려 줌
경상설근	측두골의 경상돌기로부터 혀의 가쪽 경계에 부착	혀를 들어 올리고 끌어 내림

출처: Ferrand(2007: 183)

이 담당한다.

혀는 말소리의 조음 시 중요한 기능을 한다. 일반적으로 혀는 구강과 인두강의 외형을 결정한다. 다시 말해, 혀는 특정한 조음을 하기 위해 다양하게 움직여야 할 때 관여한다. 앞에서 보았듯이, 혀는 3개의 내근과 4개의 외근으로 구성되어 있다.

혀의 움직일 수 있는 부위는 전방 2/3 부분이며, 혀의 가동 부위는 조음자로서 언어활동에 매우 중요한 역할을 한다. 혀는 /t/, /d/, /n/, /s/, /z/, /l/, /θ/, /ð/ 같은 말소리를 산출하는 데 매우 중요하다. 혀끝은 혀가 동시에 하나 이상의 말소리를 산출할 수 있게 하는 강의 모양을 제공하도록 혀의 나머지 부분과는 독립적으로 작동하는 것으로 생각된다. 이것은 동시조음(coarticulation) 현상에서 분명히 나타나는데, 동시조음은 두 조음자가 동시에 움직이는 것을 말한다. 혀는 두 가지의 다른 말소리를 동시에 산출하기 위해 동시조음을 할 수 있다. 그리고 혀는 입 밖으로 나올 정도로 구강에서 앞쪽으로 움직일 수 있다. 또한 혀는 구강 뒤쪽의 인두벽까지 움직일 수도 있다. 혀는 구강의 천장에 닿도록 올라갈 수 있고, 치아의 아래 지점까지 내려갈 수도 있다.

혀의 윗면은 음성학적인 기술을 위해 보통 기능적인 권역으로 나눈다.[11] [그림 3–50]에서 보는 것처

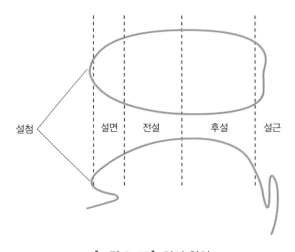

설첨   설면   전설   후설   설근

[그림 3–50] 혀의 위치

---

11) Hardcastle(1976)이 지적한 대로, 이러한 하위 구분은 해부학적으로는 아무 근거가 없다.

럼, 혀의 전방 대부분을 설체(tongue body), 그 앞 부위를 설첨(apex), 그 뒤 부위를 혀뿌리 또는 설근 (tongue root) 그리고 혀의 상면을 설배(dorsum)라 한다. 설배의 후방 1/3 되는 곳에는 V자형의 분계구 가 있어 앞쪽의 설체와 뒤쪽의 설근의 경계가 된다. 또한 설기저부는 구인두(oropharynx)의 일부분으 로서 성곽유두(vallate papillae) 뒤쪽 부위를 말한다.

3. 이와 치경

(1) 이

이(teeth)는 입술과 혀 모두의 접촉점 역할을 하기 때문에 중요한 조음자이다. 조음과정에서 이가 얼 마나 중요한지 결정하는 것은 어려운데, 이는 이가 없는 사람이 대부분의 청자를 이해시킬 수 있도록 적응하는 법을 배울 수 있다고 알려져 있기 때문이다. /s/ 음의 경우에도 정확하지는 않지만, 알아들을 수 있을 정도로 산출할 수 있다. 자연스러운 신체 성숙의 한 과정으로 젖니가 빠진 아동이 새로운 이가 나기 전에 보상적인 조음 형태를 발달시키면 때때로 오래 지속되는 조음문제를 보이기도 한다.

(2) 치경

잇몸의 오돌토돌한 부위를 가리키는 치조와 그 아랫부위를 가리키는 치경은 혀끝을 위 앞니 바로 뒤 에 대면 느낄 수 있다. 치경은 위쪽 가운데 앞니 바로 뒤에 있는 폭이 좁은 뼈 같은 선반이고 혀끝소리 (예: /t/, /d/, /s/, /z/, /l/, /n/)를 위한 중요한 접촉점이다.

4. 경구개

비강의 바닥과 구강의 뿌리는 경구개(hard palate)와 연구개로 형성된다. 경구개는 일차적으로 뼈와 뼈를 덮고 있는 점액으로 구성되며, 윗니 바로 뒤에서 시작하여 구강 길이의 3/4에서 뒤로 둥근 천장 으로 된 구조로 이어진다. 연구개는 경구개근육의 연속이며 구강과 비강 사이의 인두기도를 열고 닫기 위해서 빨리 움직일 수 있다. 숨을 쉬는 동안 연구개는 내려가고 공기가 비통로(nasal passage)와 후두 사이를 이동하도록 한다. 그러나 음식을 삼키는 동안 연구개는 올라가서 물질이 비통로로 들어가는 것 을 방지한다. 그러므로 우리는 숨쉬는 동시에 삼킬 수 없다([그림 3-51] 참조).

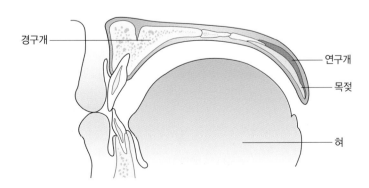

[그림 3-51] 경구개 및 연구개의 구조

5. 연구개

[그림 3-52]에서 보듯이 여린입천장 또는 연구개(velum/soft palate)는 경구개에서 뒤쪽으로 확장되어 있는 근육의 돌출부이다. 호흡을 하는 동안, 연구개의 자유로운 끝(목젖)이 구강의 뒤쪽에 매달려 있어서 비강은 폐까지 방해받지 않고 접근할 수 있다. 연구개는 세 개의 비음(nasal sounds) /m/, /n/, /ŋ/을 제외한 모든 소리를 산출하고 뒤쪽 후두벽과 접촉하기 위해 위쪽으로 상승해 있어서, 비강은 구강·인두강과 분리된다. 이 접촉점을 연인두문(velopharyngeal port)이라 하고, 그 결과를 연인두폐쇄(velopharyngeal closure)라고 한다. 비음을 산출하는 동안 연구개는 낮아지고, 비강은 구강·인두강과 연결된다.

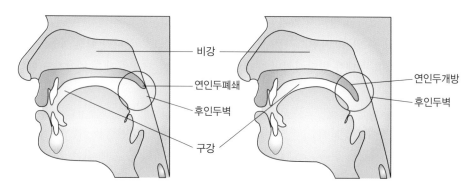

[그림 3-52] 구강음과 비강음

연인두폐쇄부전(velopharyngeal incomplete, VPI)은 구개파열(cleft palate)이 있는 사람에게 자주 문제가 되는 부분이다. 구개열 교정수술(palatoplasty) 이후에도 남아 있는 연구개와 인두벽의 구조적인 문제 또는 주변 근육의 해부학적·기능적 문제로 인해 말하는 동안 비강과 구강을 분리하는 연인두폐쇄가 정상적으로 이루어지지 않는 경우가 종종 관찰된다. 연인두폐쇄부전을 보일 경우, 비음이 아닌 음에서 과도한 비음이 나고(이러한 소리의 왜곡이 일어나며), 코로 공기가 방출된다.

〈표 3-6〉 연구개 움직임과 관련된 근육

근육	부착점	기능
구개거근	측두골과 이관 연골의 가운데 벽으로부터 구개건막에 부착	연구개를 상승시킴
구개수근	구개골의 후부와 구개건막으로부터 연구개 점막 덮개에 부착	연구개의 길이를 짧게 하고 상승시키며 연인두폐쇄를 도움
구개긴장근	두개골의 접형골과 이관의 외벽으로부터 구개건막을 형성하기 위해 확장되는 건(힘줄)에 부착	이관을 열어 줌
구개설근	구개건막의 전면과 측면으로부터 혀의 후부 외측경계에 부착	연구개를 내리거나 혀를 올림
구개인두근	경구개의 앞부분과 연구개의 중앙선을 포함하여 다양한 기시점으로부터 갑상연골 후부에 부착	인두강을 좁혀 줌

출처: Ferrand(2007: 176)

연구개를 움직이는 근육으로는 연구개를 올리는 구개거근(levator veli palatini m.), 연구개를 줄이고 올리기도 하는 구개수근(uvuli m.), 유스타키오관(Eustachian tube) 또는 이관(auditory tube)을 열어 주는 구개긴장근(tensor veli Palatini m.), 연구개를 누르거나 혀를 올리게 하는 구개설근(palatoglossus m.)과 인두강(pharyngeal cavity)을 좁히는 기능을 가진 구개인두근(palatophryngeus m.) 등이 있다. 〈표 3-6〉은 연구개와 관련된 근육의 부착점과 기능을 요약하고 있다.

6. 인두

인두(pharynx)는 목구멍 뒤의 강(cavity)이다. 이것은 소화기계와 호흡기계의 공통된 통로로 작용한다. 이러한 배열은 음식과 공기를 인두를 지나 적절한 통로로 인도하기 위해서 필요하다. 인두벽 안에 편도(tonsil)가 있는데, 이는 몸의 방어조직의 일부인 림프조직이다.

인두는 말소리의 산출을 위하여 구강, 비강 및 후두 사이의 연결기관으로서, 공명강 사이에서 주요한 연결 역할을 한다. 또한 유스티오관을 통해 비강과 중이를 연결하여 외부와 중이강(middle ear cavity)의 기압이 같아지게 한다. 음향학적인 말소리의 조음 관점에서 보자면, 인두는 후두와 성문에서 입술까지 확장된 성도의 한 부분으로 볼 수 있다. 인두는 조음과정 동안 혀의 뒷부분을 조음지점에 접촉하게 할 뿐만 아니라, 비음 산출에 중요한 연인두문(velopharyngeal port)의 개폐와도 관계가 있다([그림 3-53] 참조).

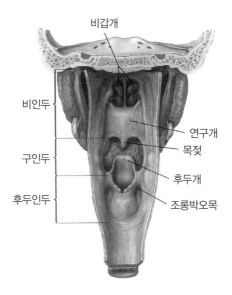

[그림 3-53] 인두(관상면)

3.2.2 공명과 공명강

1. 공명

공명(resonance)에 대한 이해는 말 산출 시 조음 특성과 음향학적 특성을 이해하는 데 중요하다. 공명의 기본적인 성질을 이해하기 위하여 음료수 병을 예로 들어 보자. 같은 크기의 두 개의 음료수 병에 하나는 액체를 적게 채우고 또 하나는 더 많이 채워 보면, 액체를 적게 채울수록 공명도가 더 낮아지고, 많이 채울수록 공명도가 더 커지는 것을 쉽게 알 수 있다. 또 하나의 사실은 작은 음료수 병과 큰 음료수 병에서의 공명 크기를 비교하면, 공명관(resonant tube)의 크기가 작으면 작을수록 공명도가 높아지고 커지면 커질수록 공명도가 더 낮아진다는 것도 알 수 있다. 주기적 에너지원(source of energy)의 진동횟수가 같거나 비슷해지면 커다란 강도의 자연적인 증가현상이 나타나는데, 이를 공명이라 한다.

2. 공명강

유성음의 경우 성대는 초당 80~500회 정도 진동하는데, 그 자체만으로는 특정한 소리가 만들어지지 않는다. 앞에서도 언급하였지만, 소리는 조음기관의 움직임과 공명강의 역학관계에 의하여 만들어진다. 성도를 지나면서 입술, 혀, 구개, 인두 등 여러 조음기관의 작용에 따라 서로 다른 소리가 만들어진다. 물론 조음을 위해서는 각 조음기관들의 상호작용도 중요하지만 성도에 있는 인두강, 구강, 비강 같은 공명강(resonant chambers) 안의 압력 변화도 소리를 고르는 데 매우 중요한 역할을 한다. [그림 3-54]는 공명강이 포함된 후두 상부 구조를 보여 준다.

이때 폐로부터 올라오는 기류는 음성을 생성하는 에너지원이며, 공급된 공기의 양과 압력은 생성된 음성의 길이와 크기를 결정한다. 이러한 방출에 의해 일정한 비율로 진동이 일어나게 된다. 조음(articulation)은 혀와 입술 같은 조음기관(articulatory organ)의 움직임에 의해서 가능하지만, 공명은 후두 상부 성도의 울림에 의하여 음향학적 반응을 보여 준다.

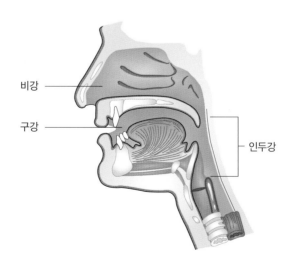

[그림 3-54] 공명강의 구조

공명강의 용적(volume)과 형태(shape)에 의해서 모음, 반모음, 비음, 설측음 같은 서로 다른 공명음(resonant sounds)이 생성된다. 그러나 ㅂ[p], ㅈ[č], ㅅ[s] 같은 무성장해음(voiceless obstruent sounds)[12]은 성대가 진동하지 않기 때문에 성대의 진동에 의한 주기적인 공기의 짧은 분사가 음원으로 작용하지 않고 성도의 어떤 부위에서 방해가 일어나면 이러한 방해가 음원이 된다. 또한 [b], [dz], [z]와 같은 유성장해음(voiced obstruent sounds)은 성대가 진동해야 하지만 성도의 특정 부위에서 방해를 받아 생성되기 때문에 음원은 성대와 성도라고 할 수 있다.

(1) 구강

구강(oral cavity)은 위아랫니와 위아랫입술 및 뺨 사이의 좁은 공간인 구강전정(vestibule of oral cavity)과 위아래 치아와 구협(fauces) 사이의 넓은 부분인 고유구강(oral cavity proper)으로 나눈다. 위아랫입술 사이에는 입술틈새(rima of mouth)가 있고, 그 양쪽에는 입꼬리(oral angle)가 있다.

구강 바닥(floor of mouth)은 하악설골근(mylohyoid m.)과 설골설근(hyoglossus m.)을 덮고 있는 점막으로 된 반달 모양의 영역이다. 설소대(sublingual frenulum) 양쪽으로 악하선관(submandibular duct)의 입구를 나타내는 설하소구(sublingual caruncle)가 있다. 구강 바닥의 신경지배는 하악신경이 하악설골근을 지배하고, 지각은 설신경(lingual n.)의 가지가 담당한다. 구강은 목구멍에 의해 인두에 연결되어 있다. 구강의 점막은 두꺼운 중층편평상피와 점막고유층으로 되어 있으며 고유층에는 다수의 유두가 상피 쪽으로 돌출되어 있다.

(2) 비강

비강(nasal cavity)은 뼈(bone), 연골(cartilage), 점막(mucous membrane) 등으로 둘러싸인 코 속에 존재하는 빈 공간으로, 정상적으로는 공기가 차 있는 공기의 통로로서 외부에서 인두로 연결되는 호흡의 첫 관문이다.

비강은 구개골에 의해서 구강과 격리되어 있다. 비강은 정주연상에 사골(ethmoid bone)과 서골(vomer) 및 연골로 이루어진 비중격(nasal septum)이 있고, 외측벽으로부터는 위 중간 아래 비갑개가 나와 있어 상·중·하비도로 구분한다. 비강을 둘러싸는 뼈 가운데 상악동(maxillary sinus)과 전두동(frontal sinus)은 중비도(middle nasal meatus)로 열리고, 접형골동(sphenoidal sinus)은 상비도로 열리며, 8~10개의 작은 동공으로 된 사골동(ethmoidal sinus)은 상비도 및 중비도로 열린다. 하비도에는 안와의 눈물주머니(lacrimal cyst)를 통해 비루관(nasolacrimal duct)이 있어 눈물이 이 관을 통해 비강으로 배출된다. 이러한 공동들은 모두 비강으로 열려 있으며, 이를 총칭하여 부비동(paranasal sinus)이라 한다([그림 6-7] 참조).

부비동은 두개골을 가볍게 하고, 음성의 공명, 들숨의 가습, 비강 내의 압력조절 등의 역할을 담당한다. 부비동도 비강 점막과 연결되어 있어 분비활동과 점막의 생리가 비강 점막과 많은 공통점이 있다. 따라서 부비동도 점막의 기본기능인 유해물질에 대한 방어작용을 한다고 할 수 있다. 상악동은 가장

---

12) 장해음은 조음 시 성도의 어느 부위에서 방해를 받고 만들어지는 소리이므로 '장애음'보다 '장해음'으로 표기하는 것이 더 적절하다.

큰 부비동으로 쌍을 이루어 중비도와 교통하며, 사골동은 작은 방으로 밀집되어 있으며 상비도 및 중비도와 교통한다. 전두동은 쌍을 이루어 중비도와 교통하고, 접형골동 역시 쌍을 이루어 상비도와 교통한다.

사람의 기본적인 호흡형태는 비강을 통한 호흡이고, 심한 운동을 할 때는 보조적인 수단으로서 입을 통한 호흡을 하는 것이 보편적인 형태이다. 비강은 하루에 약 13m³의 대기를 호흡한다. 비강호흡은 공기 중의 이물질 정화, 온도조절과 가습작용에 도움이 되기 때문에 구강호흡보다 유리하다. 들숨기류는 비중격 쪽으로 모이면서 주로 하비갑개(inferior turbinate), 중비갑개(middle turbinate), 상비갑개(superior turbinate) 사이를 지나고 일부만이 비강 저부와 꼭대기를 지나가지만, 날숨기류는 들숨기류와 달리 비강에서 심한 와류를 형성하며 비강 전체로 퍼진다. 이러한 특성으로 코 점막을 따뜻하게 하며 습기를 유지해 준다.

비강은 공기가 폐로 가는 과정에서 단순하게 거치는 경로이기보다는 폐에서 적절한 산소교환이 일어날 수 있도록 유해물질을 제거하며, 들이쉬는 공기의 물리적 성질을 조정하고 후각작용이라는 고유작용을 능동적으로 수행하는 호흡기의 중요한 부분이라고 할 수 있다.

(3) 인두강

인두의 내강을 인두강(pharyngeal cavity)이라 하며, 말소리 산출에 관련해서는 공명강(resonant chamber)의 역할을 한다. 다시 말하면, 인두는 비강과 구강 뒤 및 후두 위에 있는 공간이다. 인두는 말소리 산출을 위한 구강, 비강, 후두 사이의 연결자로서 많은 다른 강 사이를 연결하는 역할을 한다. 인두는 또한 음식물이 위로 들어가기 전에 통과하는 기관 뒤에 있는 관인 식도와 구강을 연결한다. 인두

?! 개구도와 가청도

개구도(degree of aperture)란 간극도라고도 하며, 자음이나 모음을 발음할 때 입을 벌리는 정도를 가리킨다. 이 개념은 원래 음절의 경계를 구획 짓기 위해 스위스 언어학자 소쉬르(Ferdinand de Saussure, 1857~1913)에 의해 제시되었다. 개구도는 완전 폐쇄와 열림이라는 두 극한 사이에 7개로 나누어 구분한다. 간극도 0° 폐쇄음, 간극도 1° 마찰음, 간극도 2° 비음, 간극도 3° 설측음, 간극도 4° 반모음, 간극도 5° 개모음, 간극도 6° 반개/반폐모음, 간극도 7° 폐모음

가청도(degree of sonority)는 공명도 또는 울림도라고도 하며, 개구도와 유사한 개념으로 음절의 경계를 판단하는 수단으로 덴마크 언어학자 예스페르센(Otto Jespersen, 1860~1943)에 의해 제시되었다. 가청도는 어떤 소리를 같은 길이, 세기, 높이로 발음했을 때 청자의 귀에 도달하는 상대적인 에너지의 양을 가리킨다. 가청도 1° 무성파열음, 무성마찰음, 가청도 2° 유성파열음, 가청도 3° 유성마찰음, 가청도 4° 비음, 설측음, 가청도 5° 탄설음, 가청도 6° 고모음, 가청도 7° 중모음, 가청도 8° 저모음

개구도는 가청도와 유사한 개념으로 이해하면 된다. 즉, 간극도가 크면 클수록 가청도 또한 더 크게 들리기 때문이다. 예를 들어, 같은 조건에서 유성파열음 [b]보다 비음 [m]이 더 크게 들린다. 마찬가지로 폐모음 [i]보다 입을 더 크게 벌리고 발음하는 개모음 [ɑ]가 더 크게 들릴 수밖에 없다.

의 점막은 중화작용(neutralization)을 담당하고 반사작용으로 인두이물질을 배출하고 기도와 음식물의 통로 역할도 한다. 뿐만 아니라 인두는 비강, 구강과 함께 공명작용을 한다. 또한 인두는 호흡을 하기 위해 비강과 구강을 후두로 연결한다. 게다가 인두는 비강을 귀로 연결해서, 대기의 공기압력을 중이 강의 압력과 같아지게 만든다. 음향학적인 관점에서 말소리 조음을 논의할 때, 인두는 후두의 성문에 서 입술까지 확장된 성도의 한 부분으로 간주된다. 인두는 조음을 하는 동안 혀의 뒤쪽 부분과 접촉할 뿐만 아니라, 연인두폐쇄 기제에서도 중요한 역할을 한다. 연인두폐쇄 기제는 다양한 음을 산출하는 동안 비강 참여를 조정하는 것에 필수적이다.

3.2.3 조음이론

대표적인 조음이론인 음원–여과기이론(source-filter theory)은 1960년 스웨덴의 음성공학자(speech engineering) Gunnar Fant(1919~2009)에 의해 제안되었다. 간단히 말하면, 폐(lungs)로부터 나온 기류 가 음향적으로 근원(source)이 되는 성대(vocal folds)와 여과기(filter) 역할을 하는 성도(vocal tract)를 거 쳐 하나의 음성으로 구체화된다는 것이다. 다시 말하면, 음원 스펙트럼(source spectrum)은 폐로부터 올라오는 일련의 극소량의 기류(puff of air)가 연속적으로 성대를 진동시킬 때 만들어지며, 성문(glottis) 에서 입술(lips)까지 지나는 동안 조음기관을 거치면서 구체적인 소리로 변형된다.

이처럼 말소리의 산출과정은 소리에너지의 형성과정과 공명과정으로 나뉜다. 소리에너지 형성과 정에서는 성도의 모양이 주요한 역할을 하며, 공명과정에서는 공명강이 주요한 역할을 한다. 이 두 과 정을 차례로 살펴보면, 소리에너지는 성대진동에 의해 만들어지는데, 여기에서 만들어진 의미 없는 소리가 유의미한 소리로 바뀌기 위해서는 공명과정을 거쳐야 한다. 성대에서 만들어진 음원스펙트럼 (source spectrum)이 성도를 통과할 때 이를 여과(filtering)시키고, 마침내 화자의 입을 통해 특정한 소리 로 산출되는 것이다. 이때 성대에서 생성된 소리에너지는 여과되는 성대의 길이(length), 질량(mass),

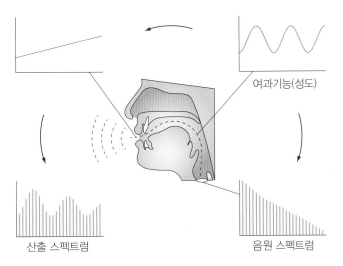

여과기능(성도)

산출 스펙트럼   음원 스펙트럼

[그림 3–55] 음원여과기의 입출력 스펙트럼

출처: Kent & Read(1992)으로부터 수정

긴장도(elasticity)에 따라 각기 다른 음성으로 산출된다([그림 3-55] 참조).

[그림 3-55]는 모음 [ə]를 발화할 때의 음원 스펙트럼은 성대의 진동 시 배음구조를, 여과기능(filter function)은 성도를 기치면서 생기는 변화를, 그리고 방사특성(radiation characteristic)은 싱도 안에서의 공명을, 그리고 방사된 소리 스펙트럼(radiated sound spectrum)으로 중설 중모음 슈와(Schwa) [ə]의 목표 스펙트럼을 나타낸 것이다. 그림에서 보는 바와 같이, 모음을 조음할 때 성도의 모양이 역동적으로 달라지며, 그 달라진 성도의 모양에 따라 서로 다른 포먼트값(공명값)을 가지도록 걸러지게 된다. 이 결과 각 모음 또는 공명음마다 제1포먼트(formant 1, F1), 제2포먼트(formant 2, F2), 제3포먼트(formant 3, F3) 등과 같이 포먼트값이 달라지게 되는 것이고, 이러한 차이로 인하여 포먼트는 각 모음의 음향학적 식별 기준으로 쓰이게 되는 것이다.

이 이론은 성대가 음원(sound source)인 모음, 반모음, 비음, 유음과 같은 공명음(resonant sounds)의 산출을 설명하는 모델로 당시에는 음향학 연구에 크게 기여하였지만, 파열음, 파찰음, 마찰음과 같은 장해음(obstruent sounds)을 설명하는 모델로는 제한적인 면이 있다.

3.2.4 자음과 모음

1. 자음

(1) 자음의 분류기준

자음(consonant)은 조음 시 어떠한 형태로든 기류의 흐름에 부분적 또는 전체적으로 방해를 받고 나오는 소리를 말한다. 대부분의 자음은 모음 없이는 홀로 제 역할을 할 수 없으므로 스스로 음절(syllable)을 구성할 수 없다. 그러므로 거의 모든 언어에서 자음의 분류기준은 ① 성대진동의 유성성(voicing)에 따라 유성음 vs. 무성음, ② 기식성(apiration)에 따라 유기음 vs. 무기음, ③ 긴장성(tensity)에 따라 경음(fortis) vs 연음(lenis) ④ 연구개의 위치(position of the velum)에 따라 비강음 vs. 구강음, ⑤ 조음위치(place of articulation)에 따라 양순음, 치음, 치조음, 후치조음, 구개음, 연구개음 등, ⑥ 조음방식(manner of ariculation)에 따라 폐쇄음, 파찰음, 마찰음, 비음 등과 같다.

(2) 자음의 조음위치[13]

자음의 조음위치란 조음기관에서 기류의 방해가 일어나는 특정한 위치를 가리킨다. 조음기관은 위치가 고정되어 있는 수동부와 자유롭게 움직일 수 있는 능동부로 나눌 수 있다. 수동부(passive articulator)에는 윗입술(upper lip), 윗니(upper teeth), 경구개(hard palate), 인두벽(pharyngeal wall)이 있으며, 이들은 대부분 거의 고정되어 있다. 반면에 능동부(active articulator)에는 아랫입술(lower lip), 아래턱(lower jaw), 혀(tongue), 연구개(soft palate), 그리고 성대(vocal folds)가 있으며, 이들은 자유롭게

---

13) 자음의 속성을 파악하기 위해서는 기류의 흐름이 막히거나, 기류의 흐름이 좁혀지거나, 구강이나 비강 안에서 울림 등이 생기는 것을 따지는 조음방식(manner of articulation)도 함께 논의해야 하지만 여기서는 해부와 생리의 특성에 맞게 조음위치에 한정하기로 한다.

움직일 수 있다.

우리는 [**그림 3-16**]에서 "소릿길 또는 성도가 입술에서부터 성문까지의 거리"라 하였다. 입술에서 성문까지에는 어떤 소리를 만들기 위해 여러 조음기관이 있으며, 우리의 말소리는 놀라울 정도로 빠른 혀의 움직임으로 목표음을 만들어 내는 조음위치와 상호작용에 의해서 만들어진다. 물론 조음위치는 언어마다 다양하기 때문에 여기서는 많은 언어에서 공통적인 특징에 초점을 맞추어 보기로 한다([그림 3-56] 참조).

① 입술/순음(labial sounds): 양순음과 순치음 포함
② 양순음(bilabial sounds): 두 입술 예) 한국어 [ㅂ,ㅍ,ㅃ,ㅁ,w]
③ 치음(dental sounds): 순치음과 치간음 포함
④ 순치음(labiodental sounds): 윗니와 아랫입술 예) 영어 [f,v]
⑤ 치간음(interdental sounds): 혀끝이 이와 이 사이 예) 영어 [θ,ð]
⑥ 치조/치경음(alveolar sounds) 혀끝과 윗니 예) 한국어 [ㄷ,ㅌ,ㄸ,ㅅ,ㅆ,ㄴ,ㄹ]
⑦ 후치조음(post alveolar sounds): 혀끝–치조 뒤쪽 예) 영어 [ʃ,ʒ]
⑧ 센입천장/경구개음(palatal sounds): 혓바닥과 경구개 예) 한국어 [ㅈ,ㅊ,ㅉ,j]
⑨ 여린입천장/연구개음(velar sounds): 후설과 연구개 예) 한국어 [ㄱ,ㅋ,ㄲ,ㅇ,ɰ]
⑩ 목젖/구개수음(Uvular sounds): 후설과 목젖 예) 아랍어 [q,G]
⑪ 인두음(pharyngeal sounds): 혀뿌리와 인두벽 예) 아랍어 [ʕ,ʔ]
⑫ 후두개음(epiglottal sounds): 혀뿌리와 후두개 예) 아랍어 [H,ʕ]

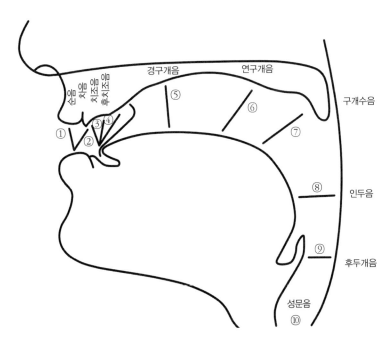

[**그림 3-56**] 자음의 조음위치

⑬ 성문음(glottal sounds): 두 성대 사이의 마찰 예) 한국어 [ㅎ]

2. 모음

(1) 모음의 분류 기준

모음(vowel)은 성대를 진동시키고 나온 날숨(호기)가 조음기관의 방해를 받지 않고 나는 소리를 말한다. 따라서 모든 모음은 울림소리, 즉 공명음(sonorants)이다.

모음은 ① 혀의 높이(tongue height)에 따라 고모음 vs. 저모음 ② 혀의 위치(tongue position)에 따라 전설모음 vs. 후설모음 ③ 입술의 원순성(lip rounding)에 따라 원순 vs. 평순 ④ 긴장성(tenseness)에 따라 긴장 vs. 이완 ⑤ 입의 벌림 정도를 나타내는 개구도(aperture)에 따라 개모음 vs. 폐모음 ⑥ 비음성(nasality)에 따라 비강 vs. 구강, ⑦ 유성성(voicing)에 따라 유성음 vs. 무성음으로 분류된다.

(2) 모음의 조음위치

모음을 해부학적인 관점에서 고찰할 때, 전통적으로 혀의 최고점의 높이와 위치, 그리고 입술의 모양에 따라 분류한다. 물론 혀의 높이와 위치는 눈으로 관찰하기 어려움에도 불구하고 아직 더 나은 대안이 없다고 할 수 있다.

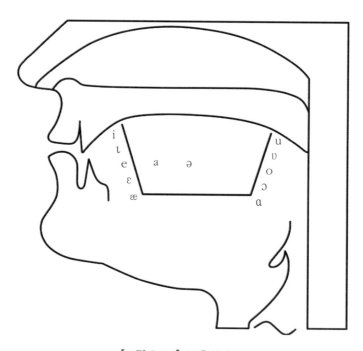

[그림 3-57] 모음사각도

[그림 3-57]은 어떤 언어를 대상으로도 비교적 객관적으로 단모음(monophthong)의 음가를 평가할 수 있는 모음사각도(vowel trapezium)를 보여 주고 있다. 예를 들어, 모음 [i]는 혀의 앞부분과 경구개 사이에서 조음되는 소리이다. 구강음으로 혀의 위치가 가장 높고, 입술의 모양은 평평하며, 조음 시 구

강통로가 가장 작은 모음이다. 따라서 [+oral], [−back], [+high], [−round], [−open]로 표시될 수 있다. 이에 비해, 모음 [u]는 구강음으로, 혀의 뒷부분에서 조음되며, 혀의 위치가 높고, 입술의 모양은 둥글며, 조음 시 상대적으로 구강통로가 가장 작은 모음이다. 따라서 [+oral], [+back], [+high], [+round], [−open]로 표시될 수 있다. 같은 방식으로, 모음 [ɑ]는 구강음으로 혀의 위치가 가장 낮고, 혀의 뒷부분에서 조음되며, 입술의 모양은 둥글며, 조음 시 구강통로가 가장 커다란 모음이다. 따라서 [+oral], [+back], [−high], [+round], [+open]로 표시될 수 있다. 이들 세 모음은 서로 공통점과 차이점을 갖고 있기 때문에 서로 다른 음소(phoneme)로서 변별력을 갖게 되는 것이다. 3개 모음에 대한 구강내 자질의 차이점을 간단히 기술하면 다음과 같다.

[i] [−back], [+high], [−round], [−open]

[u] [+back], [+high], [+round], [−open]

[ɑ] [+back], [−high], [+round], [+open]

발성과 조음의 해부와 생리 Tips

1 후두연골은 쌍이 아닌 3개의 연골과 쌍으로 된 3개의 연골, 즉 모두 9개의 연골로 이루어져 있으며, 후두의 외형을 유지하는 바탕이 되므로 후두골격(skeleton of larynx)이라고도 한다.

- 갑상연골(thyroid cartilage) 1개
- 윤상연골(cricoid cartilage) 1개
- 후두개연골(epiglottic cartilage) 1개
- 피열연골(arytenoid cartilage) 1쌍
- 소각연골(coniculate cartilage) 1쌍
- 설상연골(cuneiform cartilage) 1쌍

2 갑상연골은 양측의 판이 앞쪽으로 합쳐지면서 각(angle)이 생기는데, 성인 남성의 경우에는 90°, 성인 여성의 경우에는 120°도의 각을 이룬다.

3 주파수(frequency)는 성대의 질량(mass)에 반비례하고, 긴장도에 비례한다. 즉, 성대의 무게가 무거우면 무거울수록 주파수는 떨어지고, 성대의 탄성(elasticity)이 크면 클수록 주파수는 높아진다.

4 소릿길 또는 성도(vocal tract)는 공명관으로 성문(glottis)에서 입술(lips)까지의 거리를 가리킨다. 한국인 성인 남성의 성도의 평균 길이는 대략 17cm이며, 성인 여성의 평균 길이는 남성의 5/6이며, 대략 14.5cm이다. 성도의 길이가 길면 길수록 낮은 주파수음이 만들어지고, 짧으면 짧을수록 높은 주파수음이 만들어진다.

5 후두내근 가운데 유일하게 성대를 열게 하는 근육은 후윤상피열근(posterior cricoarytenoid m., PCA)이다.

6 갑상피열근(thyroarytenoid m., TA)의 내부를 성대근(vocalis m.)이라 한다. 진성대 몸체의 대부분을 형성하며, 성대를 이완시켜 목소리를 낮추는 작용을 한다

7 복합음을 이루는 구성성분 중 가장 하위의 주파수를 기본주파수(fundamental frequency, F0)라 하며, 귀로 들을 때는 피치(소리의 높낮이)로 지각된다. 보통 성인 남성의 평균 F0는 120Hz이며, 성인 여성의 평균 F0는 220Hz 정도이다. 즉, 초당 진동수에서 여성이 남성에 비해 100번 정도 더 빨리 진동한다는 것이다.

8 공명강(resonance cavities)에는 인두강, 구강, 비강이 있는데 이러한 공명강의 용적(volume)과 형태(shape)에 따라서 모음, 반모음, 비음, 설측음 등 서로 다른 공명음(resonant sounds)이 만들어진다.

9 혀(tongue)는 구강의 대부분을 차지하며, 생명유지에 필수적인 음식물의 섭취에 중요한 역할과 말소리를 만들어내는 조음활동에 중요한 역할을 한다.

10 연구개와 인두벽 사이의 공간을 연인두문(velopharngeal port)이라고 한다. 비음을 산출하는 동안에는 열리고, 구강음을 산출하는 동안에는 닫히게 된다. 연인두문의 개방 또는 폐쇄가 불완전하게 되는 경우 이를 연인두폐쇄부전(velopharyngeal insufficiency, VPI)이라 한다.

단원정리

1. 후두(larynx)의 세 가지 기능은 무엇인가?

2. 성인 남성과 성인 여성의 갑상연골(thyroid cartilage)의 각도에 대하여 설명하시오.

3. 3개의 독립적인 후두연골과 3개의 쌍을 이루는 후두연골을 열거하시오.

4. 성대의 질량, 성대의 탄성에 따른 목소리의 변화는 어떠한가?

5. 성도(vocal tract)의 길이가 주파수에 미치는 영향은 어떠한가?

6. 후두내근 중 후윤상피열근(posterior cricoarytenoid m., PCA)의 기능은 무엇인가?

7. 진성대 몸체를 형성하는 후두내근은 무엇인가?

8. 성대의 진동을 설명하는데 이용되는 베르누이원리를 설명하시오.

9. 덮개-몸체이론(theory of cover-body)이란 무엇인가?

10. 성대의 길이가 기본주파수(F0)에 미치는 영향에 대하여 설명하시오.

11. 4개의 혀(tongue)의 내근을 열거하시오.

12. 연인두문(velopharyngeal port)의 기능은 무엇인가?

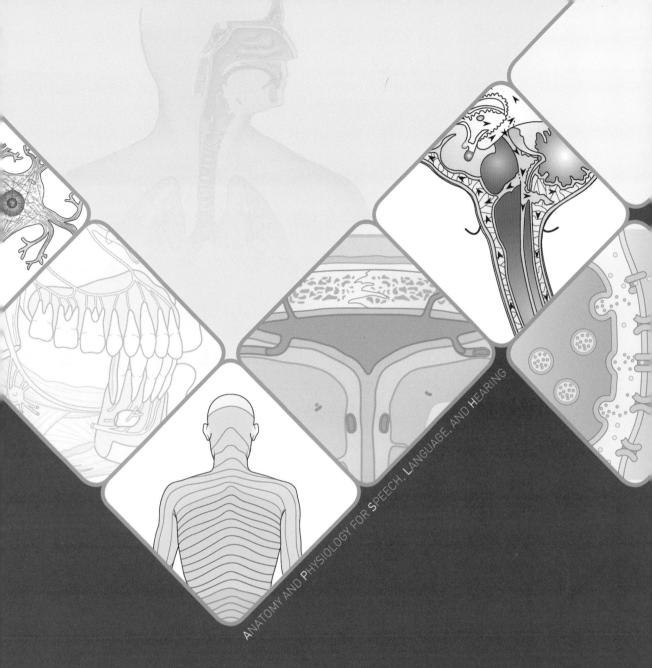

ANATOMY AND PHYSIOLOGY FOR SPEECH, LANGUAGE, AND HEARING

CHAPTER 04

신경의 구조와 기능

"사람을 비롯한 모든 동물은 주위 환경과 내부에서 지속적인 자극을 받아 생존에 필요한 정보를 얻으며, 그에 적응하여 항상성과 동적 안정성을 유지하며 살아간다. 인체 또한 자극에 대해 신속하고 정확한 반응을 할 수 있는데, 신경계는 내·외부 환경의 변화를 수용하여 흥분을 전달하고 적당한 반응을 함으로써 체내의 여러 기관이 협조하여 몸 전체를 하나의 개체로 생리기능을 통일·조절하는 고도로 발달된 기관이다."

중추신경과 말초신경 **[그림 4-1]**에서 보듯이, 신경계는 내분비계와 함께 몸을 구성하는 각 기관, 조직, 세포의 활동을 조절하는 조직이다. 즉, 내부 환경과 외부 환경에 관한 정보를 수용기(receptor)에서 받아 중추로 보내고, 중추는 여러 수용기에서 받은 정보를 종합하여 근육과 분비선 등의 효과기(effector)에 그 기능을 조절하는 신호를 송출한다. 내분비계는 특수한 물질을 선(gland)에서 도관 없이 순환계를 통해 방출하여 각 기관의 기능을 조절한다. 반면에 신경계는 전신에 그물같이 분포하여 체내 및 체외의 여러 자극을 감수하며 이를 중추에 보낸다. 중추는 신체의 효과기인 근(muscles)이나 선이 외계의 상황에 적합한 반응을 나타내게 하고, 체내 각 기관에 일사분란하게 연락을 하면서 조화를 통제한다. 신경계는 내분비계(endocrine system)와는 달리 일종의 유선정보망(wire network)으로 구성되어 신체 전역에 분포하고 있다.

신경계는 중추신경계와 말초신경계로 나뉜다. 중추신경계는 대뇌, 간뇌, 소뇌, 뇌간으로 구성된 뇌(brain)와 척수(spinal cord)로 구성되며, 말초신경계는 뇌신경과 척수신경으로 구성된 체성신경계와 교감신경, 부교감신경으로 구성된 자율신경계로 나뉜다(**[그림 4-2]** 참조).

빛, 소리, 냄새, 맛, 신체 접촉 같은 환경에서 들어오는 정보는 감각뉴런(sensory neuron)이라는 전문화된 세포에 모인다. 운동은 근육수축으로 일어나는데, 이는 운동뉴런(motor neuron)이 조절한다. 감각뉴런과 운동뉴런 사이에는 인지하고, 학습하고, 기억하고, 결정하는 것 등 복잡한 행동을 통제하는

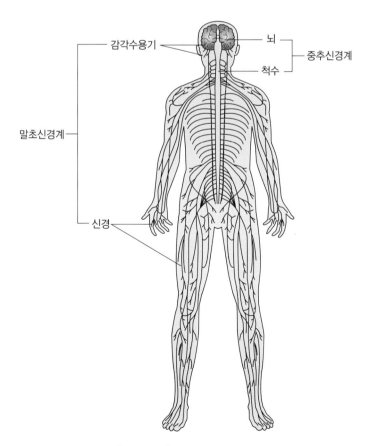

[그림 4-1] 중추신경과 말초신경

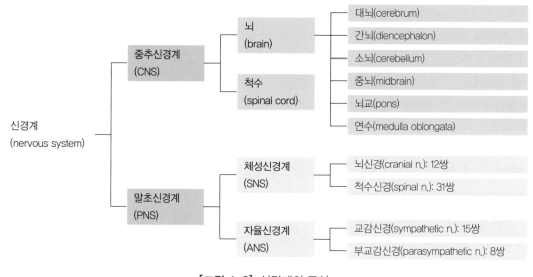

[그림 4-2] 신경계의 구성

다른 뉴런이 있다. 인간의 뇌 속에는 약 10^{11}(천억)개의 뉴런이 존재하며, 이들이 복잡하게 얽혀 다양한 뇌기능을 한다.

4.1 신경조직의 구성

신경계는 두 종류의 세포, 즉 뉴런(신경원, neuron)이라 부르는 신경세포와 신경교세포(neuroglia)로 구성되어 있다. 뉴런은 신경계를 구성하는 형태적·기능적 최소단위로서 외부 정보를 받아들이고, 상호전달하며, 결정을 내리고, 근육을 움직인다. 신경교세포라 부르는 지지세포(support cells)는 이름 그대로 뉴런이 효율적으로 작용하도록 뒷받침해 준다. 교세포는 지지작용, 식작용, 영양공급의 역할을 담당하는 보호작용을 한다. 뇌의 모세혈관벽에 배열되어 있는 세포는 매우 특수한 기능을 수행한다. 이 세포는 뇌에 나쁜 영향을 미칠 수 있는 혈액 속 물질이 접근하지 못하도록 장벽을 만들어 준다. 이 장에서는 뉴런과 지지세포의 구조, 신경연접, 흥분의 기전, 중추신경계와 말초신경계의 구조와 기능에 대해 살펴본다.

4.1.1 뉴런(신경원)

뉴런 또는 신경원은 신경계의 기본적인 정보처리 요소이다. 뉴런은 외부 환경에서 정보를 받아들이고 처리하며 근육의 운동을 통제한다. 또한 뉴런은 흥분전도, 정보처리를 시행하는 최소단위로서 반드시 다른 뉴런과 근 및 선 등의 흥분성 조직에서 끝난다.

뉴런은 신경계의 구조적 단위이기도 하다. 개개의 뉴런은 각각 1개의 신경세포에서 발생하며, 성인의 경우 세포분열이 없다. 뉴런과 뉴런은 시냅스에서 연접을 이루나 그 사이에 원형질막이 있으며 결

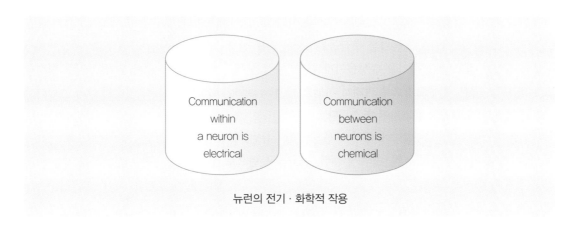

뉴런의 전기 · 화학적 작용

코 융합되지 않는다.

　뉴런은 기능상의 단위이고 각각 독립성을 가지고 있으며, 1개의 뉴런에서 발생한 흥분은 그 뉴런 전부에 퍼지나 인접한 다른 뉴런에는 미치지 않는다. 연접을 거친 다음 다른 뉴런에 정보를 전할 수 있다. 뉴런은 신경계의 영양상 단위이기도 하다.

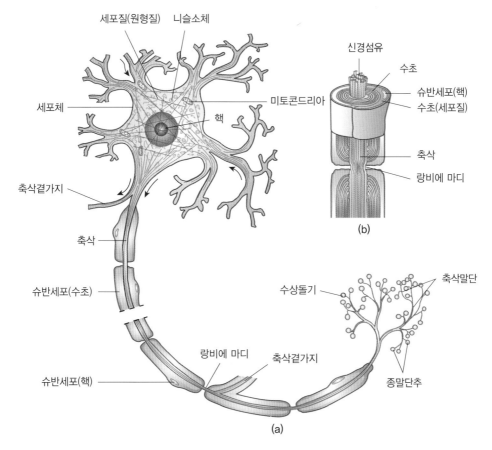

[그림 4-3] 뉴런의 구조

　뉴런의 형태는 다양하나 기본적으로는 돌기가 여러 개 있는 세포이다. 뉴런같이 세포체로부터 나온 한 개의 굵고 길이가 매우 긴 돌기를 축삭돌기(axon) 또는 신경섬유(nerve fiber)라고 한다. 세포체에서 나오는 길이가 짧고 많은 돌기를 수상돌기라 한다. 축삭은 세포체에서 나온 후에 많은 가시를 형성하고, 각 가지의 끝은 꼭지 모양으로 커져서 시냅스 꼭지(synaptic knob)를 만들고, 이것이 다음 뉴런이나 근육과 분비선 세포 등의 효과기에 연결된다.

　뉴런은 자극을 전달하는 방향에 따라 구심성인 감각뉴런, 원심성인 운동뉴런, 중간뉴런으로 분류하며, 돌기 수에 따라 단극성 뉴런, 양극성 뉴런, 다극성 뉴런으로 분류한다. 뉴런은 전문화된 기능에 따라 형태가 다양하다. 그러나 어떤 형태의 뉴런이든 기본적으로 세포체, 수상돌기, 축삭, 종말단추라는 네 가지 구조 또는 부분을 갖는다([그림 4-3] 참조).

1. 세포체

　[그림 4-4]에서처럼, 세포체(soma/cell body)는 뉴런에서 돌기를 제외한 세포막과 원형질 또는 세포질(cytoplasm) 및 핵으로 구성된 부분을 말한다. 막(membrane)은 세포의 경계를 형성한다. 막은 두 층의 지질 분자로 구성되는데, 그 속에는 특수한 기능을 수행하는 여러 가지 단백질 분자가 떠 있다. 어떤 단백질은 세포 바깥에 있는 물질(호르몬 등)을 탐지하여, 그 물질이 존재한다는 정보를 세포 안에 전달한다. 다른 단백질은 어떤 물질은 세포 안으로 유입시키고 다른 물질은 세포 안으로 들어가지 못하게 막는 조절작용을 한다. 세포체는 세포질로 가득 차 있다. 신체에 특정 기능을 수행하는 전문화된 기관이 있는 것과 마찬가지로 세포질에는 전문화된 작은 구조물이 들어 있다. 이 구조물 가운데 미토콘드리

?! 게놈

게놈(genome)은 유전자(gene)와 염색체(chromosome)의 합성어로 한 생물이 가지는 모든 유전정보를 말하며 유전체라고도 한다. 1920년 독일의 식물학자 Hans Winkler(1877~1945)가 처음 사용했으며, 이후 유전정보를 담고 있는 물질이 DNA임이 규명됐다. DNA는 A(아데닌), C(시토신), G(구아닌), T(티민) 네 종류의 염기가 나열된 이중나선구조로 네 가지 염기가 3개씩 조합된 유전암호가 아미노산을 만들고 아미노산이 단백질을 형성한다. 아미노산을 만드는 메신저 역할을 하고 사라지는 것이 리보핵산(RNA)인데, 메신저라 해서 mRNA라 부르기도 한다.

사람의 경우 23쌍의 염색체(46개 염색체로서 남자의 경우 22쌍+XY, 여자의 경우 22쌍+XX) 중 1세트의 염색체군(23개 염색체)을 말하며, 부모에서 자손에 전해지는 유전물질의 단위체를 뜻하기도 한다. 여성의 XX, 남성의 XY 염색체를 성염색체(sex chromosome)라 하며, 나머지 22쌍은 상염색체(autosome)라 한다. 사람의 세포 1개에 있는 46개(23쌍)의 염색체에는 모두 약 31억 개의 염기쌍이 있으며 이 안에 2만 6천~4만 개의 유전자가 있다는 것이 밝혀졌다.

게놈 프로젝트란 인간이 도전할 수 있는 가장 어려운 과제인 인간의 유전자 지도를 만드는 것이다. 31억 개의 염기쌍에 대한 화학적 기초를 분석하는 것이다. 의사는 유전자 분석으로 유전자 돌연변이인 암을 포함한 심각한 질병을 스크린으로 볼 수 있게 되며, 유전자 분석은 병을 진단하고 치료하고 예방하는 데 기여하게 될 것이다.

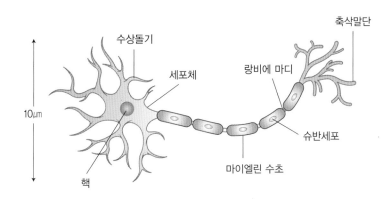

[그림 4-4] 마이엘린 수초 vs. 슈반세포

아(mitochondria)는 포도당 같은 영양소를 분해하여 세포가 활동하는 데 필요한 에너지를 생산한다.

세포의 중심부에는 핵(nucleus)이 있고, 핵은 2겹의 반투과성막으로 된 핵막(nuclear membrane)으로 덮여 있다. 핵은 유전정보의 센터이며, 세포분열과 단백질 합성을 조절하고 대사조절 센터로서의 기능을 한다. 핵에는 유전정보를 지니고 있는 디옥시리보핵산(deoxyribonucleic acid, DNA)으로 구성된 염색체(chromosome)가 있다.

DNA는 복제(replication)와 전사(transcription)라는 두 가지 중요한 역할을 수행한다. 복제란 DNA가 자기의 복사본을 만드는 과정이고, 전사란 한 가닥의 mRNA를 만드는 과정, 즉 DNA의 정보를 RNA로 전달하는 과정이다. 사람의 모든 체세포에는 같은 양의 DNA가 있는데 DNA의 염기서열 변화는 돌연변이의 원인이 된다.

염색체는 세포의 기능을 수행하는 데 필요한 단백질을 만드는 기능을 한다. 단백질은 세포가 기능을 수행하는 데 필수적인 것으로 세포가 만들어 내는 단백질에 따라서 세포의 특성이 결정된다. 단백질은 세포의 구조물을 구성하고 세포 내부에서 물질을 수송하는 것 외에도 효소(enzyme)를 구성하기도 한다. 최소한도의 유전자군을 가리키는 게놈(genome) 속 염색체 1개 또는 염색체의 일부만 상실해도 생활기능에 중대한 영향을 끼친다. 염색체의 불균형으로 인해 생기는 주요 질환으로는 21번째 염색체가 3개, 즉 염색체의 수가 하나 더 늘어나 생기는 다운증후군(Down syndrome)과 X염색체가 1개, 즉 염색체의 수가 하나 부족해 생기는 터너증후군(Turner syndrome)이 있다.

효소는 세포에서 특정 분자를 함께 결합하거나 따로 분리하는 역할을 한다. 그러므로 단백질은 세포 내의 원재료에서 무엇을 만들지 결정하고, 또는 어떤 분자를 그대로 남겨 둘지 결정한다. 신경세사(neurofilament)와 신경소관 또는 미세관(microtubule)은 뉴런 전체에 걸쳐 분포하고 있다. 신경세사는 긴 단백질섬유로 구성되어 있는데, 근육에 동력을 제공하는 단백질과 유사하다. 신경세사는 막 바로 아래에 위치하여 세포의 형태를 유지시키고 막 속에 존재하는 단백질의 위치를 조절한다. 미세관은 신경세사보다 더 두껍고 긴 것으로, 세사다발로 관을 이루고 있어서 중심부가 비어 있으며 세포의 이곳저곳으로 물질을 수송한다. 또한 세포질 내에 호염기성으로 염색되는 과립구조물을 니슬소체(Nissl's body)라고 하는데, 이것은 리보핵산(ribonucleic acid, RNA)의 집합체로 단백질 합성, 영양공급, 재생과 관련이 있으며 생리적 현상에 따라 모양이 변화한다.

2. 수상돌기

수상돌기(dendrite)는 세포체에서 나뭇가지 모양으로 분지되어 있는 다수의 구심성 돌기로 자극의 수용면적을 넓히기 위한 역할을 하며, 미세관, 신경세사가 잘 발달해 있다.

3. 축삭

신경섬유는 축삭(axon)이라고 하는 원형질섬유가 중심이 되고, 그 둘레를 슈반세포(Schwann cell)가 둘러싸서 신경초(neurilemma)를 만들고 있다. 축삭은 수용된 자극을 다음 뉴런으로 전달하기 위한 원심성의 원통형 돌기로 보통 1개가 존재하며, 짧게는 수 mm에서 길게는 1m 이상으로 길이가 다양하다. 예를 들어, 인간의 가장 긴 축삭은 엄지발가락에서 뇌의 기저부까지 뻗어 있다.

축삭은 미세관, 신경세사 등으로 구성되며 니슬소체는 없다. 세포체에서 축삭이 시작되는 원추상의 부위를 축삭소구(axon hillock)라 하고, 수초화가 되기 전까지의 분절을 기시분절이라 한다. 기시분절에서는 나트륨 양이온(Na+) 통로가 많고 역치가 낮아서 흥분성과 억제성 자극전달의 결정이 일어난다. 축삭의 종말 부위는 여러 개로 분지되어 있으며 끝이 부푼 단추 모양을 하고 있어 종말단추(terminal knob)라 한다. **[그림 4-5]**에서 보듯, 축삭은 신경외막(epineurium), 신경다발막(perineurium), 신경내막(endoneurium) 같은 막에 둘러싸여 있으며 외막에는 혈관이 분포되어 있다.

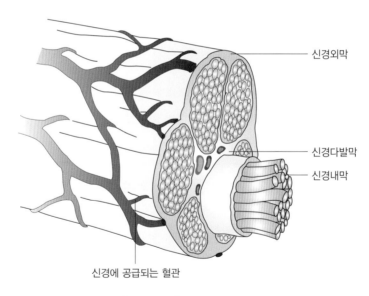

신경외막

신경다발막

신경내막

신경에 공급되는 혈관

[그림 4-5] 축삭의 구조

4. 수초와 신경초

앞에서 언급하였듯이, 신경섬유는 축삭 또는 주위를 싸고 있는 수초(myelin sheath)와 신경초(neurilemma)를 말한다. 축삭은 신경세포체의 연속으로 신경섬유의 본질적인 부분이므로 중심에 있다.

수초는 축삭을 싸고 있는 특유한 지방체로 된 피막이며 비교적 많은 지방분이 들어 있으므로 유백색을 띤다. 또한 굴광성이 있기 때문에 백색으로 나타나며 수초가 없는 축삭은 회백색으로 보인다. 수초는 수 개에서 50여 개의 동심원상인 수초층판(myelin lamellae)으로 둘러싸인 것으로 알려져 있으며, 이 층수에 따라 수초의 두께가 달라진다.

수초의 생리적 의의는 축삭에 대한 전기적 절연체(insulator)로 생각된다. 수초의 유무에 따라 수초가 없는 신경섬유를 무수신경섬유(unmyelinated n. fiber)라 하고, 수초와 신경초가 모두 없는 신경섬유를 나신경섬유(naked n. fibers)라 한다. 무수신경섬유는 수초가 아주 얇고 랑비에 마디(node of Ranvier)가 없으며, 흥분전도 속도는 같은 굵기의 유수신경섬유보다 느린 편이다. 무수신경섬유의 흥분전도는 표면을 규칙적으로 전도하는 데 비해 유수신경섬유는 도약전도(saltatory conduction)를 하기 때문이다.

중추신경에서는 희돌기교세포에서 유래한 마이엘린 수초를 볼 수 있으며, 말초신경에서는 슈반세포(Schwann cell)에 의한 슈반초를 볼 수 있다. 척추동물의 경우 교감신경, 후각신경 등 일부를 제외하고는 대부분 유수신경섬유이다.

수초는 슈반세포에서 생산되는 것으로 사람의 경우 약 1mm 간격으로 마디가 있는데, 이것을 랑비에 마디라고 한다. 랑비에 마디는 1~2μm(1μm=10~6 또는 1mm의 1/1,000) 정도의 수초가 없는 부분이다. 이 외에도 축삭의 시작과 종말가지 부위에도 수초가 없다. 수초는 흥분전도에 관여하며 축삭이 크고 수초가 두꺼울수록 전도 속도가 빠르다. 무수신경섬유의 흥분전도는 표면을 규칙적으로 전도하지만 유수신경섬유는 랑비에 마디를 뛰어넘어서 흥분이 전도되는 도약전도를 한다.

?! 다발성 경화증

다발성 경화증(multiple sclerosis, MS)은 신경계에 퍼져 있는 다양한 신경섬유가 수초를 잃어버려 무수화(unmyelinated)되는 병태생리학적 상태를 가리킨다. 이 질환은 체내 방어기전이 유수화(myelinated) 신경섬유를 둘러싸고 있는 수초를 잘못 공격하는 자기면역질환(autoimmune disease)의 일종이다. 잘못된 면역반응으로 수초가 손상되면 그 부위가 딱딱해지는 경화증이 일어난다. 영향을 받은 신경세포에서는 자극전달속도가 느려지고 점차 악화되면 활동전위가 차단되기도 한다. 지각이상, 근육의 무력화, 조음장애, 시각장애, 운동실조증 및 점진적 마비를 초래할 수 있으나 치명적이지는 않다. 일반적으로 이 병은 20~40세 사이에 시작되며 유전적 요인과 환경적 요인이 복합적으로 작용하여 일어나는 것으로 알려져 있다.

5. 축삭말단

대부분의 축삭은 말단에서 갈라져서 여러 차례 분지한다. 각 가지의 끝은 특수한 기능을 담당하는 종말단추(terminal knob)라는 작은 뭉치로 이루어져 있다. [그림 4-6]에서처럼 하나의 신경단위 영역 안에는 수용기 역할을 하는 종말단추가 여러 개 있으며 구심성 신경섬유를 통하여 신경충동(nerve impulse)이 축삭을 따라 전달된다. 활동전위(action potential)가 축삭을 따라 전달되어 종말단추에 도달하면 소낭은 신경전달물질(neurotransmitter)이라는 화학물질을 분비한다. 이 화학물질에는 다양한 종류가 있다. 신경전달물질은 수용세포를 흥분 또는 억제하는데, 이에 따라 그 세포가 축삭을 통해 다음 세포로 신호를 전달하느냐 아니면 전달하지 않느냐가 결정된다(4.2.4 참조).

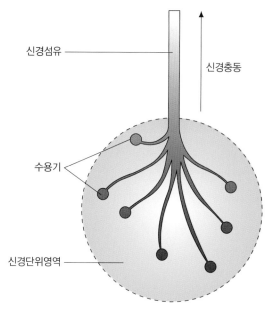

[그림 4–6] 축삭말단

신경충동의 전달은 활동전이가 시냅스전 뉴런에 도달하면서 시작된다. 한 뉴런은 다른 뉴런의 축삭 종말단추에서 정보를 전달받고, 자신의 축삭에 있는 종말단추가 또 다른 뉴런과 시냅스하여 정보를 전달한다. 하나의 뉴런은 수십 개 혹은 수백 개의 다른 뉴런에서 정보를 받을 수 있고, 또한 수없이 많은 시냅스 연결을 맺을 수 있다(4.3.1 시냅스의 원리 참조).

4.1.2 뉴런의 분류

뉴런은 형태나 전달 방향에 따라 구분할 수 있다.

1. 형태에 따른 구분

뉴런은 수상돌기의 축삭이 세포체에서 뻗어 나가는 양상에 따라 단극성 뉴런, 양극성 뉴런, 다극성 뉴런 등 세 가지 유형으로 구분한다.

[그림 4–7]에서 보듯이, 단극성 뉴런(unipolar neuron)은 세포체에서 길이가 짧은 줄기 하나가 뻗어 나와 수상돌기와 축삭으로 나누어진다. 양극성 뉴런처럼 단극성 뉴런도 촉각이나 통각 같은 체감각계에 분포되어 있으며, 원시적인 무척추동물에게서 볼 수 있다. 유사단극성 뉴런(pseudo unipolar neuron)은 두 개의 축삭이 나가고 각각에 수상돌기가 있다. 양극성 뉴런(bipolar neuron)은 세포체의 양쪽 끝에서 축삭과 수상돌기가 하나씩 뻗어 나간다. 즉, 이 뉴런은 한쪽으로 축삭을 내고 다른 한쪽으로는 수상돌기를 내므로 정보의 출입로가 서로 구분되어 있는 세포인 것이다. 수상돌기에서 말초감각기관의 정보를 받아 축삭을 통하여 중추로 보내는 감각뉴런(sensory neuron) 등이 보통 여기에 속한다. 양극성 뉴런은 시각이나 청각같이 감각계에 주로 분포해 있다. 다극성 뉴런(multipolar neuron)에는 수상돌기가

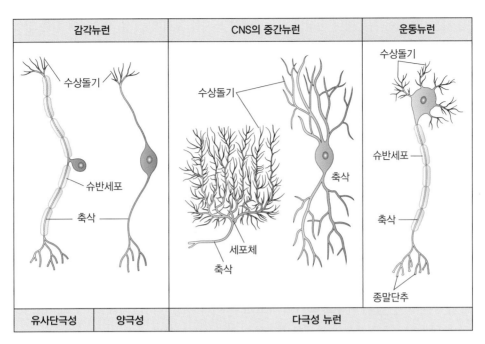

감각뉴런		CNS의 중간뉴런	운동뉴런
유사단극성	양극성	다극성 뉴런	

[그림 4-7] 뉴런의 종류

많으나 축삭은 단 하나뿐이다. 가장 일반적인 뉴런으로 척추동물 중추신경이나 말초신경의 운동신경, 자율신경 등에서 볼 수 있다.

연합뉴런(association neuron)은 감각성 신경과 운동성 신경을 연결해 주는 신경으로 뇌와 척수에 많이 존재한다.

2. 자극전도의 전달 방향에 따른 구분

뉴런이 다발로 모여서 신경(nerve)을 이루는데, 이러한 신경은 세 가지로 구분한다. 자극전도의 전달 방향에 따라 감각성(sensory) 또는 구심성(afferent) 뉴런과 운동성(motor) 또는 원심성(efferent) 뉴런 및 이들을 연결해 주는 뇌와 척수에 많이 존재하는 연합뉴런이 있다.

4.1.3 신경교세포

중추신경계는 절반 정도만이 뉴런으로 구성되어 있고, 나머지는 다양한 지지세포로 이루어져 있다. 뉴런은 신진대사 속도가 아주 빠르지만 영양소를 비축할 아무런 수단이 없기 때문에 지속적으로 영양소와 산소를 공급하지 않으면 곧 죽고 만다. 다른 체세포와는 달리 뉴런은 일단 죽으면 새로운 뉴런으로 대체할 수 없기 때문에 우리는 가능한 한 많은 뉴런을 가지고 태어난다. 따라서 뉴런을 지지하고 보호하는 기능을 가진 세포가 있어야 우리의 생존이 유지될 것이다.

뉴런은 10~50배 더 많은 신경교세포(neuroglia)에 둘러싸여 있다. 이들이 신호전달 기제에 어떤 작용을 하는지는 잘 알려지지 않았으나 대체로, ① 뉴런의 지지조직으로서의 기능, ② 수초를 내서 큰 축삭을 덮는 기능, ③ 죽은 뉴런이나 손상받은 뉴런에서 노폐물 처리기능, ④ 세포외액 칼륨 양이온(K+)의 buffer기능, ⑤ 뉴런의 발육기간 동안 뉴런 이동의 길잡이 기능, ⑥ 일부 뉴런에 영양을 공급하는 기능 등을 한다.

대부분의 신경계 종양은 이 신경교세포에서 발생하므로 임상적으로 중요한 위치에 있다. 신경교세포는 중추신경 내에서 신경세포와 신경섬유 사이에 산재하나 말초신경계에서는 슈반세포와 위성세포 등이 이에 해당한다([그림 4-8] 참조).

1. 성상교세포

성상교세포(astrocyte, star cell을 의미)는 돌기가 여러 개인 별 모양 교세포로, 뉴런을 보호하거나 물질대사에 관여하고 혈액과 연결되어 물질이동을 조절한다. 성상교세포는 뉴런의 위치를 유지시켜 주는 기질(matrix) 역할을 한다. 성상교세포의 일부 돌기는 혈관을 둘러싸고 다른 돌기는 뉴런을 둘러싼다. 따라서 뉴런의 세포체 막과 수상돌기 막은 대부분 성상교세포로 둘러싸여 있다.

때때로 뉴런은 알 수 없는 이유로 죽기도 하고 또는 머리 부상, 감염, 뇌졸중으로 죽기도 하는데 일부 성상교세포는 이런 죽은 세포의 잔해를 청소하는 역할을 담당한다.

이 세포는 중추신경을 두루 돌아다닐 수 있다. 이들은 아메바가 이동할 때처럼 돌기(위족)를 뻗거나 수축하는 방식으로 미끄러져 다닌다. 성상교세포가 죽은 뉴런의 잔해에 닿으면 돌기를 내밀어 삼켜 소

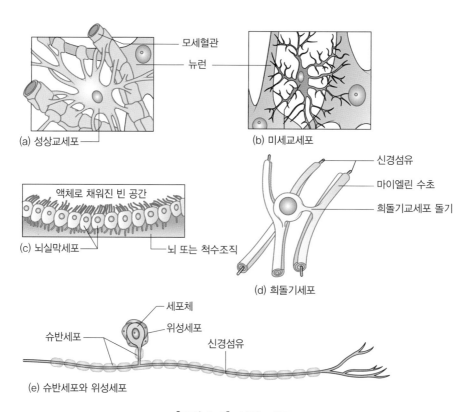

(a) 성상교세포

(b) 미세교세포

(c) 뇌실막세포

(d) 희돌기세포

(e) 슈반세포와 위성세포

[그림 4-8] 신경교세포

화해 버린다. 우리는 이 과정을 식작용(phagocytosis)이라고 부른다. 만일 청소할 조직이 많은 경우에는 성상교세포가 분열하여 그 일을 감당할 수 있도록 더 많은 세포가 만들어진다. 일단 죽은 조직이 분해되고 나면 성상교세포의 얼개가 빈 공간을 채우기 위해 남게 되고, 특수한 종류의 성상교세포가 상처 조직을 형성하여 그 영역을 둘러싼다.

2. 미세교세포

미세교세포(microglia)는 세포체가 작고 핵은 장원형이며 돌기가 분지하고 있는 것이 특징이다. 이 세포는 세균, 염증이 있거나 퇴화하는 뇌조직이 있으면 돌아다니면서 식작용을 하며 물질의 운반, 파괴, 제거 및 병적 대사물질의 청소역할도 담당하고 있다.

3. 희돌기교세포

희돌기교세포(oligodendrocyte)는 미세한 소수돌기가 있는 교세포로, 수초를 형성한다. 중추신경계에서 축삭을 지지하고 수초를 만들어 축삭을 절연시킨다. 지질 80%와 단백질 20%로 구성된 수초는 축삭을 관 형태로 둘러싼다. 희돌기 또는 핍돌기교세포는 뇌와 척수에서 신경섬유의 사이에 있으면서 서로 연결해 주고, 또 신경세포와 혈관 사이에 가로놓여 있으면서 대사물질을 운반하고, 신경세포의 신진대사에 관여하기도 한다.

4. 뇌실막세포

뇌실막세포(ependymal cell)는 상의세포라고도 하며, 뇌실 척수의 내면에 있는 단층원주상피세포로 뇌척수액(cerebrospinal fluid, CSF)을 분비한다.

5. 슈반세포

중추신경에서는 희돌기교세포가 축삭을 지지하고 수초를 만든다. 한편, 말초신경계에서는 슈반세포(Schwann cell)가 이 기능을 수행한다. 말초신경에 있는 축삭은 대부분 수초화되어 있다. 중추신경계에서와 마찬가지로 수초는 분절 형태로 만들어지는데, 말초신경계에서는 하나의 슈반세포가 축삭 둘레를 여러 차례 감싸는 반면, 말초신경계의 슈반세포는 한 축삭에서 하나의 슈반세포 전체가 축삭을 감싸서 수초를 만든다.

어떤 신경이 손상되면, 슈반세포는 죽었거나 죽어가는 축삭을 소화한 후 원통형으로 배열하여 축삭의 재성장을 위한 길잡이 노릇을 한다. 반면, 신경이 절단되어 스스로 복구 불가능할 정도로 손상되면 축삭은 원래 신경이 분포하던 길을 찾을 수 없게 된다. 이런 경우 신경외과 의사들은, 신경이 너무 많이 손상되지 않았다면 절단된 신경 부위를 서로 봉합하여 연결할 수 있다.

6. 위성세포

위성세포(satellite)는 신경세포체를 둘러싸고 있는 말초신경교세포이다. 신경세포를 둘러싼 모습이 마치 위성처럼 보인다고 하여 위성세포라는 이름이 붙여졌으며 신경세포를 둘러싸고 있는 피막을 형성하기 때문에 피막세포라 하기도 한다.

앞에서 기술한 신경교세포의 종류와 기능을 요약하면 〈표 4–1〉과 같다.

?! 줄기세포

줄기세포(stem cell)는 신체를 구성하는 신경, 혈액, 뼈 등 모든 종류의 세포로 분화될 가능성을 갖춘 미분화 원시세포를 말한다. 즉, 줄기세포는 자기복제능력(self–renewal)과 적절한 환경조건에서 특정 세포로 분화(differentiation)되는 다분화 기능을 가진 만능세포(pluripotent cell)이다. 따라서 사람의 줄기세포를 배양하여 의학적으로 활용한다면 심장, 뇌, 폐, 간 등의 조직이 손상되었을 때 자신의 조직과 똑같은 조직을 복제하여 이식할 수 있는 획기적인 의학의 혁명이 될 것이다. 그러나 많은 질병을 치료하는데 이용될 수 있는 배아줄기세포(embryonic stem cell)는 장차 태아로 자랄 수 있는 엄연한 생명의 씨앗이라는 점에서 심각한 윤리 논쟁을 일으킬 수 있다.

〈표 4–1〉 신경교세포의 종류와 기능

위치	세포 종류	기능
중추신경계 (CNS)	성상교세포	중추신경계의 모세혈관 부위에서 혈–뇌장벽을 구축하거나 식세포로 작용
	미세교세포	중추신경계에 있는 세균과 이물질 제거를 위한 식세포 작용과 면역기능
	희돌기세포	중추신경계의 축삭 주위에 마이엘린 수초를 형성하여 백질을 만들어 신경세포의 신진대사에 관여
	뇌실막세포	뇌와 척수의 내강을 따라 존재하며, 뇌척수액(CSF)을 형성하는 맥락총을 형성
말초신경계 (PNS)	슈반세포	말초신경섬유의 축삭을 감싸고 신경초와 수초를 형성하며, 손상된 신경세포의 재생에 관여
	위성세포	말초신경섬유의 신경세포체를 둘러싸고 뉴런의 기능과 세포체를 지지하는 역할

4.1.4 혈뇌장벽

100여 년 전, Paul Ehrlich는 동물의 혈류에 파란 물감을 주입하면 뇌와 척수를 제외하고 나머지 모든 조직이 파란색으로 물든다는 것을 발견하였다. 그러나 같은 물감을 뇌실로 주입하자 파란색이 중추신경계 전체로 퍼져 나갔다(Bradbury, 1979). 이 실험은 혈액과 뇌세포를 둘러싼 체액 사이에 둘 사이를 가로막고 있는 혈뇌장벽(blood-brain barrier)이 있음을 시사한다.

어떤 물질은 혈뇌장벽을 통과할 수 있으나 어떤 물질은 통과하지 못한다. 즉, 혈뇌장벽은 선택적인 투과성이 있다. 신체 대부분에서는 모세혈관 내벽의 세포가 그리 조밀하게 결속되어 있지 않다. 세포 사이에 작은 틈이 있어서 대부분의 물질이 혈장과 혈관 바깥의 체액 사이를 자유롭게 드나들 수 있다. 하지만 중추신경계의 모세혈관에는 이 틈이 없기 때문에 많은 물질이 이 틈을 빠져나갈 수 없다. 지질에 잘 녹는 물질은 모세혈관을 쉽게 통과하는데, 이는 그 물질이 녹아서 모세혈관을 형성하고 있는 세포의 막으로 스며들기 때문이다. 포도당(중추신경계의 주된 에너지원) 같은 다른 물질은 모세혈관벽을 통해 특수한 단백질에 의해서 능동적으로 수송된다.

혈뇌장벽은 모세혈관의 내피세포(endothelial cell)를 통과하려는 분자의 움직임을 제한하기 때문에 혈액에 존재할 수 있는 유해물질로부터 중추신경계를 보호하는 역할을 한다.

혈뇌장벽이 신경계 전체를 통해 골고루 존재하는 것은 아니다. 몇몇 부위의 장벽은 비교적 투과성이 높아서 다른 부위에서 차단되는 물질이 이곳에서는 자유롭게 통과될 수 있다. 예를 들어, 최후야(area postrema)는 구토를 조절하는 뇌 부위로서, 이곳은 혈뇌장벽이 상당히 취약하기 때문에 뉴런이 혈액 속의 독성 물질을 탐지할 수 있다. 독성 물질이 음식물과 함께 섭취되어 위장에서 순환계로 침투하면 이 지역을 자극하게 되어 구토를 일으킨다.

4.1.5 신경섬유의 재생

신경세포체 자체는 전혀 재생능력이 없으며 뉴런이 손상되면 손상 부위로부터 말단 부위에 변성(degeneration)이 일어난 후 재생(regeneration)이 되는데, 이러한 변성을 왈러 변성(Wallerian degeneration)이라 한다. 신경섬유가 변성되면 말초신경계에서는 신경초를 따라서 성장하므로 신경섬유가 절단될 경우 절단된 양단부를 접촉하여 봉합하여야 한다. 그러므로 신경초는 신경섬유의 재생에 절대적으로 필요하다. 따라서 중추신경계에 손상을 입으면 회복이 불가능하다.

4.2 시냅스

다양한 자극, 즉 신체 내부와 외부 환경의 모든 변화에 대해 반응하는 것을 흥분(excitation)이라 한다. 신경세포에서 흥분이 일어나면 자극을 전달한다([그림 4-9] 참조). 이때 한 뉴런의 축삭말단(axon

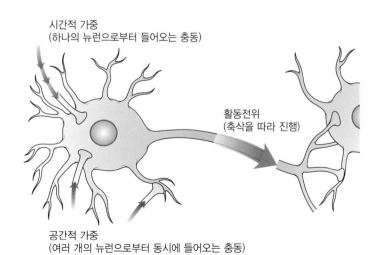

[그림 4-9] 자극의 전달

terminal)과 다른 한 뉴런의 수상돌기가 만나는 부위를 신경연접 또는 시냅스(synapse)라 한다. 뉴런은 시냅스를 통해 교신하며, 이러한 일방 교신에 사용하는 매체는 축삭말단에서 방출하는 화학물질이다. 신경진달물질이라고 하는 이 화학물질은 축삭말단 시냅스를 형성히는 뉴런 막 사이의 체액으로 확산된다. 전달물질은 시냅스후 뉴런의 막전위를 순간적으로 변화시키고, 이 막전위의 변화가 축삭 발화율의 흥분성 또는 억제성에 영향을 미친다.

4.2.1 시냅스의 원리

신경의 흥분전도는 전기적 현상이지만, 대부분의 경우 시냅스 전달은 화학적 전달이다. 화학적 흥분전달이란 연접 이전 섬유의 자극이 신경말단에 도달하면 신경종말에 있는 시냅스소포에서 아세틸콜린 등의 화학전달물질을 방출하여 연접 이후 부분 신경원 세포막에 연접 이후 부분 전위가 발생하고, 이 전위에 의해서 연접 이후 부분 신경원을 흥분시키는 것이다.

시냅스는 한 뉴런의 축삭가지 끝에 있는 축삭종말과 다른 뉴런의 막 사이의 연접이다. 정보를 주는 뉴런의 막은 시냅스전막(presynaptic membrane)이라 하고, 정보를 받은 뉴런의 막은 시냅스후막(postsynaptic membrane)이다. 축삭말단에 있는 이 막은 작은 틈으로 분리되어 있다. 이 틈의 크기는 시냅스에 따라 다르지만 일반적으로 약 200nm(1 nanometer=$1/10^{-9}$meter) 정도이다. 시냅스틈(synaptic cleft)이라 하는 이 공간에는 세포외액이 있어서 이를 통해 신경전달물질(neurotransmitter)이 확산된다. 이 신경전달물질은 활동전위가 축삭의 모든 분지를 통해 전도되어 신경말단인 종말단추에 다다를 때 수많은 타원형의 시냅스소낭(synaptic vesicle)을 통하여 방출하게 된다([그림 4-10] 참조).

아세틸콜린 같은 흥분성 신경전달물질은 시냅스후 뉴런의 수용체에 결합하여 시냅스 통로를 활성화시켜 나트륨 양이온(Na^+)의 투과성을 증가시킴으로써 새로운 활동전위가 발생하여 전달이 된다. 이같은 변화를 흥분성 시냅스후 전위(excitatory postsynaptic potential, EPSP)라고 한다.

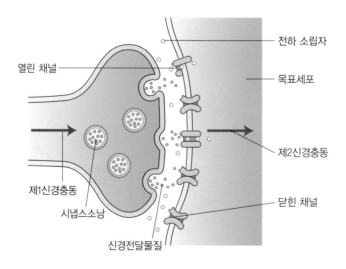

[그림 4-10] 시냅스의 원리

이에 반하여 GABA(gamma-aminobutyric acid) 같은 억제성 신경전달물질은 시냅스후 신경섬유막의 K^+ 유출이 증가하여 세포 내는 외부보다 음하전되는 과분극(hyperpolarization) 상태가 되는데, 이를 억제성 시냅스후 전위(inhibitory postsynaptic potential, IPSP)라 하며 −90mV까지 내려간다.

어떤 흥분성 시냅스는 0.5mV의 EPSP를 일으키기 때문에 오직 한 개의 흥분성 시냅스는 시냅스후 뉴런의 활동전위를 일으키기에 적은 값이다. 그러나 다수의 흥분성 시냅스가 동시에 활동하면 이들 각각에서 형성되는 EPSP가 합쳐져서 시냅스후 뉴런의 역치에 도달하기도 한다. 억제성 시냅스도 똑같은 방법으로 작용하는데, 이들 중 많은 것이 신속하고도 반복적으로 자극을 받으면 합쳐져서 억제작용을 하게 된다. 따라서 시냅스후 뉴런이 흥분되느냐 억제되느냐 하는 것은 시냅스 표면에서 일어나는 IPSP와 EPSP 사이의 차이로 결정된다.

축삭말단의 세포질에서 두드러진 구조물을 두 개 볼 수 있다. 미토콘드리아(mitochondria)와 시냅스소낭이 그것이다. 포도당에서 에너지를 추출하는 많은 생화학적 단계가 미토콘드리아에서 일어난다. 그러므로 축삭종말 근처에 미토콘드리아가 존재한다는 사실은 그곳에서 에너지가 필요한 어떤 과정이 일어남을 시사한다.

4.2.2 시냅스의 유형

[그림 4-11]에서 보듯, 시냅스는 축삭이 연접하는 부위에 따라 축삭-세포체 시냅스(axosomatic synapse), 축삭-수상돌기 시냅스(axodendritic synapse), 축삭-축삭 시냅스(axo-axonic synapse)로 분류한다. 그리고 축삭이 골격근섬유와 연접하여 신경-근섬유 접합부(neuromuscular junction)라는 특수한 구조를 만들고, 대뇌피질과 척수에서 거대한 시냅스를 이루어 다양한 역할에 기여한다.

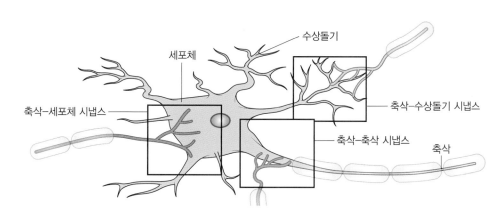

[그림 4-11] 시냅스의 유형

4.2.3 신경의 통합과 신경회로

각 신경세포는 수백 개의 다른 신경세포와 시냅스를 이루고 있으며, 수상돌기와 세포체에서는 이들 시냅스에서 형성된 많은 EPSP와 IPSP가 통합되어 역치 이상의 탈분극이 되면 활동전위가 발생되고 그

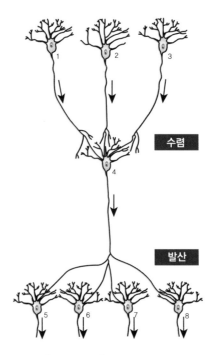

[그림 4-12] 수렴과 발산

?! 신경전달물질, 호르몬, 신경조절물질

신경전달물질(neurotransmitter)과 호르몬(hormone)의 공통점은 둘 다 한 세포에서 분비되어 다른 세포에 영향을 준다는 것이다. 신경전달물질은 신경세포 말단에서 시냅스로 분비되어 시냅스후 신경세포에 있는 수용체에 작용한 후 시냅스 내에서 신속하게 제거되는 물질인 데 비하여 호르몬은 내분비선(endocrine)에서 분비되어 혈액을 타고 퍼지면 원격으로 멀리 있는 기관(organ)이나 세포에 영향을 준다.

신경조절물질(neuromodulator)은 신경전달물질과 호르몬 사이에 있는데 신경세포에서 분비되어 시냅스에서만 작용하는 것이 아니라 주위 조직으로 확산되면서 여러 세포에 국소적으로 영향을 미친다.

이하이면 신경자극은 전달되지 않는다.

신경세포는 2개 이상의 시냅스전 신경섬유가 시냅스후 신경섬유 하나를 통제하는 경우와 시냅스전 신경섬유 하나가 시냅스후 신경섬유 여러 개를 자극하는 경우가 있다. 전자를 수렴(convergence)이라 하고, 후자를 발산(divergence)이라 한다([그림 4-12] 참조).

예를 들면, 척수의 운동신경에는 척수로 들어오는 감각신경, 척수의 다른 부위에서 시작되는 신경 및 뇌에서 오는 신경이 수렴된다. 이처럼 신경계는 발산을 통하여 하나의 자극을 여러 관련 부위로 보내고, 수렴을 통해 자극을 통합한다. 한편, 신경회로 중 신경세포가 자신 또는 연합뉴런과 회전식 시냅스를 이루는 반향회로(reverberating circuit)를 이루는 경우가 있는데, 이때에는 하나의 뉴런이 흥분충격을 여러 번 일으킬 수 있다.

4.2.4 신경전달물질

앞에서 살펴본 바와 같이, 뉴런이 만나는 곳을 시냅스라고 하는데 이는 한 세포의 축삭말단(전달부)과 다음 세포의 수상돌기(수용부)로 이루어져 있다. 뉴런 사이에는 시냅스틈(synaptic cleft)이라고 하는 미세한 틈이 있다. 한 세포의 축삭말단에 신경충격이 도달하면 시냅스전막을 통해 화학물질이 분비되어 시냅스틈을 지나 인접한 뉴런의 시냅스후막으로 약 1/1,000초 만에 전달된다.

?! Otto Loewi (1873~1961)

오토 뢰비 박사는 1921년 신경전달물질인 아세틸콜린의 존재를 처음으로 증명하여 1936년 노벨의학상을 받았다. 이 신경전달물질의 발견은 20세기에 이루어진 가장 획기적인 발견 중의 하나다. 20세기 초까지만 하더라도 신경세포와 신경세포 사이에는 세포질이 서로 전 깃줄처럼 연결되어 정보가 전달되는 것으로 생각하였다. 현재까지 뇌에만 40여 종 이상의 신경전달물질이 있다고 알려져 있다.

신경전달물질(neurotransmitter)은 보통 때는 신경섬유 말단부의 조그마한 주머니인 소포체에 저장되어 있다. 신경정보가 전기적 신호로 신경섬유막을 통해 말단부로 전파되어 오면 이 주머니가 신경세포막과 결합한 후 터져서 신경전달물질이 시냅스 간격에 유리된다. 유리된 전달물질은 1/20,000mm 정도의 짧은 간격을 흘러서 다음 신경세포막에 도달된다. 세포막에 있는 특수한 구조와 결합함으로써 정보가 전달되는 것이다. 이 특수한 구조는 정보를 받아들이는 물질이라는 의미에서 '수용체(receptor)'라고 한다. 수용체는 단백질로 구성되어 있으며, 각각의 신경전달물질은 특유의 수용체 분자와만 결합하여 특정 정보를 전달한다.

신경전달물질의 종류도 많고 그 각각에 맞는 수용체도 다르다. 신경정보를 가지고 있는 신경전달물질이라고 하는 화학 분자와 그 정보를 받아들이는 수용체라고 하는 특수 단백질 분자의 상호결합으로 고도의 정신기능에서부터 행동, 감정에 이르기까지 모든 것이 결정되는 것이다([그림 4-13] 참조).

우리는 흔히 세계를 눈에 보이는 물질세계와 보이지 않는 정신세계로 나눈다. 그런데 정신세계를 움직이고 조절하는 것도 물질로 이루어진 화학적 신경전달물질에 의해서 이루어지고 있다는 사실은 많은 것을 시사한다. 현재는 복잡한 정신세계, 마음의 세계를 눈에 보이는 과학적 개념으로 모두 설명할 수는 없다. 그러나 과학이 발달해 감에 따라 보이지 않는 세계, 추상적인 세계의 일부를 구체적으로 볼 수 있게 될 것이다. 눈에 보이는 세계와 보이지 않는 세계의 정의가 과학적으로 상당히 애매해지고 있는데, 현재 볼 수 없는 많은 것들이 앞으로 그 존재를 볼 수 있게 될 것이다.

지금도 계속해서 새로운 신경전달물질이 발견되고 그 기능과 역할이 규명되고 있지만 주요한 신경전달물질을 요약하면 〈표 4-2〉로 정리할 수 있다.

각 신경전달물질은 고유한 역할과 기능을 하기도 하지만 서로 유사한 기능 또는 상호작용을 하기도 한다. [그림 4-13]에서 보듯이, 노르에피네프린, 세로토닌 그리고 도파민은 기분, 정서·인지기능을 공유하기도 한다.

　신경전달물질과 관련하여 여러 가지 임상증상이 보고되고 있다. 흥분성 신경전달물질인 아세틸콜린과 억제싱 신경전딜물질인 도파민은 기지핵(basal nucleus) 안에서 서로 균형을 이루며, 이들의 균형이 깨질 때 운동장애가 나타나는 질병이 발생한다. 정상인의 경우 아세틸콜린과 도파민은 균형을 유지한다. 하지만 아세틸콜린이 감소하거나 도파민이 과다하면 무도병(chorea)이나 헌팅턴병(Huntington's

〈표 4-2〉 주요 신경전달물질의 기능(■ 아미노산계　■ 아민계　■ 펩타이드계)

명칭	소재	기능(역할)
아세틸콜린(acetylcholine)	CNS, 부교감신경 (최초 발견, 1921)	수면-각성 주기에 영향 심박동을 느리게 함 결핍 시 근무력증, 알츠하이머병 흥분성 또는 억제성 신경전달물질
글루탐산(glutamate)	CNS(대부분 뇌)	학습에 관련, 심하면 정신분열과 연관 가장 흔한 흥분성 신경전달물질
아스파르테이트(aspartate)	CNS(대부분 뇌)	흥분성 신경전달물질
가바(gamma aminobutyric acid, GABA)	CNS	운동, 부족하면 불안장애, 심하면 간질 또는 발작 대표적 억제성 신경전달물질
글리신(glycine)	척수, 뇌간	척수반사와 운동 억제성 신경전달물질
노르에피네프린(norepinephrine) 또는 노르아드레날린(noradrenaline)	CNS, 교감신경	깊은 잠으로부터 깨어남, 넘치면 광기 동기유발, 위기관리물질 부족하면 우울증 또는 조울증 흥분성 또는 억제성 신경전달물질
에피네프린(epinephrine)	연수, CNS 세포	심박동을 증가시킴 흥분성 신경전달물질
도파민(dopamine)	CNS (전두엽, 변연계, 흑질)	쾌락물질, 주의, 학습, 중독, 감정의 기복과 관련 결핍 시 파킨슨병, 과잉 시 정신분열 흥분성 또는 억제성 신경전달물질
세로토닌(seratonin)	CNS, 위장세포	감정조절물질 식욕, 수면, 통증 조절 결핍 시 우울증, 공격성 자폐, 발달성 장애와 관련 흥분성 또는 억제성 신경전달물질
일산화질소(nitric oxide)	CNS, 위장관	기억과 학습에 관여, 성적 행동 혈관의 평활근을 이완시켜 혈관확장
엔도르핀(endorphin)	CNS	고통조절 억제성 신경전달물질
히스타민(histamine)	시상하부	각성, 고통역치, 혈압조절, 면역반응, 흥분성 신경전달물질

disease)이 발생하고, 아세틸콜린이 과다하거나 도파민이 감소하는 경우 파킨슨병(Parkinson's disease)을 초래한다. 파킨슨병은 기저핵의 흑질이 손상되어 과소운동장애(hypokinetic disorder)를 나타나며 근육경직(muscle rigidity), 운동완만증(bradykinesia), 휴지성 떨림(resting tremor) 증상을 보인다. 반면에 헌팅턴병은 젊은 층에서 주로 나타나는 유전성 질환으로, 치매 혹은 과잉운동장애(hyperkinetic disorder) 증상을 나타낸다.

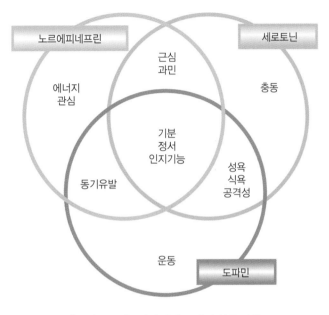

[**그림 4-13**] 신경전달물질의 상호작용

4.3 흥분의 기전

신경세포를 비롯한 근육세포처럼 생체 내의 흥분성 세포는 세포 내외의 자극에 의한 반응인 흥분(exciting)을 나타낸다. 축삭을 따라 세포체에서 종말단추로 전달되는 신호는 전기적이다. 평상시 막의 안팎에는 전하가 걸려 있다. 흥분성 시냅스가 활동하면 막 안팎의 전하가 급격하게 변화한다. 이 급격한 변화는 축삭을 따라 종말단추까지 전도된다. 종말단추에 신호가 도달하면 신경전달물질을 방출하여, 이 화학물질이 종말단추와 시냅스를 맺는 뉴런에 흥분성 또는 억제성 효과를 미친다. 막전위(membrane potential)는 세포의 전위를 기준으로 해서 세포 내 전위를 측정한 것이다. 흥분하지 않은 상태의 막전위를 안정막전위라 하고, 흥분한 상태의 막전위를 활동전위라 한다.

?! 그렐린 호르몬과 렙틴 호르몬

그렐린(Ghrelin) 호르몬은 공복상태가 유지될 때 위(stomach)에서 분비되는 호르몬으로 배고픔 신호를 주는 식욕호르몬이다.

반대로 렙틴(leptin) 호르몬은 뇌가 포만감을 느껴 더 이상 음식물을 섭취하지 않도록 식욕을 억제하고 포만감을 느끼게 하는 단백질 호르몬으로 '지방세포(adipose tissue)'에서 분비된다. 과식하거나 체내 지방이 증가하면 지방세포에서 분비되어서 시상하부에 작용해 포만감의 신호를 준다. '그만 먹고 더 움직이세요'라는 메시지를 주는 것이다(305쪽 '식욕조절호르몬' 참조).

4.3.1 안정막전위

활동하지 않고 휴식상태에 있는 신경세포의 세포막에 두 개의 미소전극(microelectrode)을 접촉시키고 이것을 전위계에 연결해 보면 전류는 어느 곳으로도 흐르지 않는 것을 알 수 있다. 그러나 세포막의 한 곳에 구멍을 뚫고 어느 한쪽의 전극을 세포막 안으로 넣으면 순간적으로 전류가 흘러서 일정한 전위를 나타낸다. 이런 현상은 세포막을 경계로 하여 전기적 대립상태, 즉 분극(polarization)을 이루고 있다는 것을 암시하는 것이다. 이 전위를 안정막전위(resting membrane potential)라 부른다. 안정막전위는 대체로 골격근세포 $-90mV$, 심근세포 $-80mV$, 평활근세포 $-60mV$, 신경섬유 $-60mV$ 정도이다. 따라서 세포막 세포외액에 대하여 내부는 음성을 나타내며 안정막전위의 범위는 $-90\sim-60mV$이다.

안정막전위는 세포 내외에 있는 이온의 배치상황이 다르고 Na(나트륨)과 K(칼륨)을 능동적으로 이동시키는 기전이 세포막에 있다. 신경섬유의 내부는 각종 유기화학물질과 칼륨 양이온(K^+) 농도가 높으며, 외부는 주로 나트륨 양이온(Na^+) 농도가 높다. 세포 내외의 이온을 비교하면 세포 내의 K^+ 농도는 세포막 바깥보다 약 30배 높으며 세포막 바깥에 있는 Na^+의 농도는 세포막 안쪽보다 약 10배 높다. 이런 세포막 내외의 농도 차는 K^+을 세포막 바깥으로, Na^+을 세포막 안쪽으로 확산시키려 할 것이다.

K^+이 확산되어 나오려는 힘은 곧 세포막 안쪽을 전기적 음성으로 만들게 된다. 그리하여 양이온인 K^+을 나가지 못하게 잡아당기는 힘, 즉 세포막 내의 음성 대전과 농도경사로 확산하려는 힘이 어느 시점에서 균형을 이루게 될 것이다. 이렇게 되면 이 시점에서 세포막 내외는 대략 $-90mV$의 전위차(potential difference)가 나타난다.

세포막의 주요 기능은 수분조절, 삼투압조절, pH조절 등을 통한 신체의 항상성 작용이다. 세포막은 단백질과 지질로 구성된 이중막이며, 때로는 탄수화물이 주 구성성분의 한쪽 또는 양쪽에 부착되어 있다. 일반적으로 세포막의 두께는 7.5nm(75Å) 정도이며, 지질은 인지질 > 콜레스테롤 > 당지질 순이다.

4.3.2 활동전위

감각기관과 중추부, 중추부와 운동기관 사이의 흥분전달은 신경섬유를 통해 이루어지는데, 이러한 신경의 흥분전도는 주로 전기화학적 현상에 의한다. 예리한 미소전극(microelectrode)과 뉴런에서 일어나는 전기적 현상을 증폭하는 민감한 기록장치인 음극선 오실로스코프(cathod ray oscilloscope, CRO)를 이용하여 측정한다.

신경세포에 자극이 가해지면 그 부위의 Na^+의 막투과성이 급격히 증가하여 외부의 Na^+이 내부로 들어가면서 전위 차에 변화를 주어 −55mV 정도를 경계로 분극상태가 깨지는 현상이 일어나는데, 이때 활동전위(action potential)가 발생하게 된다. 이러한 활동전위로 막 평형상태가 이탈하는 것을 탈분극(depolarization)이라 한다. 즉, 활동전위란 자극을 받으면 막전위가 계속 감소해서 0 전위가 되었다가 이번에는 막 안이 양이온(+)으로 하전되어 지나침이 일어나서 정점에 도달하고 다시 막전위가 증가하여 자극받기 전의 전위로 돌아오는 것이다. 이러한 활동전위를 일으키기 위한 최소의 자극을 역치(threshold)라고 한다. 막전위가 다시 안정막전위로 분극하는 과정을 재분극(repolarization)이라고 한다. 재분극 초기에는 분극이 급속히 진행되는데 이 부분과 활동전위에서 지나친 부분을 합해서 가시전위(spike potential)라 한다. 가시전위는 진행이 완만한 후전위(after potential)로 이어진다.

[그림 4-14]는 분극상태에서 분극된 막전위가 탈분극되고, 다시 재분극과 과분극(hyperpolari-zation)을 거쳐 다시 안정막전위로 되돌아가는 과정이다.

뉴런을 오실로스코프에 연결하여 자극을 주고 막전위의 변화를 살펴보면 안정막전위 상태에서는 전위문 Na^+ 통로가 안정상태에 있고 전위문 K^+ 통로가 닫히고 자극이 역치(−55mV)에 도달하면 탈분극

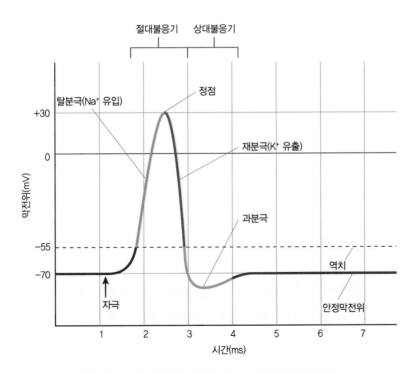

[그림 4-14] 음극선 오실로스코프의 활동전위 곡선

된다. −55mV를 기준으로 막전위 값이 더 작으면 역치하자극(subthreshold)이라 하고, 막전위 값이 더 커지면 역치자극이라 한다.

탈분극상태에서는 막전위는 갑자기 감소하여 0mV를 지나서 +25~35mV에 이른다. 탈분극이 되면 Na⁺ 통로가 활성화되어 문이 열린다. 재분극상태에서는 전위문 K⁺ 통로가 열리고 Na⁺ 통로가 비활성화된다. 이렇게 하여 막전위는 다시 안정막전위로 급속히 회복하고 안정막전위보다 더 크게 분극되었다가 서서히 제자리로 돌아가게 된다. 즉, 전위문 K⁺ 통로가 열리고 Na⁺ 통로가 분극상태로 되돌아가게 된다. 뉴런에 자극을 주기 전에는 −90~60mV 정도로서 안정막전위를 나타낸다. 자극을 받은 후에는 잠복기(latent period)를 지나서 막전위는 다소 완만하게 변동하여 −55mV에 도달하면 급격히 감소하여 0mV를 지나서 +35mV에 이른다. 정점에 이른 다음에 다시 막전위는 안정막전위로 급속히 되돌아간다. 막전위가 −90mV에서 증가하여 −55mV에 도달하면 막전위에 변동이 급격히 일어나기 때문에 −55mV 부위를 발화점(firing point) 또는 역치라고 한다. 발화점을 지나서 막전위가 급속히 변동된 부분을 가시전위라고 한다. 가시전위는 상행지(upstroke)와 하행지(downstroke)로 구분하며, 특히 막전위가 0mV를 지나서 +35mV까지의 변동곡선의 부분을 지나치기(overshoot) 또는 막전위의 역전(reversal)이라고 한다.

안정막전위에서 가시전위의 정점으로 변동되는 기간을 일반적으로 탈분극이라고 하며, 활동전위의 정점에서 안정막전위 쪽으로 변동되는 것을 재분극이라고 한다. 재분극 곡선의 아래쪽, 즉 급속히 하강하던 곡선이 안정막전위를 지나, −90mV까지 하강하였다가 서서히 안정막전위로 회복한다. 이처럼 비교적 변동이 느린 부분을 후전위라고 한다. 그러나 이 활동전위는 시간경과가 매우 짧은데, 대개 신경원은 안정막전위 상태에서 2~3/1,000초 내에 순간적으로 전기적 충격을 전도하는 활동전위 상태로 전환될 수 있다.

1. 이온 채널

[그림 4-15]에서는 Na⁺와 K⁺ 이온이 탈분극상태에서 어떻게 들어오고 나가는가를 설명하고 있다. 세포막에 자극을 주면 Na⁺에 대한 투과성이 갑자기 커진다. 그러면 세포 밖에 있던 높은 농도의 Na⁺ 이온은 이미 존재하는 세포 내의 농도경사와 전위 차에 따라서 세포 내로 유입되고, 그 결과 막전위가 낮아진다. 이것이 원인이 되어 Na⁺의 세포 내로의 이동을 더욱 크게 하는 변동이 연속적으로 일어나고, 결과적으로 막전위가 없어지는 방향으로 진행된다. 이렇게 해서 막전위는 세포 내의 Na⁺이온의 농도 차(세포내액:세포외액=30:1)를 유지하는 데 필요한 만큼의 전위(세포내액이 +45mV 정도)가 되는 방향으로 지나치기(overshoot)를 보인다. 그리고 이 전위에 도달하기 전에 다시 세포막의 Na⁺투과성이 낮아지기 시작하는 한편, 이번에는 K⁺에 대한 투과성이 커지는 방향의 변동이 뒤따르게 된다. 따라서 막전위가 +45mV에 도달하기 전, 즉 +20~30mV가 되는 점에서 활동전위곡선이 다시 내려가기 시작한다.

이때는 Na⁺의 세포 내 유입은 점점 줄어들고 K⁺ 이온은 농도경사에 따라서 세포 안에서 밖으로 나가기 때문에 세포 내의 전위은 점점 낮아져서 음성이 되고 결국은 안정막전위에 이른다(〈표 4-3〉 참조).

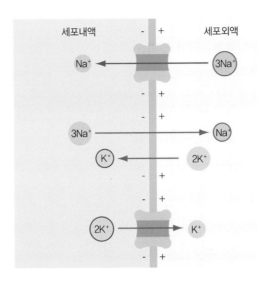

세포내액   - +   세포외액

[그림 4-15] 활동전위

2. 실무율과 불응기

신경이나 근육에 문턱 값 또는 역치 이상의 전기자극을 가할 때, 자극이 커져서 활동전위가 커지면 근육의 수축도 크다. 그러나 신경이나 근육의 단일섬유에서 활동전위나 수축의 크기는 역치 이상의 강도에서 자극의 강도에 관계없이 일정하다. 이같이 신경충격이 역치 이상이면 그 크기에 상관없이 똑같이 탈분극을 일으켜 흥분하므로, 이를 실무율(all-or-none principle)이라 한다. 축삭 전도의 기본 법칙인 실무율은 활동전위가 일어나든지 일어나지 않든지 둘 중 하나이고, 일단 활동전위가 유발되면 축삭을 통해 축삭종말까지 전도된다는 것이다. 활동전위는 커지거나 줄어들지 않고 항상 같은 크기로 유지된다. 실제로 축삭은 활동전위가 축삭의 중간에서 시작되면 양방향으로 모두 전달될 수 있다. 그러나 살아 있는 동물에서 활동전위는 세포체가 연결된 곳에서 시작하기 때문에 축삭에서는 한 방향으로 전

〈표 4-3〉 활동전위의 발생 단계

단계별	기능
1단계	• 국소전위의 흥분막 부위를 역치 수준(−55mV)까지 탈분극시킴
2단계	• 전위의존성 Na^+ 통로가 활성화되어 문(gate)이 열림 • 세포외액의 Na^+이 활성화된 통로를 통하여 세포 안으로 밀려 들어감 • 막전위의 분극상태인 −60∼−25mV까지 변하여 역전됨(지나치기)
3단계	• Na^+ 통로가 비활성화되면서 문(gate)이 닫힘 • 전위의존성 K^+ 통로가 열리면서 세포내액의 K^+이 세포 밖으로 나감 • 재분극이 시작됨
4단계	• 역치 수준(−55mV)까지 하강하면 Na^+ 통로가 본래의 특성을 회복함 • 분극상태(−60mV)에 이르면 K^+ 통로들이 닫히기 시작함 • K^+ 통로가 닫히는 속도가 느려 K^+의 유출이 계속됨으로써 일시적인 과분극이 일어남 • K^+ 통로가 모두 닫히고 막전위는 안정 수준으로 회복됨

달되는 것이 보통이다.

[**그림 4-14**]에서 보듯이, 하나의 유효자극이 가해진 후 약 0.001~0.005초 동안 화학적·물리적 회복이 이루어져 다음 자극에 대하여 빈응하도록 준비하는 기간을 불응기(refractory period)라 한다. 활동전위의 초기에는 0.001초 내에 다른 어떤 자극에도 반응하지 않는데 이를 절대불응기(absolute refractory period)라 하며, 절대불응기 이후에 나타나고 정상에 가까운 자극에는 활동전위를 일으킬 수 있는 시기를 상대불응기(relative refractory period)라 한다.

4.4 중추신경계

인간이 동물과 달리 행동하고 사고하는 것은 뇌(brain)와 척수(spinal cord)로 구성된 중추신경계 (central nervous system, CNS)의 작용 때문이다. 중추신경계는 말초 수용기를 통해 신체 안팎에서 들어오는 모든 정보를 총괄하여 원활한 활동이 가능하도록 통제하고 조정하는 중심적 기능을 한다. 신경계의 뉴런은 대부분(85% 정도) CNS에 집중되어 있다. 척추의 꼭대기에는 뇌간(brain stem)이 있다. 이 구조는 호흡과 심장박동, 삼킴 같은 불수의적 기능을 제어한다. 뇌간에서 뇌신경이 시작되며 수면, 의식, 주의집중과 같은 기전(mechanism)도 제어한다. 중추신경계의 특징은 반사(reflex)와 통합(integration) 기능이다. 반사란 말초 자극이 수용기를 흥분시키면 구심성 신경(afferent n.)을 따라 중추신경에 도달하고, 그곳에서 정보를 분석하여 그에 적절한 반응을 원심성 신경을 통해 신체 각 부분에 보내 효과기에서 신체반응이 나타나는 것이다. 통합이란 몇 개의 반사가 조합되고 조정되어 하나의 정돈된 양식을 이루는 것이다. 더 나아가 통합은 반사에 의한 학습과 기억처럼 고등 정신기능의 연합에 의해 의지, 이해, 언어, 상상, 이성, 인격 등의 기능을 통합하여 무엇인가를 인식하게 하는 총괄적 기능을 말한다.

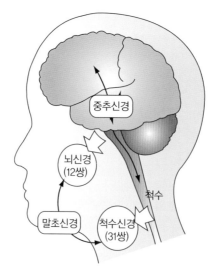

[**그림 4-16**] 중추신경계(CNS)와 말초신경계(PNS)

출처: Kent(1997: 241)에서 수정 인용

이처럼 중추신경계는 수용기와 효과기 사이에 연락과 조정을 맡고 있는 신경계통이라 할 수 있다([**그림 4-16**] 참조).

비록 중추신경계는 신체 무게 중 약 20% 정도의 비중을 차지하지만, 안정 시 심장이 모든 신체기관과 조직에 보내는 혈액의 25%를 공급받는다. 이렇게 많은 혈액 공급이 필요한 이유는 대부분의 다른 신체 조직에 비해 신진대사활동이 높아서 에너지를 충족할 만한 더 많은 연료와 산소가 필요하기 때문이다. 안정 시 뇌는 신체가 소비하는 전체 산소량의 15~20%와 포도당의 50%가 필요하다. 이러한 필수물질이 중추신경계로 잘 전달되기 위해서는 중추신경으로 흐르는 혈액이 항상 원활히 공급되어야 한다. 실제로 중추신경계는 혈액의 흐름이 단 몇 분간만 중단되어도 조직에 돌이킬 수 없는 손상을 입게 된다.

중추신경계는 4개의 주요한 부위(main regions)로 나뉜다. 즉, 대뇌, 소뇌, 간뇌, 뇌간 및 척수이다. 여기에서 뇌간(brain stem)이란 중뇌(midbrain), 뇌교(pons) 및 연수(medulla oblongata)를 가리킨다.

4.4.1 뇌

뇌는 두개골 내에 있는 무게 1.2~1.5kg의 난형 기관의 신경계로서 3중의 뇌척수막(meninges)에 싸여 보호되고 있다. 가장 바깥층은 두껍고 단단한 경막(dura mater)이 두개강 내부에 부착되어 있고, 그 안쪽은 혈관이 풍부하게 분포되어 있는 거미막 또는 지주막(arachnoid mater)과 대뇌피질에 직접 접해 있는 부드러운 연막(pia mater)으로 되어 있다. 막(mater)은 '어머니'를 뜻하는 라틴어인데, 이는 뇌척수막의 보호적인 성질을 나타낸 것이다. 지주막과 연막 사이인 지주막하공간(subarachnoid space)에는 뇌척수액이 있어 외부의 충격으로부터 신경조직을 잘 보호할 수 있다. 또한 뇌척수막은 뇌막염 등 여러 가지 질병의 진단 시에 이용하기도 하며, 수술 시 하반신을 마취할 경우에 마취약을 투여하는 부위이기도 하다. [**그림 4-17**]은 뇌척수막이 어떻게 구성되어 있는가를 상세하게 나타낸 것이다.

뇌는 신경계에서 가장 핵심이 되는 장기로서, 복잡하고 고도로 분화하여 감각, 운동, 판단, 조건반사, 감정 및 기억 등 모든 행동을 통합하고 조절하는 고차원적인 주요 기능을 수행한다. 뇌는 수없이

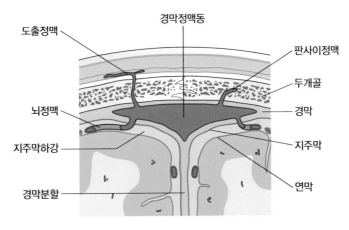

[**그림 4-17**] 뇌척수막

많은 신경세포로 구성되어 밀접하게 상호연결되어 있으나, 그 기능 정도에 따라 크게 대뇌(cerebrum), 소뇌(cerebellum) 및 뇌간으로 나눌 수 있다. 그 가운데 뇌간은 생명의 기본적인 기능을 담당하는 중추로, 중뇌, 뇌교와 연수로 다시 구분한다([그림 4-18] 참조). 앞에서 살펴본 바와 같이, 뇌는 전체 체중에서 차지하는 비율은 작은 기관이지만 그 기능은 매우 활발하다.

1. 뇌의 물질대사

중추신경계의 대사는 다른 기관과 다른 점이 많다. 뇌의 무게는 체중의 2.2%에 불과하지만 어른의 경우 전체 기초대사율(basal metabolic rate)에서 8~10%의 에너지를 소비한다. 에너지원으로서는 탄수화물만 이용하는데, 뇌에는 탄수화물의 저장이 거의 없기 때문에 혈당량이 감소하면 바로 뇌기능에 장애가 발생한다. 뇌는 1분 동안 40~50cc의 산소를 소비하는데, 동맥혈 내의 산소 농도 저하에도 매우 민감하다. 약 4분 동안 산소공급이 차단되어도 뇌세포 대부분이 비가역성인 변화를 받아 회복할 수 없게 된다.

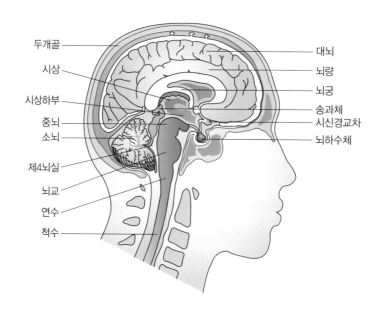

[그림 4-18] 뇌의 주요 부분

2. 뇌실

신경관으로부터 뇌와 척수가 발달할 때 신경관의 내부 공간은 중추신경이 완성된 후에도 공간으로 남아 있으며 척수에서는 중심관(central canal), 뇌에서는 뇌실(ventricles)이 된다. 4개의 뇌실 속에는 뇌연막이 혈관을 수반하며 만드는 맥락총(choroid plexus)이라는 특수한 조직이 있다. 여기서 무색투명한 림프와 비슷한 뇌척수액이 끊임없이 분비되어 뇌실 내와 지주막하공간 내를 천천히 순환하고 있다.

대뇌반구의 속은 뇌척수액으로 채워져 있는 뇌실이 4개 있으며, 그중 2개에는 모세혈관 망이 있어 혈액과 뇌척수액 사이에 물질교환이 끊임없이 일어난다. 4개의 뇌실 가운데 좌우 각각의 측뇌실(lateral ventricles)은 대뇌반구 속 깊이 위치하며 간뇌에 위치한 제3뇌실의 실간공(interventricular foramen or Monro's foramen)으로 통한다. 제3뇌실은 중뇌수도(cerebral aqueduct or foramen of Sylvius)에 의하여 뇌

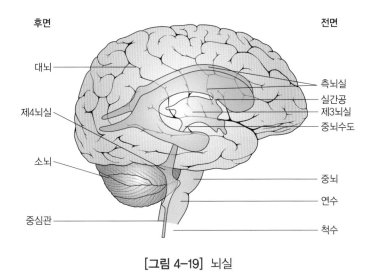

후면　전면

대뇌

제4뇌실

소뇌

중심관

측뇌실
실간공
제3뇌실
중뇌수도

중뇌
연수

척수

[그림 4-19] 뇌실

교와 연수 및 소뇌로 둘러싸인 제4뇌실(fourth ventricle)과 통하며, 제4뇌실의 하단은 척수의 중심관으로 연결된다. 제4뇌실의 양쪽에 루시카공(foramen of Luschka)이 하나씩 있고 정중앙선의 아래쪽에 하나의 마겐디공(foramen of Magendie)이 있어서 이곳을 통하여 지주막하공간(subarachnoid space)으로 연결된다([그림 4-19] 참조).

3. 뇌척수액

뇌척수액(cerebrospinal fluid, CSF)은 무색투명한 액체로 혈장(blood plasma)과 성분이 비슷하며, 중추신경을 담고 있다. 뇌척수액은 중추신경계를 완전히 둘러싸고 있으면서 그 안에 떠 있기 때문에 부드러운 신경조직이 단단한 뼈와 충돌하는 것을 막아 주는 충격흡수제로서 역할한다. 뇌의 실질 무게는 1,500g 정도지만 뇌척수액으로 인하여 뇌 무게는 50g 이하로 낮춰진다. 뇌척수액은 모든 신경과 중추신경계의 교세포를 담고 있으며 뇌와 척수에 있는 많은 강(cavities)들을 채우고 있다.

뇌척수액(cerebrospinal fluid: CFS)

① 맥락총(choroid plexus)에 의해 생성된다.
② 뇌실(ventricles)을 통해 순환한다.
③ 뇌의 바닥쪽 제4뇌실에 존재한다.
④ 뇌수막층 사이의 지주막하공간(subarachnoid space)에서 흐른다.
⑤ 지주막 융모(arachnoid villi)를 지나 정맥혈(venous blood)로 재흡수된다.

뇌에는 뇌실(ventricles)이라는 4개의 강이 있는데 이 뇌실은 척수의 길이에 따라 원통 모양의 길고 가느다란 강인 중심관(central canal)과 연결되어 있다. 일부 뇌실에서는 연막(pia mater), 모세혈관(capillary), 뇌실막세포(ependymal)로 구성된 맥락총(choroid plexus)이라는 조직을 형성한다. 맥락총은 매일 400~500cc 정도의 뇌척수액을 끊임없이 생산해 낸다. 뇌척수액은 뇌실의 시스템에 따라 순환되며 4개의 뇌실에 있는 구멍을 통해서 지주막하공간으로 들어가게 된다. 지주막하공간에 있는 뇌척수액을 뇌의 꼭대기 부분에 있는 지주막융모(arachnoid villi)라는 지주막에서 특별한 구조를 통해 정맥혈(venous blood)로 재흡수한다.

뇌척수액은 각 뇌실의 맥락총에서 생산되어 측뇌실(대뇌반구) → 실간공, 제3뇌실(간뇌) → 중뇌수도 → 제4뇌실(뇌교, 연수, 소뇌) → 루시카공 → 마겐디공 → 지주막하공간으로 흘러가고, 지주막하공간의 지주막과립(arachnoid granulations)을 통하여 정맥혈로 빠져나간다([그림 4-20] 참조). 따라서 각 뇌실에서 뇌척수액 흐름의 통로가 막히면 뇌척수액 배출을 방해하여 뇌수종(hydrocephalus)이 된다.

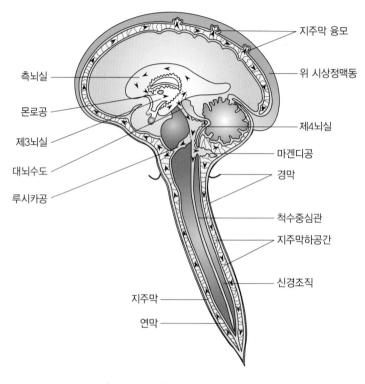

측뇌실
몬로공
제3뇌실
대뇌수도
루시카공

지주막 융모
위 시상정맥동
제4뇌실
마겐디공
경막
척수중심관
지주막하공간
신경조직

지주막
연막

[그림 4-20] 뇌와 척수(시상면)

4.4.2 척수

척수(spinal cord)는 두개골의 기저부에서 뻗어 나온 것으로, 척추(vertebrae) 속에 위치한다. 척수의 내부는 신경세포체와 무수신경축삭 및 신경교세포와 혈관으로 이루어진 H자 모양의 회백질(gray matter)로, 외부는 신경섬유다발이 상하 좌우로 달린 부분으로서 백질(white matter)로 되어 있다. 척수는 뇌와 말초신경 사이의 신경흥분을 전달하며, 피부 관절 몸체(body trunk)와 사지 근육에서 비롯하는 체성감각정보뿐만 아니라 내장기관(internal organ)에서 들어오는 정보도 받아들여 내장기능을 조절하는 신경세포의 집합체로 작용하기도 한다. 또한 운동신경이 있어 수의운동(voluntary movement)과 반사운동(reflex movement)에 함께 반응한다.

척수신경은 운동신경과 감각신경이 모이는 혼합신경으로, 전각(anterior horn)을 통하여 운동신경이 빠져나가 전근(anterior root)을 형성하고 후근(posterior root)을 통하여 지각신경이 척수의 후각으로 들어온다. 전근과 후근이 합쳐져 척수신경이 되는데, 합쳐지기 직전에 후근은 척수신경절(spinal ganglion)을 형성한다.

　전각과 후각 이외에 흉추나 요추 위치에서 척수의 회백질에 외측각(lateral horn)이 돌출되는데, 이 것은 교감신경계의 절전신경섬유(preganglionic fiber)가 나오는 곳이다. 척수는 31쌍의 척수신경(spinal n.)이 있고, 이 신경은 척수후근과 전근에서 모여 말초신경계를 형성한다. 척수에서 나오는 신경섬유 는 후근에서 감각정보를 받고, 전근은 근육이나 자율신경계에서 운동역할을 각각 담당한다.

　척수는 중추신경계의 가장 하위 부분으로 수용기와 골격근 사이를 특이적으로 결합하는 신경회로가 다수 있다. 뇌로 정보를 올려 보내고 뇌에서 내려온 정보는 척수를 통해 운동을 발현하고 조절한다. 척 수는 직경이 약 1cm, 길이가 42~45cm 정도의 긴 원주 모양으로서 척주관(vertebral canal) 내에 위치한 다([그림 4-21] 참조). 머리 쪽으로는 뇌의 연수와 연결되고 꼬리 쪽으로는 제1~2요추의 위치에서 원추 상으로 끝나 척수원추(conus medullaris)를 이룬다. 따라서 제2요추 아랫부위에는 척수가 없으며 지주 막하공간에 뇌척수액이 흐르고 있어 제3~4째 요추골 사이에 주삿바늘을 넣으면 척수의 손상 없이 뇌 척수액을 채취하여 성분을 검사할 수 있는데, 이를 요추천자(lumbar puncture)라 한다. [그림 4-22]는 전형적인 척수신경의 경로이다.

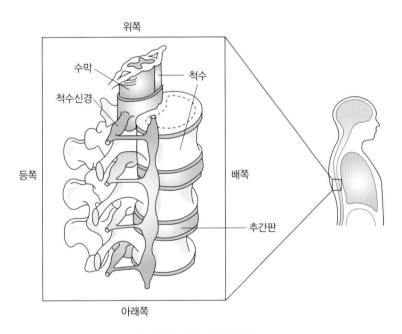

[그림 4-21] 척추와 척수

　척수를 횡단하여 관찰하면 척수의 위치에 따라서 약간 다르기는 하나 척수의 40%를 구성하는 회백 질이 있고 회백질의 중앙부에 중심관이 있다. 척수에서는 회백질이 안쪽에 있고 백질이 바깥쪽에 있는 반면, 뇌에서는 회백질이 바깥쪽에 있고 백질이 안쪽에 있다.

　회백질의 외부에는 신경섬유로 이루어진 척수의 60%를 구성하는 백질이 있다. 회백질의 앞끝은 전 각, 뒤끝은 후각이라고 한다. 척수신경은 31쌍으로 척수의 양측에서 나오는데, 부위에 따라 경신경 8쌍, 흉신경 12쌍, 요신경 5쌍, 천골신경 5쌍, 미골신경 1쌍으로 이루어진다. 이 척수신경은 상부에서 는 수평하게 추간공(intervertebral foramen)을 빠져나오지만 척수원추 하방에서는 척주관 내에 많은 신

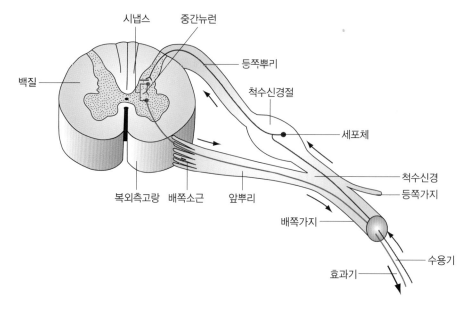

[그림 4-22] 전형적인 척수신경(앞 및 뒤 뿌리)

경다발을 형성하는데, 이를 마미(cauda equina)라 부른다.

4.4.3 반사

중추신경계 활동 중 가장 기본이 되는 것은 반사(reflex)와 통합(intergration)을 주재하는 일이다. 어떤 자극이 들어왔을 때 조치를 취하기 전에, 그 상황을 고려하기 전에 잠시 멈춘다. 그러나 때로는 큰 소리를 들었을 때 놀라는 것과 같이 어느 부분의 중재를 의식하지 않고 자동으로 반응하기도 하는데, 이런 감각자극에 대한 자동적인 반응을 반사라고 한다. 즉, 반사는 무의식적·불수의적으로 일어난

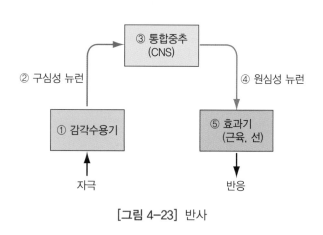

[그림 4-23] 반사

다. 예를 들어, 뜨거운 난로에 손이 닿았을 때 무의식 중에 순간적으로 팔이 구부러져 손을 떼게 되는데, 이는 반사활동으로 신체를 보호하는 것이다(**[그림 4-23]** 참조).

1. 반사의 종류

반사는, ① 신경-근방추(neuromuscular spindle)가 수용기인 슬개건반사, 아킬레스건반사, 족저반사 같은 신전반사(stretch reflex), 수용기가 피부에 있는 피부반사 같은 수용기에 의한 분류, ② 효과기가 골격근인 체성 반사(somatic reflex) 같은 효과기에 의한 분류, ③ 반사의 효과가 자율신경을 거쳐 불수의근, 선, 혈관 등에 나타나는 자율성 반사(autonomic reflex) 같은 반사범위에 의한 분류 등으로 나눌 수 있다.

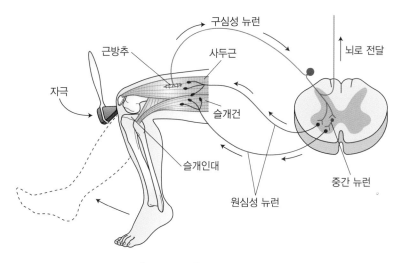

[그림 4-24] 슬개건반사

생리적인 현상에서 볼 때, 신전반사, 굴곡반사, 자세반사, 동공빛반사, 소화기반사, 심장반사, 호흡반사, 배설반사, 생식반사 등 대부분의 반사활동은 피부나 근육 등에 상해를 주는 자극(stimulus)이 가해질 때 일어나므로 이를 유해수용성 반사(nociceptive reflex) 또는 도피반사(withdrawal reflex)라고 한다.

신전반사의 대표적인 예인 슬개건반사(knee-jerk reflex)를 설명하면 다음과 같다. 슬개건반사의 수용체는 근방추(muscle spindle)이고 근육을 펼칠 때 반응하는 골격근에서 찾아볼 수 있는 특화된 구조이다. **[그림 4-24]**에서처럼, 슬개건(patellar tendon)을 작은 고무머리가 있는 반사망치(reflex hammer)로 두드리면 힘줄이 안으로 구부러지면서 대퇴사두근(quardriceps muscle of thigh)이 급격히 긴장한다. 그 결과, 이 근육에 수십 개 존재하는 장력수용기인 신경-근방추가 긴장에 의해 자극되고, 이곳에 연결되어 있는 구심성 섬유에 흥분충동이 일어난다.

2. 반사궁과 반사시간

(1) 반사궁

중추신경계(CNS) 중에서도 척수는 각종 반사의 중추 역할을 맡는다. 반사는 자극으로 일어난 감각기관의 흥분이 척수에 들어오면 대뇌를 거치지 않고 척수 내의 시냅스나 연합뉴런을 거쳐 직접 원심성 신경을 통해 운동기관에 전달되는 것을 말하는데, 이러한 일련의 과정을 반사궁(reflex arc)이라 한다. 반사활동이 일어나려면 적어도, ① 자극을 받아들이는 수용기(receptor), ② 흥분을 CNS로 전달하는 구심성 신경(afferent n.), ③ 반사를 받아들이는 반사중추(reflex center), ④ 원심 흥분을 말초에 전달하는 원심성 신경(efferent n.), ⑤ 반사활동을 직접 수행하는 효과기(effector)의 다섯 가지 구조가 참여하여야 한다.

[그림 4-25]에서 보듯이, 발끝이 압정에 찔리면 수용기에서 받은 자극이 신경충동을 일으키고, 흥분 충동은 척수의 후근을 거쳐 척수후각으로 들어간다. 그 후 척수의 전각이 있는 운동성 신경세포의 시냅스를 거쳐 효과기 세포를 흥분시키면 수의근의 수축을 통하여 발바닥을 들어 올리는 반사활동이 일어나는 것이다.[1] 이렇게 압정을 밟을 때처럼 통각수용기를 통해 들어온 자극에 대한 반사를 굴곡반사(flection reflex)라 한다.

(2) 반사시간

어떤 수용기를 자극한 후 반사에 의해 효과기에 반응이 일어날 때까지의 시간을 반사시간(reflex time)이라고 한다. 예를 들면, 눈에 빛이 닿으면 동공이 축소되는 동공반사에서는 약 180msec가 걸린

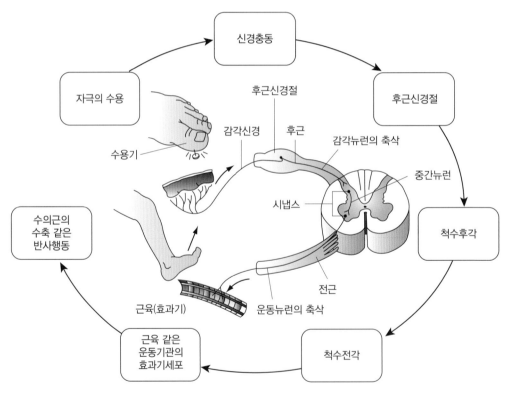

[그림 4-25] 반사궁(reflex arc)의 경로

출처: Carola, Harley, & Noback(1992: 372)

---

[1] 척수 전근이 운동신경과, 척수 후근이 감각신경과 관련이 있다는 사실이 각각 스코틀랜드의 외과의사인 Charles Bell(1774~1842)과 프랑스 외과의사인 F. Magendie에 의하여 규명되어 이를 벨–마겐디법칙(Bell-Magendie's law)이라 한다.

다. 또한 사람의 슬개건을 두드려서 하퇴가 신전하는 슬개건반사 시간은 25msec이다. 반사에는 적어도 한 개 이상의 시냅스가 포함되며, 시냅스 지연시간은 1msec 정도이므로, 반사 중에 시냅스가 많을수록 반사시간은 길어진다.

4.4.4 신경계의 전도로

뇌와 척추는 중추신경계를 이루며, 중추신경계 바깥에 있는 세포는 모두 말초신경계이다. 말초신경계는 뇌와 척수로 향하거나 뇌와 척수에서 나오는 신경충동을 전도한다. 이 두 신경계는 감각과 기관에서 오는 메시지를 전도하여 신체상태를 감시하고, 기관과 근육에 메시지를 전도함으로써 정보에 반응한다. 신경계의 전도로는 크게 상행(구심성) 전도로와 하행(원심성) 전도로로 구분한다.

1. 상행 전도로

상행 전도로(ascending pathway)는 일명 지각 전도로(sensory pathway)라고도 한다. 이는 신체의 표면과 심부에서 자극을 받아 대뇌의 피질까지 전달하는 전도로인데, 여기에 적용되는 자극은 크게 3종으로 구별한다. 즉, 피부와 체강 내면의 지각, 시각, 청각, 후각, 미각 등을 받아들이는 외수용기(exteroceptor), 근육, 건, 관절, 골막 등의 자극을 받아들이는 고유수용기(proprioceptor) 및 내장의 자극을 받아들이는 내장수용기(visceroceptor)로 구별한다.

신경의 상행 전도로를 살펴보면 지각신경으로서 받아들인 자극은 척수(spinal cord)의 후각에 있는 2차뉴런에 연접한 다음 반대 방향으로 회백질을 건너가 신경섬유다발로 구성되는 백질의 축삭에 도달하고, 이들 신경섬유는 외측척수시상로(lateral spinothalamic tract)를 거쳐 상행하여 중뇌, 간뇌의 시상에 도달한 다음, 시상에서 3차뉴런으로 연접되어 대뇌피질의 지각중추에서 끝난다([그림 4-26] [그림 4-27] 참조).

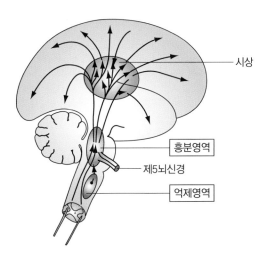

[그림 4-26] 중추신경의 구심성 신경 경로

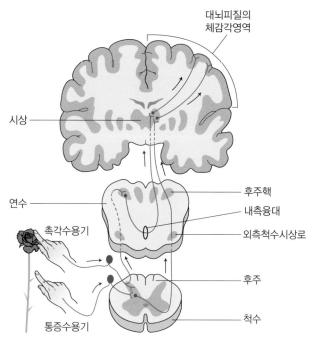

[그림 4-27] 상행 전도로

2. 하행 전도로

하행 전도로(descending pathway)는 일명 운동 전도로(motor pathway)라 한다. 수의근 (voluntary m.)을 지배하는 신경로와 내장 운동을 조절하는 자율신경계가 있으나 여기서는 수의근, 즉 골격근(skeletal muscle)을 지배하는 신경로에 대하여 설명하고자 한다. 하행 전도로에는 추체로(pyramidal tract)를 통하는 신경로와 추체외로(extrapyramidal tract)를 통하는 신경로가 있다([그림 4-28] 참조).

추체로는 시냅스 간섭 없이 대뇌피질에서 직접 척수로 내려간다. 이 추체로에 섬유를 제공하는 세포체는 주로 중심전회에 위치한다. 그러나 대뇌피질의 다른 부위도 이 추체로에 기여한다([그림 4-29] 참조). 추체로는 사지 같은 말초적인 운동을 통제하는 것으로 보고 있다.

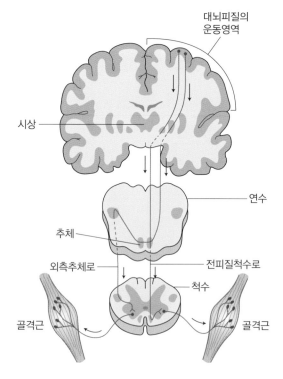

[그림 4-28] 하행 전도로

80~90%의 피질척수섬유(cortico-spinal fiber)가 연수의 추체에서 X자형으로 교차하고 외측피질 척수로 내려온다. 나머지 교차하지 않은 섬유는 전피질척수로(anterior corticospinal tract)를 형성하고 척수에서 X자형으로 교차한다. 이러한 섬유교차 때문에 오른쪽 대뇌반구는 신체 왼쪽의 근육조직을 통제하는 반면, 좌뇌반구는 오른쪽 근육조직을 통제한다.

나머지 하행로는 추체외운동로로서 중뇌와 뇌간 부위에서 유래한다. 이 운동통제에 참여하는 소뇌(cerebellum), 기저핵(basal nuclei), 대뇌피질의 부위는 수많은 시냅스와 상호연결하고 있고 추체외운동로를 만드는 핵을 자극하거나 억제함으로써 움직임에 영향을 미칠 수 있다.

추체로 중추(중심전회) 이외의 전두엽, 두정엽, 측두엽, 후두엽과 소뇌, 중뇌 등에서 기시하고 기저핵이 일부 관련되어 내려가는 운동로를 추체외로라 하는데, 이는 추체로 이외의 운동로라는 뜻이다. 추체외로는 골격근의 수의적 운동을 지속시키기 위해 골격근의 운동이나 긴장, 행동작용 등을 반사적·무의식적으로 지배하는 신경로의 총칭이다. 추체외로는 몸통, 목 및 자세에 주요한 다리의 전체 운동을 통제하는 역할을 한다([그림 4-30] 참조).

수의운동을 주재하는 데 추체로와 추체외로는 차이가 있다. 일반적으로 추체로는 한 개의 근육 또는 소수의 근육을 수축시켜서 하는 정밀한 운동에 관여하고, 추체외로는 많은 근육이 수축하여 일어나는 큰 운동(예: 신체 자세를 봐 주는 일 등)을 주재한다.

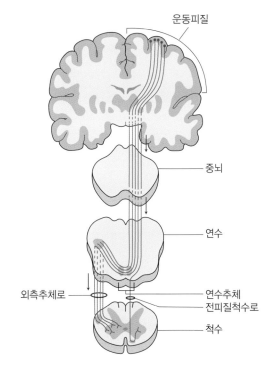

[그림 4-29] 추체로

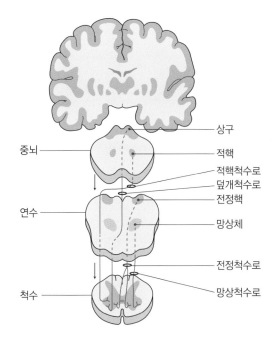

[그림 4-30] 추체외로

4.5 말초신경계

앞에서 보았듯이, 뇌와 척수를 중추신경계통이라 하며 중추신경계통에서 나와서 신체의 거의 모든 곳으로 가는 흥분전달의 길을 말초신경계(peripheral nervous system, PNS)라 한다.

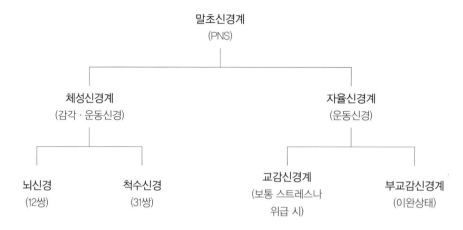

[그림 4-31] 말초신경계의 구성

말초신경계는 형태학적으로 뇌와 척수에서 나오므로 뇌척수신경이라고도 하며, 뇌에서 나오는 것을 뇌신경, 척수에서 나오는 것을 척수신경이라고 한다. 그러나 기능적으로는 운동이나 감각 따위의 동물성 기능에 관계하는 신경을 체성신경이라 하고, 호흡, 순환 등 식물성 기능에 관계하며 의지와 전혀 관계없이 활동하는 신경을 자율신경(autonomic n.)이라 한다. 두 신경은 중추신경 안에서 통합된다.

말초신경계에는 체성신경계인 뇌신경과 척수신경이 있으며, 자율신경계는 교감신경계과 부교감신경계로 구성된다([그림 4-31] 참조).

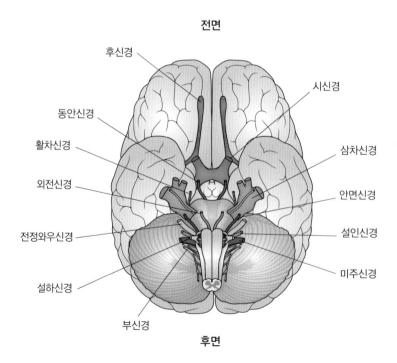

[그림 4-32] 뇌신경의 기시부(아래에서 본)

〈표 4-4〉 뇌신경의 특성과 기능

뇌신경 번호	명칭	특성	기능	
			감각	운동
CN I	후신경(olfactory n.)	감각	후각자극 감지	–
CN II	시신경(optic n.)	감각	시각자극 감지	–
CN III	동안신경(oculomotor n.)	운동	–	동공 축소
CN IV	활차신경(trochlear n.)	혼합	안구근육의 고유수용기로부터 정보 전달	안구운동
CN V	삼차신경(trigeminal n.)	혼합	두부의 피부와 점막 치아에서의 외자극 감수 하악근에서의 자극 감수	조음 및 저작 시 하악설골근운동
CN VI	외전신경(abducens n.)	운동	–	안구운동
CN VII	안면신경(facial n.)	혼합	미각(혀의 2/3 부위) 안면표정 자극 감수	조음 및 저작 시 침분비(설하선, 악하선)
CN VIII	전정와우신경 (vestibulocochlear n.)	감각	내이에서의 자극 감수(청각) 전정기관에서의 자극 감수(평형감각)	–
CN IX	설인신경 (glossopharyngeal n.)	혼합	미각(혀의 1/3 부위), 혀와 인두의 일반자극 감지	타액선 분비(이하선)
CN X	미주신경(vagus n.)	혼합	인두, 후두, 기관, 귀의 피부, 흉부 및 복부의 자극 감수 산소량 감지	발성, 후두개 여닫힘 인두 및 후두근의 운동과 심장 활동을 억제하고, 기관지, 위, 췌장, 담낭, 소장, 대장의 운동과 분비를 조절
CN XI	부신경(accessory n.)	운동	–	흉쇄유돌근과 승모근 운동
CN XII	설하신경(hypoglossal n.)	운동	–	혀운동, 조음, 음식덩이

4.5.1 체성신경계

체성신경계(somatic nervous system, SNS) 중 뇌신경은 12쌍이 있으며 뇌의 각 부분에서 감각기관, 근육 및 내장기관에 분포한다. 척수신경은 좌우 31쌍이 있으며, 이들은 모두 혼합신경이다.

체성신경계는 몸의 각 부분에 있는 감각기관의 중추 그리고 중추와 골격근 사이를 연결하는 신경이며, 말초와 중추 사이가 단일 신경섬유로 연결되어 있다.

1. 뇌신경

뇌신경(cranial n.)은 12개의 신경으로 이루어져 있으며 각각 특수감각, 감각, 운동, 부교감 등의 신경학적 기능이 정해져 있다. 이들 뇌신경은 신경 이름 대신 위치하는 순서에 따라 로마숫자로 표시하기도 한다. 이들 가운데 일부는 후각, 시각, 미각, 청각 등에 대한 특수감각기능이 있으며, 일부는 여러 신경의 협조하에 안구운동, 저작기능, 연하운동, 호흡, 발성 등 여러 가지 기능을 담당한다. 또한 광반사(light reflex), 각막반사(corneal reflex), 구역반사(gag reflex) 등 자율신경계와 관련된 기능도 한다. 뇌신경 가운데 후각신경(CN I), 시신경(CN II), 전정와우신경(CN VIII)은 특수감각기능만 가지고 있는 신경이며, 동안신경(CN III), 안면신경(CN VII), 설인신경(CN IX), 미주신경(CN X)은 부교감신경을 가지고 있어 불수의근과 선을 지배한다. 모두 머리, 얼굴 및 목 부위의 기관을 지배하는데, 미주신경만 심장, 폐 및 복부내장에도 가지를 보낸다. [그림 4-32]는 12개의 뇌신경의 시작되는 부위 또는 기시부를 보여주고 있다(〈표 4-4〉 참조).

(1) 후신경

후신경(olfactory n., CN I)은 지각신경으로서 냄새, 즉 후각(sense of smell)을 담당한다. 비강의 위쪽점막에 후세포(olfactory cell)의 축삭(axon)이 모여 후신경을 형성하며, 이들은 사골판(cribriform plate of ethmoid bone)을 통하여 두개강으로 들어가 뇌 앞부분의 후구(olfactory bulb)로 들어간다. 그 뒤 후삭 또는 후각로(olfactory tract)를 거쳐 후각중추(olfactory center)에 도달한다([그림 4-33] 참조). 사람의 후각은 포유류 중에서 매우 둔한 편이다. 개는 후각수용세포의 수가 약 5억개인 데 비하여 사람은 약 5백만 개로 100분의 1밖에 안 된다.

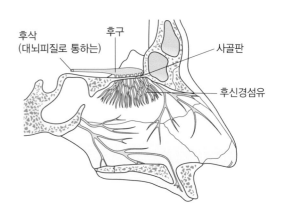

[그림 4-33] 후신경(CN I)

?! 백내장과 녹내장

백내장(cataract)은 노화가 진행되면서 수정체(lens)가 혼탁해져서 빛을 제대로 통과시키지 못하게 되면서 사물에 안개가 낀 것처럼 시야가 뿌옇게 보이는 질환을 가리킨다.

녹내장(glaucoma)은 안압의 증가 또는 혈류장애로 인한 시신경의 손상에 의해 망막세포들이 죽는 질환으로 실명의 원인이 될 수 있는 병이다.

(2) 시신경

시신경(optic n., CN II)은 시각을 받아들이는 감각신경이며, 안구(eyeball)의 망막(retina)[2]에 있는 신경세포층에서 받은 빛의 자극을 시각중추(visual center)로 전달하는 신경이다. 즉, 신경이라기보다는 뇌의 일부분으로도 취급하고, 망막의 신경절층(ganglionic layer)에 있는 세포의 축삭이 모여서 형성되며, 자극을 시각중추로 전달하는 지각신경이다. 양측의 시신경은 안구에서 나온 뒤 시신경교차(optic chiasm)를 형성한 후 시삭 또는 시각로(optic tract)가 되어 시각중추에 도달한다. 시각교차 아래에는 뇌하수체(pituitary gland)가 흐르고 유두체(mamillary body)가 있다. 이 신경은 다른 뇌신경과는 달리 경막, 지주막, 연막으로 싸여 있으며 태생학적으로는 말초신경이라기보다는 중추신경에 가까운 신경이다([그림 4-34] 참조).

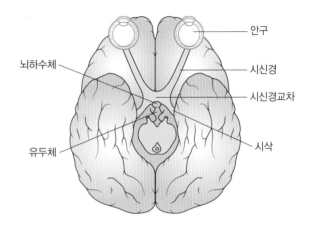

[그림 4-34] 시신경(CN II)

(3) 동안신경

동안신경(oculomotor n., CN III)은 운동신경과 자율신경으로 구성되는 혼합신경(mixed n.)이다. 운동신경은 안구를 움직이

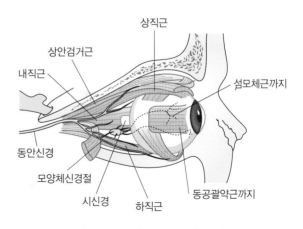

[그림 4-35] 동안신경(CN III)

---

2) 망막의 가장 안쪽 층으로 빛에 민감한 앞부분과 빛에 민감하지 않은 뒷부분으로 구별된다. 망막에는 1억 300만 개의 신경세포가 빛 에너지를 전기 에너지로 바꾸어 정보를 만들며, 사람은 외부에 대한 감각의 90%를 시각에 의존한다. 따라서 대뇌피질 면적의 1/10을 시각분석에 이용한다.

는 대부분의 근육에 분포하고 부교감신경은 동공(pupil)을 좁히며 교감신경은 동공을 넓히는 기능을 한다. 이 신경은 중뇌의 앞쪽에서 나와 윗눈확틈새 또는 상안와열(superior orbital fissure)을 지나 안와 (orbit) 속으로 들어가서 눈알을 움직이는 근육에 분포힌다([그림 4-35] 침조).

(4) 활차신경

활차신경(trochlear n., CN IV)은 상사근 (superior oblique m.)이 도르래(trochlear)를 지 나 안구에 가서 닿기 때문에 생긴 이름이다. 이 신경은 안구근육의 고유수용기로부터 정 보를 전달받는 감각신경이기도 하지만, 동 안근 가운데 상사근(superior oblique m.)을 지배하는 운동신경으로 이루어져 있어 혼합 신경이다. 활차신경은 중뇌의 활차신경핵에 서 나와 해면정맥동(cavernous)의 바깥쪽에 서 경막을 뚫고 나온 다음 상안와열(superior

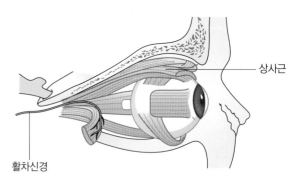

[그림 4-36] 활차신경(CN IV)

orbital fissure)을 통해 나온다. 활차신경은 뇌신경 가운데 가장 작은 신경이다([그림 4-36] 참조).

(5) 삼차신경

삼차신경(trigeminal n., CN V)은 인체의 뇌신경 가운데 가장 크며, 안면(face), 구강 및 비강 점막 등 의 일반감각을 맡는 감각신경과 저작근(muscles of mastication)을 지배하는 운동신경이 포함된 혼합신 경(mixed n.)이다. 삼차신경은 얼굴에 감각을 전달하여 턱을 내밀거나 닫는 크고 힘 있는 근육을 지 배한다. 삼차신경의 세 가지 분할은 얼굴의 감각 및 운동 신경을 전달한다. [그림 4-37]에서처럼 안분

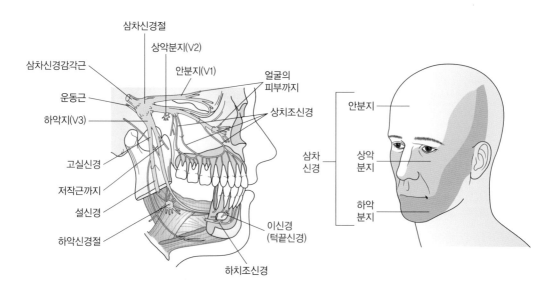

[그림 4-37] 삼차신경(CN V)

지(ophthalmic branch, V₁)는 순수 감각신경으로 안구, 결막(conjunctiva), 누선(lacrimal gland), 코와 부비동의 점막, 이마, 윗눈꺼풀(upper eyelid), 코의 비부를 담당하는 감각신경이다. 상악분지(maxillary branch, V₂)도 순수 감각신경으로 안면부의 중앙부, 아랫눈꺼풀(lower eyelid), 코의 양측, 윗입술(upper lip), 상악동 및 구강 내 점막 등의 감각을 담당한다. 또한 하악분지(mandibular branch, V₃)는 삼차신경 중 제일 큰 분지로서 감각과 운동을 모두 담당하는 혼합신경이다. 특히 하악분지에는 운동신경이 있어 4쌍의 근육을 지배하는데, ① 2개의 하악올림근인 측두근(temporalis m.)과 교근(masseter m.), ② 2개의 내·외측 익돌근(pterygoid m.), ③ 2개의 긴장근(tensor m.)인 고막장근(tensor tympani m.)과 구개긴장근(tensorveli palatini m.), ④ 2개의 구강저근인 하악설골근(mylohyoid m.)과 악이복근(digastric m.)의 전복(anterior belly)을 지배한다.

삼차신경의 손상은 얼굴통각 감퇴, 턱반구 과소활동성 반응(hypoactive response)을 초래할 수 있다.

(6) 외전신경

외전신경(abducens n., CN VI)은 뇌교에서 시작하여 상안와열(superior orbital fissure)을 통하여 안와로 들어와 안구를 외전(abduction)시키는 외측직근(lateral rectus muscle)에 분포하며, 안구 외직근의 운동신경을 지배한다([그림 4-38] 참조).

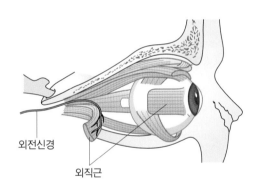

외전신경

외직근

[그림 4-38] 외전신경(CN VI)

(7) 안면신경

안면신경(facial n., CN VII)은 주로 안면근육의 운동을 담당하는 운동신경이지만 특수감각, 부교감신경, 감각신경의 네 가지 기능을 모두 수행하는 혼합신경이다. 특수감각신경으로서 혀의 전방 2/3 영역에서의 미각을 담당하고, 일반감각신경으로서 이개와 외이도의 감각을 담당하며, 누선, 악하선, 설하선으로 가는 부교감 분비신경을 포함한다. 즉, 협의의 안면신경은 안면표정근을 포함한 두 경부의 골격근을 지배하는 운동신경이며, 광의의 안면신경은 운동신경과 여기에 중간신경(intermediary n.)을 합한 것으로, 중간신경은 미각을 담당하는 특수감각섬유(special sensory fiber)와 타액분비에 관여하는 부교감성 섬유(parasympathetic fiber)를 말한다. 또한 슬상신경절(geniculate ganglion)에 포함된 감각신경은 비강, 구개, 인두의 점막을 지배하고 내이도를 통과하여 측두골로 들어간다([그림 4-39] 참조). 안면신경의 운동 및 감각핵은 뇌교에 있다.

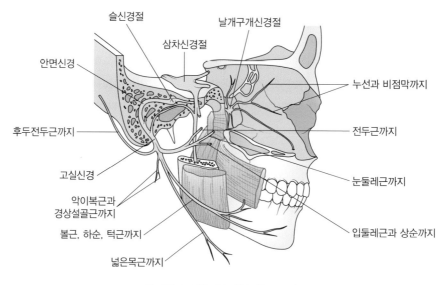

[그림 4-39] 안면신경(CN VII)

(8) 전정와우신경

[그림 4-40]에서 보듯이, 전정와우신경(vestibulocochlear n., CN VIII)은 기능과 분포가 전혀 다른 2개의 와우신경(cochlear n.)과 전정신경(vestibular n.)을 합친 것으로, 이들은 내이도(internal acoustic meatus)에서 서로 합쳐져 안면신경과 함께 주행한다. 말단부에서 평형감각을 감지하는 전정신경의 세포체는 내이도 상측단에 위치하는 전정신경절(vestibular ganglion)에 있고, 말초지로 반고리관(semicircular duct), 난형낭(utricle) 및 구형낭(saccule)의 감각상피에 도달하여 평형감각을 유도한다. 청각을 감지하는 와우신경의 세포체는 나선신경절(spiral ganglion)에 있으며, 그 말초지는 나선기관 또는 코르티기관(organ of Corti)의 감각상피에 분포하여 청각을 담당한다.

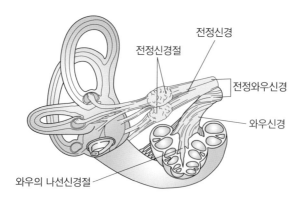

[그림 4-40] 전정와우신경(CN VIII)

(9) 설인신경

설인신경(glossopharyngeal n., CN IX)은 운동과 지각을 포함한 혼합신경으로 혀와 인두에 분포한다.

운동신경으로서 경돌인두근(stylopharyngeus m.)을 유일하게 지배하며, 부교감신경으로 이신경절(otic ganglion)을 통해 귀밑샘 또는 이하선(parotid gland)과 인두, 혀 뒷부분 점막의 작은 타액선에 대한 주된 분비신경이다. 이 중 특수 지각은 혀 뒷부분(후방 1/3)의 미각을 지배하며, 일반감각신경으로서 인두와 구개편도를 지배한다([그림 4-41] 참조).

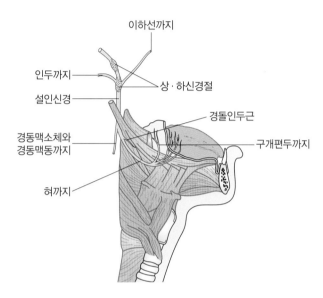

[그림 4-41] 설인신경(CN IX)

(10) 미주신경

미주신경(vagus n., CN X)은 감각과 운동의 혼합신경으로서 뇌신경에서 가장 길고 분포가 광범위하다. 즉, 이 신경은 경부, 흉부를 거쳐 복부에 이른다. 연수에서 기시하여 제9신경과 제11뇌신경을 동반하여 경정맥공(jugular foramen)을 통과하는 운동과 지각을 갖춘 혼합신경이다. 경부에 내려와서 경동맥초(carotid sheath)에 싸여 하강한다. 미주신경은 인두(pharynx), 연구개와 후두의 골격근, 심근과 소화기관의 평활근에 분포하여 이들의 분비작용에 관여한다([그림 4-42] 참조).

?! 소화작용을 조절하는 뇌신경

① 안면신경(CN VII)은 설하선(혀밑샘)과 악하선(턱밑샘)으로 뻗어 있으며 침분비를 자극한다.

② 설인신경(CN IX)은 이하선(귀밑샘)을 지배하고 침 분비를 자극한다.

③ 미주신경(CN X)은 위, 소장, 대장, 췌장, 간을 포함한 소화기관 대부분을 지배하며 소화작용을 자극한다.

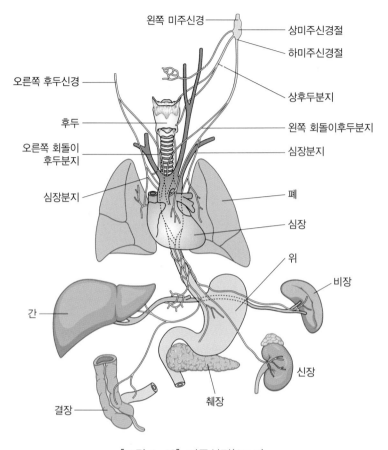

[그림 4-42] 미주신경(CN X)

(11) 부신경

[그림 4-43]에서 보듯이, 부신경(accessory n., CN XI)은 순수한 운동신경으로서 연수와 상부경수

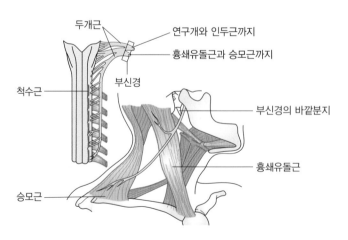

[그림 4-43] 부신경(CN XI)

(upper cervical cord)에서 기시하여 서로 합쳐져 경정맥공을 통한다. 연수에서 시작한 신경섬유는 미주신경에 합쳐져 인두, 연구개, 후두의 근육을 지배하고, 이러한 부위의 근육은 일차적으로 미주신경에 지배당한 부위로서 부신경이란 이름이 유래한 것으로 본다. 상부경수에서 나오는 신경섬유는 머리를 움직이는 데 관여하는 흉쇄유돌근(sternocleidomastoid m.)과 승모근(trapezius m.)에 분포한다.

(12) 설하신경

설하신경(hypoglossal n., CN XII)은 혀의 근육에 분포하는 순수한 운동신경으로 연수에서 기시하여 설하신경관(hypoglossal canal)을 통하여 두개강 밖으로 나온다. 한쪽의 설하신경이 마비(paralysis)되면 혀는 마비된 쪽으로 향한다([그림 4-44] 참조).

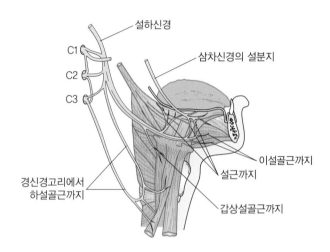

[그림 4-44] 설하신경(CN XII)

2. 척수신경

[그림 4-45]에서 보듯이, 척수신경(spinal n.)은 척수에서 나가는 말초신경으로 추간공(intervertebral foramen)을 통하여 빠져나간다. 31쌍이며, 척수 부위에 따라 각각 척수신경 명칭이 붙는다. 경신경(cervical n.) 8쌍, 흉신경(thoracic n.) 12쌍, 요신경(lumbar n.) 5쌍, 천골신경(sacral n.) 5쌍, 미골신경(coccygeal n.) 1쌍으로, 경추(cervical vertebra)가 7개인데 경신경이 8쌍인 이유는 제1경신경은 후두골과 제1경추(atlas) 사이에서 나오고 제8신경은 제7경추와 제1흉추 사이에서 나오기 때문이다. 따라서 경신경의 번호는 해당하는 경신경 바로 아래의 경추의 번호와 일치한다. 각 척수신경은 운동성인 축삭이 모여 형성된 전근과 지각성인 후근의 2근으로 구성되며, 후근은 추간공 속에서 척수신경절을 형성한다. 전근과 후근은 추간공에서 합쳐져 척수신경을 형성한 후 추간공을 빠져나온다. 추간공을 빠져나간 각 척수신경은 전지(anterior ramus) 및 후지(posterior ramus)로 나뉘며, 전지는 체간의 복측과 측면 및 사지(extremities) 선부를 남낭하고, 후지는 체간의 배부를 지배한다. 또한 교감신경절을 연결하는 교통지(communicating branch)가 척수신경에 합쳐진다.

척수신경의 전지는 후지보다 크고 발달해 있다. 흉부에서는 신경끼리 문합하지 않으나 경부(cervical region), 요부(lumbar region), 천부(sacral region)에서는 척수의 양측에서 상하의 척수신경이 서로 문합

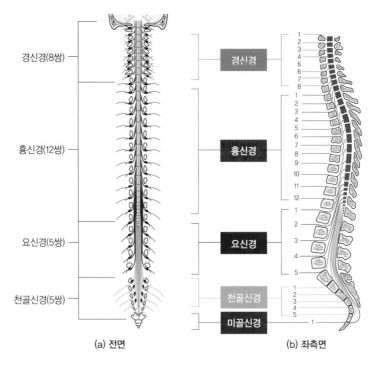

(a) 전면   (b) 좌측면

[그림 4-45] 척수와 척수신경

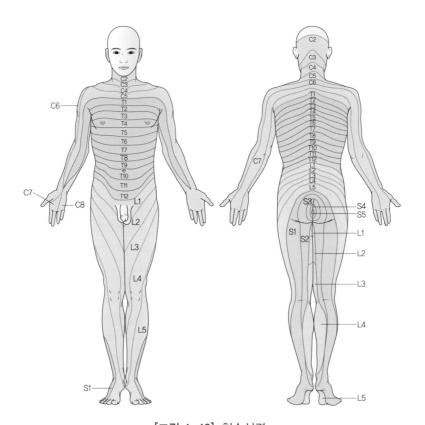

[그림 4-46] 척수신경

하여 척수신경총(spinal n. plexus)을 형성한다([그림 4-46] 참조).

(1) 경신경총

경신경총(cervical plexus)은 척수신경의 제1경신경~제4경신경(C1~C4)까지의 전지로 구성되며 턱, 귀의 뒤, 목의 전외측부 및 전흉상부의 피부를 지배하고 목과 등의 상부 근육을 지배한다.

(2) 완신경총

완신경총(branchial plexus)은 척수신경의 제5신경~제1흉신경(C5~T1)까지의 전지로 구성되고, 어깨와 상지를 지배한다.

(3) 요신경총

요신경총(lumbar plexus)은 척수신경의 제1요신경~제4요신경(L1~L4)까지의 전지로 구성된다. 대퇴의 앞 및 안쪽의 근육을 지배하고 있으며 하복벽, 외생식기 및 대퇴와 하퇴의 전내측 피부를 지배한다.

(4) 천골신경총

천골신경총(sacral plexus)은 척수신경의 제4요신경~제4천골신경(L4~S4)까지의 전지로 구성되며, 둔부, 회음부, 외음부, 대퇴후부, 하퇴 및 발의 근육과 피부를 지배한다.

(5) 미골신경총

미골신경총(coccygeal plexus)은 척수신경의 제4천골신경과 미골신경(S4~C0)으로 구성되며, 항문 주위의 피부에 분포한다.

4.5.2 자율신경계

자율신경(autonomous nervous system)은 불수의성 장기나 선에 분포하며, 작용이 무의식적으로 이루어지므로 식물성 신경계(vegetative nervous system)라고도 한다. 자율신경섬유는 흔히 일반 말초신경에 합류하여 해당 장기에 가며, 이때 신경절(ganglion)에서 신경섬유가 연접(synapse)된다. 따라서 신경절에 도달하기 이전의 섬유를 절전신경섬유(preganglionic fiber)라 하고, 신경절에서 연접한 이후의 신경섬유는 분포하는 장기에 도달하게 되는데, 이것을 절후신경섬유(postganglionic fiber)라고 한다.

자율신경은 중추로부터 절전섬유가 나오는 위치에 따라 2종류로 구별하는데, 이 중 뇌와 천부에서 시작되는 뇌천부(craniosacral division)에서는 부교감신경계(parasympathetic nervous system)가 기시하고, 척수의 흉부와 요부에서 시작하는 흉요부(thoracolumbar division)에서는 교감신경계(sympathetic nervous system)가 기시한다. 따라서 자율신경 중 교감신경계와 부교감신경계는 신경이 기시하는 위치에 따라 형태학적 차이가 있을 뿐 아니라 기능적으로도 서로 길항적으로 작용한다([그림 4-47] 참조).

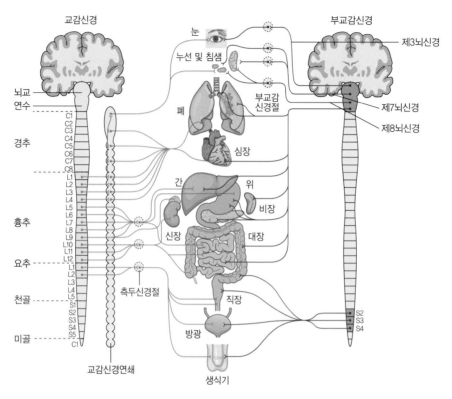

[그림 4-47] 자율신경계(a)

1. 자율신경계의 특징

첫째, 자율신경의 흥분성이나 활동양식은 의지에 상관없이 반사에 의해 자율적으로 변화한다. 이렇게 하여 심근, 평활근(내장, 혈관) 및 선 등의 기능을 조절한다. 둘째, 교감신경계와 부교감신경계의 2계통이 있고 일반적으로 1개의 기관에 2계통의 섬유를 보내고 있기 때문에 이것을 이중신경지배(double innervation)라고 한다. 셋째, 교감신경은 일정한 흥분상태를 지속하고 있어 지배하는 기관에 일정한 흥분충동을 보낸다. 이를 지속성 신경이중지배(tonic innervation)라고 한다. 넷째, 비뇨기계와 생식기계에서 부교감신경과 교감신경은 서로 협동효과(cooperative effect)를 낸다. 예를 들어, 음경의 발기는 부교감신경자극에 따른 혈관확장으로 일어나며, 사정은 교감신경을 통한 자극으로 일어난다. 다섯째, 교감·부교감 2계통은 일반적으로 어떤 기관의 활동을 촉진하기도 하고 억제하기도 하여 상호 길항적인 작용을 한다. 이를 길항효과(antagonistic effect)라고 한다. 일반적으로 교감신경은 흥분성(excitatory)으로 작용하는 반면, 부교감신경은 억제성(inhibitory)으로 작용한다. 예를 들면, 교감신경은 심박수를 촉진시키고 부교감신경은 심박수를 저하시키며, 교감신경은 눈의 동공을 확대시키고 부교감신경은 눈의 동공을 축소시킨다. 또한 기관지의 평활근도 교감신경이 확장시키고 부교감신경이 수축시킨다. 그러나 예외적인 장소에서는 반대로 교감신경이 억제성을 띠고 부교감신경이 흥분성을 띤다. 즉, 타액선, 위장관의 선에서는 교감신경이 분비를 억제하고 부교감신경이 분비를 촉진한다(**[그림 4-48]** 참조).

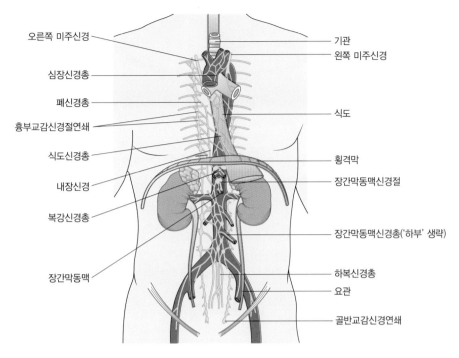

오른쪽 미주신경

심장신경총

폐신경총

흉부교감신경절연쇄

식도신경총

내장신경

복강신경총

장간막동맥

기관

왼쪽 미주신경

식도

횡격막

장간막동맥신경절

장간막동맥신경총('하부' 생략)

하복신경총

요관

골반교감신경연쇄

[그림 4-48] 자율신경계(b)

2. 자율신경계의 흥분

인간은 생존을 위해 늘 긴장해야 했었기 때문에 교감신경이 발달했고, 현대인의 일상생활 속에서도 교감신경이 부교감신경보다 우위에 있다. 스트레스가 가해지면 제일 민감하게 반응하는 것이 자율신경이다. 생명과 직결되는 투쟁-도피반응(fight-flight response)을 신속히, 원활히 하기 위해 인간은 본능적으로 방어기제를 작동한다.

교감신경계는 공포를 느끼거나 흥분했을 때 또는 분노했을 때 등 신체가 극적인 상황에 처해 있을 때 작용하지만, 부교감신경계는 신체 에너지를 보존하고 몸을 이완시키는 작용을 한다. 자율신경이 서로 균형을 이루면서 원활하게 작동하여 항상성(homeostasis)을 유지한다. 이처럼 교감신경과 부교감신경은 상호보완적으로 균형을 이루어야 하지만 스트레스를 받으면 교감신경이 항진되면서 심박동의 증가, 근육의 긴장, 산소요구량의 증가, 동공확대, 체열상승, 땀 분비, 신경의 예민성 증가 등이 일어난다. 인간은 마음의 안정을 찾으면 교감신경이 가라앉고 비로소 부교감신경에 활성화된다.

골격근을 제어하는 체성운동신경 경로는 자율신경 경로와 해부학적, 기능적으로 다르다. 체성신경 경로는 하나의 뉴런을 가지는데, 이것은 중추신경계에서 시작되고 그 축삭이 표적조직(target tissue)으로 뻗으며, 이 표적조직은 항상 골격근이다. 흥분성이거나 억제성일 수는 있는 자율신경 경로와 달리 체성신경 경로는 항상 흥분성이다.

교감신경이 흥분했을 때 몸 안에서는 에피네프린(epinephrine), 노르에피네프린(norepinephrine, NE)이 분비되고, 부교감신경이 흥분하면 아세틸콜린(acetylcholine, ACh)이 작용하는 것으로 알려져 있다. 모든 절전(preganglionic) 자율신경뉴런은 수용체에 아세틸콜린을 분비한다. 대부분의 절후

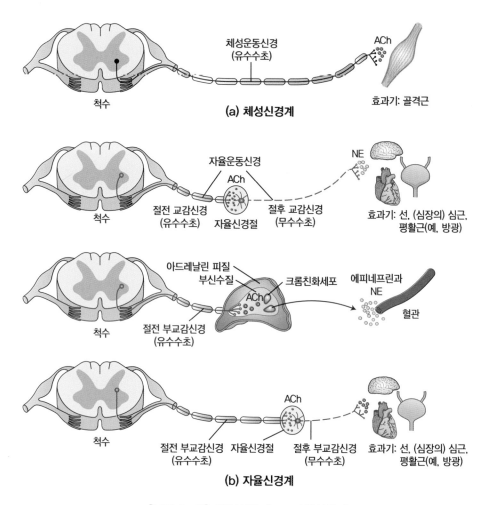

[그림 4-49] 체성신경계 vs. 자율신경계

(postganglionic) 교감신경은 수용체에 노르에피네프린을 분비하고, 대부분의 절후 부교감신경은 수용체에 아세틸콜린을 분비한다. 절전 교감신경은 길이가 짧고 비교적 긴 절후신경이 연접한다. 반면에 부교감신경절은 거의 말단에 존재하므로 절전섬유는 매우 길고 절후섬유는 매우 짧다(**[그림 4-49]** 참조).

3. 자율신경의 지배

자율운동신경은 수의적 기능 조절이 되지 않는 장기를 신경지배한다. 자율신경조절에 따라 효과를 나타내는 장기는 〈표 4-5〉에서 보듯이 눈, 타액선, 한선, 위장관, 심장, 기관, 방광, 혈관 등이다. 자율신경지배에 의한 불수의 효과는 체성 운동지배에 의한 골격근의 수의적 조절과 대조된다.

〈표 4-5〉 자율신경의 지배

기관		교감신경	부교감신경
눈	동공 수정체 누선(눈물샘)	동공의 확대 수정체를 얇게 하여 굴절을 감소 분비 촉진	동공의 축소 수정체를 두껍게 하여 굴절을 증가 분비 억제
이하선(침샘)		분비 억제	분비 촉진
피부	한선(땀샘)	분비 촉진	분비 억제
위장관	소화선 평활근	분비 억제 연동운동 억제	분비 촉진 연동운동 촉진
심장		심박동 증가와 관상동맥 확대	심박동 감소와 관상동맥 축소
기관	선 평활근	분비 억제 기관지 확장	분비 촉진 기관지 수축
방광		괄약근의 수축	괄약근의 이완(배뇨)
혈관		말초혈관의 수축	말초혈관의 확대

신경의 구조와 기능 Tips

1 세포(cell)는 생명체의 구조와 기능, 유전의 기본이 되며 생명의 가장 작은 단위이다. 세포는 세포막(cell membrane), 핵(nucleus), 세포질(cytoplasm)로 구성되어 있다.

2 신경계(nervous system)는 중추신경계(CNS)와 말초신경계(PNS)로 나눌 수 있으며, 중추신경계는 다시 뇌(brain)와 척수(spinal cord)로, 말초신경계는 체성신경계(눈)와 자율신경계(SNS)로 나눌 수 있다.

3 체성신경계는 뇌신경(cranial n.)과 척수신경(spinal n.)으로 나눌 수 있으며, 자율신경계는 교감신경 sympathetic n.)과 부교감신경(parasympathetic n.)으로 나눌 수 있다.

4 자율신경계는 자율신경핵에서 나온 축삭이 자율신경절을 거친 후에 효과기인 내장, 혈관 및 선(gland) 등에 분포하여 이들 기관의 기능을 무의식 또는 반사적으로 조절해 준다.

5 뉴런은 세포체(soma/cell body), 수상돌기(dendrite), 축삭(axon), 수초(myelinsheath), 신경초 (neurilemma), 종말단추(terminal knob)로 구성되어 있으며, 신경계의 기본적인 정보처리 요소로 외부환 경에서 정보를 받아들이고 처리하며 근육의 운동을 통제한다.

6 한 뉴런의 축삭돌기 말단과 다른 뉴런의 수상돌기가 만나는 부분을 연접 또는 시냅스(synapse)라 하며 시냅스를 통해 한 뉴런에서 다른 뉴런으로 정보가 전달된다.

7 신경교세포는 뉴런을 지지하고, 보호하며, 식작용 등에 관여하며 CNS에서는 수초를 형성하는 희돌기 세포(oligodendrocyte), 식작용에 관여하는 미세교세포(microglia), 성상교세포(astrocyte), 뇌실막세포 (ependymal cell) 등이 있으며, PNS에서는 수초를 형성하는 슈반세포(Schwann cell)와 위성세포(satellite) 가 있다.

8 신경충동 또는 자극이 일정 수치 이하일 때는 전혀 나타나지 않고, 역치 이상이면 그 크기에 상관없이 탈분극을 일으켜 흥분하는 것을 실무율(all-or-non principle)이라 한다.

9 척수는 뇌와 말초신경 사이의 신경흥분을 전달하며 체성감각정보뿐만 아니라 내장기관에서 들어오는 정보도 받아들여 내장기능을 조절하기도 한다.

10 체성신경계는 운동이나 감각기능에 관계하며 12개의 뇌신경과 31개의 척수신경으로 이루어져 있고, 자율신경계는 불수의성 장기나 선(gland)에 분포하고 그 작용은 불수의적으로 이루어진다. 교감신경 계는 주로 흥분성으로 작용하며, 부교감신경계는 주로 억제성으로 작용하여 두 신경계는 길항효과 (antagonistic effect)를 유발한다.

11 반사궁(reflex arc)이란 말초의 수용기로부터 중추신경계를 경유하여 말초의 효과기에 이르는 일련의 뉴 런회로를 가리킨다. 즉, 수용기(receptor) → 구심성 신경(afferent n.) → (척수의) 반사중추(reflex center) → 원심성 신경(efferent n.) → 효과기(effector)

12 미주신경(vagus n.)은 감각과 운동의 혼합신경으로서 뇌신경에서 가장 길고 광범위한 분포를 보인다.

단원정리

1. 신경계(nervous system)와 내분비계(endocrine system)의 기능상 차이점은 무엇인가?

2. 뉴런(neuron)의 구조를 간략히 설명하시오.

3. 신경교세포(neuroglia)의 주요한 기능은 무엇인가?

4. 도약전도(saltatory conduction)란 무엇인가?

5. 혈뇌장벽(blood-brain barrier)이란 무엇인가?

6. 뇌척수액(cerebrospinal fluid, CSF)의 기능은 무엇인가?

7. 신경전달물질(neurotransmitter)이란 무엇인가?

8. 실무율(all-or-non principle)이란 무엇인가?

9. 3중의 뇌척수막(meinges)은 무엇인가?

10. 맥락총(choroid plexus)의 가장 중요한 기능은 무엇인가?

11. 반사궁(reflex arc)에 대하여 간략히 요약하시오.

12. 언어와 관련된 뇌신경(brain nerve)을 모두 열거하시오.

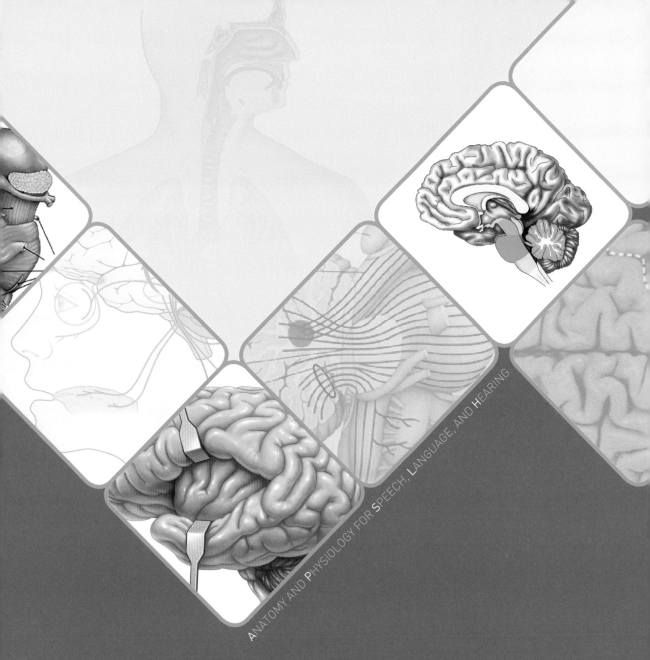

CHAPTER 05

뇌와 언어

"뇌(brain)는 인체의 소우주이다. 100조 개의 네트워크로 구성되어 인간의 몸과 마음을 지배하는 신비한 기관이다. 뇌는 여러 부위와 구역으로 배열된 수많은 연합뉴런과 신경교세포(neuroglia)로 구성된다. 이 뉴런은 감각정보를 수용하고 운동과 활동을 지시하며 학습과 기억 같은 고도의 통합된 기능을 수행한다. 다른 생물에 비해 인간의 뇌는 생각이나 아이디어를 암호화하고 기호를 체계화하는 능력이 뛰어나다.

인간의 뇌는 좌반구는 언어와 분석능력, 우반구는 시공간능력(visuospatial ability)에 관여하는 것으로 알려져 있다. 뇌의 언어기능에 대한 연구는 19세기부터 이어져 왔으며 지금은 첨단 뇌기능 검사 장비로 더욱 과학적인 연구가 진행되고 있다. 그러나 아직도 뇌과학자들은 모르는 부분이 더 많다는 것에 탄식하고 있다."

[그림 5-1]에서 보듯이, 현생 인류에 가까이 진화할수록 뇌의 크기는 증가하고 있다. 고릴라, 약 180만 년 전의 직립원인(Homo erectus), 그리고 약 20만 년 전의 호모 사피엔스의 뇌를 비교해 보면 쉽게 이해할 수 있다. 뇌는 감각계와 운동계를 매개하여 생물학적으로 의미 있는 정보, 즉 개체의 생존에 중요한 신호를 처리한다.

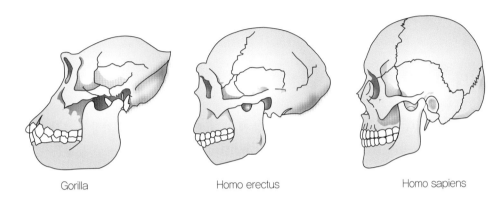

Gorilla   Homo erectus   Homo sapiens

[그림 5-1] 뇌의 진화과정

인간의 뇌는 신체구조 가운데 구조와 기능이 가장 복잡하다. 인류는 이 뇌로 문명을 일구어 지구를 지배하고 있으며 미래를 열어 나갈 수 있으므로 뇌야말로 인류의 궁극적인 탐구 대상이다. 인간의 의식현상이 뇌 작용의 소산임을 깨닫는 데는 오랜 시간이 걸렸으며, 20세기에 들어와서야 비로소 그 관계가 확립되었다.

뇌에 대한 연구는 21세기 중반까지 주로 해부학적 관점에서 이루어져 왔다. 60년대부터 뇌의 기능도 뉴런 간의 극소량의 신경전달물질(neurotransmitter)을 매개로 하고 있음이 밝혀짐으로써 기능적 측면의 연구가 활발해졌다. 70년대부터 분자생물학 기법의 발달로 수많은 신경전달물질의 유전자 구조가 밝혀짐으로써 미지의 병이던 뇌질환도 유전자질환임이 속속 밝혀지고 있다. 예를 들어, 조현병(schizophrenia)은 5번, 우울증(depression)은 11번, 노인성 치매는 21번 염색체(chromosome)의 이상

?! 뇌 가소성

뇌는 신경계의 적응과정으로 인하여 계속해서 변화한다. 중추신경계의 손상 후 시냅스를 통하여 뇌 안의 신경망(neural network)이 새롭게 재구성될 수 있다는 것이다. 이를 뇌 가소성(brain plasticity) 혹은 신경 가소성(neuroplasticity)이라 한다.

이러한 이론은 인간의 유전적 한계를 초월할 수 있다는 가능성을 제시해 준다. 물론 이러한 가소성의 논리는 학습을 통한 두뇌훈련을 하는 신경학적인 근거가 된다. 예를 들어, 언어중추에 손상이 생기더라도 언어치료사(SLP)에 의해 읽기 학습이나 말하기 훈련을 체계적으로 계속한다면, 마치 길이 없는 산에 등산로를 만들 듯 대뇌피질의 다른 부위가 그 기능을 대신 수행할 수 있다는 것이다.

에 의한 질환인 것이다. 80년대 이후 뇌과학(brain science)은 방사선의학의 발달로 획기적인 전기를 맞이하였다. 살아 있는 뇌기능을 영상으로 직접 볼 수 있는 단일광자방출촬영술(single photon emisson computed tomography, SPECT), 양전자방출촬영술(positron emission tomography, PET), 기능적 자기공명영상(functional magnetic resondance imaging, fMRI) 등 첨단 뇌 영상기기가 개발되었다. 21세기에 들어서면서부터 융합과학(fusionscience)의 시대가 열리면서 이 세 가지 기술을 합친 융합영상은 뇌의 활성화 위치를 보다 정교하게 알 수 있게 하였다.

5.1 뇌의 구조와 기능

무게가 1.4kg 정도(남자 성인 몸무게를 70kg으로 할 때 약 2%에 해당)[1]인 뇌의 가장 독특한 특징은 바로 수많은 주름이다. 이 주름은 오렌지 껍질 두께(약 2.5mm)로 대뇌피질(cortex) 부분을 이루고 있다. 피질을 쭉 펼치면 넓이가 신문지 한 페이지 정도이며, 이러한 피질의 신경세포는 거의 백만 마일(1,600,000km)에 이르는 신경섬유로 연결되어 있다.

대뇌는 일반적으로 대뇌피질(cerebral cortex), 대뇌수질(medulla), 기저핵(basal nuclei), 변연계(limbic system) 및 뇌실(ventricles)로 구분한다. 대뇌는 감각, 운동 및 정서 등을 지배하며 언어의 생성과 지각에 직접 관여하는 고등정신기관이다. 대뇌의 아랫부분에 위치하는 소뇌는 신체평형, 자세 또는 각종 운동을 조절하는 기능을 한다(〈표 5-1〉 참조).

뇌간은 중뇌(midbrain), 뇌교(pons), 연수(medulla oblongata)를 총칭하며, 뇌간 안에는 자율신경중추, 호흡중추, 심혈관중추 등이 있어 생명유지에 매우 중요한 역할을 한다.

5.1.1 대뇌

대뇌(cerebrum)는 뇌 전체의 약 80%를 차지하며, 전체 산소 소비량의 20%를, 그리고 전체 혈액공급량의 15%를 소모한다. 대뇌는 전후로 깊은 도랑이 있어 두 반구로 나뉘는데 좌뇌반구(left hemisphere)와 우뇌반구(right hemisphere)라 지칭하며, 이 도랑을 종렬(longitudinal fissure)이라고 한다([그림 5-2] 참조). 좌뇌반구와 우뇌반구의 안쪽은 뇌량(corpus callosum)이라 불리는 신경섬유다발로 연결되어 있다. 대뇌반구의 바깥쪽은 1/4인치 두께의 회백질의 섬유성 다발인 피질이며, 안쪽은 백질인 수질(medulla)로 되어 있다.

각 반구의 뉴런은 뇌량이라는 축삭다발을 통해서 다른 쪽 반구의 상응하는 영역의 뉴런과 교신한다. 뇌량 외에도 인간의 전뇌에는 다른 두 가지 주요한 축삭 연결이 있다. 하나는 좌우반구 대뇌피질의 전두엽을 연결하는 전교련(anterior commissure)이고, 다른 하나는 좌우의 해마를 연결하는 해마교련(hippocampal commissure)이다. 후뇌에는 두 대뇌반구의 피질영역을 서로 연결하는 축삭다발인 후교련(posterior commissure)이 있다.

---

1) 출생 시 뇌의 무게는 약 350~400g이다. 그런데 약 한 달 후에는 420g이 된다. 일 년 후에는 어른 뇌의 무게인 1,400g의 절반 정도가 된다. 7세가 될 때까지 뇌는 무게와 크기 면에서 어른과 거의 같아진다.

〈표 5-1〉 뇌의 주요 기능

구성	주요 기능
대뇌(cerebrum)	• 감각 인식 • 운동의 수의적 조절 • 언어 • 정서 및 바이오리듬의 조절 • 정신기능(사고, 기억 등)
기저핵(basal nuclei)	• 근육긴장의 억제 • 느리고 지속적인 운동의 조절 • 불필요한 움직임의 억제
시상(thalamus)	• 감각정보를 통합하고 분류하여 대뇌의 적절한 부위로 중계 • 대뇌에서 소뇌로 정보를 전달할 때 시상을 거침 • 의식을 유지하게 하는 역할
시상하부(hypothalamus)	• 온도조절, 갈증, 소변배출 같은 항상성 유지 기능의 조절 • 호르몬을 통하여 신경계와 내분비계를 조절 • 감정(희로애락)과 기본적 행동(성적 충동, 갈증, 배고픔 등) 조절 • 음식 섭취조절(포만 및 억제중추)
소뇌(cerebellum)	• 몸의 평형 유지 • 공간운동의 조절 • 숙련된 자발적 근육운동의 조절과 계획
뇌간(brain stem)	• 뇌신경의 기시부 • 심혈관, 호흡, 삼킴, 구토의 조절중추 • 근육반사 조절 • 척수로부터 모든 시냅스 입력의 수용과 통합 • 수면주기의 조절

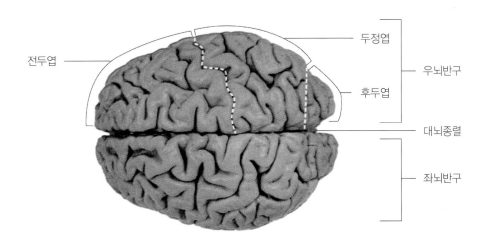

[그림 5-2] 좌뇌반구 vs. 우뇌반구

섬유다발에는 연합(association), 투사(projection), 교련(commissure)의 세 유형이 있다. 연합섬유는 각 반구 안에서 여러 영역을 통과하고, 투사섬유는 대뇌피질에서 뇌간이나 그 아래로 연결되며, 교련 섬유는 두 반구 사이를 연결하는 것이다. 가장 큰 교련섬유 다발은 뇌량이라는 구조로, 여기에는 대략 2억 개의 뉴런이 들어 있다. 대뇌피질의 구조적 특징은 뇌회(convolution)라는 수많은 접힘과 홈이다. 대뇌피질의 융기된 주름 부위를 이랑 또는 회(gyrus)라 하고 납작한 홈은 고랑 또는 구(sulcus)라고 한다 ([그림 5-3] 참조).

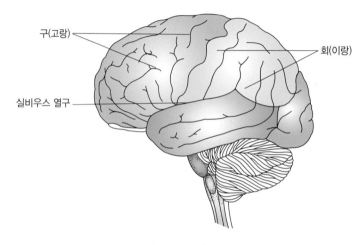

[그림 5-3] 회 vs. 구

⁇❗ 대뇌반구의 편재화

좌우 대뇌반구는 각각 반대쪽 대뇌반구에서는 대개 일어나지 않는 특징이 있다. 이 전문화 현상을 대뇌반구의 편재화(hemispheric lateralization)라 한다. 대부분의 경우에 사람들은 왼쪽 대뇌반구가 언어기능(읽기, 말하기, 쓰기)을 관장한다. 수리계산이나 논리적 판단 등과 같은 분석적 작업을 하는데 중요한 역할을 하므로 왼쪽 대뇌반구를 우성대뇌반구(dominant hemisphere)라 부른다. 오른쪽 대뇌반구는 위치나 공간분석에 관중추적인 역할을 한다. 그러나 대뇌 편측화는 좌우의 대뇌가 서로 무관하게 작용한다는 것을 뜻하지 않는다. 뇌량(corpus callosum)이라는 백색질의 신경섬유들은 좌우 대뇌반구를 연결해서 두 대뇌반구가 감각정보와 운동명령 등을 공유하게 된다. 뇌량은 2억 개 이상의 축삭으로 구성되며, 1초에 무려 40억 회나 되는 신경충동(nerve impulses)을 전달하는 것으로 알려져 있다.

우뇌반구에서는 비분절적(nonsegmental)이고 종합적(holistic)이며 연속적인(successive) 정보를 처리하는 데 비하여 좌뇌반구에서는 분절적(segmental)이고 분석적(analytic)이며 계열적(sequential)으로 정보를 처리한다고 알려져 있다(Witelson, 1987). 우뇌반구에 손상을 입으면 인쇄된 단어를 종합적이고 동시적으로 재인할 수 있지만 문자(letter)-소리(sound)의 관계를 해독하는 데 어려움을 겪는다.

일반적으로 좌뇌반구는 구어, 문어 또는 기호언어 같은 여러 양상의 언어, 시간적인 순서, 수학적 계산, 논리적 추론에 보다 전문화되어 있는 것으로 알려져 있다. 따라서 우뇌반구는 종합적인 해석을 주로 하고 좌뇌반구는 한 단계씩 처리하는 일을 더 잘한다. 또한 오른손잡이는 언어의 좌뇌반구 지배성이 있으며, 왼손잡이의 60%도 언어의 좌뇌반구 지배성이 있다. 그러나 언어의 양반구 지배성을 보이는 경우는 아주 드물다([그림 5-4] 참조).

좌우반구 기능 비대칭성의 가장 극적인 발견은 좌우 두 반구 피질 간의 뇌량을 절단한 분할뇌(split-brain) 환자의 연구를 통해서 이루어졌다. 심한 간질을 치료하려는 목적에서 두 반구를 연결하는 뇌량을 절단한 환자들이 있었는데, 이들을 상세히 연구한 연구자들은 좌우 뇌의 확연한 차이를 발견하였다.

[그림 5-4] 대뇌반구의 편재화(lateralization)

예를 들어, 좌반구에만 제시된 단어는 환자가 소리 내어 읽을 수 있지만, 우반구에만 제시된 단어는 환자가 소리 내어 읽지 못하는 것을 알게 되었다. 이는 우반구에 복잡한 언어능력이 결여되어 있음을 의미한다. 또한 좌우반구가 절단된 환자의 경우에는 두 반구가 서로 협응하지 않으며, 때로는 하나의 뇌 내에서 두 반구가 서로 경쟁하기도 한다. 우리는 정상적인 상황에서 두 반구의 정보처리결과가 뇌량으로 인하여 의식 속에서 자동으로 통합되고 좌우반구의 명령이 필요한 반구로 옮겨 실행하기 때문에 일상생활을 문제없이 할 수 있는 것이다.

1. 대뇌피질의 구성

대뇌피질(cerebral cortex)은 약 1,000억 개의 뉴런으로 구성되어 있으며 두께는 약 2~4mm이다. 대뇌피질은 가장 고위 중추이고 생명을 유지하는 데 가장 중요한 부분의 하나로, 두개강의 약 2/3를 차지한다. 대뇌피질의 기능은 운동, 감각 및 연합기능을 담당한다. 운동기능은 모든 수의운동을 담당하고, 감각기능은 청각 · 시각 · 후각 · 미각 · 통각 등의 모든 감각기능으로 중추가 대뇌피질에 있다.

언어중추는 대개 좌뇌반구에 있으며 왼손잡이냐 오른손잡이냐 하는 것과는 꼭 관계가 있는 것이 아니다. 언어 같은 복잡한 기능을 통합하는 데는 좌우 어느 편이 한

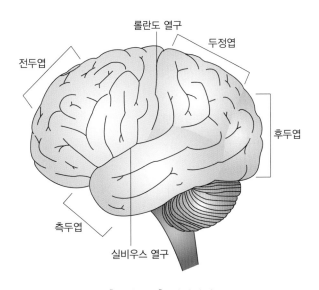

[그림 5-5] 대뇌피질

쪽 반구를 주로 통괄하고 있다. 이를 우성반구(cerebral dominance)라 한다.

운동과 감각 같은 기능 면에서는 좌뇌반구와 우뇌반구 사이에 운동, 감각 같은 대칭성이 있지만, 보다 전문적인 기능에서는 어느 한쪽에 편재되어 있는 비대칭성이 있다. 그렇지만 각 반구는 뇌량과 피질하구조(subcortical structure)를 통해서 쉽게 정보를 전달하기 때문에 서로 상호보완적 기능을 하고 있다. 달리 말하면, 두 반구는 서로를 지배할 수 없으며 어느 한쪽도 혼자서 자료를 분석하고 반응을 계획할 독자적인 능력이 없기 때문에 서로 연결된 전체로서 기능을 하는 것이다. [그림 5–5]에서 보듯이, 중심구(central sulcus) 또는 롤란도 열구(fissure of Rolando)는 두정엽과 전두엽을 분리하는 경계선이다. 운동통제에 관여하는 중심전회(precentral gyrus)는 중심구 바로 앞의 전두엽에 위치한다. 중심구의 바로 뒤 두정엽에 위치한 중심후회(postcentral gyrus)는 체성감각의 인지를 담당하는 피질의 주요한 영역이다. 체성감각은 주로 피부, 근, 건(tendon), 관절(joint) 수용기에서 온다.

(1) 전두엽

전두엽(frontal lobe)은 피질의 가장 넓은 부위로, 가장 복잡한 기능을 수행한다. 전두엽은 두뇌의 앞부분에서 정수리에 이르는데 과거에 비해 급속도로 확대되었고, 우리를 인류의 조상들과 가장 분명하게 구분해 주는 부위이다.

전두엽 중에서도 이마 앞부분에 해당하는 전전두영역(prefrontal area)에 위치한 연합피질(브로드만 9, 10, 11)은 사람에게 최고로 발달한 정신기능으로 기억, 사고, 판단, 정서 등의 활동을 담당한다. 전전두영역은 단기간 기억을 저장하는 작업기억(working memory)과 학습(learning)에도 중요한 역할을 한다. 두뇌의 사령탑을 하는 전전두영역은 어른, 특히 최고경영자(chief executive officer, CEO)에게도 중요하지만 주의력결핍과잉행동장애(attention deficit hyperactivity disorder, ADHD)[2]나 정서장애(emotional disorder)와 깊은 관련이 있기 때문에 이를 겪고 있는 이들에게 더욱 중요하다.

(2) 두정엽

두정엽(parietal lobe)은 뇌의 맨 위에서 뒷부분에 걸쳐 있고, 고차적인 감각처리와 언어처리를 담당한다. 이 부위는 두 하위 부위인 전후부위가 있으며, 이들 부위는 각기 다르면서도 상호보완적인 역할을 한다. 두정엽은 중심구의 뒷부분으로 브로드만 제1·2·3영역은 중심후회에 있고 주 감각영역(primary sensory area)이라 한다. 피부, 심부, 감각 등의 체성감각 및 미각에 대한 섬유를 시상(thalamus)에서 받는다. 제5·7영역도 주로 감각의 연합영역으로 이차 감각영역(secondary sensory area)이라고도 한다. 이 부위가 손상되면 체성감각이 인식되지 못하여 몸에 닿은 것이 무엇인지 알지 못하는 상태, 즉 실인증(agnosia) 또는 입체실인증(asterognosia)이 된다.

두정엽의 연합영역은 지각 및 공간의 인식에 기초를 둔 사고에 관한 통합을 하고 있다. 즉, 체성감각 영역, 미각영역, 청각영역, 시각영역에서 오는 감각정보를 기억하고 또는 이전에 기억했던 것과 비교하여 이것이 무엇인가를 비교하고 인식하고 판단한다. 따라서 개념을 창안하거나 수학적 사고와 관련이 있다고 추측된다.

---

2) 이 장애는 신경행동적 증후군으로 주의력 결핍, 주의산만, 충동적인 행동, 부적절한 과잉행동이 특징이다. 3~8%의 아동에게 나타나며, 남성 대 여성의 비율은 약 4대 1이다. 사회성, 인지능력, 학습능력의 장애를 동반한다.

?! Albert Einstein(1879~1955)

아인슈타인은 사망 후 자신의 뇌가 보존되어 연구되기를 바랐다. 1955년 4월 18일 새벽 1시 15분 사망하자 이를 검시한 프린스턴 대학병원의 병리학자 토머스 하비(Thomas S. Harvey, 1912~2007) 박사는 그의 뇌를 해부하면서 천재의 비밀을 알려 줄 단서를 찾으려 했다. 부검 당시 아인슈타인의 뇌 무게는 1.22kg으로 일반인보다 오히려 0.14kg이 가벼웠다. 하지만 뉴런당 뇌세포의 수가 일반인보다 73%나 많았고, 두정엽의 크기는 일반인보다 15%나 컸다.

(3) 후두엽

후두엽(occipital lobe)은 뇌 뒷부분의 중심부 아래 있으며, 시각자극을 처리하기 위한 두뇌센터이다. 브로드만 제17영역은 일차시각영역으로 외측슬상체에서 오는 시방사섬유를 받는 시각정보가 모인다. 입력된 정보가 이 부위에 모이면, 시각연합영역인 브로드만 18영역에 가서, 그 정보를 전에 본 적이 있는 정보와 비교하여 우리가 책을 보고 있는지 나무를 보고 있는지 알게 해 준다. 만약 시각연합영역이 손상되면 눈은 볼 수 있으나 공간 지각이나 문자의 의미를 인식하지 못한다. 이같은 상태를 감각실독증(sensory alexia)이라 한다. 브로드만 제19영역은 피질의 모든 부분 및 시상과 연락이 있고 시각반사와 다른 반사를 결합시킨다.

(4) 측두엽

귀 바로 윗부분의 양쪽에는 후두엽에서 전두엽 아래로 구부러져 있는 두 개의 엽이 있다. 이 부위가 바로 측두엽(temporal lobe)으로, 그 주요 기능은 청각처리와 언어처리이다. 브로드만 제41번은 일차청각영역으로 청각신경을 통하여 자극을 받을 때 소리를 감지한다. 그리고 브로드만 제42번은 청각연합영역으로 청각에 대한 지각을 도와주어 우리가 무엇을 듣고 있는지를 알게 해 준다. 즉, 측두엽은 청지각은 물론 언어인식에 필요한 영역으로 판단과 기억에 관한 통합이 이루어진다고 알려져 있다.

(5) 도엽

섬엽 또는 도엽(insular lobe)은 제5의 대뇌피질로 뇌의 외측구(lateral fissure)에 깊숙이 자리 잡고 있는 부위로, 전두엽, 두정엽, 측두엽에 의해 덮여 있다. 대뇌피질이 외측고랑을 중심으로 접혀 들어가면서 생성된 뇌섬엽은 대체적으로 위쪽은 넓고 아래쪽은 좁은 역삼각형 형태이다.

도엽은 외부세계를 경험하고 인식하는 데 핵심적 역할을 한다. 내부적, 외부적으로 일어나는 상황을 뇌가 체계적으로 이해하는 데 관여하며, 자기 자신을 인식하고 사회적 상호작용을 가능하게 한다. 어떤 일을 경험하기 전에 미리 예상하는 능력과도 관련된다.

도엽은 어떤 사람의 말이 사실인지 아닌지를 파악하는 데 도움을 준다. 사랑에 빠졌을 때, 혹은 역겨움을 느낄 때 활성화되며, 불의에 대한 항거, 슬픈 기억이나 기쁜 감정, 죄책감 같은 것들에 모두 도엽이 작용한다.

도엽을 뜻하는 인슐라(insula)는 '섬'을 뜻하는 라틴어다. 측두엽과 두정엽 아래쪽의 피질이 나뉘는 외측고랑 (lateral sulcus)에 자리 잡고 있어 성인의 뇌의 표면에서는 보이지 않는다. 마치 조개처럼 생겨 바다 위의 섬처럼 다른 부분과 구별되기 때문에 붙여진 이름이다. '감정의 뇌'인 변연계와도 밀접한 관련이 있다. 따라서 도엽의 기능에 문제가 생기면 감각자극을 제대로 느끼지 못하거나, 자기 감정에 대한 표현을 제대로 하지 못하게 된다. 도엽이 지나치게 활성화가 될 때 불안과 걱정이 생기는 것으로 알려져 있다. 발견자인 요한 라일(Johan Reil)의 이름을 따서 '라일의 섬(island of Reil)'이라고도 한다.

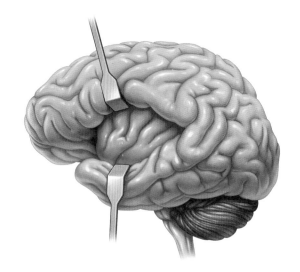

[그림 5-6] 도엽

2. 대뇌피질의 기능

대뇌피질은 운동, 감각 및 연합기능을 담당한다. 운동기능은 자세조정(postural function)과 모든 수의운동을 담당하고, 감각기능은 크게 체성감각계와 특수감각계로 구분한다. 체성감각계는 피부, 근육, 관절 및 내장 등에 다양한 수용기가 분포하여 통각, 촉각, 압각, 온도감각, 내장통각 등의 일반감각을 감지한다. 이에 비하여 특수감각계는 청각, 시각, 후각, 미각 및 평형감각같이 특정한 장소에서 단일 감각수용기가 감지하며 중추가 대뇌피질에 있다. 연합영역은 기억, 사고, 판단, 정서 같은 고도의 정신기능을 수행한다.

(1) 일반감각

[그림 5-7]은 운동신경과 감각신경의 주 영역과 부위에 따라 어떠한 역할을 하는가를 요약하여 보여준다. 주 운동피질은 중심구 바로 앞쪽에 위치해 있고, 주 감각피질은 중심구의 바로 뒤쪽에 위치해 있다.

일반감각 general sensations		특수감각 special sensations
체성감각 somatic sensations	내장감각 visceral sensations	후각 미각 시각 청각 평형감각
표면감각 (촉각, 압각, 온각, 냉각, 통각)	심부감각 (내장통각, 장기감각)	

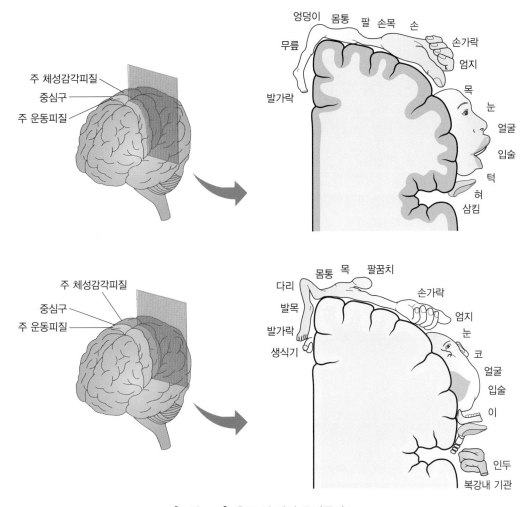

[그림 5-7] 운동 및 감각 호먼큘러스

?! 호먼큘러스(homunculus)

원래 라틴어로 영어로는 'a little man' 소인 또는 난쟁이를 의미한다. 우뇌와 좌뇌의 운동과 감각기능은 인체의 실제 부위의 크기와 비례하지 않기 때문에 이를 대뇌피질의 중심구 좌우에 위치하는 체성감각영역에 부위별로 표시하는 지도로 사용한다.

(2) 운동영역

중심구(central sulcus) 바로 앞의 전두엽에 위치하는 중심전회(precentral gyrus)는 운동을 담당하는 주운동피질이다. 브로드만(Brodmann) 제4영역에 해당하며, 운동 호먼큘러스(motor homunculus)에서 보듯이 피질의 상부는 발가락에, 그리고 하부는 머리 쪽에 치우쳐져 있다. 이 지도의 주목할 만한 점은 신체의 상이한 부위를 담당하는 피질의 영역이 신체 부위의 크기와 일치하지 않는다는 사실이다. 운동피질의 대부분의 영역은 운동신경지배(motor innervation)가 최대로 일어나는 신체 부위이다. 따라서 고밀도의 운동지배신경을 갖고 있는 손과 얼굴은 신체의 나머지 부위보다 더 큰 영역의 중심전회의 도움을 받는다. 운동영역의 바로 앞부분인 브로드만 제6, 8영역도 운동에 관여하는데 이곳을 전운동영역(premotor area)이라고 하며, 이 영역은 주로 무의식적인 운동이나 긴장을 지배하는 추체외로 중추(extrapyramidal center)이다. 이 영역에서도 신체 각 부위의 지배영역이 운동영역에서와 비슷한 순서로 되어 있으며, 이곳을 자극하면 자세의 조정 또는 다리의 관절을 굴곡시키는 것 같은 신체 여러 부분에서 근육의 협력작용이 나타난다.

(3) 감각영역

중심구 바로 뒤의 두정엽에 위치하는 중심후회(postcentral gyrus)는 감각을 담당하는 영역이다.

① 코로부터의 후각경로는
　후각피질로 투사

② 대부분의 감각경로는 시상으로
　투사되어 정보를 변형하고 피질
　중추로 중계

③ 균형과 평형경로는 소뇌로 투사

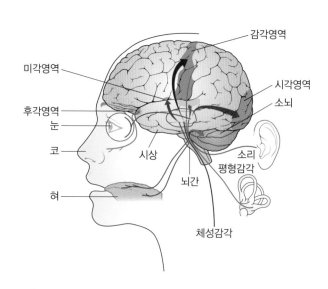

[그림 5-8] 감각신경

감각피질의 영역은 대부분 수용기의 밀도가 최고로 높은 신체 부위이다. 감각 호먼큘러스(sensory homunculus)에서 보듯이, 운동영역과 마찬가지로 고밀도의 감각수용기를 갖고 있는 손과 얼굴은 신체의 나머지 부위보다 감각수용기의 분포가 커서 고도의 국소감각기능(high degree of localization)이 있음을 알 수 있다. 브로드만 제1, 2, 3영역을 주 체성감각영역(primary sensory area), 그리고 브로드만 제5, 7영역을 체성감각연합영역(sensory association area)이라 한다([그림 5–8] 참조).

(4) 특수감각

구심성 정보(afferent information) 전달은 의식적으로나 또는 무의식적으로도 일어날 수 있는데, 이 중 의식되는 구심성 정보를 감각정보라 하고, 이 감각정보들을 수용하기 위해 특수화된 눈, 코, 귀, 입 등에 있는 신경말단에 의해 받아들여지는 감각을 특수감각이라 한다.

① 청각: 와우에서 음파를 전기적인 신호로 전환하면 1차 감각뉴런이 이 정보를 뇌로 보낸다. 와우신경은 8번 뇌신경인 전정와우신경의 일부가 되고, 내이신경의 감각뉴런은 연수의 뉴런과 시냅스를 이루고, 이 뉴런은 중뇌의 하구(inferior colliculus)로 투사되어 다시 여기서 시상으로 나아간 후 측두엽의 청각피질로 신경섬유를 보낸다. 청각영역(auditory area)은 측두엽의 상부에 위치해 있으며 브로드만 제41, 42영역을 제1차청각영역이라 하고, 브로드만 제22영역을 제2차청각영역이라 한다. 음파가 내이의 와우각을 자극하면 발생한 흥분이 청신경(auditory nerve)과 그 전도로를 거쳐 측두엽에 투사된다.

② 시각: 눈은 카메라같이 많은 기능을 하는 감각수용체이다. 수정체(lens)와 동공(pupil)을 이용하여 빛에 민감한 망막(retina)에 빛을 모으며, 동공의 크기는 들어오는 빛의 양을 변화시키기 위해 조절할 수 있다. 각각의 눈에서 나온 시신경은 뇌에서 시신경교차(optic chiasm)가 되고, 이곳에서 그 섬유의 일부가 반대편으로 가로지른다. 시상의 외측슬상체(lateral geniculate body)에서 시냅스를 이룬 후 시각영역으로 간다. 시각영역(visual area)은 후두엽 끝에 있으며 브로드만 제17영역을 제1차시각영역, 제18영역을 제2차시각영역, 제19영역을 제3차시각영역이라고 한다.

③ 후각: 후각(olfaction)을 담당하는 수용기는 후각상피(olfactory epithelium)에 위치한다. 다른 감각은 시상에서 대뇌로 중계되는데, 후각은 시상을 거치지 않고 후구(olfactory bulb)에서 대뇌로 직접 전달된다. 후각영역(olfactory area)은 내측 측두엽에 있지만 후구의 뉴런은 정보를 후각피질뿐만 아니라 변연계의 감정과 기억에 중요한 역할을 하는 해마와 편도체핵으로 투사된다(6.1.3 코와 후각기 참조).

④ 미각: 미각은 후각처럼 외부에서 들어오는 특정한 자극물질을 미각수용기가 감지함으로써 발생하는 지극히 선택적인 고감도 반응이다. 미각수용기는 구강상피에 있는 맛봉오리 또는 미뢰(taste bud)의 미각세포(taste cell)이며, 이 미각세포는 구심성 뉴런과 시냅스를 이룬다. 미각영역(gustatory area)은 측두엽에 위치하며, 중심후회 기저부에서 도(insula)에 이르는 영역이다(6.1.4 혀와 미각기 참조).

⑤ 평형감각: 평형감각은 주로 전정기관(vestibular organ)에서 수용한다. 전정기관은 머리 회전으로 인한 회전가속(rotational acceleration)을 수용하는 3개의 반규관과 중력을 포함한 직선가속(linear acceleration)을 수용하는 이석기관(otolith organ)인 난형낭(utricule)과 구형낭(saccule)으로 구성되어 있다. 전정기관의 모세포는 전정신경의 1차 감각뉴런을 자극한다. 그 뉴런은 연수의 전정신경핵에서 시냅스를 형성하거나 시냅스를 형성하지 않고 소뇌까지 가고 일부 뉴런은 시상을 통하여 대뇌피질로 간다.

(5) 연합영역

앞에서 언급한 영역을 제외한 나머지 영역을 연합영역(association area)이라 한다. 고등동물일수록 연합영역이 넓고 전체 피질의 약 80~90%를 차지한다. 이 영역은 고도의 정신기능인 언어, 기억, 학습, 상상, 지각, 이성, 이해 및 인격 등의 기능을 담당한다. 또한 운동 및 감각 기능을 통합(integration)하여 무엇인가를 인식하게 하는 연합기능을 수행한다.

예를 들면, 사과를 인식할 때 시각을 통하여 색깔과 형태를 인식하고, 후각을 통하여 향기를 인식하며, 운동기능을 통해 사과를 만져 보고, 촉각을 통해 사과 표면의 매끄러운 정도를 알게 된다. 그러나 이러한 감각과 운동의 독립된 영역만으로는 사과를 전체적으로 인식하지 못하며, 연합영역에서 감각을 총괄적으로 연합 처리하여 과거의 기억과 비교, 대조 및 평가함으로써 비로소 사과라는 대상을 제대로 인식하게 된다.

이 연합영역의 일부 또는 전부에 병변이 생기면 실어증(aphasia), 실행증(apraxia), 실인증(agnosia) 같은 증세가 나타난다(5.3 언어장애 참조).

〈표 5-2〉 주요한 브로드만 영역

대뇌엽(lobes)	브로드만 번호	세부 영역명	주요 기능
전두엽 frontal lobe	4	일차운동영역	골격근 수의운동
	6	전 운동영역, 보조 운동영역	운동계획
	8	눈 운동영역	안구의 수의적인 운동
	9~12	전전두영역	개성, 지적 활동, 인격, 태도
	44, 45	브로카영역	표현언어영역
두정엽 parietal lobe	3, 1, 2	일차체성감각영역	체성감각
	5, 7	체성감각연합영역	정서
	39	모이랑 또는 각회	숫자, 공간인지, 기억회상
	43	일차미각영역	미각자극의 수용과 처리
후두엽 occipital lobe	17	일차시각영역	시각자극의 수용과 처리
	18, 19	시각연합영역	
측두엽 temporal lobe	41	일차청각영역	청각자극의 수용과 처리
	42	청각연합영역	
	22	베르니케영역	수용언어영역
	28	후각영역	후각자극의 수용과 처리
	20, 21, 37	안면인식영역	
섬 또는 도엽 insula	16	외측구	기억, 학습

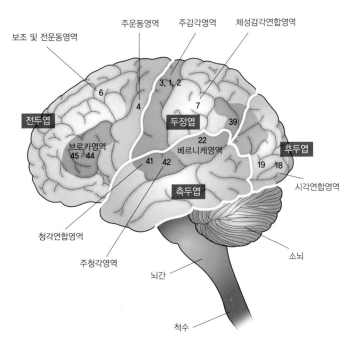

[그림 5-9] 브로드만 번호

출처: Ferrand(2007: 320)에서 수정 인용

3. 브로드만 영역

대뇌피질은 부위에 따라 세포의 밀도나 형태 등의 세포구조학적 차이뿐만 아니라 기능상으로도 차이가 있다. 독일의 해부학자 Korbinian Brodmann(1868~1918)은 이러한 차이에 기초하여 대뇌피질을 47개 영역으로 나누었고, 이후에 다시 52개 영역으로 브로드만 대뇌피질도를 완성하였다([그림 5-9] 참조). 이같이 조직학적으로 분류한 부위는 어느 정도 특정한 기능과 관계가 있다는 사실이 생리학적 실험과 임상적 관찰을 통해서 알려졌다.[3]

4. 변연계[4]

변연계(limbic system)는 '감정의 뇌'로 불리며 대뇌피질과 시상하부 사이의 경계에 위치한 부위이다. 겉에서 보았을 때 귀 바로 위쪽(또는 측두엽의 안쪽)에 존재하는 피질영역이다. 변연계를 구성하는 것으로는 대뇌피질의 일부인 대상회(cingulate gyrus)가 있고, 변연계의 중심부에는 시상하부(hypothalamus)가 자리 잡고 있다. 이를 둘러싸고 있는 피질하구조물로는 중격(septum), 시상상부(epithalamus), 편도체(amygdaloid body), 해마(hippocampus), 시상전핵(anterior thalamus) 등이 있다([그림 5-10] 참조).

---

3) 브로드만 번호(BN) 13, 14, 15, 16, 27, 49, 50, 51은 인간 이외의 영장류에만 해당된다.

4) '변연'이란 가장자리(edge)를 의미하는 라틴어 'limbus'에서 유래되었으며, 1878년 Paul Broca가 포유동물의 뇌에서 공통적으로 볼 수 있는 간뇌를 둘러싸고 있는 가장자리 피질영역을 지칭한 데서 연유되었다.

?! 편도체

편도체(amygdalaloid body)는 라틴어에서 아몬드(almond)처럼 생겼다고 해서 'amygdala'라는 이름이 생겼다. 측두엽 안쪽에 있는 신경핵의 집합체로서 변연계(limbic system)에 속하는 구조의 일부로 감정, 특히 공포와 공격성을 처리하는 기능에 중요한 역할을 하는 것으로 알려져 있다. 편도체를 제거당한 쥐는 고양이를 두려워하지 않는다고 한다.

대뇌피질은 외부 환경과의 교신을 통하여 이를 입체적으로 인식하는 능력이 있으며, 목적 지향적 · 이성적 행동을 이끄는 데 비하여, 변연계는 본능행동과 정서감정을 주재하는 기구로서 행동의 의욕, 학습, 기억과정에도 깊이 관여한다. 정서행동에는 시상하부가 주로 관여하지만, 뇌의 변연계도 이에 참여한다. 따라서 변연계를 파괴하면 본능행동에 변화가 나타난다. 또한 변연계는 자율신경계의 장기지배에 대해서도 조절적 영향을 미치고 있으며 후각정보(olfactory information)와 관련되어 있다. 만약 변연계가 다른 피질영역에 의해 조절되지 않는다면, 개인에 따라 조절되지 않는 분노 공격이 간헐적으로 일어날 수도 있다. 변연계의 기능은 아직 뚜렷하게 밝혀지지 않았다.

[그림 5-11]에서는 슬픈 감정이 주로 변연계와 시상하부에서 관찰되지만 반드시 어느 하나의 특정 부위에서만 나타나는 것이 아니라 광범위한 영역에서 나타나고 있다는 것을 보여 준다.

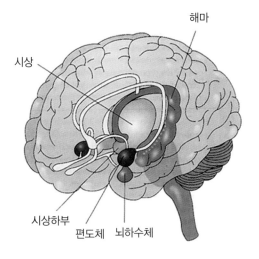

[그림 5-10] 변연계

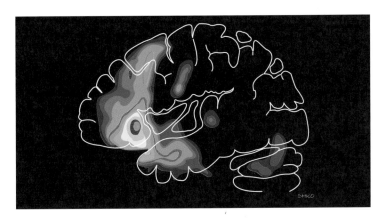

[그림 5-11] 슬픈 생각을 하는 동안 신경활동을 보여 주는 컴퓨터상

출처: Vander, Sherman, & Luciano(2001: 361)에서 재인용

?! 해마 이야기

해마(hippocampus)는 그리스어 '말(horse)'을 뜻하는 'hippo'와 바다 괴물을 뜻하는 'kampos'에서 유래되었다. 과학자들은 뇌전증(일명, 간질) 치료의 일환으로 해마가 제거된 Henry Molaison(1926~2008)의 일생을 통해서 해마가 어떤 일을 하는지에 대해 알게 되었다.

해마는 대체로 장기기억(long-term memory)인 특별한 사실, 사건, 일화들을 기억하는 외현기억(explicit memory)을 부호화하는 책임을 지고 있으나, 단기기억(short-term memory)에는 관여하지 않는다는 사실을 발견한 것이다. 이는 기억을 단기기억과 장기기억으로 나눈 커다란 인지심리학적 성과라고 할 수 있다.

해마는 학습과 기억을 담당하는 뇌의 변연계(limbic system)에 위치하고 있으며, 해마가 손상되면 손상되기 전의 기억은 그대로 유지하지만 손상된 후에는 새로운 기억을 생성할 수 없다고 알려져 있다.

5. 대뇌수질

대뇌수질(cerebral medulla)은 회백질인 기저핵을 제외하고는 완전히 백질이며, 이 백질은 신경섬유다발로 되어 있다. 이러한 신경섬유다발은 기능 및 주행방법에 따라, 투사섬유, 교련섬유, 연합섬유로 구분한다.

(1) 투사섬유

투사섬유(projection fibers)란 대뇌피질에서 뇌간(brain stem) 또는 척수(spinal cord)로 뻗는 신경섬유를 가리킨다. 대뇌피질 쪽은 넓고 뇌간 쪽은 좁기 때문에, 즉 아래쪽은 좁고 위쪽은 넓은 방사형의 구조로 나타나기 때문에 대뇌부챗살 또는 방사관(corona radiata)이라 한다. 방사관은 피질하구조(subcortical structure)에서 대뇌피질로 들어오는 상행섬유(ascending fibers)와 대뇌피질에서 시작되어 피질하구조에 이르는 하행섬유(descending fibers)로 나눌 수 있다. 상행섬유의 거의 대부분은 간뇌의 시상(thalamus)을 통해 들어오는 시상피질섬유(thalamocortical fibers), 시상방사(thalamic radiation)이다([그림 5-12] 참조).

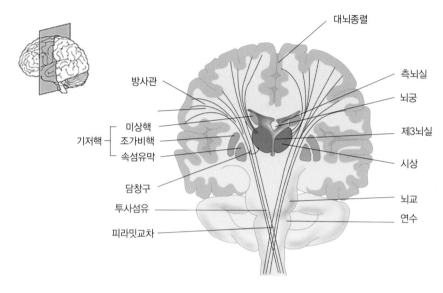

[그림 5-12] 투사섬유

(2) 교련섬유

교련섬유(commissural fibers)는 한쪽 대뇌피질에서 반대쪽 대뇌피질로 연결되는 섬유다발을 말하며, 좌우 대뇌반구를 연결하는 큰 섬유다발인 뇌량(corpus callosum)과 전교련(anterior commissure) 및 뇌궁교련(commissure of fornix) 등이 여기에 속한다. 뇌량은 대뇌의 각 대뇌엽에서 시작되어 반대편의 같은

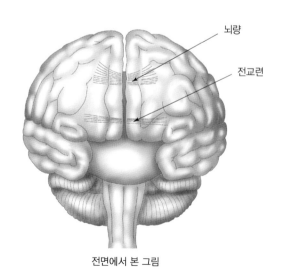

전면에서 본 그림

[그림 5-13] 교련섬유

부위로 이어지는 유수신경다발(myelinated fiber bundle)로 대뇌피질의 거의 모든 부위에서 반대편의 같은 부위로 서로를 연결시키는 기능을 한다([그림 5-13] 참조).

(3) 연합섬유

연합섬유(association fibers)는 같은 쪽 대뇌피질 내에서 여러 부분을 연결하는 섬유로 구상섬유속(uncinate fasciculus), 상종섬유속(superior longitudinal fasciculus), 하종섬유속(inferior longitudinal fasciculus), 궁상섬유속(arcuate fasciculus), 대상섬유속(cingulate fasciculus) 등이 여기에 속한다. 연결시키는 섬유다발의 형태가 활이 휘어진 것 같은 모양이기 때문에 연합섬유의 다발을 궁상섬유(arcuate fibers)라고도 한다. 짧은 연합섬유(short association fibers)는 인접한 이랑의 피질을 연결시키는 역할을 하며 고랑의 장축에 대해 가로 방향으로 배열되어 있다. 긴 연합섬유(long association fibers)는 다른 대뇌엽 사이를 연결시켜 주기도 하고, 비교적 멀리 떨어진 같은 대뇌엽의 피질을 같은 쪽 대뇌반구에서 연결시켜 주는 역할을 한다([그림 5-14] 참조).

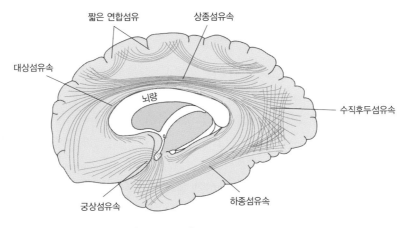

[그림 5-14] 연합섬유

6. 기저핵

기저신경절(basal ganglia) 또는 기저핵(basal nuclei)은 대뇌핵(cerebral nuclei)이라고도 하며, 대뇌 수질 속에 깊이 위치한 회백질로 이루어져 있다. 기저핵은 대뇌피질과 척수 사이의 운동 또는 감각로의 중계로 역할을 하고 있다.

(1) 구조

[그림 5-15]에서 보듯이, 기저핵은 미상핵(caudate nucleus)과 피각(putamen), 담창구(globus pallidus)의 3개 핵을 가리킨다. 기저핵의 조절신경회로는 구심성과 원심성 회로로 구분한다. 미상핵과 피각, 즉 선조체(corpus striatum)[5]는 담창구와 함께 추체외로계의 일부이며, 기저핵으로 들어오는 구심성 섬

---

5) 미상핵, 피각 및 담창구는 줄무늬를 이루고 있어 선조체라 부른다.

유는 선조체로 들어오고, 원심성 섬유는 담창구에서 나간다.

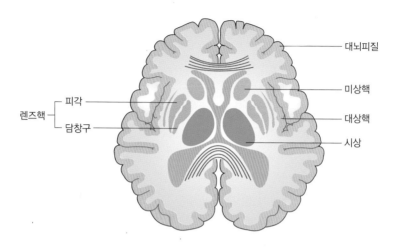

[그림 5-15] 기저핵

(2) 기능

기저핵은 피질하 추체외로계 구조와 함께 운동피질과 협동하여 근육활동을 촉진 혹은 억제함으로써 수의운동이 원만히 이루어지도록 지원한다. 기저핵으로 들어오는 구심성 흥분은 거의 모두가 선조체 내로 집중된다. 기저핵은 구심성·원심성 회로를 통한 무의식반사의 추체외로계 중추로서 근육의 운동과 긴장성을 억제·조절하는 대뇌피질, 선조체, 담창구, 시상, 대뇌피질이라는 고리 모양(loop)의 회로를 통해서 대뇌피질에 들어온 정보를 분석한다. 그리고 구성된 수의운동 계획을 기저핵에서 통합·억제·조절하여 재구성하고 대뇌피질로 되돌아가 피질의 운동을 조절한다. 이들은 근육활동을 소통 혹은 억제하며, 주로 운동영역 뉴런의 활동에 영향을 미치는 것으로 생각된다. 특히 기저핵은 의지적 행동을 배경으로 일어나는 자세와 운동의 조절에 관여하며, 피질척수로를 통한 의지운동의 숙련도, 소뇌와의 협조운동 및 자세조절에 관한 무의식반사를 조절한다.

(3) 병변

기저핵에 병변이 있을 때에는 몇 가지 특이한 운동기능의 장애가 발생하는 것을 알 수 있는데, 대표적인 질환으로는 파킨슨병(Parkinson's disease, PD), 헌팅턴병(Huntington's disease), 무도병(chorea) 등이 있다. 파킨슨병은 영국의 내과의사 James Parkinson(1755~1824)이 발견했으며, 도파민(dopamine) 고갈에 의한 기저핵 내의 담창구(globus pallidus) 변성의 결과로 발생한다. 이 질병은 자발적인 운동계획 능력의 손상으로 인하여 휴식 시의 떨림 또는 진전(tremor), 무표정한 얼굴, 근육경직과 약화 등이 특징인 진행성·퇴행성 신경계 질환이다. 질병이 악화되면서 환자는 느리고, 높낮이 변화가 없는 말을 하고 말기에는 기억력과 사고력이 심하게 손상된다.

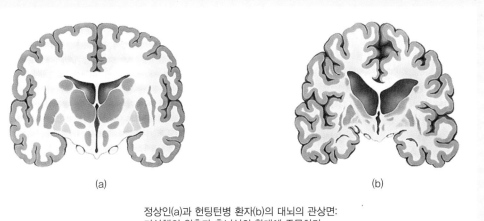

정상인(a)과 헌팅턴병 환자(b)의 대뇌의 관상면:
미상핵의 위축과 측뇌실의 확대에 주목하라.

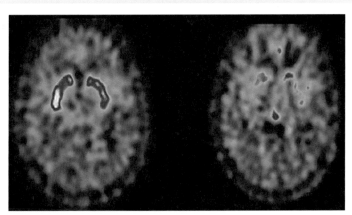

정상인(a)과 파킨슨병 환자(b)의 PET 영상: 뇌 흑질에서 도파민신경의 괴사로 인해 발생
－운동을 조절하는 기저핵의 기능 저하가 눈에 띔

　헌팅턴병은 미국 내과의사인 George S. Huntington(1851~1916)이 발견했으며 기저핵 기능 손상의 결과로 일어나는 진행성 · 퇴행성 신경계 질환이다. 이 질병은 골반, 몸체 그리고 사지를 반사적으로 짧게 움직이는 것이 특징이다. 걸을 때 예측이 불가능한 불수의적 운동으로 걸음이 불규칙하여 마치 춤을 추는 것과 비슷하다. 헌팅턴병은 억제성 신경전달물질인 GABA(gamma-aminobutyric acid)와 흥분성 전달물질인 아세틸콜린(acetylcoline, ACh)의 변성으로 발생한다고 알려져 있다.

　무도병은 그리스어의 춤(dance)을 의미하는 'choreia'라는 단어에서 유래했으며, 기저핵 내의 미상핵(caudate nucleus) 손상이 원인이다. 깨어 있는 동안 필요 없는 과잉운동이 일어나 정상적이고 수의적인 운동이 어렵고, 정서적으로 불안정하며, 신체적으로 허약하고, 잘 흥분하고 안달하는 증상을 나타낸다. 이는 중뇌의 흑질(substantia nigra)에 있는 뉴런이 억제되지 않고 도파민이 과잉분비되어 나타나는 증상으로 알려져 있다.

?! 우울증 vs. 조증 vs. 조울증

- 우울증(depression): 슬픈 감정, 불행감, 공허, 의지저하 등이 지속되는 증세로 남성에 비해 여성이 2배 정도 높다. 세로토닌과 노르에피네프린 등이 결핍되어 생기는 증상
- 조증(mania): 기분이 들떠서 쉽게 흥분상태가 지속되는 증세로 우울증과 반대로 노르에프네프린이 과다분비되는 상태로 간혹 자기파괴적인 행위를 하기도 함.
- 조울증(manic depression): 우울증과 조증이 번갈아가며 나타나는 증세

5.1.2 소뇌

소뇌(cerebellum)는 뇌 전체 부피의 10%에 불과하지만 신경세포는 뇌신경세포의 50% 이상을 차지한다. 이 세포들은 매우 규칙적으로 배열되어 있을 뿐만 아니라, 구조적으로 여러 영역으로 분명하게 나누어진다. 이렇게 구성된 소뇌는 신체평형, 자세 또는 각종 운동을 정밀하게 조절하는 것이 본래의 사명이다. 따라서 소뇌를 제거하더라도 감각기능장애와 근수축에 지장을 주지 않는 것으로 보아 소뇌가 근육운동의 중추가 아님을 분명히 알 수 있다.

[그림 5-16]에서 보듯이, 소뇌는 대뇌후두엽과 분리되어 있지만 뇌간의 뒤쪽에 위치하여 중뇌, 뇌교, 연수와 연결되어 있는 약 120~140g의 작은 뇌로, 하등동물보다는 고등동물에서 더욱 발달해 있다.

[그림 5-16]에서 보듯이, 소뇌는 주름이 많은 소뇌피질 아래에 여러 개의 심부핵이 있다. 소뇌는 대

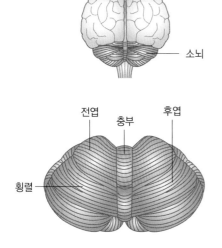
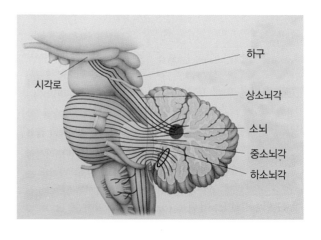

[그림 5-16] 소뇌의 구조

뇌처럼 1쌍으로 이루어져 있는 소뇌반구(cerebellar hemisphere)와 소뇌반구 사이의 작은 소뇌충부 (vermis)로 구성되어 있다. 즉, 소뇌에는 내측핵, 외측핵, 중위핵, 구상핵의 4쌍의 핵이 있어 소뇌피질 과 연결된다. 이러한 소뇌에는 추체외로계의 중추가 있어 대뇌의 운동명령과 연결되어 있으며 촉각, 청각, 시각 등의 감각을 조절하는 기능을 한다.

　특히 운동은 대뇌의 일차운동피질의 뉴런을 통제하는 전두연합피질의 뉴런에 의해 개시되지만, 전 두피질은 운동을 계획하나 개시할 수는 없다. 그러나 소뇌에는 빠르고 숙련된 운동이 필요한, 복잡하 고 정확한 시간을 맞추는 근수축 순서를 계산하기 위한 신경회로가 있다. 이러한 신경회로는 정확한 수의운동과 자세유지를 가능하게 한다. 따라서 운동을 하는 도중에도 소뇌는 척수와 뇌간에서 다양한 감각정보를 받아 그에 따라 시시각각으로 운동을 수정한다. 특히 균형 전정기관과 고유수용기 등의 정 보는 신체의 평형과 자세의 유지에 관여한다. 또한 소뇌에는 운동학습기능이 있다. 소뇌가 손상되면 감각기능의 장애나 근수축에 지장을 주지 않으나, 운동실조증(ataxia)을 일으켜 운동상의 조화를 상실 하기도 하며 언어장애 등이 나타날 수 있다.

　소뇌의 기능 이상이 있는 환자의 언어는 소뇌성 언어(cerebellar speech)라 하며, 마비말장애 같은 실 조성 언어(ataxic speech)와 유사하다. 느리고 경련적인 것과 간헐적이고 폭발적이거나 단조롭고 다양 하지 않은 단속적 구어(scanning speech)와 분명치 않은 발음이 특징적으로 나타난다.

5.1.3 간뇌

　간뇌(diencephalon)는 중뇌와 대뇌 사이의 부분이며, 자율신경계의 기능을 수행하는 추체외로계의 중추 또는 감정 등 자율신경계의 최고 중추로서의 기능을 담당한다. 즉, 대뇌피질로 들어가는 지각전 도, 통합조절 또는 대뇌피질의 전기적 피질작용 조절, 선조체나 소뇌에서 들어오는 자율운동의 통합중 추로서도 작용한다([그림 5-17] 참조).

　간뇌에서 기능적으로 중요한 부분은 시상과 시상하부이다. 시상은 감각과 운동정보를 대뇌중추로

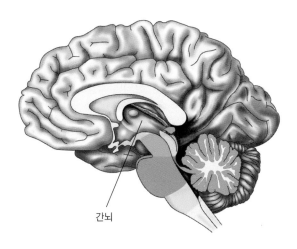

간뇌

[그림 5-17] 간뇌의 위치

보내는 중요한 상행로를 구성하고, 때로는 의식(awareness)과 정서(emotion)를 조절한다. 시상하부는 시상의 앞쪽에 있고 뇌하수체(pituitary gland)를 통하여 자율신경계와 호르몬 분비를 조절한다. 시상하부에는 구심싱 및 원심성 신경이 광범위하게 분포되어 있는데, 주로 시상, 중뇌 그리고 일부는 대뇌피질과 연결되어 자율신경계로부터 정보를 주고받는다.

1. 시상

[그림 5-18]에서처럼, 시상(thalamus)은 간뇌의 3/4을 구성하고 제3뇌실의 벽을 형성한다. 그리고 시상은 한 쌍의 회백질 덩어리이며, 각각 대뇌반구의 측뇌실 바로 밑에 위치한다. 시상에서 기시하는 신경섬유는 대뇌피질의 중추로 향하고 있기 때문에 냄새를 제외한 모든 감각정보를 대뇌에 전달하는 중계소로서 작용한다. 시상 내부에 있는 여러 핵은 감각전도로에 관여하며 전신의 피부감각을 비롯하여 시각, 청각 등 거의 모든 감각전도로의 중계소가 된다. 이렇듯 시상은 입력되는 감각정보를 뇌의 적당한 부위에 전달하여 분석할 수 있게 하는 정거장 역할을 한다고 할 수 있다. 따라서 시상은 뇌가 특정 선택 입력을 받아들이도록 준비시키는 일을 한다(Lemme and Daves, 1982). 예를 들어, 외측슬상핵(lateral geniculate nuclei)은 시각정보를 시상에서 후두엽에 중계하고, 내측슬상핵(medial geniculate nuclei)은 청각정보를 시상에서 측두엽에 중계한다. 실제로 대뇌피질의 많은 영역은 시상과 연결이 단절되는 경우 기능을 완전히 상실한다.

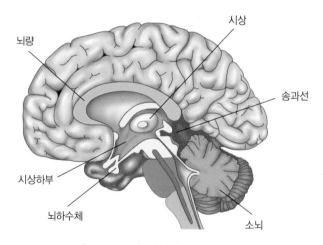

[그림 5-18] 간뇌의 기능

2. 시상상부

시상상부(epithalamus)는 간뇌의 배측(dorsal portion)을 구성하며 제3뇌실이 있고, 여기에는 맥락총(choroid plexus)이 존재하여 뇌척수액(cerebrospinal fluid, CSF)을 만든다. 또한 시상상부에는 송과선(pineal gland)이 존재하고, 여기서 멜라토닌(melatonin)을 생성하고 분비한다. 멜라토닌은 명암주기에 대한 정보를 전달함으로써 수면 패턴을 조절하는 화학적 전령이다. 송과선의 기능이 저하되면 노화가 빨리 진행되고 몸의 면역체계가 손상되는 것으로 알려져 있다.

3. 시상하부

시상하부(hypothalamus)는 간뇌의 가장 아랫부분이다. 시상 바로 아래에 위치한 시상하부는 제3뇌실의 바닥과 측벽의 일부를 형성한다. 크기는 작지만 매우 중요한 부분으로서 배고픔, 갈증, 뇌하수체의 호르몬 분비 및 체온조절 등을 관장하는 신경중추이다. 뿐만 아니라 수면, 각성, 성적 충동, 성행위, 공포, 고통, 즐거움과 분노 등에도 관여한다. 시상하부는 내장의 기능을 조절하는 자율신경계의 최고 중추이며 의식주와 인간의 감정 및 정서 반응을 조절하는 중추이기도 하다. 또한 시상하부는 내부 환경을 정상으로 유지하는 기전에 관여하고 심장항진, 동공확대, 땀 분비 등의 감정반응 표출에도 작용한다. **[그림 5-19]**에서 시상, 시상하부, 뇌하수체(pituitary gland)를 볼 수 있다.

시상하부의 주요한 기능

① 자율신경계통 총괄: 내장신경의 중추, 심박동, 혈압, 호흡 등
② 내분비계통 총괄: 뇌하수체 호르몬의 분비 조절
③ 체온 조절: 온도조절기로 혈액 온도의 변화 탐지
④ 식욕 조절 중추: 기아 및 포만을 조절하는 섭식중추
⑤ 수분섭취 조절: 혈액 속의 수분량을 탐지
⑥ 본능적 감정 및 행동 조절: 변연계와 연계: 분노, 공격성, 성욕 등

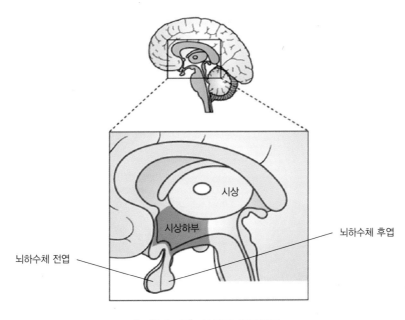

[그림 5-19] 시상과 시상하부

4. 시상후부

시상후부(metathalamus)는 중앙의 굴곡체와 양측면의 굴곡체로 구성되어 있다. 중앙의 굴곡체는 하부상완과 청각피질 사이에서 신경자극을 교체시킨다. 측면의 굴곡체에서는 뒤쪽 끝부분에 피상적인 난형의 융기를 만들어 시신경섬유관의 끝부분과 합쳐진다.

5. 하시상

하시상(subthalamus)은 시상과 중뇌 피개(tegmentum) 사이에 위치하며, 시각 및 전정신경의 흥분파를 담창구(globus pallidus)로 중계하는 역할을 한다.

신체적·정신적 또는 사회적 환경의 변화에 대해 급격히 일어나는 내적 감정상태를 정서(emotion)라 한다. 희(喜), 노(怒), 애(哀), 락(樂), 애(愛), 오(惡), 욕(欲)의 기본 감정과 공포·분노·공격·도피 행위 같은 감정 변화를 정서의 기본적 행동이라 한다. 또한 시상하부의 앞부분은 수면을, 그 후부는 각성을 일으키는 데 관여하는 것으로도 알려져 있다.

?! 배부르게 먹고도 디저트를 또 먹고 싶은 욕구

배가 부르면 포만중추가 작동하여 그만 먹게 하지만, 우리 몸에는 감각특이성 포만감이 존재하기 때문에 따로 디저트를 먹게 된다. 감각특이성 포만감(sensory specific satiety)이란 계속 같은 음식을 먹게 될 때 질려서 먹기 싫어지는 포만감이지만, 디저트로 전혀 다른 맛이 들어오면 포만중추가 일시적으로 작동을 멈추게 되어 또 먹게 된다. 식사 후 보통 달달한 디저트를 먹을 때는 신경흥분성 호르몬인 오렉신(orexin)이 방출된다.

5.1.4 뇌간

중뇌, 뇌교, 연수를 총칭하여 뇌간(brain stem)이라 한다([그림 5-20] 참조). 뇌간의 아랫부분은 척수와 연결되고, 윗부분은 간뇌와 경계를 이룬다. 뇌간의 회백질 부분에는 특유한 기능을 하는 신경세포가 존재하고 있으며, 백질 부분은 상행성·하행성의 신경섬유로 이루어진다.

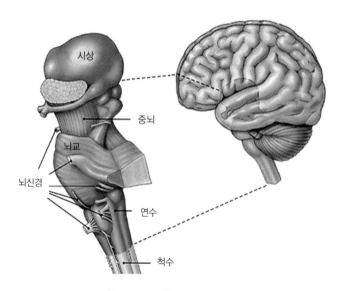

[그림 5-20] 뇌간의 구조

이 신경계는 감각신경과 운동신경이 출입하고 뇌간에 있는 12쌍의 뇌신경(cranial n.)에 의해 그 기능을 수행하며, 기능적으로는 척수신경의 역할과 유사하다. 척수신경이 감각신경과 운동신경으로 구성되어 신체의 몸체와 사지의 기능을 조절한다면, 뇌간의 신경은 머리, 목, 얼굴 부분의 감각과 함께 청각(hearing)과 신체평형(equilibrium)을 담당하는 특수감각계(special nervous system)를 구성하여 주로 머리와 목의 운동기능을 조절하고 있다.

뇌간의 기능은 상행과 하행의 신경 경로가 있어 고위 중추의 정보전달에 기여하고, 특히 뇌간 전역에 걸쳐 신경세포가 그물(network)처럼 만들어진 망상체(reticular formation)를 형성하여 각성(arousal)과 깊은 관계가 있다.

1. 중뇌

중뇌(midbrain)는 간뇌와 뇌교(pons) 사이에 위치한다. 중뇌에는 소리 또는 광선 자극에 대하여 머리나 눈을 돌리는 반사활동을 주관하는 사구체(corpora quadrigemina)라는 중추가 있는 것으로 알려져 있으며 중앙에는 뇌척수액이 채워져 있다. 중뇌 속 깊은 곳에 있는 회백질의 적핵(red nucleus)은 대뇌 및 소뇌와 연결되어 있고 운동 협동에 관여한다. 중뇌는 뇌간의 잘록한 곳으로서, 앞쪽의 대뇌각(cerebral peduncle)과 중간부의 피개(tegmentum), 뒤쪽의 중뇌개로 구성되며, 내부에는 중뇌수도(cerebral aqueduct)가 있어 제3뇌실과 제4뇌실을 연결한다. 중뇌는 여러 가지 전도로의 통로와 중계소가 되며, 또한 시각 및 청각의 반사중추와 안구운동과 동공수축의 운동중추가 있다.

2. 뇌교

뇌교(pons)는 연수 바로 위에 위치하여 뇌간의 중뇌와 연수를 연결하는 부위를 일컫는다. 뇌교에는 대뇌와 연수로 달리는 신경섬유가 연수보다 많아지고, 섬유를 소뇌로 보내며, 소뇌에서 받은 신경섬유다발이 포함되어 있기 때문에 연수보다 부피가 더 크다. 뇌교는 호흡조절중추 및 호흡가스 감수영역 등이 포함되어 있어 호흡에 관계한다. 그리고 4쌍의 뇌신경, 즉 제5삼차신경(trigeminal n.), 제6외전신경(abducens n.), 제7안면신경(facial n.) 및 제8청신경(auditory n.)이 이곳에서 시작한다.

3. 연수

연수(medulla oblongata)는 위로는 뇌교로 이어지고 아래로는 척수로 이어지는데, 경계 부위는 명확하지 않다. 길이는 3cm, 폭은 2cm, 두께는 1.25cm로서 연수의 표면은 척수의 표면처럼 상하로 홈(groove)이 있다.

연수에는 12쌍의 뇌신경 중에서 4쌍, 즉 제9설인신경, 제10미주신경, 제11부신경 및 제12설하신경이 있다. 또한 연수에는 자율신경의 중추, 생명유지에 가장 중요한 호흡중추, 심장중추, 혈관운동중추, 연하중추, 구토중추, 위액 및 타액분비중추, 저작반사중추, 발한중추, 누액분비중추, 각막반사중추 등이 있다. 연수의 후삭과 축삭 일부는 위로 뻗어 척수나 연수에서 소뇌로 가는 중요한 섬유로 구성된 하소뇌각(inferior cerebellar peduncle)을 이루어 소뇌와 연락하고 있다. 뇌간 안에서나 신경 경로를 따라 발생한 연수의 손상은 연수마비를 유발한다. 흔하게 발생하는 이 장애는 마비말장애(dysarthria), 연하

〈표 5-3〉 뇌간의 특징 및 기능

명칭	특징 및 기능
중뇌 (Midbrain)	• 척수와 뇌의 고위 중추를 이어 주는 회색질 집단과 신경섬유다발을 포함한다. • 눈과 머리를 움직이고 반사중추를 포함한다.
뇌교 (pons)	• 뇌간 앞쪽이 팽대된 부분으로 신경세포와 신경섬유집단으로 구성된다. • 연수와 소뇌로 이어지는 신경흥분을 중계하고 호흡의 빈도와 깊이를 조절
연수 (Medulla oblongata)	• 척수가 팽대되어 연속된 부분으로 신경세포와 신경섬유 집단으로 구성되어 있다. • 뇌와 척수 사이를 오르내리는 정보를 전달하고 심장, 혈관운동, 호흡조절중추 등 생존 유지 중추와 여러 반사중추를 포함함.

장애(dysphagia) 그리고 턱 및 구역반사(gag reflex)의 과소활동(hypoactivity)이 특징적으로 나타난다. 연수마비 환자들은 대개 둔탁하고 콧소리의 어조로 말을 하며 말더듬을 보이기도 한다.

4. 망상체

　신경세포가 그물 모양으로 연결된 구조를 이룬 망상체(reticular formation)는 뇌간의 전체 영역에 걸쳐 있으며 통합 부위로서 중요한 기능을 한다. 망상체는 생명을 유지하는 데 없어서는 안 되는 자율기능을 통합하고 있으며, 각종 감각자극을 받는 동시에 시상(thalamus)을 거쳐 대뇌피질에 흥분충동을 보낸다([그림 5-21] 참조). 망상체의 다양한 기능은 아직 완전히 알려지지 않았지만, 뇌신경핵이나 대뇌피질, 소뇌, 척수와도 섬유를 교환하여 여러 가지 중요한 기능을 맡고 있다. 구심성 정보를 변연계로 전달함으로써 감각자극을 연결하고 생체반사(호흡, 타액, 연하, 기침, 재채기반사)에도 관여한다.

　망상체에서 기원한 섬유는 신호를 위로 운반하여 대뇌피질을 자극하고 활성화한다. 망상체는 몸 전체에서 감각정보, 운동피질에서 운동정보, 전정기관에서 평형정보, 소뇌에서 자기수용정보를 접수하

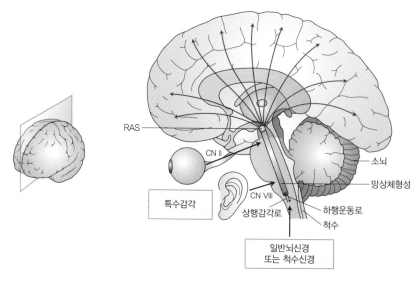

[그림 5-21] 망상활성화계(RAS)

고 있다. 이러한 섬유들은 망상활성화계(reticular activating system, RAS)를 구성하고, 이들은 총괄적인 피질의 각성 정도를 조절한다. 또한 주의집중을 주관하는 세포가 포함되어 있다. 망상체는 수면과 깊은 관계를 가지고 있을 뿐만 아니라 마취제의 작용을 받기 쉬우며, 망상체가 파괴되면 의식이 없어지고 혼수상태(coma)가 된다.

5.1.5 뇌전도

대뇌피질의 세포체와 수상돌기에서 발생하는 시냅스 전위는 전류가 되어 두피에 위치한 전극에서 측정이 가능하다. 이러한 전류의 기록을 뇌전도(electroencephalogram, EEG)라 한다. 즉, EEG는 기본적으로 발생되는 뇌파(brain wave)를 기록하는 것으로서 일부 피질하중추(subcortical center)의 영향을 받기도 한다. 뇌파는 무의식 중에도 나타나며 이는 사람이 살아 있는 한 뇌가 늘 활동하고 있음을 나타내는 것이다. 임상에서는 정상 뇌전도 파형과 비정상 뇌파를 이용하여 뇌전증(epilepsy)의 진단 등에 이용한다. 뇌파가 없는 경우에 뇌사(brain death)라 한다.

정상 뇌파의 유형에는 다음의 네 가지가 있다(**[그림 5-22]** 참조).

1. 알파파(alpha wave): 깨어 있는 동안 생각 없이 안정된 상태에서 나온다.
   주파수는 8~12Hz이며, 8세 이하의 소년은 4~7Hz이다.
2. 베타파(beta wave): 전두엽, 특히 중심전회에서 가장 강하게 발생한다. 시각적 자극과 정신활동으로 유발된다. 이는 수용체로부터 자극에 의해서 나오며, 또한 지속적 활동 유형으로 나오기 때문에 유발활동성(evoked activity)을 구성하고 흥분상태로서 주파수는 13~25Hz이다.
3. 세타파(theta wave): 측두엽과 후두엽에서 발생하며 주파수는 5~8Hz이다. 신생아에게서 보기 쉬우며 성인의 경우에는 심한 정신적 스트레스나 신경계 장애의 전조 증상이 있을 때 나온다.
4. 델타파(delta wave): 대뇌피질에서 나오는 일반적 파형으로 주파수는 0.5~4Hz이며 수면 중이거나

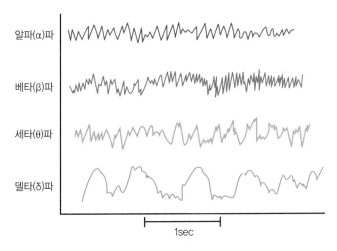

[그림 5-22] 뇌파의 유형(EEG)

깨어 있는 소아에게서 많이 보인다. 그러나 깨어 있는 성인의 경우 이 파형은 뇌손상을 의미한다.

?! 뇌사와 식물인간

뇌사(brain death)와 식물인간(human vegetable)은 대뇌가 활동하지 않는다는 점에서는 같지만, 가장 큰 차이는 뇌간(brain stem)의 손상 여부에 있다.

뇌사란 뇌의 기능이 회복 불가능한 상태. 즉 '비가역적 혼수상태(irreversible coma)'로 정의하고 있다. 특히 심장 박동이나 호흡과 같이 생명유지에 필수적인 역할을 하는 뇌간이 죽은 상태로 인공호흡기를 부착하더라도 심장박동이 정지되어 결국 사망에 이른다. 따라서 뇌사 판정 후에는 장기 기증이 가능하다.

식물인간은 사람 구실을 제대로 못할 뿐 엄연히 살아 있는 존재다. 뇌의 일부가 손상을 입어 의식은 없지만 생명 중추를 담당하는 뇌간은 엄연히 살아 있기 때문이다. 식물인간은 인공호흡기가 없어도 자발적으로 호흡과 심장 기능이 유지되고 있다. 수개월이나 수년 뒤에 기적적으로 깨어나는 경우가 종종 있기 때문에 식물인간은 장기 기증 대상이 될 수 없다.

5.2 뇌의 언어기능

인간의 뇌는 사고와 생각을 암호화하는데 사용되는 기호들을 처리하는 능력이 탁월하다. 이러한 기호들에는 소리, 글자, 말, 수화, 제스처, 얼굴표정, 등이 있는데 보다 큰 개념으로 언어(language)라고 하자. 인간에게 언어가 중요하다면, 인간의 뇌에 언어기능을 전문으로 하는 여러 영역이 존재하고 있다는 것이 놀라운 것이 아닐 것이다. 실제로 대뇌피질의 두 연합영역이 언어기능을 맡고 있는데 브로카영역과 베르니케영역이 그들이다.

인간의 행동과 인지 기능은 고차원적인 계산을 가능케 하는, 상에 긴밀히 연관된 신경망에 의해 조절되며, 각 신경망을 이루는 피질 및 피질하구조물이 다양한 정보를 동시적으로 병렬처리(parallrel processing)함으로써 그 기능을 수행한다(Mesulam, 1990). 인간의 인지기능의 근간이 되는 언어기능 역시 대뇌피질과 피질하 신경핵으로 구성된 대단위 신경망(large-scale neural network)이 조절하는데, 이러한 신경망의 어느 한 부위라도 손상되면 기능장애를 초래한다.

언어기능에 대한 우성대뇌반구의 개념은 주로 좌측 뇌의 손상을 입은 환자에게 실어증이 나타나는데 근거하여 정립되었으며, 인간의 95% 정도가 좌측에 우성대뇌반구가 위치하는 것으로 알려져 있다. 우성대뇌반구는 언어기능뿐만 아니라 생각과 감정의 표현 그리고 대부분의 인지적 활동을 담당하는 일차적인 통로 역할을 한다. 이러한 좌측 대뇌반구의 언어기능에 대한 우성화의 원인은 아직도 잘 밝혀져 있지 않으며, 좌측 측두엽의 측두면(planum temporale)의 해부학적인 구조가 우측과는 다른 사실만이 밝혀져 있을 뿐이다.

언어능력을 습득하기 위해서는 학습이 필요함을 누구나 알고 있지만, 최근의 연구결과에 의하면 언어 습득의 상당 부분은 유전적인 것으로 보인다. 그 증거를 살펴보면, 우선 언어기능은 주로 왼쪽 대뇌반구가 담당하는데 베르니케영역이 포함된 측두엽의 특정 부위인 측두면이 왼쪽에서 더 발달된 사실과 관련이 있으리라 생각된다. 해부학적인 좌우 대뇌반구의 이러한 차이는 태생 35주에 이미 나타난다. 또 어떤 문화권이든지 아이가 언어를 배우는 단계는 대개 유사하며, 각 단계에 도달하는 평균연령이 비슷하다는 점도 언어습득능력이 선천적이라는 사실을 말해 준다. 아이는 모든 종류의 언어를 습득할 수 있는 능력을 가지고 태어나지만, 일반적으로 첫 번째 언어(L1)를 습득한 후 또 다른 언어(L2)를 유창하게 구사할 수 있는 능력은 연령이 증가함에 따라 감소한다.

의사소통기능을 위하여 좌뇌반구는 우뇌반구보다 더 중요하다. 좌뇌반구의 운동영역 앞에 브로카영역이 있는데, 이 영역은 운동영역과 조음기관에 도달하는 신경신호를 협응함으로써 언어생성을 계획한다.

5.2.1 브로카영역

대뇌피질의 언어영역에 대한 연구는 1861년 프랑스의 신경학자 Pierre Paul Broca(1824~1880)가 간질과 함께 우측 편마비와 심한 언어표현장애를 보이는 한 환자의 사후 뇌 부검 결과를 통하여 표현실어증(expressive aphasia)과 좌측하 전두회 후부(posterior inferior frontal gyrus, Broca's area)의 관련성을 보고한 이후 많은 병소연구(lesion study)와 언어병리학적 연구가 이루어져 왔다.

브로카의 보고 이후, 좌측하 전두회의 후부는 흔히 언어 표현과 관련된 영역으로 여겨지며, 병소 연구로 이러한 가설이 뒷받침되고 있다. 브로카영역의 병변으로 언어장애가 발생하면 근육 자체에는 장애가 없으므로 호흡·연하·저작운동 등은 할 수 있으나, 정상적인 의미 있는 발언은 할 수 없다. 말을 하는 과정에서 장애가 나타나기 때문에 이를 운동실어증(motor aphasia)이라 한다. 운동실어증은 글을 쓰거나 말을 할 수 없는데 말하려는 의욕과 말하는 행동의 연결이 되지 않는 것이다.

브로카영역(Broca's area)에 혈액을 공급하는 동맥은 중간대뇌동맥(middle cerebral artery)이며, 이에 대한 손상은 자발적 언어운동을 못 하는 실행증(apraxia)이 함께 나타나는 경우가 많다. 우측 뇌도 언어를 지배하는데, 좌뇌반구에 관련된 뇌손상은 우뇌반구에 대한 비슷한 손상보다 실어증이 더 잘 나타난다.

5.2.2 베르니케영역

1874년 폴란드의 신경과 의사 Karl Wernicke(1848~1905)는 뇌손상 환자를 관찰하여 측두우회와 인접 각회에 위치한 감각언어중추영역이 손상되면 언어의 이해에 문제가 생기는 것을 알았다. 이후 이 영역을 베르니케영역(Wernicke's area)으로 명명하게 되었다. 베르니케영역은 측두엽의 뒤쪽 윗부분과 두정엽의 앞쪽에 위치하고 있으며 구어(spoken language)를 이해하는 능력을 통제한다. 그러나 언어와 관련이 없는 음악과 다른 소리는 우뇌반구에서 처리한다.

[그림 5-23]에서 보듯이, 베르니케영역은 시각과 청각은 물론 촉각 같은 체성감각을 종합적으로 인지하는 부위이다. 베르니케는 좌측 후측두엽(posterior temporal lobe)과 언어 이해력의 관련성을 밝히는 데 크게 공헌하였다. 베르니케영역이 손상된 실어증 환자는 말을 알아듣지 못하므로 상대방이 묻는

말에 적절한 답을 못하는 대신 엉뚱한 말을 하는 착어증(parahasia)[6]을 보이고, 또 자기가 한 말을 자기 귀로 듣고도 인식하지 못하므로 말하고자 하는 내용을 제대로 표현하지 못하고 내용 없는 말(empty speech)을 하기 쉽다. 이처럼 말을 듣지 못해 생기는 베르니케실어증을 감각실어증(sensory aphasia)이라고도 한다.

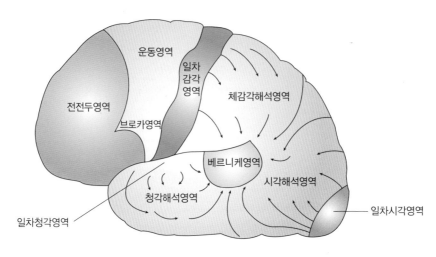

[그림 5-23] 베르니케영역

19세기의 브로카와 베르니케의 연구가 기반이 되어 20세기에 들어와서 실어증에 대한 연구가 활발해졌다. Geschwind(1965, 1979)는 뇌에서의 언어처리 메커니즘을 설명하면서 브로카, 베르니케, 리히트하임(Lichtheim)을 잇는 Wernicke-Lichtheim-Geschwind 모형을 제시하였다. 게슈빈트에 의하면 리히트하임이 주장한 단어표상 및 연상어를 저장하는 개념중추(concept center)는 두정엽의 각이랑 또는 각회(angular gyrus)라는 것이다. 즉, 각회가 베르니케영역과 연결되어 있다는 것이다. 왜냐하면, 두정엽·측두엽·후두엽의 접합부에 위치한 각회는 청각·시각·체성정보 등을 통합하는 중추이고, 이 각회가 손상되면 실어증이 생기기 때문이다. 또한 왼쪽 각회의 손상을 입은 사람은 말을 하고 알아들을 수는 있으나 글을 쓰거나 읽을 수가 없다.

5.2.3 언어정보의 전달경로

음성언어와 문자언어를 이해하기 위해서는 청각과 시각정보가 모두 언어중추에 도달해야 한다. 예를 들면, 어떤 글을 읽을 때에는 문자의 형태에 대한 감각정보를 시각기의 망막에서 감지하여 이 정보

---

[6] 착어증에는 '지하철'을 '버스'로, '칼'을 '장갑' 등과 같이 목표낱말 자리에 의도되지 않은 다른 낱말을 사용하는 의미착어증(meaning parahasia)과 '신문'을 '시무로', '개구리'를 '개부리'로 말하는 등 음소 선택에 문제가 있는 음소착어증(phonemic parahasia)이 있다. 또한 '옷장'을 '예쁜 물건을 넣고 잠그는 것'으로 표현하는 것처럼 단어 찾기의 어려움을 보상하기 위해서 에둘러서 말하기(circumlocutions) 같은 통어착어증(syntagmatic parahasia)이 있으며, 이들을 통틀어서 구어착어증(verbal parahasia)이라 한다.

를 일차시각중추와 이차시각중추로 전달해야 한다. 또한 이 시각정보는 대뇌의 각회라는 연합피질로 전달해야 하고, 이 연합영역에는 시각, 청각, 촉각 등의 감각영역이 포함되어 있다. 이 각회에서 낱말에 대한 정보를 지각하고 또 이해한다고 생각한다.

[그림 5-24]에서는 단어를 들려주고 대뇌피질에서 언어지각 정보가 어떠한 경로로 움직이는가를 보여 준다. 이때 들은 단어의 지각정보 전달경로를 살펴보면 [소리자극] → [청각기관] → [각회의 개념중추] → [베르니케영역] → [궁상섬유속] → [브로카영역]으로 이어진다. 좀 더 구체적으로 말하자면, 언어음을 전달하는 자극들은 귀에서 출발하여 내이신경(cochlear nerve)을 따라 뇌간(brain stem)을 통하여 측두엽에 있는 일차청각영역인 피질청각영역(cortical auditory area) 또는 헤슬회(Heschel's gyrus)로 전달된다. 이 언어자극은 우성 측두엽에 있는 베르니케영역에서 모아 분석하고 궁형속 또는 궁상섬유속(arcuate fasciculus)으로 통하여 마침내 브로카영역에서 통합하는 것이다. 이처럼 언어는 말발굽 모양의 대뇌피질인 실비우스 주변 언어영역, 즉 베르니케영역, 궁상섬유속, 브로카영역을 거치면서 생성되는 것이다.

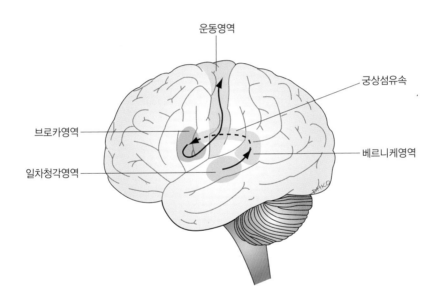

[그림 5-24] 들은 단어의 지각정보 전도로

대뇌피질에서 언어영역은, 들은 단어를 따라 말하거나 문자로 쓰인 단어를 읽는 경로를 보면 복잡한 소리에서 낱말을 판독하고 판독한 낱말에서 개념을 찾아내어 높은 수준의 감각적 통합 단계를 거친다는 것을 알게 된다. 들은 낱말에 대하여 말하기의 경우에는 베르니케영역에서 말하기의 정보를 브로카영역으로 전달하는데, 브로카영역은 언어구사를 위한 운동 프로그램을 맡고 있다. 또한 브로카영역은 순차적으로 입력된 정보에 따라 말하기를 위한 입과 성대의 운동과 쓰기를 위한 손의 운동을 조절하는 데 관여하는 운동영역으로 정보를 전달한다.

언어는 들어서 소리를 판독하는 경우도 있으나 읽기 같은 복잡한 시각정보가 대뇌의 각이랑 또는 각회를 통하여 연합피질로 전달됨으로써 가능할 수도 있다. [그림 5-25]에서는 동일한 단어를 글로 보여 주는 동안 문자정보가 어떠한 경로로 움직이는가를 확인할 수 있다. 문자 지각정보의 전달경로를 살펴보면 [시각자극] → [시각영역] → [각회의 개념중추] → [베르니케영역] → [궁상섬유속] → [브로카영역]으로 이어진다.

음성언어(spoken language)가 문자언어(written language)보다 먼저 발달했다는 것은 인간의 대뇌피질을 관찰하면 어렵지 않게 알 수 있다. 인간은 진화를 통하여 낱말을 시각처리하는 영역으로 뇌의 후두엽에 위치한 시각영역과 언어영역 가운데 하나인 베르니케영역 사이를 연계하는 연결고리를 형성하였다. 이러한 이유로 사람들은 기호를 이용하여 통신하는 데 탁월한 능력을 갖게 된 것이다. 언어와 다른 운동이 일어나기 위해서 피질에서 근원하는 신경정보는 말초신경계에 도달해야 하고, 그 후 근육에 도달한다. 운동피질에서 시작하는 두 가지 통로는 신호를 말초신경계가 있는 시냅스에 전달한다. 후두엽의 시각영역과 측두엽의 청각영역은 베르니케영역으로 정보를 모으고, 베르니케영역에서 모인 정보

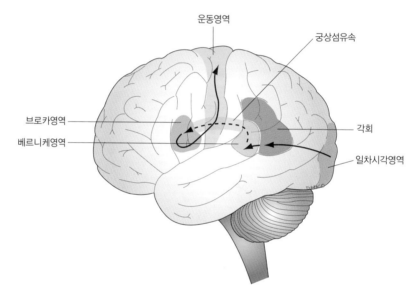

[그림 5-25] 문자의 지각정보 전도로

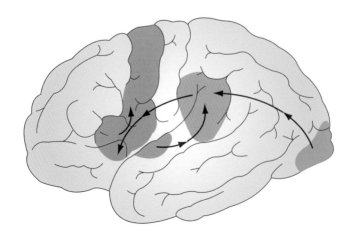

[그림 5-26] 대뇌피질의 정보 전도로

를 다시 브로카영역으로 보낸 후에 운동영역으로 보낸다([그림 5-26] 참조).

5.3 언어장애

앞에서 언급한 대로 베르니케영역은 수용된 청각 및 시각 정보의 의미를 이해한다. 여기서 파악한 정보는 궁상섬유속에 의하여 운동피질 최하단 직전에 있는 브로카영역으로 투사된다. 브로카영역은 베르니케영역에서 오는 정보와 언어유형을 형성하여 운동피질로 송출해서 발성하는 것이다. 이러한 언어영역의 어떤 특정 부위가 손상을 입으면 실어증이 발생한다.

5.3.1 실어증

실어증(aphasia)이란 그리스어 a 'not' + phasis 'speech'에서 유래된 말로 '언어상실'을 의미한다. 이 용어는 프랑스 신경과 의사인 Armand Trousseau가 뇌손상 후에 생긴 후천적인 언어장애를 설명하기 위해서 도입하였다. 특히 뇌의 언어중추(speech center) 손상으로 인한 언어능력의 상실 및 손상을 가리킨다. 가장 흔한 원인으로는 혈중 산소가 결핍되어 뇌 안의 병변을 일으키는 뇌졸중(stroke) 또는 대뇌혈관사고(cerebrovascular accident, CVA)이다.

1861년에 프랑스의 뇌생리학자인 Pierre Paul Broca(1824~1880)는 한 실어증 환자를 사후에 부검한 결과, 후일에 자기 이름을 따서 브로카영역이라고 부르게 된 좌반구의 하위 전두엽 뒷부분의 피질이 손상되어 있는 것을 발견하였다. 이 환자는 생전에 말의 산출이 어려웠는데, 조음기관 또는 발성기관의 마비로 인한 것이 아니었다. 1865년에 또 다시 브로카에게 실어증 환자가 있었는데 이 환자도 1861년의

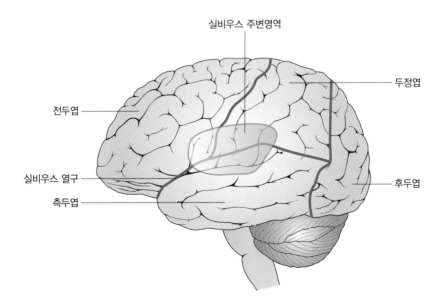

[그림 5-27] 실비우스 주변영역

경우와 유사한 증상을 보였으며, 역시 사후 부검에서 같은 부위의 손상을 확인하였다. 그 후부터 브로카영역의 손상으로 인한 언어장애를 브로카실어증(Broca's aphasia)이라고 통칭하게 되었다.

한편, 1874년에 폴란드의 신경과 의사인 Karl Wernicke(1848~1905)에게 실어증 환자가 있었는데 이 환자는 브로카가 경험한 환자와는 증상이 달랐으며, 사후 부검 결과에서 브로카영역이 아닌 좌반구의 상위 측두엽 뒷부분의 피질이 손상되어 있음이 드러났다. 후일 이 부위를 그의 이름을 따서 베르니케영역이라고 부르게 되었으며, 이 영역의 손상으로 인한 언어장애를 베르니케실어증(Wernicke's aphasia)이라 칭하게 되었다. 19세기에 브로카와 베르니케의 실어증에 관한 공헌이 기반이 되어 20세기에 들어와서는 실어증에 대한 연구가 활발해졌다.

주로 실어증은 언어중추가 있는 우성반구(주로 대뇌 좌반구)에 갑자기 발생한 국소적인 피질(cortex)이 손상될 때 나타나며, 좀 더 구체적으로는 롤란도 열구(fissure of Rolando)와 실비우스 열구(fissure of Sylvius) 주변영역, 즉 실비우스 주변영역(Perisylvian area)이 손상이 될 때 생기는 언어장애이다([그림 5-27] 참조).

?! 언어기능과 중대뇌동맥

중대뇌동맥(middle cerebral artery, MCA)은 내경동맥의 가장 큰 가지로 뇌의 외측면 대부분에 혈액을 공급하는 대뇌동맥으로 뇌혈관 질환에서 가장 흔하게 폐색되는 동맥이다. MCA가 언어와 관련된 영역에 혈액이 공급되므로, 좁혀지거나 막히면, 뇌졸중의 원인이 될 수 있다. 물론 뇌졸중은 실어증을 유발하는 가장 큰 요인이다.

실어증에 대한 체계적인 연구는 19세기로 거슬러 올라가며, Franz Joseph Gall(1758~1828), Pierre Paul Broca(1824~1880), Karl Wernicke(1848~1905), Ludwig Lichtheim(1845~1928)에 의해 시작되어 Norman Geschwind(1926~1984), Harold Goodglass(1920~2002), D. Frank Benson(1928~1996) 그리고 현재 보스턴의대 신경과 교수인 Martin Lawrence Albert(1939~) 등 소위 보스턴 학파(Boston School of Aphasia)가 계승하고 있다. 보스턴 학파에 의하면, 뇌의 부위를 기능적으로 분할해서 실어증의 증상을 기술할 수 있다고 한다. 보스턴 학파와는 달리 뇌의 특정 부위에 말-언어의 기능을 부여하지 않고 뇌의 전체가 말-언어 수행에 관여하고 있다는 입장을 취하는 학파가 있다. 이를 미네소타 학파(Minnesota School of Aphasia)라고 한다.

실어증이 생기면 지능과 기억은 대체로 양호하나 언어능력이 급격히 저하한다. 알츠하이머[7] 같은 뇌의 퇴행성 질환에서 언어장애를 보일지라도 일반적으로 실어증의 원인과는 구별된다. 실어증은 주로 언어습득이 완료된 성인에게 나타나며 언어의 표현(expression), 이해(comprehension)뿐만 아니라 쓰기(writing), 읽기(reading) 등 전반적인 언어능력에 문제를 일으킨다. 실어증 환자는 적절한 낱말을

---

7) 알츠하이머(Alzheimer's disease, AD)는 독일의 신경학자 Alois Alzheimer(1864~1915)에 의하여 약 100년 전에 처음 알려졌다. 혼란, 기억상실, 불안, 인지불능, 환각과 언어장애를 특징으로 하는 점진적인 정신적 퇴행을 보이며 노인성 치매의 약 2/3를 차지한다.

사용하지 못하거나 시간적으로 지연된 상태에서 발화하는 낱말찾기장애(word-finding disorders)가 있기 때문에 진단 시 이름대기 과제(naming task)를 매우 중요한 도구로 사용하고 있다. 실어증 환자는 언어의 층위별(음운, 형태, 통사, 의미)로 언어장애가 나타난다. 음운 수준에서는 '사자'를 '다자'로 표현하는 음소착어증(phonological paraphrasia)이 있고, 형태 수준에서는 '고속도로'를 '도로'로 표현하는 형태착어증(morphological paraphrasia)이 있다. 또한 통사 수준에서는 '아이가 컵을 깨뜨려서 울고 있다'를 '아이가 운다…깼다' 같이 단어를 바른 순서로 산출하지 못하고 구문에 현저한 장애를 지니는 실문법증(agrammatism), '날씨가 좋아서 간다 좋아 바다로 간다' 같은 착문법증(paragrammatism),[8] 유창한 언어 산출을 보이나 듣는 사람의 입장에서는 의미를 알 수 없는 자곤(jargon)을 사용한다. 언어중추에 장애가 생기면 실어증뿐만 아니라 실률증(aprosodia)[9]도 수반될 수 있다.

?! 뇌졸중(stroke) = 대뇌혈관사고(cerebral vascular accident, CVA)

실어증의 주원인인 뇌졸중은 뇌혈류 이상으로 인해 의식, 운동조절, 감각, 인지, 언어, 균형 등에 문제를 초래하는 갑작스러운 신경학적 질환이다. 연령이 증가함에 따라 발생률이 증가하는 추세로, 최근 인간 수명의 연장과 인구의 고령화로 발생 빈도가 높아지고 있는 것이 세계적인 추세이며, 일반적으로 3대 사망원인 가운데 하나이다.

뇌졸중의 원인으로 주로 세 가지 혈류장애를 들 수 있는데, (a) 응고된 혈액이 혈관을 막아 생기는 혈전(thrombus), (b) 혈류 내에 비정상적으로 존재하는 괴사된 조직이나 다른 부위에서 생긴 핏덩어리에 기인한 색전(embolus), (c) 뇌 속의 작은 동맥이 터져 생기는 뇌출혈(hemorrhage)이 있다. 위험인자(risk factors)로는 고혈압, 관상동맥질환, 당뇨병, 흡연, 마약남용, 과도한 음주, 비만 등을 들 수 있다.

1. 실어증의 유발 부위

일부 왼손잡이에게는 우반구가 말–언어를 담당하는 우세반구(dominant hemisphere)이지만, 앞에서 언급한 대로 대부분의 사람에게는 좌반구가 말–언어를 담당하는 주요 반구이다. 좌반구에서도, 특히 하위 전두엽의 뒤쪽 부위(posterior part of the inferior frontal lobe, 브로드만 44번)에 위치한 브로카영역(Broca's area)과 상위 측두엽의 뒤쪽 부위(posterior part of the superior temporal lobe, 브로드만 39번 및 40번을 포함한 부위)에 위치한 베르니케영역(Wernicke's area)이 말–언어의 구성, 산출, 이해의 기능을 담당하는 주요 뇌중추신경 부위들이다.

뇌의 영역을 기능적으로 분할해서 실어증의 증상을 기술하려는 학파를 보스턴 학파(Boston School

---

[8] 실문법증과 착문법증은 발화속도(speech rate)에서도 구분된다. 실문법증은 종종 느리고 더듬는 현상을 동반하나 착문법증은 비교적 정상적인 발화속도를 보인다.

[9] 실률증은 언어의 억양 등 감정적 요소를 이해하고 표현하는 데 문제가 생기는 증상이다. 베르니케영역에 상응하는 오른쪽 대뇌 부위의 손상 시에는 억양에 따른 감정적 요소를 이해하지 못하고, 브로카영역에 상응하는 부위 손상 시에는 감정적인 표현을 잘 하지 못한다.

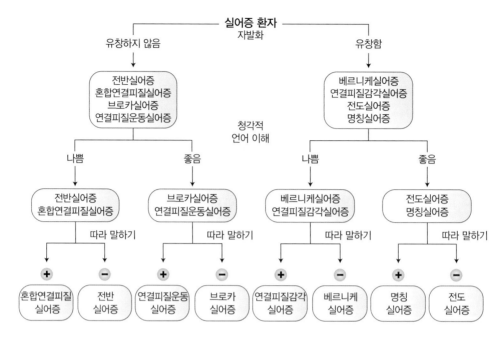

[그림 5-28] 보스턴 학파의 실어증 진단도식

출처: Helm-Estabrooks & Albert(1991)에서 수정 인용

of Aphasia) 또는 일명 편재화론자(localizationists)라고 한다(Penfield & Roberts, 1959: Geschwind, 1969: Goodglass & Kaplan, 1972: Brookshire, 1978). 보스턴 학파와는 달리 뇌의 특정 부위에 말-언어의 기능을 부여하지 않고 뇌의 전체가 말-언어 수행에 관여하고 있다는 입장을 취하는 학파를 미네소타 학파(Minnesota School of Aphasia) 또는 반편재화론자(anti-localizationists)라 칭하기도 한다(Jenkins, Jimenez-Pabon, Shaw, & Sefer, 1975). 근래에 이르러서는 보스턴 학파 혹은 미네소타 학파의 '극단적인' 입장을 취하는 학자보다는 양자의 입장을 가미한 절충적인 견해를 갖는 학자가 늘어가고 있다(Luria &

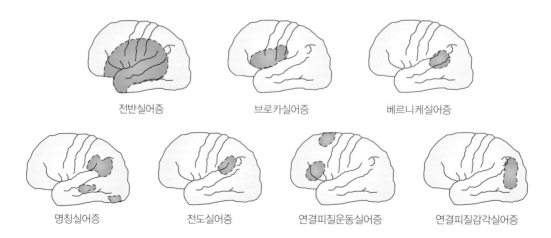

[그림 5-29] 실어증의 유발 부위

Hutton, 1977). 그러나 실어증을 보다 체계적으로 이해하기 위해서는 우선 보스턴 학파가 주장하는 뇌 기능의 부위별 특정화의 견해를 따르는 것이 좋다([그림 5-28] 참조).

[그림 5-29]에서 보듯이, 실어증의 유발 부위를 살펴봄으로써 실어증을 일으킨 병변의 위치를 예상할 수 있고, 실어증의 예후를 판정하고 언어치료의 방향을 결정하는 데 매우 유용한 지표가 될 수 있다.

2. 실어증의 유형

(1) 브로카실어증

브로카실어증(Broca aphasia)은 언어 우세반구(주로 좌반구)의 전두엽 중에서도 아래쪽 뒷부분(즉, 브로드만영역 44와 45영역에 해당)의 손상에 기인하며 말 산출(speech production) 능력에 장애를 보인다. 말은 천천히 하고 더듬거나 운율장애(dysprosody)를 보이며, 복합적인 글을 쓰는 능력이 손상되는 경우가 많고, 대부분 오른쪽에 문제를 가진 편마비(hemiplegia)를 수반하는 중복장애가 두드러진다. 청각적인 언어 이해력은 좋은 편이지만, 음소착어증과 문장의 구성이 짧고 문법에 맞지 않는 문장을 사용하는 실문법증 현상이 두드러진다. 브로카실어증 환자의 말은 빈약하고 마치 전보식 구어(telegraphic speech)[10] 같다.

브로카실어증은 구어실행증 문제 이외에 책을 읽는 듯한 말투, 웅얼거리는 조음 같은 마비말장애 증상이 흔히 나타난다. 브로카실어증에 동반하여 나타날 수 있는 증상 중에는 글자 하나하나는 쓸 수 있지만 이를 합쳐서 의미 있는 글 또는 단어를 쓸 수 없는 실서증(agraphia)이 있다. 즉, 표현력보다는 이해력이 더 좋으며 제한된 문법과 운율에 영향을 받는데, 전두엽이 근육운동기관과도 연관이 있어서 관련된 조음기관에 문제가 발생하기도 한다. 브로카실어증은 운동실어증(motor aphasia), 표현실어증(expressive aphasia), 비유창성 실어증(nonfluent aphasia)이라고도 한다.

(2) 베르니케실어증

베르니케실어증(Wernicke's aphasia)은 우세반구 측두엽의 위쪽 뒷부분(브로드만 22영역에 해당)이 손상되었을 때 나타난다. 발음과 억양 측면에서 보면 말이 유창하고 조음장애가 거의 없다. 문법도 규칙에 맞게 사용하지만 의미가 통하지 않는 언어 이해력에 장애를 보인다. 따라 말하기도 손상받으며 시각장애를 보이는 경우가 많다. 즉, 자발화 산출은 유창하지만 브로카실어증 환자처럼 음소착어증, 착문법증뿐만 아니라 신조어(neologism)[11]로, 더 나아가 뜻을 알 수 없는 자곤(jargon)으로까지 이어질 수 있다. 환자는 읽기와 쓰기 능력에도 어려움을 보이지만 흥미롭게도 의사소통능력은 심하게 손상되었음에도 불구하고 외형적으로 볼 때에 비교적 잘 이루어진다. 감각성 실어증의 한 형태 중에 브로드만 제39영역인 각회 부분이 손상된 경우 글을 읽고 이해할 수 없는 실독증(alexia)이 나타나는 경우가 있

---

10) 전보식 구어는, 글자 그대로 긴 문장을 의미가 통할 만큼 짧게 표현한다. 예를 들어, "빵에 버터를 바르게 버터 좀 건네 줘"를 "버터 빵"으로 또는 "아기가 배가 고파서 울고 있으니 얼른 가게에 가서 우유 좀 사 오세요."를 "아기 배고파, 가게 우유"로 대신하는 표현을 가리킨다.

11) 신조어는 발화자의 말소리가 문맥에 전혀 맞지 않고 출처를 알 수 없는 새로운 단어를 만들어 내는 것을 가리킨다. 예를 들어, "에펠탑" → "에셀쿡", "냉장고" → "찬장고" 등. 일부 신조어는 음소착어증의 결과로 만들어진다.

다. 감각실어증(sensory aphasia) 또는 유창실어증(fluent aphasia)이라고도 한다.

(3) 명칭실어증

명칭실어증(anomic aphasia)은 실어증 가운데 가장 가벼운 증상으로, 브로드만 제39에 해당하는 두정엽 아래 뒤쪽의 각이랑 또는 각회(angular gyrus)의 손상이나 두정엽과 측두엽의 경계 부위의 손상으로 발생할 수 있다. 특정 부위로 분류하기가 가장 불분명한 유형으로 뇌졸중, 알츠하이머 환자에게 나타나기도 하는 언어장애이다. 말을 알아들을 수도 있고 유창성도 어느 정도 보존되어 있으며, 청각언어 이해능력도 비교적 양호한 경향을 보인다. 베르니케영역에 시각정보가 입력되지 못하기 때문에 글자나 그림에 대한 이해가 곤란하고 단어 이름대기에 특징적인 어려움을 보인다.

(4) 전도실어증

베르니케영역과 브로카영역을 연결하는 궁상섬유속(arcuate fasciculus)이 차단되는 경우에 일어난다. 궁상섬유속은 브로드만 제41의 일차청각영역과 베르니케영역을 연결하고 외측구(lateral sulcus) 또는 실비우스 열구(Sylvian fissure)의 뒤를 돌아서 하위 두정엽(inferior parietal lobe)을 거쳐서 하위 전두엽 후반부에 위치한 브로카 부위를 연결하고 있다. 궁상섬유속이 차단되면 베르니케실어증 환자에서처럼 말은 비교적 유창하나 표현한 말을 반복하거나 남의 말을 따라 하는 능력에 손상이 있는 착어증(paraphrasia)을 보인다. 이때 상대방의 말이나 자신이 한 말은 잘 알아듣는다. 소리 내어 책을 읽지는 못하지만, 속으로 책을 읽고 이해하는 것은 가능하다. 이러한 종류의 실어증을 전도실어증(conduction aphasia) 또는 역동성 실어증(dynamic aphasia)이라 한다.

(5) 전반실어증

전반실어증(global aphasia)은 실어증 가운데 가장 심한 증상으로 우세반구의 언어 산출과 언어 이해를 담당하는 영역 모두에 손상이 있을 때 나타난다. 환자는 조음능력, 유창성, 언어 이해능력 등 모든 면에 장애가 있기 때문에 의사소통이 거의 불가능하며 감정적으로도 잘 반응하지 않는다. 또한 보속증(perserveration)[12] 경향을 보이며, 읽기 및 쓰기에서 심한 장애를 보인다. 비유창성 실어증(non-fluent aphasia)의 극단적인 형태이다.

(6) 연결피질실어증

실비우스 주변영역이 대뇌피질과 고립되면 환자들은 어구의 반복은 가능하지만 대화를 시작하지 못하는 비유창한 구어를 산출한다. 즉, 반복하기와 이해력은 비교적 손상받지 않았지만 이름대기, 낭독하기, 쓰기 등에 손상이 일어나게 되는데, 이를 연결피질실어증(transcortical aphasia)이라 한다.

① 연결피질운동실어증(transcortical motor aphasia, TM): 자발적인 말을 거의 또는 전혀 산출하지 못

---

12) 보속증은 앞서 말한 음절, 낱말 혹은 문장 또는 문장의 일부를 비의도적으로 반복하는 신경학적 결함에 의해 초래되는 증상이다.

하는 면에서 브로카실어증과 유사하나 다른 사람의 말을 반복하는 능력에 거의 문제가 없으며 통사구조도 정상적이다. 또한 언어 이해는 비교적 좋은 편이며, 소리 내어 읽기가 가능하다. 주로 브로카 부위 앞부분의 대뇌피질과 보조운동영역(supplementary motor area)에 손상이 있을 때 나타난다.

② 연결피질감각실어증(transcortical sensory aphasia, TS): 베르니케실어증과 유사하게 잦은 의미 착어증을 보인다. 따라 말하기는 언어 이해의 어려움으로 인하여 내용을 파악하지 않고 실행한다. 조음은 잘하지만 반향어(echolalia)[13] 또는 보속증 수준이다. 우세반구의 두정엽과 측두엽 뒷부분의 손상과 관계가 있다.

③ 혼합연결피질실어증(mixed transcortical aphasia): 상대적으로 보존되어 있는 능력은 다른 사람의 말을 따라 하는 것이다. 말이 유창하지 않고 청각언어 이해능력에 어려움을 보인다. 전두엽 혹은 피질하영역의 손상과 관련이 있다.

3. 실어증의 유형별 특징

보스턴 학파에서는, (a) 자발화, (b) 이해력, (c) 따라 말하기를 분류의 기준으로 제시하고 있다. 베르니케실어증, 연결피질운동실어증, 전도실어증, 명칭실어증 같은 유창성 실어증은 정상적인 발화속도를 보인다. 조음에는 큰 문제가 없지만 브로카실어증, 전반실어증, 연결피질운동실어증, 혼합연결피질실어증 같은 비유창성 실어증은 느리게 말하는 특징이 있고, 종종 아주 힘들게 말하며 긴 휴지(pause)를 보인다. 언어 이해력에서는 브로카실어증, 연결피질운동실어증, 전도실어증, 명칭실어증의 경우에, 그리고 따라 말하기에서는 혼합연결피질실어증, 연결피질운동 및 감각실어증, 명칭실어증의 경우에 비교적 양호하다.

〈표 5-4〉 실어증의 유형별 특징

실어증의 유형	유창성	청각적 이해력	따라 말하기	이름대기	기타특징
브로카실어증	−	+	−	−	구어실행증, 실서증, 실율증, 실문법증, 전보식 구어
베르니케실어증	+	−	−	−	착어증, 탈문법증, 신조어, 자곤, 실독증
전도실어증	+	+	−	−	착어증, 자기수정
전반실어증	−	−	−	−	보속증
명칭실어증	+	+	+	−	에둘러 말하기
연결피질운동실어증	−	−	+	−	반향어
연결피질감각실어증	+	−	+	−	반향어, 보속증
혼합연결피질실어증	−	+	+	−	반향어, 신조어

---

13) 반향어란 자기에게 한 말을 아무 수정 없이 들은 그대로 반복하는 경향이 있는 증후이다. 상대방의 말을 앵무새처럼 그대로 되풀이하는 현상으로 자폐나 연결피질실어증 환자에게 주로 나타나는 현상이다.

5.3.2 마비말장애

1. 정의

마비말장애(dysarthria)는 중추 또는 말초신경계의 손상, 혹은 두 신경계 모두의 손상에 의해 말 산출에 관련된 근육의 근력이나 근긴장의 저하로 인해 운동속도, 운동범위의 감소, 혹은 협응운동의 문제로 생기는 말운동장애(motor speech disorders, MSD)를 가리킨다. 이 장애는 보통 호흡, 발성, 조음, 공명, 운율 등의 문제를 동반함으로써 조음의 정확도나 말명료도(speech intelligibility)가 저하된다.

2. 유형

마비말장애는 일반적으로 Daley, Aronson과 Brown(1969)이 제시한 여섯 가지 유형으로 분류된다 (〈표 5-5〉 참조).

〈표 5-5〉 마비말장애의 유형별 특징

유형	관련 신경학적 장애	특징
이완형(flaccid type)	연수마비(bullbar palsy)	부정확한 자음, 과대비성
경직형(spastic type)	가성연수마비(pseudobullbar palsy)	부정확한 자음, 단조로운 피치
운동실조형(ataxic type)	소뇌병변(cerebellar lesions)	부정확한 자음, 불수의적 운동
과소운동형(hypokinetic type)	파킨슨병(Parkinson's disease)	단조로운 피치, 약한 음성강도
과다운동형(hyperkinetic type)	헌팅턴병(Huntington's disease)	부정확한 자음, 가변적 말 속도
일측상부운동형(unilateral upper motor type)	중추형 안면마비	부정확한 자음, 느린 구어 속도
혼합형(mixed type)	근위축성측삭경화증 (amyotrophic lateral sclerosis)	부정확한 자음, 과대비성

출처: Darley, Aronson, & Brown(1969)에서 인용

5.3.3 말실행증

연합영역에는 어떤 목적을 달성하기 위하여 필요한 수의적 동작을 질서 있게 전개하는 기능이 있다. 그런데 근육운동에 이상이 없는데도 숙련되고 복잡한 동작을 수행하지 못하는 것을 실행증(apraxia)이라 한다.

말실행증(apraxia of speech, AOS)은 자발적인 말의 산출에 필요한 근육의 배치나 움직임을 위한 감각운동명령을 계획하는 데 나타나는 장애이다. 주된 원인으로는 뇌졸중에 의한 왼쪽 대뇌반구의 손상으로 인한 경우가 대부분이며, 비유창성 실어증에 동반되는 경우가 많다. AOS 환자는 말의 산출 시 부적절한 끊김이나 탐색행동(groping)을 보이고 조음상의 오류가 많은 것이 특징이다.

마비말장애는 근육의 약화와 불협응을 수반하지만 AOS는 근육의 약화나 불협응이 수반되지 않은 상태에서 구어운동 계획에 손상이 있는 경우를 가리킨다. 마비말장애는 구어 산출의 전 과정(즉, 호흡,

발성, 조음, 공명 및 운율)에 영향을 미치지만 AOS는 조음문제에 영향을 미치고 운율문제를 초래한다. AOS 환자와 마비말장애 환자를 대상으로 구어 속도와 말명료도를 비교한 결과, ① AOS 환자는 천천히 읽을 때보다 빠른 속도로 읽을 때 말명료도가 높았고 오류도 적었다. ② AOS 환자는 읽기 과제보다 숫자 세기나 요일 이름 말하기 등과 같은 자발화에서 더 좋은 점수를 보였다.

AOS 환자는 읽고, 쓰고, 이해할 수 있다는 점에서 실어증과는 구별된다. 말소리의 측면에서 실어증 환자는 일관성이 없는 오류를 보이는 반면, AOS 환자는 항상 유사한 오류를 보인다. 뿐만 아니라 AOS 환자는 발성과 호흡의 문제도 있다. 그럼에도 불구하고 AOS는 실어증과 함께 나타나는 경우가 흔하다.

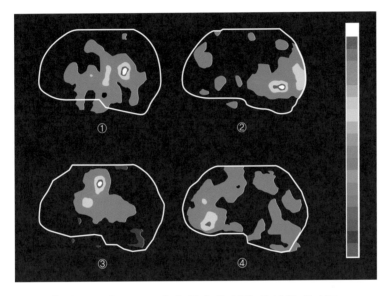

[그림 5-30] PET 스캔 ① 청각, ② 시각, ③ 발화, ④ 사고

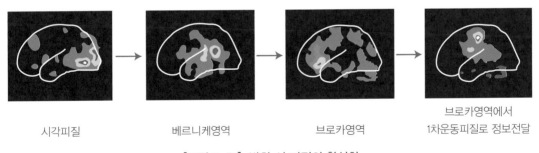

시각피질   베르니케영역   브로카영역   브로카영역에서
                                                            1차운동피질로 정보전달

[그림 5-31] 발화 시 피질의 활성화

5.3.4 실인증

연합영역의 일부가 파괴되면 여러 가지 특징을 분석하는 것과 다른 감각경험과의 차이점을 알아내지 못함으로써 감각내용의 뜻을 파악하지 못하게 되는데, 이것을 실인증(agnosia)이라고 한다. 실인증은 감각기능이 정상임에도 불구하고 주어진 시각 같은 하나의 감각을 사용하여 대상물을 인식하지 못

하는 장애이다. 다시 말하면, 감각기나 신경계는 장애가 없는데도 감각경험을 분석하고 다른 감각정보와 비교·검토하여 그 내용과 의미를 파악하는 능력을 상실하므로 인지불능증이라고 한다. 예를 들면, 후두엽 밑부분에 이상이 생기년 사진이나 목소리로는 사람을 판단하지만, 실제로 사람의 얼굴을 보고는 누구인지 인지하지 못한다.

음식을 보고도 그것을 먹을 수 있는지 없는지 식별하지 못하는 것을 시각실인증(visual agnosia), 청각적인 전파, 즉 소리는 들리지만 소리를 인식하지 못하는 것을 청각실인증(auditory agnosia)이라 한다. 촉각은 이상이 없는데 대상을 만져 보고 인식하지 못하는 현상을 촉각실인증(tactile agnosia) 또는 입체감각실인증(astereognosia)이라 하는데, 이는 두정엽 제5, 7영역의 이상으로 본다. 그리고 체성감각영역 뒤쪽 두정엽에 손상을 입어서 자기 자신의 몸을 대상과 구별하여 인식하지 못하는 것을 자가국소실인증(autotopagnosia)이라 한다.

5.4 대뇌피질의 영역별 기능

사람의 뇌활동을 영상으로 관찰할 수 있는 기술 가운데 처음으로 개발된 것은 X–선 컴퓨터단층촬영술(X-ray computed tomography, CT)로, 신체의 횡단면에서 얻은 해부학적 정보를 접합시킨 기술이다. 뇌 같은 연한 조직을 상이한 깊이에서 X선 투과상을 얻어 컴퓨터로 합성하는 기술이다. 이보다 진보된 방법이 양전자방사단층촬영술(positron-emission tomography, PET)이다. 양전자를 방사하는 방사선 동위원소를 혈류에 주입시키면 여기에서 발생하는 양전자와 전자가 만나 정반대 방향의 2개 광자로 변하게 된다. PET를 통해 뇌의 대사, 뇌의 혈류 변화와 뇌의 약물 분포 등을 확인할 수 있다. 살아 있는 뇌를 관찰하는 가장 최신 기술은 기능적 자기공명영상화(functional magnetic imaging, fMRI)로서 자장(magnetic field)에 대한 양성자(H^+) 반응을 토대로 하는 검사법이다. 양성자를 정렬시키기 위해 자장을 이용하여 적절한 자극을 주면 양성자는 감지할 수 있는 전파신호(radio-wave signal)를 방출한다. fMRI를 이용하여 피험자가 특정 언어과제를 수행하는 동안 대뇌의 혈류 이동을 알 수 있다.

[그림 5-30]과 [그림 5-31]에서는 PET 스캔을 통하여 뇌의 다양한 부위의 혈류량을 측정함으로써 어느 부위가 활성화되는지를 알 수 있다. 뇌의 활동적인 부위로 혈류가 더 많이 유입되므로 다양한 일을 할 때의 뇌 사진을 찍을 수 있다. [그림 5-30]에서, ① 청각(hearing) 정보에 주청각피질과 베르니케영역이 활성화되고, ② 시각(seeing) 정보에 후두엽이 활성화되고, ③ 발화(speaking) 시에 브로카영역이 활성화되고, ④ 사고(thinking)할 때 변연계가 활성화되는 것을 볼 수 있다.

또한 [그림 5-31]은, ① 단어가 시각피질에서 보일 때 후두엽이 활성화되고, ② 그 단어의 정보가 해석될 때 주청각피질(primary auditory cortex)과 베르니케영역이 활성화되고, ③ 베르니케영역에서의 정보가 전운동영역(premotor area)에 위치한 브로카영역에서 활성화되고, ④ 정보가 다시 브로카영역에서 주운동피질(primary motor cortex)로 이동하는 과정을 보여 준다.

5.5 기억

기억(memory)은 개체의 정신활동에 필요한 정보를 받아들여 뇌 속에 기록하여 저장했다가 필요한 때에 의식세계로 꺼내어 사용할 수 있는 능력으로 인간의 정신활동에 가장 기본적인 요소이다. 기억이 없이는 사고가 불가능하며, 지능의 발달도 이루어질 수 없다. 사람이 다른 동물과 구별되는 것도 이런 지적 성장의 발전이 큰 몫을 차지한다.

사람의 의식상태(conscious state)는 직접적이고 조화적인 인식(awareness), 추상적인 것을 다루는 능력, 계획적인 능력, 경험을 언어로 표현하고 관찰한 사실로부터 새로운 관계를 추출하는 능력 등 여러 측면으로 구성되어 있다. 따라서 의식작용이란 고도로 발달된 신경계통에서만 일어난다. 대뇌피질 및 대뇌피질과 망상체(reticular formation)와의 연결이 가장 중요한 구조적 기반이 된다. 의식작용은 반사반응에만 의존할 경우에 생기는 환경에의 적응력을 높인다는 점에서 중요하다.

사람은 말하고 쓰는 과정에서 단어를 의사소통의 정교한 수단으로 이용하는 유일한 동물이다. 언어(language)는 의식과 생각을 만들고 그것을 표현하는 데 기여한다. 개념화(conceptualization) 없이는 기억을 경제적으로 저장할 수 없다. 언어는 대뇌피질 내에 비대칭적으로 분포된 복잡한 신경망에 의해서 형성된다. 일반적으로 한쪽 대뇌반구, 보통 왼쪽 대뇌반구가 언어 획득과 조작기술 면에서 우월하다. 간질이 심한 환자를 치료하는 방법으로 뇌량을 잘라서 대뇌반구 사이의 연결을 봉쇄하는 분할뇌(split-brain)가 있다. 이러한 환자에게 그림을 그리거나 단어의 이름을 알아맞히게 하려면 오른손으로 하게 하거나 시야의 우측 절반에 노출시켜야 한다.

좌뇌반구는 언어적 표현(말하기 및 쓰기)을 담당하는 운동계의 조절 면에서 사실상 절대권을 갖고 있다. 우뇌반구는 언어적 표현으로 전환될 필요가 없는 복잡한 시각적 정보를 처리하는 일을 담당한다. 우측 대뇌에 손상을 받게 되면 음악적 능력과 이해력의 장애가 초래되며, 그러한 환자는 꿈을 자주 꾸지 않게 된다. 감각정보의 일부만 영원히 기억으로 저장된다. 저장과정 자체는 학습된 이후에 수정될 수 있다. 예를 들어, 장기기억으로 저장되기 이전에 머리의 타격, 전기 충격 및 마취제 투여 시에는 외상 바로 전에 받은 정보의 저장을 방해한다. 그러므로 어떤 사건이 일어났을 때 그것이 곧 영구적인 형태의 기억으로 저장되는 것이 아니라, 일시적인 형태에서 영구적인 형태로 확고히 하는 데 일정한 시간이 소요되는 것을 알 수 있다. 그렇지만 일단 영구적인 기억으로 저장되면 기억은 물리적 · 화학적 처치에 영향을 받지 않는다.

기억 형성은 다음 몇 가지 순서를 통해 이루어진다. 제일 처음에 기억은 일시적으로 전기적 활동으로 획득된다. 이 시기 동안에 전화번호 같은 작은 정보는 수 초 동안 단기기억(short-term memory) 또는 일차기억으로 저장할 수 있다. 일차기억(primary memory)으로서 저장한 정보는 정보의 재투입(예: 통화 중일 때 전화번호의 회상)으로 지속할 수 있다. 그렇지만 이 단계에서 기억은 많은 영향력에 대해 취약하다.

만약 어떤 정보에 대해 충분히 회상(rehearsal)을 반복하게 되면 그 정보는 장기기억(long-term memory) 또는 이차기억(second memory)으로 저장된다. 이곳에 저장된 정보는 수 분에서 수년간 지속되며, 회상속도는 느리다. 일부 개인적 · 일반적으로 중요한 정보들(자신의 이름 및 생일, 읽고 쓰는 법)은 다른 형태의 장기기억인 삼차기억(tertiary memory)으로 저장된다. 이 경우에 이 정보들은 일생 동안 저장되며 회상속도도 매우 빠르다.

5.5.1 등록-보유-재생

지식의 보유 또는 저장을 책임지는 신경적 변화(neural change)를 기억의 흔적(memory trace)이라고 한다. 일반적으로 문자정보가 아닌 개념이 기억에 저장된다.

기억은, ① 새로운 사물이나 사실을 외워 두는 과정인 등록(registration), ② 일단 기명된 내용을 외울 수 있는 보유(retention), ③ 외우고 있는 것을 필요시 생각해 내는 재생(recall) 등 3단계의 정신활동으로 분류한다. 등록은 훈련을 통해 무엇인가를 습득한다는 이른바 학습과 내용적으로 같은 것이다. 감각정보를 지각하고 고정해서 기억 흔적으로 만드는 과정이다.

한편, 지각된 사물이나 사실은 개념(concept)으로 결합되어 머릿속에 기억되며 재결합될 때 필요 없는 것을 지워 버리는 것을 망각(forgetting) 또는 건망증(amnesia)이라 한다. 이는 특정한 사물, 시기에 국한해서 선택적으로 나타날 수도 있고, 자신이 경험했던 일에 대해 광범위한 기억상실로 나타나는 경우도 있다.

5.5.2 기억의 종류

새롭게 습득된 정보는 먼저 저장공간에 한계가 있으므로 단기기억에 보관한다. 단기기억은 연습이나 리허설을 통하여 기억을 강화하여(즉, 화학적으로 경화시켜서) 영구적인 장기기억으로 전환될 수 있다. 장기기억의 저장공간은 단기기억보다 훨씬 크다. 장기기억 흔적의 다른 정보 측면은 처리된 다음 같은 형식의 정보와 결합하여 저장한다. 예를 들면, 시각기억은 청각기억과 분리하여 저장한다. 장기기억의 저장공간은 매우 크기 때문에 단기기억에서 정보를 가져오는 시간보다 더 오래 걸린다. 기억하는 것(remembering)은 특정한 정보를 기억공간에서 생각해 내는 것을 말하고, 잊어버리는 것(forgetting)은 저장된 정보를 끄집어내지 못하는 것을 말한다([그림 5-32] 참조).

1. 단기기억

지각된 정보는 자극이 제거되더라도 곧 상기할 수 있다. 이 시기의 기억을 단기기억(short-term memory)이라고 한다. 단기기억은 다양한 변형을 받아 고정되기도 하지만, 불안정하여 시간이 경과하거나 두부의 외상 또는 충격으로 인해 사라지기도 한다. 단기기억은 전두엽과 관련이 있다. 단기기억은 대뇌피질에서 일어난 어떤 일시적인 변화에 의한 것이다. 그러나 그 기전(mechanism)은 명확하게 알려져 있지 않다. 다만 머리 속에서 신경흥분이 폐쇄된 뉴런의 사슬로 이루어진 반향회로(reverberating circuit) 속을 맴돌다가 사라지기 때문이라고 한다.

2. 장기기억

지각된 정보는 오랫동안 머릿속에 간직되며 여러 변형을 통해 확고해지고 두부의 외상이나 충격에도 사라지지 않을 수 있다. 이러한 성질의 기억을 장기기억(long-term memory)이라고 한다. 장기기억은 대뇌의 측두엽과 해마(hippocampus)가 관련되어 있으며, 반향회로의 물질적 변화에 기초를 둔다고 주장하는 학자들도 있다. 단기기억을 전환시켜서 장기기억에 저장하고 정착시키는 과정을 경화(consolidation)라고 한다.

3. 작업기억

잠시 동안 다양한 조각의 정보를 보유하고 현재의 정신적 과업과 관련된 정보를 연계시킬 수 있다. 이러한 성질의 기억을 작업기억(working memory)이라 한다. 작업기억은 새롭게 습득한 정보와 예전에 보관한 관련 지식을 비교해서 즉시 사용할 수 있도록 저장하고 처리한다는, 최근에 발전된 개념이다. 이러한 통합적인 기능은 추론하고 계획하고 판단하는 능력에 매우 중요하다. 예를 들면, 친구와 대화를 하면서도 동시에 내일 참석할 다른 친구의 생일파티를 생각할 수도 있다. 이처럼 작업기억은 사람들이 생각을 논리적인 순서대로 묶고 미래의 행동을 계획할 수 있도록 한다.

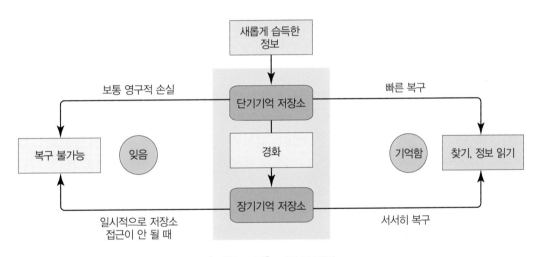

[그림 5-32] 기억의 저장

?! 장기이식과 셀룰러 메모리

셀룰러 메모리(cellular memory)란 장기이식 수혜자들에게 기증자의 성격과 습성까지 전이될 수 있다는 현상을 일컫는 용어로 애리조나 주립대학 심리학교수인 슈워츠(Gary E. Schwartz) 박사에 의해 처음 보고되었다. 그는 20여 년간의 장기이식을 받은 사람들을 연구한 결과 10명 가운데 1명(10%)에서 기증자의 기억이 남아있는 현상을 발견하였다. 그에 의하면, 장기에는 '세포 기억 기능'이 있어 기억이 전이될 수 있다고 주장하였는데, 기억이나 습관 등은 두뇌뿐만 아니라 인체의 세포 속에도 저장된다는 가설이다. 그러나 이 놀라운 가설은 여러 사례에도 불구하고 아직 과학적으로 입증되지는 않았다.

5.5.3 기억의 기전

기억(memory)은 신경정보처리의 결과이다. 기억은 학습과 밀접한 관계를 갖고 있는데, 학습이란 우리가 어떤 사건이나 경험에 대한 새로운 지식과 지각을 이해하는 수단이다. 그런데 기억은 학습되기이전의 경험의 습득, 저장 및 회상의 결과로 나타난다. 기억은 한꺼번에 많은 정보를 입력할 수 없고, 얻은 정보를 선택하여 요약하며, 얻은 정보를 필요에 따라서 잠깐 기억하였다가 망각하든가 또는 영구히 저장할 수도 있다. 따라서 기억은 모든 행동의 기반을 이루고 있는 것이다.

최근에는 기억이 중추신경계에 있는 거대한 물질 분자에 축적된다는 가설이 설득력을 얻고 있다. 즉, 유전학의 발달에 의하여 DNA 또는 RNA 등 거대물질 분자들이 발견된 후 이들 속에 많은 양의 정보가 정확하게 부호화(coding)하여 축적됨으로써 기억이 성립된다고 알려져 있다. 이 사실은 중추신경계에서 가능한 일이다. 그러나 이것을 기호화하는 과정과 기호화된 것에서 다시 회상하는 과정은 아직잘 모르고 있다. 기억에서 중요한 역할을 하는 곳은 해마와 대뇌피질 제17 · 18 · 19영역이다. 이곳에서 중요한 것을 선별하고 선택적으로 요약하여 그 결과를 저장한다. 따라서 기억영역이 있는 측두엽과해마가 파괴되면 기억장애가 발생한다.

해마와 편도핵은 두 개의 중요한 정보처리기관이다. 왜냐하면 해마와 편도핵을 포함하는 측두엽의안쪽 부분을 양쪽 모두 제거하면 심각한 기억손상 또는 심한 경우에는 완전기억상실증(total amnesia)이나타나기 때문이다. 해마는 과거에 경험한 사건과 현재의 상황을 비교할 수 있게 하는 기억기전에 관여하는 것으로 알려져 있다. 이에 비하여 편도핵은 정보처리중추로서 뇌로 들어오는 감각정보의 조절에 중요한 역할을 한다. 뿐만 아니라 편도핵은 사건들을 서로 연관 짓고 서로 다른 감각 유형의 정보를연결하는 데에도 크게 기여한다. 요약하면, 해마는 감정보다는 인식과 관련된 정보의 등록과 더 밀접한 관련을 지니는 반면, 편도핵은 인식보다는 감정의 표현에서 더 중요한 역할을 하는 것으로 알려져있다(Noback & Strominger, 1996).

5.5.4 기억장애

건망증 또는 기억상실증(amnesia)에 대한 임상적 연구는 기억의 저장 · 회복이 뇌의 여러 부위에 관여한다는 것을 보여 준다. 기억상실증은 측두엽, 해마, 미상핵, 시상에서 장애가 있을 때 생길 수 있다. 여기서는 기억장애(memory disturbance 혹은 impaired memory)라는 용어를 사용하고자 한다.

기억장애의 주된 특징은 기억하지 못하는 경험이 관찰 보고되는 것으로, ① 행동을 수행할지를 결정하지 못하는 것, ② 새로운 기술이나 정보를 학습하거나 보유하지 못하는 것, ③ 사실에 관한 정보를 회상하지 못하는 것, ④ 최근 또는 과거 사건을 회상하지 못하는 것 등이다. 기억장애는 뇌에 장애가 있을 때 나타나지만 장애를 입은 부위와 기억장애의 증후에서 기억에 관여하는 뇌의 부위별 역할을추정함으로써 평가할 수 있다. 기억장애는 역행성 건망증, 선행선 건망증, 외상후 건망증 등 세 가지로나누어 설명할 수 있다.

역행성 건망증(retrograde amnesia)은 옛 기억은 보존하지만 직전의 기억은 잊어버리는 경우를 가리키며, 마취나 전기충격에서도 관찰된다. 어떤 계기로 생각해 내는 경우가 있으므로 기억의 내용이 완전히 상실된 것은 아니며 2차 기억을 읽어 내는 과정에 장애가 있는 것으로 볼 수 있다. 선행성 건망증 (anterograde amnesia)은 새로운 정보를 학습할 수 없는 상태이므로 단기기억까지 정보가 유입된다고 하여도 장기기억으로 유지되지 못한다. 알코올 중독 등에 Korsakov 증후군(Korsakoff Syndrome)[14]을 보이는 환자에게서 나타난다. 1차 기억 그리고 발증 이전의 2차 기억 및 3차 기억은 정상이며, 1차 기억에서 2차 기억으로 정보가 전달되는 과정에 장애가 있다. 환자는 조금 전 일을 생각해 내지 못하기 때문에 사람이나 시간, 장소 등을 분간하지 못한다. 이러한 환자에게는 유두체, 해마 주위, 전두엽 저부, 대상회에 병변이 있는 경우가 많으며 이 영역들은 기억의 장기화에 중요한 부분이라고 생각된다. 끝으로, 외상후 건망증(post traumatic amnesia)은 교통사고 등으로 외상성으로 뇌손상을 받은 후에 초래되는 기억력 상실과 기억과 관련된 기능을 잃어버리는 것이다. 한 사람이 무의식 상태에 빠지면 단기기억에 저장되어 있는 내용은 본질적으로 지워지고, 결과적으로 그 사건 전의 30분 이내에 일어난 활동에 대한 기억을 잃는다. 중한 외상인 경우 장기기억에 저장된 정보의 접근이 힘들 수도 있다.

　새로운 일이나 새로운 환경에 대해서 경험한 일이 있었던 것처럼 잘못된 생각을 갖고 있는 일을 기시현상(deja vu phenomenon)이라고 한다. 이 현상은 모든 사람에게 정상적으로 나타날 수 있지만 정서적이거나 현재 경험과 불수의적인 감정의 연결로 인하여 자주 또는 계속 나타날 수 있다. 보통 측두엽 간질의 전조로서 일어날 수 있다.

?! 알츠하이머병

알츠하이머병(Alzheimer's disease)은 퇴행성 뇌질환으로 노인(특히, 여성)에게서 일어나는 점진적 치매의 약 반 이상에 해당되는 인지기능이 손상되는 병이다. 임상적인 특징은 기억·판단·언어 능력 등 지적인 기능의 점진적인 감퇴, 인격 및 행동장애 등이다. 병리조직학적으로는 뇌의 전반적인 위축, 신경섬유의 다발성 병변, 뇌실의 확장 등의 특징을 보인다. 이 병은 발병 기전이 아직 불명확하고 입증된 예방법이나 치료법도 없다. 알츠하이머병과 치매를 동일시하는 경우가 있으나 치매는 알츠하이머병에 의해서만 생기는 것이 아니라 고혈압, 당뇨병, 심장질환 등과 같은 성인병이 원인이 되어 발생한다. 지금까지 알려진 알츠하이머병의 원인은 노화과정에서 뇌조직의 기능상실 또는 유전적 요인(14번 염색체)을 들 수 있다.

---

14) 이 증후군은 러시아의 정신과 의사인 Sergei Korsakoff(1854~1900)에 의해 연구된 증후군으로 단기기억상실과 새로운 기술습득장애가 특징인 기억상실을 지칭하는데, 만성 알코올 중독증에서 흔히 관찰된다. 이 병의 원인은 흔히 비타민 B 복합군(특히, B12)의 결핍이 지목되며, 병의 경과는 시상(thalamus)의 퇴행성 변화를 유발할 수 있다.

뇌와 언어 Tips

1 대뇌피질(cerebral cortex)은 가장 고위 중추로 운동, 감각 그리고 기억, 사고, 판단, 정서 등의 연합기능을 담당한다.

2 언어기능은 대뇌피질과 피질하 신경핵으로 구성된 대단위 신경망(large-scale neuralnetwork)에 의해서 조절되는데, 이러한 신경망의 어느 한 부위에라도 손상을 입으면 기능장애가 초래된다.

3 연수는 척수와 연결되고 생명유지에 필수적인 심혈관, 호흡, 소화 및 구토 등에 관한 중요한 반사중추가 있다.

4 시상하부는 제3뇌실의 바닥을 이루며, 체온조절, 혈압조절, 수면 각성조절 및 음식물 섭취조절에 관여하고 생체리듬을 유지시킨다.

5 브로카영역(Broca's area)은 좌측 하전두회 후부(posterior inferior frontal gyrus)로 언어 표현과 관련된 기능을 담당한다. 이 부분에 병변이 발생하면 운동실어증(motor aphasia)이 나타나기도 하며 실행증(apraxia)이 나타나기도 한다.

6 베르니케영역(Wernicke's area)은 좌측 후측두엽(posterior temporal lobe)으로 언어 이해와 관련이 깊은 곳이다. 이 부분에 병변이 발생할 경우 착어증(paraphasia), 내용 없는 말(emptyspeech) 등의 증상이 나타난다.

7 음성언어와 문자언어를 이해하기 위해서는 청각정보와 시각정보가 모두 언어중추에 도달해야 한다.
　가. 음성언어의 경우: (측두엽) 소리자극 → 청각기관 → 각회(angular gyrus)의 개념중추(concept center) → 베르니케영역 → 궁상섬유속(arcuate fasciculus) → 브로카영역의 순서로 전달된다.
　나. 문자언어의 경우: (후두엽) 시각자극 → 시각영역 → 각회의 개념중추 → 베르니케영역 → 궁상섬유속 → 브로카영역의 순서로 전달된다.

8 브로드만 39번 각이랑 또는 각회는 청각, 시각, 체성정보 등을 통합하는 중추로서 이 부위에 손상을 입으면 실어증이 발생한다.

9 중요한 브로드만영역(Brodmann area): 베르니케영역(40), 브로카영역(44, 45), 1차청각영역(41), 청각연합영역(42), 각회(39), 주 감각영역(1, 2, 3), 감각연합영역(5, 7), 주 운동영역(4), 운동연합영역(6), 1차시각영역(17), 시각연합영역(18), 1차미각영역(43).

10 해마(hippocampus)는 단기기억에 관여하며, 또한 장기기억으로 응집시킨다.

단원정리

1. 뇌 가소성(brain plasticity)이란 무엇인가?

2. 왼쪽 대뇌반구를 영역별로 구분하고 각 영역의 주요 기능을 설명하시오.

3. 좌우 대뇌반구의 편측화(lateralization)란 무엇인가?

4. 변연계(limbic system)의 주요한 기능을 열거하시오.

5. 브로드만 39번 각이랑 또는 각회(angular gyrus)의 기능은 무엇인가?

6. 어린이나 정신적으로 스트레스를 받고 있는 성인에게서 나타나는 뇌파는 무엇인가?

7. 변연계(limbic system) 중 해마(hippocampus)의 가장 중요한 기능은 무엇인가?

8. 제3 뇌실에 위치하며, 내분비기관으로 멜라토닌을 분비하는 기관은 무엇인가?

9. 시상하부(hypothalamus)의 주요한 기능은 무엇인가?

10. 실어증(aphasia)과 가장 관련이 깊은 질환은 무엇인가?

11. 마비말장애(dysarthria)의 유형에 대하여 간략히 설명하시오.

12. 작업기억(working memory)이란 무엇인가?

CHAPTER 06

소화와 삼킴의 해부와 생리

음식의 섭식은 생존에 필수적이다. 삼킴은 섭식의 과정이며 동시에 소화의 일부분이다. 소화가 시작되는 구강에서 삼킴의 준비작용이 일어나기 때문이다. 보통 소화란 정상적인 삼킴을 전제로 할 수 있지만, 삼킴작용은 신경학적으로 매우 복잡하게 구성되어 있다. 말-언어에 필요한 많은 부분의 근육이 섭식에도 사용된다. 따라서 삼킴장애가 있는 경우에는 소화뿐만 아니라 언어장애를 동반할 수도 있다. 이에 따라 미국언어청각협회(American Speech-Language-Hearing Association, ASHA)의 기준에 의하면 삼킴장애환자는 언어치료사(SLP)의 개입이 필수적인 업무 영역으로 자리매김 되어 있다.

6.1 소화의 해부생리

인체의 소화계통은 음식물을 처리하여 영양소를 흡수하는 기능을 한다. 영양소(nutrient)란 생명활동에 필요한 에너지를 제공하거나, 인체 조직을 구성하거나 체내 생리 기능을 조절하는 물질들을 총칭하는 말로 탄수화물, 지방, 단백질, 무기염류, 비타민, 물 등을 가리킨다.

소화계는 크게 소화로의 기관과 부속기관(accessory organ)으로 구성되어 있다. 소화로 또는 소화관은 구강(oral cavity)에서 시작되어 항문(anus)에서 끝나며, 시작과 끝의 길이가 5m에 달하는 우리 몸에서 가장 긴 기관 조직이다. 음식이 인체 구조와 기능에 이용될 수 있도록 분자상태로 만드는 분해기관으로 부위마다 독특한 구조적 특징을 가지고 있다. 주요한 부속기관에는 치아(teeth), 혀(tongue), 타액선(salivary gland), 간(liver), 담낭(gallbladder), 췌장(pancreas) 등이 있다. [그림 6-1]은 소화관을 구성하는 주요기관들이 요약되어 있다.

소화로(digestive tract)의 주요 기관

① 구강: 음식물 섭취
② 인두: 음식물을 식도로 내려보냄
③ 식도: 음식물을 위(stomach)로 운반
④ 위: 산과 효소에 의한 음식물의 화학적 분해
⑤ 소장: 화학적 소화 및 수분, 비타민, 이온의 흡수
⑥ 대장: 소화되지 않은 물질의 수분 제거 및 압축

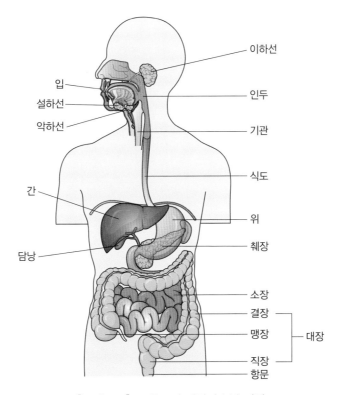

[그림 6-1] 소화로의 기관과 부속기관

음식물이 삼켜지려면 적절한 강도와 재질로 가공되어야만 한다. 치아에 의해 잘게 부서진 음식물은 소화효소(digestive enzyme)[1]가 가미된 침(saliva)과 섞여 반죽이 되고 미각수용기(taste receptors)의 검사를 거친 뒤, 혀의 움직임에 의해 작은 음식덩이(bolus)[2]로 뭉쳐진다.

소화는 많은 종류의 효소들에 의해 단백질, 지방, 탄수화물이 가수분해되어 물, 무기질, 및 비타민 등과 함께 장 점막을 통해 흡수되는 과정을 말한다. 이들 효소는 음식물을 고분자 유기화합물에서 저분자 유기화합물로 가수분해시키는 기능을 한다(〈표 6-1〉 참조).

위장관의 생리는 소화 · 분비 · 흡수 · 운동의 네 과정이 있으며, 이들은 서로 조화를 이루고 있다. 소화(digestion)는 섭취한 음식물을 기계적 · 화학적으로 분해하여 장 상피에서 몸으로 흡수할 수 있는 작은 조각으로 만드는 과정이다. 분비(secretion)는 세포외액에서 위장관 내강으로 물과 소화효소 등을 전달하고 위장관 상피세포에서 합성된 물질을 방출하는 과정이다. 흡수(absorption)는 작은 조각이 위장관 내강(lumen)에서 세포외액으로 이동하는 과정이다. 운동(mobility)은 위장관의 평활근 수축에 의하여 내강에 남아있는 물질이 이동하는 과정이다. 마지막으로 대장에서 물을 흡수하고 더 이상 소화할 수 없는 잔여물을 압축하여 대변으로 배출하는 것이다.

〈표 6-1〉 대표적인 소화효소의 기능

효소	생성부위	작용대상
탄수화물 분해효소		
아밀라제(amylasa)	침샘, 췌장	탄수화물
말타제(maltase)		
슈크라제(sucrase)	소장	엿당, 설탕, 젖당
락타제(젖당 분해효소)		
지방 분해효소		
리파제(lipase)	췌장	중성지방
단백질 분해효소		
펩신(pepsin)	위	단백질, 폴리펩티드
트립신(trypsin)	췌장	
펩티드(peptide)	소장	트리펩티드

※ 리파제(lipase)의 영어식 발음은 [lɑɪpetz]이기 때문에 어떤 책에서는 '라이페이스'로 표기되기도 한다. 펩티드(peptide)의 영어식 발음은 [peptɑɪd]이기 때문에 '펩타이드'로 표기되기도 하니 표기상의 문제에 대하여 혼동 없기 바란다.

1) 소화효소(digestive enzyme)란 소화관 속에서 음식물을 고분자 유기화합물에서 저분자 유기화합물로 가수분해시키는 효소를 가리킨다. 탄수화물, 단백질, 지방을 분해하는 소화효소로 프티알린(ptyalin), 담즙(bile), 아밀라제(amylase), 락타제(lactase), 말타제(maltase) 등이 있다.
2) bolus에 대하여 과거에 일부 의학서적에 '밥 식' '덩어리 괴' 자를 써서 '식괴'(食塊)라 하였으나 여기서는 '음식덩이'로 통일한다.

6.1.1 구강

구강의 구조는 일반적으로 사람마다 다르지 않다. 즉, 입술과 치아는 전방 벽을 형성하고, 볼과 치아는 측면 벽을 형성한다. 그러나 구강의 내부는 얼굴의 모양만큼이나 다양하다. 구강은 볼과 입술, 구개, 혀로 둘러싸여 있다. 구강은 소화기관과 호흡기관으로 통하는 입구이다. 구강 내부는 점막으로 이루어져 있다. 입천장인 구개는 딱딱한 경구개(hard palate)와 뒷부분은 상대적으로 부드러운 연구개(soft palate)가 있다. 목젖 또는 구개수는 연구개의 뒤쪽에 수직으로 달려있는 폭이 좁은 근육조직이며 구강의 뒤쪽과 코의 뒤쪽을 분리하는 부분이다. 구개편도는 세균감염에 대항하여 기도를 보호하는 림프조직이며, 백혈구가 풍부한 곳이다. 혀는 유연한 근육질 구조를 갖고 음식물을 맛보고 씹으며 섭취하는 것을 돕고 말소리를 고르는 조음기관으로 중요한 역할을 한다. 끝으로 목구멍은 구강의 맨 안쪽의 식도와 기도로 통하는 문으로 호흡기능, 방어기능, 발성기능을 담당하는 곳이다([그림 6-2] 참조).

말소리(speech sound)의 형성과 관련된 안면근육, 혀근육, 하악근육, 연구개근육은 동시에 음식덩이(bolus)를 받아들일 준비와 운반을 위한 근육이다.

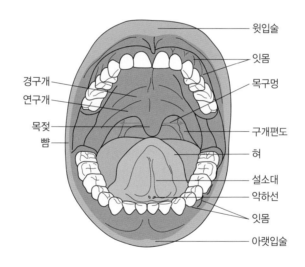

[그림 6-2] 구강구조(전면)

1. 입과 입술

입(mouth)은 중층편평상피로 덮여 있으며, 여러 가지 기능을 하고 있다. 예를 들어, 음식물의 섭취, 맛보기, 씹기(저작), 삼킴, 말, 호흡 등을 포함한다. 음식물은 입안에 들어가 기계적 소화와 화학적 소화의 첫 과정을 거친다. 즉, 입안에서의 기계적 소화는 치아에 의한 씹기(chewing) 또는 저작(mastication)을 함으로써 시작된다. 또한 화학적 소화란 음식물이 입안에 들어올 때 침샘에서 침이 분비됨으로써 시작된다. 침은 음식물과 섞여 가수분해되고, 탄수화물의 일종인 녹말(starch)의 화학적 소화를 촉진시키기 위해 효소 아밀라제(amylase)가 작용한다.

입술 사이에 있는 앞쪽의 구멍을 구강열(oral fissure), 뒤쪽의 구멍을 구협(목구멍, fauces)이라 한다. 구강전정(vestibule of mouth)은 치아 바깥 표면을 양치할 때 칫솔을 넣는 곳이다. 입술(lips)은 구강의 전방벽을 형성하며, 치아와 잇몸을 보호한다. 입술 근육은 삼킴단계 중 구강준비단계에서 주요한 두 가지 기능을 담당한다. 첫째는 잡거나 움켜쥐는 기능이고, 둘째는 구강의 전반부를 닫는 기능이다. 입술의 닫힘은 상하부에 위치한 입둘레근 또는 구륜근(orbicularis oris m.)의 수축으로 이루어진다. 이러한 닫힘은 입안에서 수분이 있는 음식덩이를 유지하는 데 중요한 역할을 하며, 특히 수분이 구강의 전반부에 있는 동안에 더욱 그러하다.

2. 치아

치아는 척추동물의 입에서 소화를 돕는 기관으로 위턱과 아래턱에 활 모양으로 배열되어 박혀 있으며 소화와 발음을 돕는 단단한 구조물이다. 치아는 턱뼈, 얼굴 형태, 저작에 알맞은 형태를 가지고 있으며 정확한 발음과 말을 하는 데에도 도움을 준다.

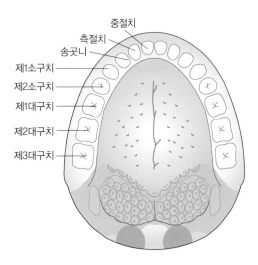

[그림 6-3] 영구치

사람은 일생 동안에 두 벌의 치아가 나는데 출생 후 수개월 내에 유치(milk teeth)가 나고, 유치는 12세경에 영구치(permanent teeth)로 완전히 바뀐다.

치아는 삼차신경과 음식덩이에 대한 중요한 감각정보의 통로이다. 이 감각정보는 씹는 힘과 속도, 지속시간, 턱 운동의 조정을 돕는다. 또한 타액의 분비량과 그 형태에 영향을 미친다고 생각된다. 젖니 또는 유치는 위, 아래의 가운데 앞니(central incisor)와 가쪽 앞니(lateral incisor) 그리고 송곳니(canine), 큰어금니(molars)를 포함해 20개가 한 세트이며, 일반적으로 아동이 3세가 되면 모두 다 난다. 젖니는 대략 7년 후에 영구치로 바뀐다.

이들 치아는 형태와 기능이 각각 다르고 발생하는 시기도 다르다. 기능상으로 4종류로 구분하며, 윗니와 아랫니 모두 포함했을 때 정중선상에서 맨 앞쪽에 4쌍의 앞니(incisors)는 물어뜯고 자르고, 송곳니(canines)는 찢고, 4쌍의 작은어금니(premolar)와 6쌍의 큰어금니(molars)는 음식을 자르고 맷돌처럼 갈고 부수는 기능을 한다([그림 6-3] 참조).

유치와 영구치의 개수는 다음과 같다.

- 유치 = $\dfrac{2 \cdot 1 \cdot 2}{2 \cdot 1 \cdot 2} \times 2 = 20$개

- 영구치 = $\dfrac{2 \cdot 1 \cdot 2 \cdot 3}{2 \cdot 1 \cdot 2 \cdot 3} \times 2 = 32$개

치열(dentition) 또는 치아(teeth)는 삼킴(swallowing)의 구강준비단계에서 주요한 요소이다. 입안에 음식물이 들어오면 곧바로 잘게 자르고 부수는 저작운동(masticatory movement)이 일어나는데, 이 운동

이 치아가 담당하는 주된 운동이다. 저작은 소화의 한 분야로서 음식물을 부드럽게, 그리고 표면적을 넓힘으로써 소화액의 침투를 돕는 한편, 음식물이 식도를 잘 넘어가게 한다.

부정교합은 조음(articulation)뿐만 아니라 구강단계에서의 음식물 준비단계에 영향을 미칠 수 있다. 각 치아의 부재, 깨짐, 오정렬은 삼킴에 부정적 영향을 미칠 수 있다. **[그림 6–4]**는 정교합(neutral/normal occlusion)과 두 종류의 부정교합(malocclusion)이다. 정상교합은 일부 치아를 제외하고 두 아치는 정상 정렬되어 있다. Angle's Class II 부정교합에서는 위턱은 내밀어져 있고 아래턱은 뒤쪽으로 물러나 있거나 안으로 들어가 있다. 반면에 Class III 부정교합은 위턱이 안으로 들어가 있고, 아래턱이 튀어나온 상태이다.

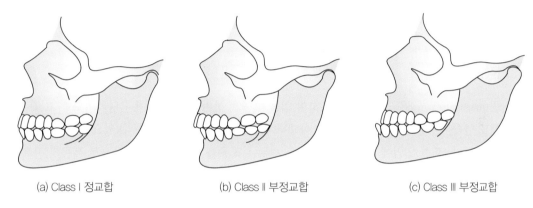

(a) Class I 정교합   (b) Class II 부정교합   (c) Class III 부정교합

[그림 6–4] 정교합과 부정교합

출처: Ferrand(2007: 172)

3. 경구개와 구개골

입천장을 이루는 구개(palate)는 구강과 비강을 가르며, 앞쪽 2/3는 뼈를 위주로 만들어진 경구개이고 뒤쪽 1/3은 골격근을 위주로 만들어진 연구개이다. 연구개는 서로 엇갈리게 배열된 골격근으

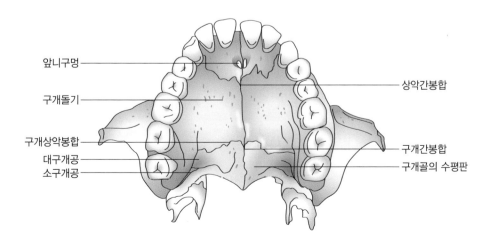

[그림 6–5] 구개골

로 이루어져 있어서 음식을 삼킬 때 무의식적으로 움직여 인후두를 폐쇄함으로써 음식이 코로 들어가는 것을 방지한다. 연구개 뒤쪽은 구개범(velum palatinum)을 형성하며, 그 중앙에는 목젖 또는 구개수(uvula)가 달려 있다. 경구개는 위턱의 구개돌기(palatine process)와 구개골(palatine bone)의 수평판(horizontal plate)에 두꺼운 점막이 덮여 있는 것으로, 이 점막의 일부는 상악골과 구개골의 골막(periosteum)에 노출되어 있다.

구개골은 여러 봉합형태를 유지하고 있는데, ① 앞니쪽 좌우로 상악간봉합(intermaxillary suture), ② 뒤쪽 및 중앙의 좌우로 구개간봉합(interpalatine suture), ③ 구개와 위턱 사이의 구개상악봉합(palatomaxillary suture)이 있다([그림 6-5] 참조).

6.1.2 저작근과 저작운동

1. 저작근

저작근(masticatory m.)은 악관절에 작용하여 입을 다물게 하며 턱을 내밀거나 당기기도 하고 좌우로 움직이게도 한다. 이 같은 운동으로 윗니와 아랫니가 맞붙어서 음식물을 씹을 수 있으며, 그 밖의 구강운동도 가능하다. 또한 입안에 있는 물체를 씹고 깨무는 작용을 하는 강력한 근육으로 온몸의 근육 중

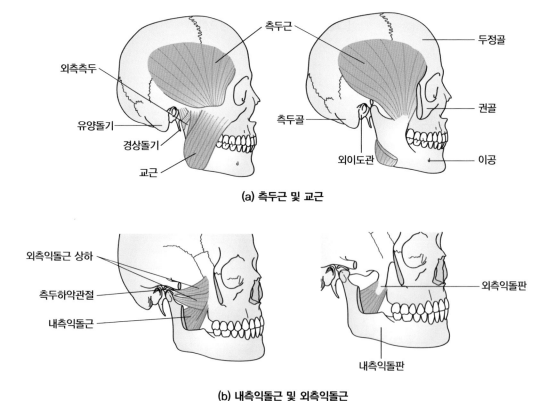

(a) 측두근 및 교근

(b) 내측익돌근 및 외측익돌근

[그림 6-6] 저작근

에서 단위길이당, 단위면적당 가장 큰 힘을 낼 수 있다.

저작근으로는 교근(masseter m.), 측두근(temporal m.), 내측익돌근(medial pterygoid m.), 외측익돌근(lateral pterygoid m.) 등이 있다. [**그림 6-6**]에서는 저작근 가운데 (a)는 측두근 및 교근을, (b)는 내측익돌근 및 외측익돌근을 보여 준다. 각 저작근들이 어떤 작용을 하는지에 대해서는 〈표 6-2〉에 설명되어 있다.

삼킴과 관련된 근육, 즉 저작근의 협응이 불가능할 때는 조음장애가 생긴다. 바꾸어 말하면 조음장애를 보이는 환자는 동시에 삼킴장애를 보일 수 있다. 이들은 "발음이 잘 안 된다." 또는 "말하는 데 너무 힘들다."라고 호소하는 경우가 많다. 또한 주위 사람들로부터 "말하는 모양이 이상하다." 또는 "말을 알아듣기 어렵다."라는 말을 듣기도 한다. 조음은 한 단어씩 발음하면 장애가 확실하게 인지되지 않지만, 연속되는 말로 발음하려 하면 매우 불명료하게 들린다.

〈표 6-2〉 저작근의 기능

근육	기시부	신경	작용
교근	권골궁	삼차신경	하악골을 올리고 늘인다.
측두근	측두와	삼차신경	하악골을 올리고 수축한다.
내측익돌근	외측익돌판의 중간면	삼차신경	하악골을 올리고 늘인다.
외측익돌근	외측익돌판의 접형골과 외측면의 대익	삼차신경	하악골을 끌어 내리거나 늘인다.

출처: Bruck-Kan(1979: 198)

2. 저작운동

음식물이 입안에 들어오면 곧바로 잘게 자르고 부수는 저작운동(masticatory movement)이 일어나는데, 이 운동이 치아가 담당하는 주된 운동이다. 저작은 소화의 한 부분으로서 음식물을 부드럽게 만들고, 표면적을 넓힘으로써 소화액의 침투를 돕는 한편 음식물이 식도를 잘 넘어가게 한다. 주기적인 저작운동은 대부분 반사작용이기 때문에 의식적으로는 조절되지 않는다. 음식물 입자가 구개와 치아에 접촉되면 좌우, 전후 및 상하로의 저작운동이라는 반사(reflex)를 유발한다. 저작주기 1회에는 약 0.6~0.8초가 걸린다. 혀와 볼은 상하턱 사이의 음식덩이가 다른 곳으로 이동하지 못하게 하여 저작을 도와준다. 고형 음식물은 수 mm의 입자로 부수어진다. 저작을 하면 타액분비(salivation)가 자극되고, 이는 음식물을 부드럽게 하여 삼키도록 도와준다. 미각은 저작과정 및 타액 내에 용해되거나 부유하고 있는 성분에 의해 촉진된다. 이 감각은 반사기전을 통하여 타액분비를 더욱 촉진하며, 위액분비를 일으킨다. 저작근을 지배하는 신경은 삼차신경(trigeminal nerve. CN V)의 제3가지인 하악신경(mandibular nerve)이 맡고 있다.

6.1.3 코와 후각기

냄새에 대한 수용기는 화학수용기로 환경의 독특한 화학물질과 결합하여 신경신호를 발생시킨다.

냄새에 대한 감각은 음식 섭취와 관련해서 소화액(digestive juices)의 흐름과 식욕에 영향을 끼친다. 더 나아가 후각수용기의 자극은 기쁘거나 불쾌할 수 있는 감각을 유도하거나 피하고자 하는 어떤 존재를 신호화하기도 한다. 후각(olfaction)은 인간이 다른 동물에 비해 훨씬 덜 감각적이다. 예를 들어, 개는 후각수용세포가 약 40억 개 있지만 인간은 약 500만 개를 가지고 있다. 인간은 좋은 냄새를 위한 향수와 불쾌한 냄새를 기피하기 위한 탈취제(deodorant)를 쓰는 데 많은 돈을 쓰고 있다.

1. 코

코(nose)는 얼굴 앞부분의 불쑥 튀어나온 구조로 공기를 폐로 전달한다. 코는 공기를 여과하며, 온기·습기를 주고 호흡기도의 점액선을 자극하는 불순물을 화학적으로 조사한다. 또한 코는 냄새를 맡는 수용기가 있으며 소리의 조음을 도와준다. 코 내부의 구멍은 사골(ethmoid bone)과 서골(vomer) 및 연골로 이루어진 중격(septum)에 의해 오른쪽과 왼쪽으로 나뉜다.

비강의 외측 벽에는 비갑개(turbinate)라 불리는 상비갑개(superior turbinate), 중비갑개(middle turbinate), 하비갑개(inferior turbinate)가 있다([그림 6-7] 참조). 비갑개 점막에는 모세혈관(capillary vessel)과 분비선이 풍부해서 바깥 공기가 비강을 통과할 때 적당한 습도를 유지하고 온도도 체온에 가깝게 높아져서 폐로 들어가게 된다. 점막상피에는 섬모가 마치 융단같이 깔려 있고 섬모는 일정한 방향으로 운동하여 점액층에 있는 작은 먼지나 세균을 인두로 운반하므로 비강은 공기 정화장치 역할을 한다.

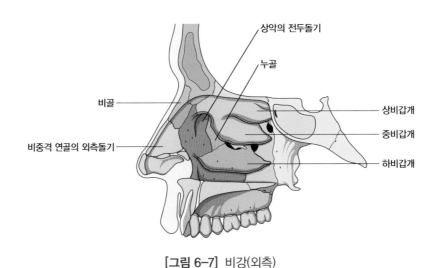

[그림 6-7] 비강(외측)

코 주변에는 네 종류의 공간이 있는데, 이를 부비동(paranasal sinuses)이라 한다. 이들은 각각 상악동(maxillary sinus), 사골동(ethmoidal air cells), 접형골동(sphenoidal sinus), 전두동(frontal sinuses)이라고 한다. 이 공간은 코와 눈을 감싸고 있으며 작은 구멍을 통해서 코 내부와 연결되어 있다. 부비동은 두 개골을 가볍게 하고, 음성의 공명, 흡기의 가습, 비강 내의 압력조절 등의 역할을 한다([그림 6-8] 참조).

사람은 기본적으로 비강을 통해 호흡하고, 심한 운동을 할 때에는 보조적인 수단인 입으로 호흡하는

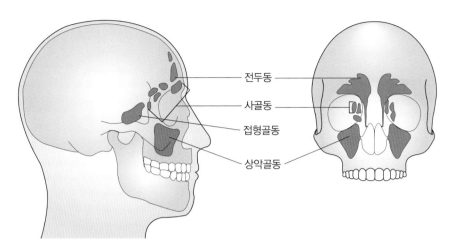

[그림 6-8] 부비동

것이 보편적이다. 비강은 하루에 약 13m³의 대기를 호흡한다. 비강호흡은 공기 중의 이물질 정화, 온도조절과 가습작용에 도움이 되기 때문에 구강호흡보다 유리하다. 들숨기류는 비중격 쪽으로 모이면서 주로 3개의 비갑개 사이를 지나지만, 날숨기류는 들숨기류와는 달리 비강에서 심한 와류를 형성하며 비강 전체로 퍼진다. 이러한 특성으로 비점막(nasal mucous membrane)을 따뜻하게 하며 습도를 유지해 준다.

2. 후각기

[그림 6-9]에서 보듯이, 비강(nasal cavity) 상비도(superior nasal meatus)의 천장에는 넓이 5cm²가량의 후점막(olfactory mucosa) 또는 후각상피(olfactory epithelium) 등 후각기(olfactory organ)가 있다. 후각상피는 사상판(cribriform plate)과 점막층(mucus layer) 사이에 수용기세포(receptor cell), 지지세포(support cell), 기저세포(basal cell)라는 3개의 세포로 구성되어 있다. 황갈색을 띠는 후점막은 손가락 마디 하나 정도 되는 수용기로, 코에 들어온 냄새는 모두 여기서 맡는다.

눈에는 보이지 않지만 냄새를 맡는 것은 냄새분자라는 화학물질의 작용이다. 후점막에는 특수한 점액을 분비하는 후각선(olfactory gland)이 있다. 코로 들어온 미세한 냄새분자는 이 점막에 닿으면 용해된다. 그러면 후각세포(olfactory cell)에서 기시하는 수용기세포의 섬모(cillia of receptor cell)가 냄새정보를 받아들인다. 냄새정보는 다시 전기신호로 바뀌어 후구(olfactory bulb)를 지나 대뇌의 후각영역에 연결된 후각신경으로 간다. 사람의 코로 식별할 수 있는 냄새의 수는 3,000~10,000종류인데 대뇌는 과거에 경험했던 냄새의 기억과 비교해서 다양한 판단을 내린다. 음식 냄새를 맡으면 대뇌는 타액을 분비해서 식욕을 증진한다.

앞에서 살펴본 것처럼, 기체상태의 화학물질이 후각을 일으키려면 후점막의 점액에 녹아야 한다. 그래서 감기 등으로 코가 막히거나 점막이 건조해지면 후각이 제대로 활동하지 못한다. 후각은 자극역치가 낮아서 매우 민감한 반면에 자극강도의 변화를 식별하는 능력은 미약하다. 냄새를 일으키는 역치농도는 물질에 따라 차이가 있는데 에틸에테르(ethylether)는 5.83mg/liter로 역치가 매우 높은 편이고,

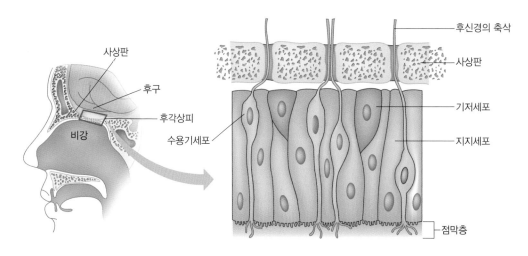

[그림 6-9] 후각수용기

박하냄새의 부틸산(butyric acid)은 0.009mg/liter로 역치가 낮은 편이다. 마늘 냄새를 내는 메틸메르캅탄(metylmercaptan)은 500pg/liter[3]라는 매우 낮은 미세한 농도에서도 감지할 수 있다. 한편, 후각은 어떤 감각보다 순응이 빨라서 어떤 물질의 냄새를 계속 맡으면 그 냄새에 둔감해지거나 무감각해지는 경우가 많다.

6.1.4 혀와 미각기

1. 혀

혀(tongue)는 음식물의 저작과 삼키는 작용뿐만 아니라 조음기관 및 미각기로서도 중요한 역할을 한다. 혀는 혀근육이라고 하는 골격근으로 구성되어 있고 그 표면은 점막으로 덮여 있다. 점막에는 무수히 많은 작은 돌기, 즉 유두(papillae)가 있으며 이 유두를 설유두(lingual papilla)라고 한다. 실유두 혹은 사상유두(filiform papillae)는 설체 등쪽의 전역에 조밀하게 나 있어 점막에 융단 같은 느낌을 준다. 버섯유두 혹은 심상유두(fungiform papillae)는 혀끝 또는 설첨(apex of tongue) 부근에 많으며, 생체에서는 붉은 점으로 보인다. 성곽유두(circum vallate papillae)는 크며 분계고랑 또는 분계구(terminal sulcus) 앞쪽에 한 줄로 배열되어 있으며 잎새유두 혹은 엽상유두(foliate papillae)는 설체 바깥 모서리의 뒤쪽에 배열되어 있다([그림 6-10] 〈표 6-3〉 참조).

---

3) 여기서 pg는 pico gram을 의미하는데, 피코그램은 1조분의 1(즉, 10^{-12})gram을 가리킨다.

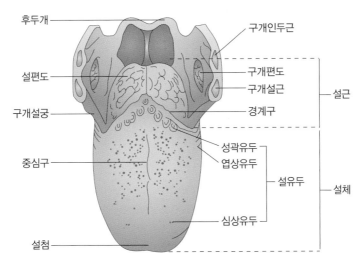

[그림 6-10] 혀의 구조

〈표 6-3〉 설유두

종류	분포영역	모양과 색	미뢰
실유두 혹은 사상유두	설체에 고르게 분포	끝이 가느다란 톱니 모양, 표면은 백색	없음
버섯유두 혹은 심상유두	혀끝에 주로 분포	버섯 모양, 표면은 붉은 색	측벽상피에 존재
성곽유두	분계구 전방 8~15개	가장 큰 유두	다수
잎새유두 혹은 엽상유두	설배측면 후부	주름 모양	소수

2. 미각기

혀는 소화기관에 속하지만 그밖에도 미각기(gustatory organ)로 작용한다. 많은 말초미각기관은 혀 위와 구강의 천장에 분포한다. 우리가 음식을 맛볼 수 있는 것은 구강 안에 있는 화학수용기(chemoreceptor)가 음식의 특정 화학성분에 반응하기 때문이다. 미각에 대한 화학수용기는 맛봉오리 또는 미뢰(taste bud)라고 하는 조직에 위치한다. 화학적인 자극에 의한 네 가지의 기본적인 맛감각은 단맛, 쓴맛, 신맛, 짠맛이다. 인지하는 모든 다른 미각은 이 네 가지 기본적인 맛의 결합으로 만들어진다. 각각의 미뢰는 구형의 주머니에 들어 있고 상피(epithelium)로 확장된다.

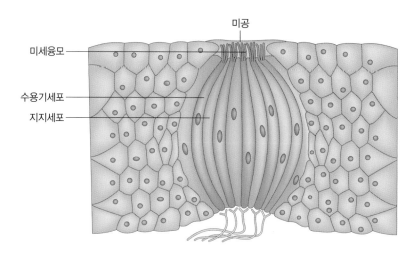

[그림 6-11] 미뢰의 구조

[그림 6-11]에서 보듯, 각 미뢰는 50~150개의 수용기세포(receptor cells)와 무수한 지지세포(support cells)를 포함하고 있다. 각 미뢰의 상부에는 미세융모(microvilli)로 된 미공(pore)이 있어서 수용기세포에 침(saliva)과 용해된 음식 분자가 드러나게 된다. 사람의 혀에는 감각돌기인 미뢰가 10,000개 이상 있으며, 기본적으로 혀와 입천장에 위치하고 있지만 인두에도 위치하고 있다. 아마도 혀의 가장 주요한 기능은 미각기라고 할 수 있다. 혀는 우리가 눈으로 보는 것보다 훨씬 넓다. 혀를 최대한 내밀어도 단지 성곽유두라고 부르는 덩어리가 있는 V자 모양만을 볼 뿐이다. 그 뒤에 혀의 90% 정도가 인두에 붙어 있다. 혀의 중앙 부위는 짠맛과 단맛에, 측면 부위는 신맛에, 그리고 뒤쪽 부위는 쓴맛에 가장 민감하다. 기본적인 맛으로 신맛, 짠맛, 단맛, 쓴맛의 네 가지 맛이 있다. 그리고 각 맛에 변환기제(transduction mechanism)가 있다.

[그림 6-12]의 (a)에서처럼 혀의 앞부분으로부터 단맛(sweet)과 짠맛(salty) 영역이 있고, 그 뒤의 양쪽 측면에 신맛(sour) 영역이 있으며, 설유두 앞 중앙에 쓴맛(bitter) 영역이 넓게 자리하고 있다. 또한 (b)는 쓴맛의 역치가 가장 작고 짠맛, 신맛, 단맛 순으로 역치자극이 커지는 것을 알 수 있다. 다시 말하면, 쓴맛은 미소량으로도 느낄 수 있지만 단맛은 쓴맛의 10배 이상의 자극에서야 반응을 한다는 것이다.

?! 페로몬의 신비

페로몬(pheromone)이란 성적 후각(sexual nose)으로 알려져 있으며, 반대의 성을 가진 상대방이 성적 극치에 도달했을 때 분비하는 호르몬을 가리킨다. 동물에게는 일반적인 감각으로 흥분성 성적 자극제가 되고 때로는 경고 또는 흔적을 남기는 물질이 된다. 그런데 사람에게도 코 안에 약 1/2인치의 크기로 서골 옆에 위치해 있는 서비골기관(vomeronasal organ, VNO)에서 분비된다고 한다. VNO 안의 뉴런이 활동전위를 일으켜 만드는 페로몬은 후각경로가 아닌 감정과 본능적인 반응을 조절하는 변연계로 이동되는 것으로 보인다. 사람에게서도 아주 특별한 사람을 만날 때 사랑의 신호를 주는 이러한 화학물질이 분비된다는 것은 당연한 사실일 수도 있지 않을까!

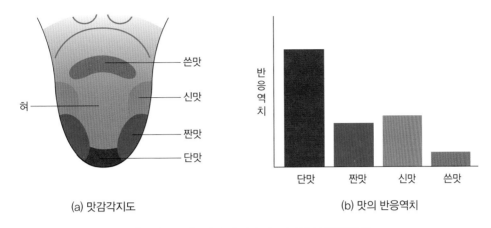

(a) 맛감각지도   (b) 맛의 반응역치

[그림 6-12] 혀의 맛감각지도 및 맛의 반응역치

미각은 물에 용해된 화학물질이 미공 속으로 들어가 모세포의 섬모를 자극하여 발생한다. 그렇지만 미각은 자극강도의 변화에 덜 민감한 편이다. 따라서 일단 맛을 느낀 미각물질은 그 농도가 30% 정도 변해야 비로소 그 변화를 식별하게 된다. 그리고 네 가지 기본 맛에 대한 미세포의 미각역치도 제각기 다른데, 일반적으로 사람이 좋아하지 않는 맛에 대한 역치가 낮다. 즉, 신맛에 대한 역치는 단맛이나 짠맛보다 약 1,000배 정도 낮으며 쓴맛은 신맛보다 100배 이상 낮다. 산은 보통 구강점막에 해롭고 유독물질 중에는 쓴맛을 가진 것이 가장 많으므로 미각의 이러한 성질은 살아가는 데 도움이 된다.

신맛은 음식에 있는 산성(acid)의 수소이온(H^+) 때문에 만들어지고, 단맛은 자당(sucrose)과 유사한 구조인 유기분자(organic molecule) 때문에 만들어진다. 그리고 쓴맛은 매우 다양한 질소화합물과 결합되어 있으며 일반적으로 독성이 들어 있어서, 쓴맛에 방어기제가 있는 동물은 이러한 맛이 나는 것을 먹지 않으려 한다.

인간의 5감(시각, 청각, 촉각, 미각, 통각) 이외에 제6감이 있듯이, 맛에 있어서도 단맛, 짠맛, 신맛, 쓴맛 이외에 제5의 맛으로 우마미(umami)가 있다. 그 자체로는 맛을 느끼지 못하지만 다른 맛을 좋게 한다. 우마미는 일본말로 '맛있다(감칠맛)'라는 뜻이다. 우마미와 관련된 화학작용이 맛을 좋게 하는 것으로 알려져 있다. 우마미는 아미노산(amino acids)과 연합하며 일명 글루탐산 소다 또는 글루탐산 모노나트륨(monosodiumglutamate, MSG)으로 알려져 있다.

미각수용기를 가진 혀의 운동은 설하신경(hypoglossal n.)의 지배를 받는다. 그리고 혀의 일반감각은 혀의 앞 2/3에 대해 삼차신경(trigeminal n.)의 설신경(lingual n.)과 혀의 뒤 1/3에 대해 설인신경(glossopharyngeal n.)을 통하여 전달되고, 혀의 특수감각은 혀의 앞 2/3에서 안면신경(facial n.)의 고삭신경(chorda tympani)과 미주신경(vagus n.)의 13개의 가지 가운데 하나인 상미주신경절을 통해서 받아들이고, 받아들인 미각은 후두골의 통로인 대공(foramen magnum)을 통하여 고립로핵(nucleus tractus solitarius)과 시상(thalamus)을 거쳐 대뇌피질의 미각영역으로 최종 전달된다([그림 6-13] 참조).

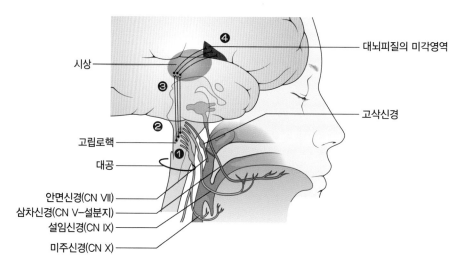

[그림 6-13] 미각자극에 대한 구심성 반응

?! 제5의 맛 우마미(umami)

1908년 동경제국대학의 이케다(Kikunae Ikeda) 교수에 의해 처음으로 존재가 알려져 있으며 미원의 주원료이다. 우마미란 글루탐산과 일부 아미노산이 내는 복잡한 맛으로 단맛, 신맛, 짠맛, 신맛과 다른 맛이다. 2001년 마이애미 의대의 초드하리(Chaudhary, R.) 교수와 그의 연구팀은 혀의 미뢰(taste bud)와 위 점막에서 우마미에 대한 수용체를 발견됨에 따라 제5의 기본맛으로 우마미의 대표 성분인 글루탐산-모노나트륨(monosodium glutamate, MSG)의 주성분인 '감칠맛'을 인정하고 있다.

6.1.5 타액과 타액선

1. 타액

침 또는 타액(saliva)은 끈끈한 무색 액체로 99% 수분, 0.3%의 뮤신(mucin), 유기물과 무기물이 각각 0.2% 정도 함유되고 있고, 산도(acidity: pH)는 5.4~6.0(분비속도가 증가하면 pH 7.8)이다. 보통 사람은 하루에 1~1.5l의 침을 분비한다고 알려져 있다.

침의 역할을 살펴보면 구강의 점성을 유지하여 촉촉하게 하는데, 뮤신은 점막층을 형성하여 구강의 가장 중요한 면역 방어 시스템을 이룬다. 또한 마른 음식을 촉촉하게 해 주고, 뜨거운 음식을 식혀 주고, 음식의 자극이 미뢰를 자극하도록 한다.

구강과 호흡소화관의 전면은 상피조직(epithelial tissue)의 부드럽고 촉촉한 층이 덮고 있다. 일반적으로 이를 점막표면(mucosal surface)이라고 한다. 이때 구강점막면 아래에 위치한 샘조직 또는 선조직(glandular tissue)은 침샘관(salivary ducts)이라고 하는 작은 통로를 통해서 침을 분비한다. 침 또는 타액은 물기 있는 장액 성분(serous component)과 끈적끈적한 점막 성분(mucous component)으로 구성되어 있으며, 녹말을 분해하는 효소(enzyme)이다. 구강 위생과 삼킴 기능에서 침은 매우 중요하다. 이는 침의 항균(antibacterial) 및 제산(antiacid) 속성 때문이다. 또한 침은 충치(tooth decay)의 발생과 구강점막층(oral mucosa)의 감염을 예방한다. 특히 침은 삼킴운동에서 두 가지 중요한 역할을 한다. 첫째, 씹기(chewing)를 통하여 물기 없는 딱딱한 음식과 섞임으로써 다루기 용이한 음식덩이로 변환시켜 준다. 둘째, 구강점막층의 습도를 유지해 주는데, 이는 음식덩이가 지나가는 통로의 마찰을 줄여 줌으로써 결과적으로 삼킴을 돕는다. 침분비의 감소 또는 침 점성(viscosity)의 약화는 삼킴에 심각한 영향을 미친다. 구강건조증(xerostomia)은 신경손상과 심지어 정상적인 노화과정에 영향을 미칠 수도 있으며, 약물 및 방사선 치료로 치료할 수 있다.

침은 휴식 시에 0.1cc/min, 활성 분비 시에는 4cc/min 속도로 생산된다. 침의 양 또는 분비속도는 씹기 빈도에 따른 대다수 사람의 개별적 변화량을 측정하여 나타낸 것이다.

⁇ 매운맛과 떫은맛

매운맛이나 떫은맛은 맛봉오리 또는 미뢰만으로 느낄 수 있는 네 가지 맛(단맛, 신맛, 짠맛, 쓴맛)과는 달리 화학 성분이 통각과 온도감각을 복합적으로 자극할 때 느끼게 된다. 즉, 이들은 미뢰에 의해서 맛을 느끼지 않고, 구강 점막의 자극을 통해서 느끼는 피부감각이다. 특히 매운맛은 캡사이신 수용기(capsaicin receptor)를 통해 통증을 일으킨다. 매운맛은 때로 식욕을 증진시키기도 하고, 미각을 바꾸게 하는 효과도 있다. 그래서 사람들은 매우 낙지를 먹고 식욕을 되찾기도 하는지도 모르겠다.

2. 타액선

주요 타액선(major salivary glands)은 이하선, 설하선, 악하선의 세 가지이다. [그림 6-14]는 타액선의 분비 위치이다.

악하선은 구강분비물의 70%를 생산한다. 이하선, 설하선은 각각 25%, 5%를 생산한다. 이들은 분비세포(secretory cell) 유형이 각각 다르다. 이하선은 장액만 생산하고, 설하선은 주로 점액을 생산한다. 악하선은 장액세포와 점액세포를 모두 생산한다. 따라서 침의 구성은 분비선의 상호작용에 의해 다양하게 이루어진다.

이하선에서 분비하는 분비물은 프티알린(ptyalin)이나 아밀라아제(amylase) 같은 성분과 장액성으로 소화효소를 함유하고 있고, 악하선과 설하선에서 분비하는 분비물은 뮤코단백질과 점성이 있는 액을 함유하고 있다.

타액선은 뇌신경(cranial nerve)의 자율신경섬유(autonomic nerve fibers)로 이루어진 자율신경계가 조절한다. 또한 교감신경(sympathetic n.) 및 부교감신경(parasympathetic n.) 자극 모두 침분비의 촉진에 영향을 미친다. 교감신경체계는 타액선 활성화에 아주 직접적으로 관여한다. 반면에 부교감신경은 샘조직 또는 선조직(glandular tissue)에 혈액을 공급하는 간접적인 역할을 하고 있다.

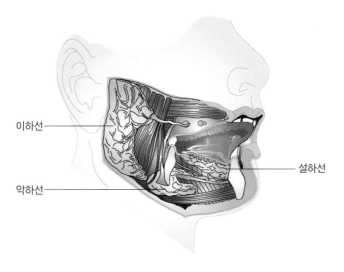

이하선

설하선

악하선

[그림 6-14] 타액선(침샘)

즉, 교감신경과 부교감신경은 길항작용을 하는 것이 아니라 상호보완적이고 때로는 공동작용을 하는 것으로 알려져 있다. 그럼에도 일반적으로 타액선에서는 부교감신경의 효과가 압도적이어서 부교감신경이 활성화되면 타액선의 혈관확장과 분비세포에서의 유출이 생겨 타액을 분비한다. 부교감신경이 차단되면 타액선이 위축되나 교감신경이 차단되는 경우에는 기능에 거의 영향이 없다. 입안의 음식물 같은 자극은 침분비(salivation)를 촉진할 뿐만 아니라, 음식의 시각 및 청각적 연상도 침분비를 촉진하는 데 기여한다.

(1) 이하선

귀밑샘 또는 이하선(parotid glands)은 뺨의 후반부 아래에 위치하고 있다. 표면적인 이하선의 위치는 아래턱(mandible)의 가지(ramus)에 놓여 있다. 이하선은 가장 큰 침샘(길이 약 5.8cm, 지름 3.4cm)이고, 평균 무게는 14.28g 정도이다. 이하선관에는 일명 스텐슨관(Stensen's duct)이 있고, 약 5cm 정도의 크기이며, 이는 깨물근 또는 저작근의 표면을 지나가고 있다. 따라서 선조직은 이러한 뼈에 붙어 있는 모든 근육에 인접해 있다. 특별히 안면신경(facial nerve: CN VII)의 가지가 이하선을 지나고 있으며, 바깥목동맥(external carotid artery) 위쪽 끝부분에 흐르고 있다. 우리는 귀의 이주(tragus)에서 인중(philtrum)의 중간까지 뺨을 가로지르는 가상 선으로 이하선관(parotid duct)의 위치를 추정할 수 있다. 또한 이 선을 3등분하면, 이하선관은 이 선을 3등분한 중간 아래에 위치할 것이다. 이러한 관을 통한 이하선 분비는 뇌간(brainstem)의 뇌교(pons)에 위치한 하타액핵(inferior salivary nucleus)을 지나는 설인신경(glossopharyngealnerve: CN IX)이 조절한다.

(2) 설하선

혀밑샘 또는 설하선(sublingual salivary glands)은 턱 내부면(internal surface)을 따라 입술 바닥의 점막면 아래에 위치한다. 설하선의 무게는 이하선의 1/2 정도이며 아래턱 아랫부분의 삼각지대에 위치하고 있다. 설하선은 이하선과 마찬가지로 캡슐로 보호되어 있고 설하선관으로 일명 리비누스관(Rivinus's duct)이 있으며 그 크기는 약 5cm이다. 이하선과 달리, 선(gland)마다 주요한 관(duct)을 하나씩 가지고 있으며, 타액선은 입 바닥에서 침을 분비하는 20개 이상의 작은 관이 있다. 이러한 침의 분비는 뇌간의 뇌교에 위치한 후타액핵(posterior salivary nucleus)에서 시작하는 안면신경섬유(facial nerve fibers: CN VII)가 조절한다.

(3) 악하선

턱밑샘 또는 악하선(submandibular salivary glands)은 하악골 아래에 위치한다. 악하선 조직(submandibular gland tissue)은 깊이 위치한 작은 선으로 구성되어 있으며, 설골설근(hyoglossus muscle)에 자리 잡고 있다. 일명 와톤관(Wharton's duct)이라고도 하는 악하선관은 샘조직의 넓은 부분에서 시작하며 혀주름띠 또는 설소대(lingual frenulum) 측면에 위치한 입 바닥에서 열려서 약 5cm 정도를 지난다. 설하선과 같이, 침의 분비는 후타액핵에서 시작하는 안면신경섬유가 조절한다.

(4) 기타 타액선

앞에서 언급된 주요한 타액선 이외에 소타액선(minor salivary glands)은 약 600~1,000개로 구성되어 있다. 소타액선은 대타액선(major salivary glands)과는 다르게 네트워크를 형성하고 있지는 않지만, 각자 침샘단위당 작은 관을 가지고 있고, 볼·입술·혀·구개 주위에 각각 위치하여 제 역할을 하고 있다.

6.1.6 갑상선과 부갑상선

1. 갑상선

갑상선(thyroid gland)은 후두 바로 아래에 위치하며, 갑상선의 두 엽은 기관의 양쪽에 위치하고 갑상선 협부로 연결되어 있다. 갑상선의 무게는 20~25g으로 가장 큰 내분비선이다. 갑상선은 에너지 대사작용 조절에 관여하며 적절한 성장과 발달에 매우 중요한 티록신과 요오드티로닌을 분비할 뿐만 아니라 칼슘과 인산 균형을 조절함에 있어 부갑상선 작용에 반대 효과를 나타내는 칼시토닌(calcitonin)을 분비한다.

뇌하수체 전엽에서 분비되는 갑상선자극호르몬(thyroid stimulating hormone, TSH)은 갑상선에서 티록신 분비를 자극하여 갑상선 비대효과를 유발한다. 티록신의 과다분비로 대사율과 심장박동수 증가, 체중 감소, 자율신경계에 의한 과다한 발한과 안구돌출증을 유발할 수 있다.

2. 부갑상선

부갑상선(parathyroid gland)은 갑상선의 위쪽과 아래쪽에 각각 한 쌍씩 모두 4개가 있으며, 팥알 모양의 다갈색 소체로 부갑상선호르몬(parathyroid hormone, PTH)을 분비한다. 이 호르몬은 뼈에서 칼슘을 유리시키고 신장에서 칼슘이 오줌으로 배출되는 것을 억제하며 내장에서 칼슘을 재흡수하여 칼슘의 혈중 농도를 높인다.

6.1.7 인후두

1. 인두

인두(pharynx)는 호흡계와 소화계의 공통 통로이다. 평상시 공기 통로인 인두는 음식을 삼키는 순간에 비인강과 후두가 폐쇄되어 호흡이 정지한 사이에 인두식도접합부(pharyngoesophageal segment, PES)[4]를 열어 음식덩이를 식도로 내려보낸다. 이 호흡정지를 연하성 무호흡(swallowing apnea)이라고 한다. 따라서 호흡기능이 나쁜 환자가 식사를 하면 연하성 이 빈번하게 생기기 때문에 혈중 산소포화도가 저하하는 경우도 있다. 인두는 위에서 볼 때 비강, 구강 및 후두의 뒤쪽에 있으며, 두개강 바닥에서 시작하여 경추골 앞과 아래로 내려가서 여섯 번째 경추골 높이에서 식도에 이어지는 약 12cm 길이의 깔때기 모양의 막성기관이다. 인두는 비강 또는 코안, 구강 또는 입안, 후두와의 관계에 따라 세 부분, 즉 비인두·구인두·후두인두로 나눈다. 인두수축근(constrictor pharyngeus m.)으로는 상인두수축근(superior pharyngeal constrictor m.), 중인두수축근(middle pharyngeal constrictor m.), 하인두수축근(inferior pharyngeal constrictor m.)이 있다([그림 6-15] 참조).

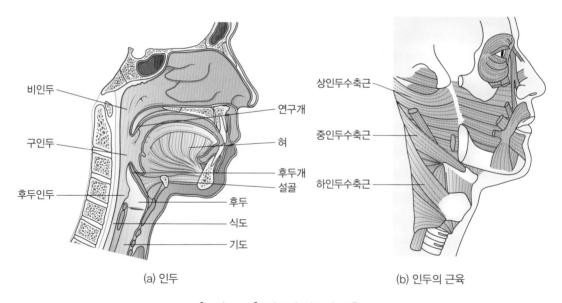

(a) 인두

(b) 인두의 근육

[그림 6-15] 인두와 인두의 근육

---

[4] 인두식도접합부(PES)는 삼킴반사가 일어나는 순간 외에는 상식도조임근(UES)에 의해 폐쇄되어 있다. 이 접합부는 식도에 들어간 음식덩이가 인두로 역류하는 것을 방지하는 역할도 한다.

〈표 6-4〉 인두근의 작용

근육	기시부	신경	작용
구개인두근	연구개	인두신경총(부신경 및 미주신경)	인두를 올려서 비인두가 닫히게 한다.
경상인두근	측두골의 경상돌기	설인신경	인두를 올린다.
이관인두근	이관	인두신경총	인두를 올려서 이관을 열어 준다.
상인두수축근	접형골, 날개하악인대와 하악골의 가운데 날개판	인두신경총	상인두를 수축시킨다.
중인두수축근	설골의 대각과 소각	인두신경총	중인두를 수축시킨다.
하인두수축근	갑상연골과 윤상연골의 양면	인두신경총	하인두를 수축시킨다.

출처: Bruck-Kan(1979: 417)

　비인두(nasopharynx)는 연구개의 뒷부분으로 앞은 비강과 통해 있으며 비강처럼 호흡계통에 속한다. 인두천장은 접형골의 뒷부분과 후두골의 바닥 부분과 접하고 뒷벽의 점막 속에 인두편도(pharyngeal tonsil)가 있다. 인두편도는 림프조직의 덩어리로 이 편도가 정상 이상으로 커지는 것을 아데노이드라 한다. 이관(auditory tube) 또는 유스타키오관(Eustachian tube)은 비인두와 중이를 연결하는 관으로 길이는 3~4cm 정도이다. 구인두(oropharynx)는 연구개와 후두개 사이의 부분으로 앞쪽은 구강과 통해 있다. 구개편도(palatine tonsil)에는 구인두 양옆, 구개설궁, 구개인두궁 사이의 들어간 부분에 편도오목이 자리하고 있다. 후두인두(laryngopharynx)는 후두개의 위쪽 끝에서 식도로 이어지는 윤상연골의 아랫모서리까지이다. 인두는 안쪽에서 바깥쪽으로 점막층, 섬유층, 근육층, 근막층으로 이루어져 있다. 점막층(mucous layer)은 비강ㆍ구강ㆍ후두공간과 계속되며, 섬유층(fiberous layer)은 점막과 근육층(muscular layer) 사이에 형성된 결합조직이다. 근육은 두 층으로 되어 있다. 바깥층은 세 개의 수축근으로 되어 있고 안쪽층은 세로로 달린 두 개의 근육으로 이루어져 있다. 근막층(fascial layer)은 성긴 결합조직으로 인두근육과 볼근을 싸고 있다.

　인두의 모든 근육들은 주로 음식물을 삼킬 때 작용한다. 인두와 후두를 위로 올리는 인두거근(levator pharyngeus m.)은 구개인두근(palatine pharyngeus m.), 경상인두근(stylopharyngeus m.) 이관인두근(superior pharyngeus m.)이 있으며, 음식물을 삼킬 때 인두를 수축하는 근육은 세 개의 수축근이 있다(〈표 6-4〉 참조).

2. 후두

　후두(larynx)와 기관(trachea)은 위로는 설골(hyoid bone), 아래로는 흉골(sternum) 사이에 매달려 있다. 삼킴에서 후두의 가장 중요한 기능은 음식이 기도로 넘어가지 않도록 밸브 역할을 하는 것이다. 후두의 가장 윗부분은 후두개(epiglottis)인데 위쪽 1/3에서 중간 부위까지는 혀의 기저부 반대쪽에 위치해 있고 설골후두개인대(hyoepiglottic ligament)라고 하는 인대에 의해 설골과 연결되어 있다. 후두개의 기저부는 인대에 의해 갑상절흔(thyroid notch)에 연결되어 있다. 혀의 기저부와 후두개 사이에 형성된 쐐기 모양의 공간을 후두계곡(vallecula)이라 한다. 후두계곡과 두 개의 조롱박오목(pyriform sinus)은 인두삼킴이 유발하기 전후에 음식물이 흘러내리거나 고여 있기도 한다. 설편도(lingual tonsil)는 혀

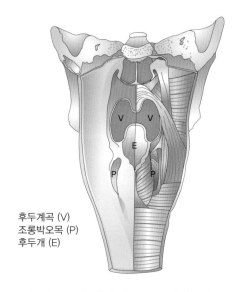

후두계곡 (V)
조롱박오목 (P)
후두개 (E)

[그림 6-16] 후두계곡 vs. 조롱박오목

의 기저부를 향해 위치해 있으며 후두계곡의 작은 공간을 차지하고 있다. 후두 안의 공간은 후두전정(laryngeal vestibule) 또는 후두입구(additus)라 하며 후두개, 피열후두개주름(aryepiglottic fold), 피열연골(arytenoid cartilage)에 둘러싸여 있다([그림 6-16] 참조).

후두전정의 양측 벽을 형성하는 피열후두개주름은 피열후두개근(aryepiglottic m.), 네모막(quadangular membrane), 설상연골(cuneiform cartilage)로 이루어지며, 후두개의 양측 가장자리에 붙어서 피열연골을 감싼다. 두 개의 피열연골은 윤상연골의 뒤쪽 가장자리에 위치해 있다. 근육이 이 피열연골을 잡아당겨 진성대(true vocal folds)의 움직임을 조절한다. 윤상연골판(cricoid lamina)의 뒤쪽 표면에서부터 피열연골의 근육돌기에 연결되어 있는 후윤상피열근은 호흡을 위해 진성대와 피열연골을 벌려 열어 준다. 진성대는 기관으로 들어가기 전에 기도를 보호하는 가장 최후의 관문이다. 먼저 후두개와 피열후두개주름이 닫히고, 그 다음에 피열연골과 후두개의 기저부 그리고 가성대, 마지막으로 진성대까지 후두의 3단계 괄약근(sphincter m.)이 후두를 완전히 폐쇄하며 삼키는 동안 음식물이 기도로 유입하는 것을 막아 준다. 후두의 띠근육(strap m.)으로 분류하는 일부 근육은 후두의 위치를 유지하는 데 기여하며, 후두를 상승시키고, 앞쪽으로 당기고 아래로 내리는 등 다양한 움직임을 가능하게 한다.

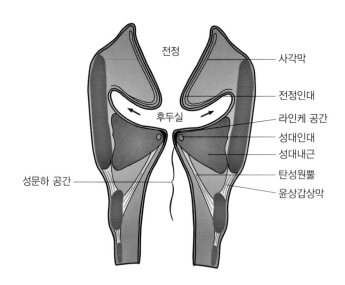

[그림 6-17] 후두의 단면도(후면)

6.1.8 식도

식도(esophagus)는 기관의 뒷면에 있으며 안정상태일 때 목 부위에서 위(stomach)에 가까운 말단까지 길이 약 23~25cm, 직경 약 2.5cm인 닫힌 관이다. 식도는 대략 제6경추(cervical vertebra)의 높이에서 시작하며 위쪽은 인두, 아래쪽은 제11흉추(sternal vertebrae)의 높이에서 횡격막을 뚫고, 위의 분문(cardia)에 이어지는 관이다.

해부학적으로는 식도를 삼등분하여 경부·흉부·복부로 나누는 데 반하여, 기능적으로는 상식도괄약근(upper esophageal sphincter m., UES)에서 8cm까지를 상부(upper zone), 8~21cm까지를 중부(middle zone), 21~24cm까지를 하

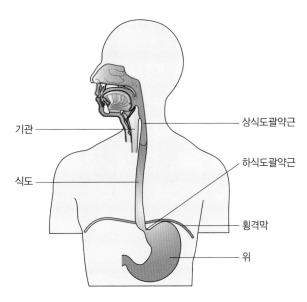

[그림 6-18] 식도괄약근

부(lower zone)로 나눈다. 식도를 기능적으로 나눈 이유는 식도가 상식도괄약근(UES), 몸체(body), 하식도괄약근(lower esophageal sphincter m., LES)의 세 부분으로 구분할 수 있기 때문이다. 그리고 식도에는 협착 부위가 세 군데 있는데 제1협착 부위는 식도 기시 부위이고, 제2협착 부위는 기관분기 부위이며, 제3협착 부위는 횡격막 관통 부위이다([그림 6-18] 참조).

식도벽은 네 개의 층 조직으로 구성되어 있다. 가장 안쪽 층은 점막층으로 음식덩이가 통과되도록 윤활제 역할을 하는 점액분비관이다. 점막하층은 느슨한 결합조직으로 혈관(blood vessel)과 림프관, 신경이 있다. 근육층은 식도 상부에 중추신경계의 통제를 받는 가로무늬근 또는 횡문근(striated m.)이고, 그이하는 미주신경의 등쪽운동핵(dorsal motor nucleus)에서 통합되는 자율신경섬유가 조절하는 민무늬근 또는 평활근(smooth m.)으로 되어 있다([그림 6-19] 참조).

식도의 위쪽 끝 근육조직은 상식도괄약근(UES)이고 아래 끝부분은 하식도괄약근(LES)이다. 식도의 대부분은 흉곽 내에 위치하므로 내압이 대기압보다 약 4~6mmHg 정도 낮다.

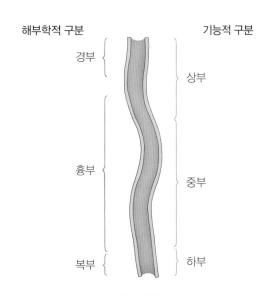

[그림 6-19] 식도

출처: Corbin-Lewis, Liss, & Sciortino(2005: 71)

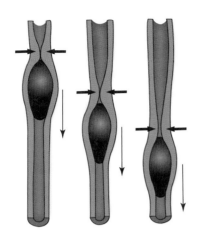

[그림 6-20] 식도에서의 연동운동

따라서 UES가 없으면 공기가 식도 안으로 들어갈 것이다. UES는 식도의 상부 끝 부위를 대략 50mmHg의 압력으로 막고 있다. LES는 위의 기저부보다 압력이 15~25mmHg만큼 높기 때문에 위의 내용물이 식도로 역류하는 것을 막는다.

음식덩이(bolus)가 식도로 들어오면 삼킴중추는 식도에서 위까지 음식덩이에 압력을 가하여 식도에서 위로 진행되어 내려가는 제1차연동파(primary peristaltic wave)를 시작한다. [그림 6-20]에서 보듯이, 연동운동의 수축은 앞으로 음식덩이를 밀면서 전진시키는 원형수축을 한다. 연동운동이 식도의 아랫부위까지 도달하는 데는 5~8초가 걸린다. 운동의 진행은 미주신경을 통한 신경자극과 함께 삼킴중추에서 조절한다. 만약 음식덩이가 끈적끈적하다면 식도벽 안의 압력센서를 자극하여 제1차연동파보다 더욱 강력한 제2차연동파(secondary peristaltic wave)가 시작한다. 이 제2차연동파는 삼킴중추와는 상관없이 반사적으로 추가 분비되는 침과 상호작용하여 음식덩이를 위(stomach)로 도달하게 한다.

6.2 위장관

음식물을 우리 몸에 필요한 영양분으로 전환하는 위장관(gastro-intestinal tract, GI tract)은 위(stomach)에서 시작되어 직장(rectm)에 이르는 이라는 소화관(digestive tube)의 일부로 이루어져 외부에서 공급된 물이나 전해질 같은 영양소를 내부로 이동시킨다. 인체의 조직, 세포가 필요로 하는 영양소(nutrient)는 음식물을 통해 얻게 되는데, 위장관의 내강으로 들어가는 용액은 성인의 경우 보통 하루에 9L이다. 그 중 입을 통해 들어오는 2L의 음식물과 음료수, 1.5L의 침, 0.5L의 위 분비물, 1.5L의 췌장분비물, 1.5L의 장 분비물로 구성되어 있다.

?! 소화관(digestive tube)

구강에서 항문까지, 즉, 구강(입) → 인두 → 식도 → 위 → 소장(십이지장, 공장, 회장) → 대장(맹장, 결장, 직장) → 항문에 이르기까지의 약 9m의 소화관과 소화액을 생성 분비하여 소화작용을 돕는 타액선, 간과 담낭, 췌장 등의 부속 소화기관으로 구성되어 있다. 소화기계는 거대분자로 구성되어 있는 음식물을 작은 분자형태로 소화시키고, 혈액과 림프를 통해 흡수시키는 중요한 역할을 한다. 기능적으로는 소화, 소화액의 분비, 소화관의 운동, 영양소의 흡수의 네 가지 과정을 수행한다. 대부분의 과정은 신경계와 내분비계를 통해서 조절된다.

소화관은 본질적으로 양쪽의 끝이 뚫려 있는 관이라고 할 수 있다. 각각의 부분이 조금의 차이가 있으나 대부분 내부에서 외부까지 4개의 조직층으로 구성되어 있고 기본적으로 동일한 구조이다. 즉, 안쪽에서부터 ① 점막(mucosa) ② 점막하층(submucosa) ③ 근육층(muscularis) ④ 장막(serosa)으로 구성되어 있다([그림 6-21] 참조).

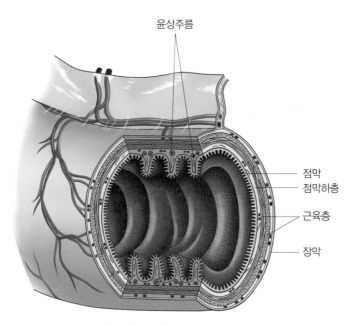

[그림 6-21] 소화관의 조직

점막은 소화관의 내면을 덮는 조직으로 소장의 장유모(intestinal villi)를 제외한 소화관 점막은 가로 방향의 윤상주름(cicular folds)을 이루고 있다. 그 위에는 혈관과 림프관이 포함되어 있는 점막하층의 바깥쪽 경계면에는 신경세포들이 있다. 근육층은 민무늬근으로 이루어져 있으며, 속층과 바깥층의 두 층으로 구분된다. 복막강에 위치한 소화관의 가장 바깥층을 장막이라고 한다.

위장관은 물과 영양소를 흡수하는 한편 세균과 바이러스 다른 병원균이 몸으로 들어오는 것을 막는 기능을 한다. 즉, 위장관은 신체의 커다란 면역기관이다. 방어의 수단으로 침에 있는 효소와 면역글로브린, 그리고 위의 산성 환경을 들 수 있다. 병원체나 독성물질이 위를 거쳐 소장으로 들어오면 감각수용체와 장관계 림프조직이 있는 면역세포가 이에 대항한다. 일반적인 두 가지 면역반응이 설사(diarrhea)와 구토(vomiting)이다. 구토는 보호반사의 일종으로, 구토 시에는 호흡이 정지된다. 후두개와 연구개는 기도와 비인두를 막아서 구토물이 흡입되는 것을 막아준다. 산(acid)이나 작은 음식조각이 기도로 들어가면 호흡계에 손상을 입히고 흡인성 폐렴을 유발할 수 있다.

음식물 섭취량은 시상하부(hypothalamus)에서 조절하는데, 이 섭취중추(feeding center)는 포만중추(satiety center)와 공복중추(hunger center)로 나누어진다. 두 중추는 상호 길항적으로 작용하여 포만중추가 흥분하면 공복중추가 억제되고, 반대로 공복중추가 흥분하면 포만중추가 억제되므로 이들 중추가 균형을 이룰 때 정상적인 음식물의 섭취가 이루어진다.

6.2.1 위

위(stomach)는 횡격막 바로 밑 복강의 좌측에 있는 큰 주머니 모양의 장기로서 식도와 연결되는 부분을 분문(cardia), 십이지장과 연결되는 부분을 유문(pylorus), 우측 경계를 이루는 짧은 만곡을 소만(lesser curvature), 좌측 경계인 깊고 튀어나온 부분을 대만(greater curvature)라 한다. 분문에서 좌상방으로 팽대되어 공기를 채우는 위저(fundus), 그리고 분문부와 유문부 사이에 위체(body)가 있다.

특히 위체에서 유문부로 이어지는 곳에 깊이 파인 각절흔(angular notch)이 있는데 이 부근은 위궤양(gastric ulcer)에 잘 걸리는 곳이다. 십이지장과 유문을 분리하는 둥근 원 모양의 두꺼운 위근육 조직으로 유문밸브(pyloric valve) 또는 유문괄약근(pyloric sphincter m.)이 있다([그림 6-22] 참조). 미즙의 이송속도는 유문괄약근의 수축, 위 운동, 미즙상태, 십이지장 팽대부의 충만 정도 등에 영향을 받는다. 유문괄약근은 위평활근의 일부이다. 수축하면 바로 밑부분의 내압이 40mmHg로 높아지지만 십이지장에서 위로 역류하지는 않는다. 가스트린(gastrin)은 이완시키고 세크레틴(secretin)은 수축시킨다.

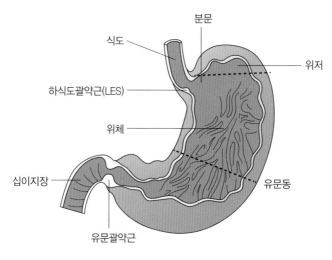

[그림 6-22] 위의 구조

위는 강한 염산과 소화효소로 구성된 위액(gastric juice)을 분비하여 음식물을 소화시킬 뿐 아니라 입을 통해 들어온 각종 세균을 대부분 없애 버린다. 위벽은 두꺼우며 많은 주름이 잡혀 있는데 공복 시에는 주름이 세로로 나타난다. 이곳에는 무려 3,500만 개나 되는 분비선이 있어 하루에 약 1,500~2,500cc의 위액을 분비한다. 위선(gastric gland)에는 분문선(cardiac gland), 위저선(fundic gland), 유문선(pyloric gland)이 있다. 위저선에서 분비하는 염산은 위액 중 0.4~0.5%가 포함되어 있고 강한 산성(pH 0.5~2.0)을 나타내며 염산의 분비는 가스트린(gastrin)이란 호르몬이 촉진한다. 위액분비는 신경성과 체액성 기전으로 조절하며 분비기전은 미주신경이 흥분하게 되면 말단에서 아세틸콜린(acetylcholine)이 분비되고 위점막의 세포에서 가스트린이 분비되어 조절하게 된다. 예를 들어, 미주신경이 흥분하면 위액 중의 펩신(pepsin)이 대량 분비된다. 위액은 식사 후 4~5시간 동안에 약 500~700cc가 분비되고 하루 평균 2,000cc나 분비된다.

음식물이 위로 들어오면 위는 절흔부(incisura)를 경계로 나뉘어 수축하기 시작한다. 절흔부에서 수축륜이 발생하고 유문동(pyloric antrum)에서 유문을 향하여 이동하는데, 이를 연동운동이라 한다. 위액과 음식물의 교반은 연동파(peristalsis wave)로 이루어진다. 음식물을 뒤섞는 교반운동을 일으키는 연동파는 20여 초 간격으로 보통 큰굽이 부근에서 생겨나고, 10~40cm/sec의 전파속도로 유문을 향해 진행한다.

[그림 6-23]의 연동운동은 다음과 같이 설명할 수 있다. ① 그림 (a)에서는 위체에서 유문부 쪽으로 첫째파(first wave)가 일어난다. 그림 (b)에서는 또 다른 첫째파가 유문부의 하단을 조여 준다.

② 액상의 미즙(fluid chyme)은 점점 더 유문부 아래로 내려가는 반면, 미즙의 고형 중심(solid center)은 위체 쪽으로 거슬러 올라가는 연동수축(peristalic constriction)을 일으킨다. ③ 그림 (b)에서 둘째파(second wave)는 첫째파처럼 유문부의 방향으로 움직인다. ④ 다시 액상의 미즙은 유문부로 내려가지만, 미즙의 고형 중심은 역시 위체 쪽으로 거슬러 올라가는 연동수축을 일으킨다. ⑤ 일부 액상의 미즙은 유문부의 개방을 통하여 십이지장으로 내려가지만, 대부분의 미즙은 또 다시 위체 쪽으로 거슬러 올라가면서 또다시 음식물은 계속 반죽된다. 이렇게 위에서는 연동운동에 의하여 음식물을 분문부에서 유문부로, 유문부에서 십이지장 쪽으로 이동하는 운동이 일어난다. 그러나 유문부에서는 괄약근이 수축하고 있기 때문에 음식물이 십이지장으로 밀려 나가지 못하고 역류하게 되며, 이런 현상이 되풀이되면서 음식물에 위액이 혼합되어 마침내 그 내용물은 액상의 미즙상태가 된다.

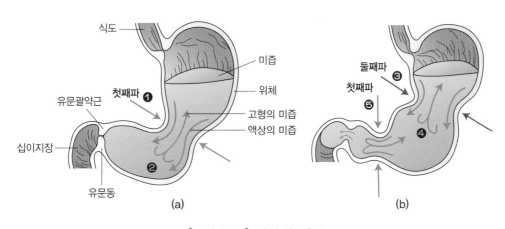

[그림 6-23] 위의 연동운동

6.2.2 소장

소장(small intestine)은 위의 유문부와 대장 사이의 총 길이 6~7m에 이르는 장관으로서, 소화와 흡수가 본격적으로 이루어지는 곳일 뿐만 아니라 소화와 흡수가 마무리되는 중요한 부분이다. 소장은 길이 25cm의 십이지장(duodenum)에서 시작하며 복강의 좌상복부에 있는 소장의 약 2/5(2.5m)를 차지하는 공장(jejunum)과 우하복부에 있는 소장의 3/5(3.5m)을 차지하는 회장(ileum)으로 나눈다. 특히 십이지장은 췌장액과 담즙이 방출되는 기관으로, 강한 산성의 위액이 알칼리성의 췌장액과 만나 중화되는 곳

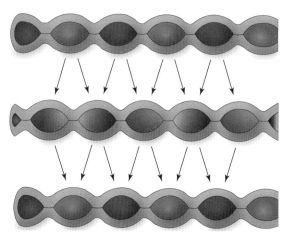

[그림 6-24] 소장의 분절운동

이다.

비록 대장이 적은 양의 수분이나 염분을 흡수하기는 하지만 소장 내강의 내용물이 소장을 지나간 후에는 추가적인 소화작용이나 흡수작용이 더 이상 잘 이루어지지 않는다. 소장은 위와 대장 사이에 위치하며 복강 내에 코일 형태로 존재한다. 소장은 음식물이 소화되는 동안 음식물을 혼합하고 천천히 전진시키기 위해 여러 가지 운동을 하는데, 분당 1cm의 속도로 움직이는 윤상근에 의한 분절운동(segmentation), 연동운동(peristalsis),[5] 평활근에 의한 융모운동이 있다. 소장의 운동은 위장에서 배출한 위의 내용물인 미즙을 췌장, 간, 장선에서 나온 알칼리성 용액과 혼합하여 대장 쪽으로 내보내는 운동이다. 소장운동 과정에서 췌장액 중의 효소와 상피세포의 효소가 담즙(bile)과 더불어 대부분 소화과정에 참여한다. 소화가 진행됨에 따라 소화물의 체내흡수가 시작되는데 이 흡수과정은 거의 소장에만 국한되는 것이 특징이다.

대표적인 소장운동인 분절운동은 소장 전반에 걸쳐 원형수축으로 이루어진다. 십이지장으로 음식물이 들어오면 윤상근 수축에 의하여 길이 2cm 정도의 주머니가 여러 개 생기는데 3~4초를 주기로 수축부위가 이동하면서 분절은 이분되어 내용물은 인접한 분절 내의 내용물과 섞인다. [그림 6-24]에서 보듯이, 수 초 이내에 수축되었던 분절구간이 이완되고 이전에 이완되었던 부분이 수축된다. 이러한 진동수축으로 미즙은 잘게 나누어지고 소장 내강 안의 내용물이 섞이게 된다.

회장 말단부에 있는 회맹접합부(ileocecal junction)의 길이는 약 4cm이다. 회맹접합부가 폐쇄되면 회장과 맹장이 분리되어 맹장 내용물의 역류를 방지한다. 식사 후에 위회장반사로 괄약근이 이완하고 회장운동이 증가하면 내용물의 이동을 촉진한다.

---

5) 연동운동은 Staring의 장법칙 또는 근장반사(myenteric reflex)로 일어난다. 이 반사를 통하여 장의 일부가 확장되면 그 부위보다 위쪽에 수축환이 생기고 아래쪽은 이완된다.

?! 제2의 뇌

뉴욕타임즈(New York Times)의 과학담당 기자인 블레익스리(Sandra Blakeslee)는 1996년 자신의 「뇌-장의 연관성」(The Brain-Gut Connection)이라는 기고문을 처음 소개하였다. 체계적이고 본격적인 연구는 장관신경학의 아버지(father of neurogastroenterology)로 알려진 미국 컬럼비아 의대 마이클 거슨박사(Michael D. Gershon)에 의해 확립되었다. 그의 획기적인 연구서인 「소화관이 두 번째 뇌」(The Second Brain)라는 책이 1998년에 출간되었다. 인간은 두 개의 뇌를 갖고 있는데 하나는 두개골에 있는 뇌이고, 다른 하나는 소화관 내벽에 존재하는 뇌라는 것이다. 이 두 개의 뇌는 미주신경(vagus nerve)에 의해 서로 연결되어 있기도 하다. 또한, 소화관 내벽에도 두개골에 있는 뇌와 거의 같은 1억개의 신경전달물질이 존재한다는 것이다. 어쩌면 그래서, 우리가 사랑하는 사람과 헤어질 때 머리로는 쿨하게 잊어버린다고 하면서도 가슴에서 쓰린 통증을 느끼는지 모르는 일이다.

6.2.3 간, 담낭, 췌장

간(liver)은 신체에서 가장 큰 내장기관으로서 횡격막 바로 아래, 복강의 오른쪽 위에 있고 적갈색을 띠고 있으며 무게는 약 1.5kg이다. 간은 좌엽, 우엽, 방형엽, 미상엽의 4엽으로 이루어져 있다. 간에는 다양한 종류의 효소가 있어서 체내의 어떤 장기보다도 많은 기능을 수행한다. 즉, 하루에 약 250~1,500cc의 담즙 생산, 해독과 이물질 제거, 단백질의 합성, 탄수화물과 지질의 대사뿐만 아니라 비타민을 저장하며, 항혈액응고제 헤파린(heparin)을 생산하는 등 여러 가지 기능을 하고 있다.

일명 쓸개라고 부르는 담낭(gallbladder)은 간의 하면(inferior surface)에 부착된 주머니 모양의 기관이

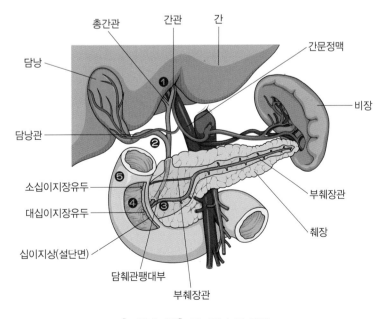

[그림 6-25] 간, 담낭 및 췌장

다. 담낭의 길이는 약 7cm이며 크기는 대략 작은 배(pear) 정도이다. 약 35~100cc인 담즙은 십이지장
으로 방출되기 전에 담낭 속에 저장되고 농축된다. 알카리성인 담즙은 황록색 액체로 주요 성분으로는
담즙색소인 빌리루빈(bilirubin), 딤즙산염(bile salt), 인지질, 콜레스테롤, 무기이온 등이 있다. 소장 속
에 음식물이 없으면 총담관 끝의 오디괄약근(sphincter of Oddi)이 닫히고 담즙은 담낭관으로 간 다음 담
낭에 저장된다. 담낭의 근육층이 수축하면 담즙은 담낭관을 통해 총담관(common bile duct)을 통하여
십이지장으로 이동한다. 총담관은 십이지장에 들어가기 직전에 췌장에서 나오는 췌관(pancreatic duct)
과 합쳐진다.

일명 이자라고 부르는 췌장(pancreas)은 후복벽을 따라 위 바로 뒤에 위치하며 길이는 약 12~15cm
이고 무게는 약 70g인 기관이다. 췌장은 외분비와 내분비 기능을 모두 갖추고 있는 선기관(glandular
organ)이다. 내분비선으로서 랑게르한스섬(Langerhans's island)을 통해 인슐린(insulin)과 글루카곤
(glucagon)을 분비하고 외분비선으로서 췌장액(pancreatic juice)을 췌관을 통해 십이지장으로 분비한
다. 랑게르한스섬에서 가장 중요한 세포는 알파세포와 베타세포이다. 알파세포는 호르몬 글루카곤
(glucagon)을 분비하고 베타세포는 인슐린(insulin)을 분비한다. 인슐린과 글루카곤의 작용은 길항적
이다. 식사 후에는 인슐린 분비가 증가하고 글루카곤 분비는 감소한다. 반대로 단식 중에는 글루카
곤이 상승하고 인슐린 분비가 떨어진다. 췌장액에는 물과 다양한 소화효소가 있다. 소화효소에는,
① 탄수화물을 소화하는 아밀라아제(amylase), ② 단백질을 소화하는 트립신(trypsin), ③ 지방을 소화하
는 리파아제(lipase) 등이 있다.

[그림 6-25]에서 간, 담낭, 췌장의 상호관계를 설명하면 다음과 같다. ① 간엽(liver lobes)으로부터
의 간관(hepatic duct)은 총간관(common hepatic duct)을 형성하도록 연결된다. ② 총간관은 총담관
(common bile duct)을 형성하기 위해 담낭으로부터 담낭관(cystic duct)을 연결한다. ③ 총담관과 췌장
관(pancreatic duct)은 담췌관팽대부(hepatopancreatic ampulla)를 형성하기 위해 서로 연결된다. ④ 담췌
관팽대부는 주십이지장유두에서 십이지장과 만난다. ⑤ 췌장분비물(pancreatic secretions)은 부췌장관
(accessory pancreatic duct)을 통하여 십이지장 내부와 연결된다.

6.2.4 대장

대장(large intestine)은 소장의 연속된 소화관으로 전체 길이가 1.5~1.8m이며 복강의 상하좌우 주위
를 에워싼 형태를 하고 있다. 소화관의 연속된 경과에 따라 맹장(cecum), 결장(colon) 및 직장(rectum)으
로 구성되어 있다. 다시 결장은 세분하여 상행결장(ascending colon), 가로결장 또는 횡행결장(transverse
colon), 하행결장(descending colon) 그리고 S상결장(sigmoid colon)으로 나눈다([그림 6-26] 참조).

소장 내 내용물이 대장으로 이동할 무렵이면 영양물질의 소화와 흡수가 거의 끝난 것이다. 대장으로
넘어가는 내용물의 양은 하루에 200~500cc 정도인데, 이들이 대장을 지나는 동안 소장에서 흡수되고
난 나머지의 수분이 흡수 농축된다. 건강한 사람의 십이지장은 거의 무균상태인 반면, 공장(jejunum)
에는 약간의 세균이 있고 회장(ileum)에는 상당히 많은 세균이 있으며 대장에는 영구적으로 장내세균
이 있다. 대장 내용물의 이동속도는 이동 부위 간의 저항과 압력차에 따라 달라진다. 수축 부분과 인접
한 부위가 비어 있고 근육이 이완되어 있을 때에는 수 mmHg의 압력차일지라도 급속한 이동이 가능하

지만 역으로 결장 팽기마다 꽉 차 있을 경우에는 수축으로 압력이 70~80mmhg까지 상승하여도 이동이 불가능하다.

　대장의 주요 기능은 주로 음식물 찌꺼기를 건조하고 배변 전에 배변 덩어리를 저장하는 것이다. 배변은 결장의 집단운동으로, 배변 덩어리가 직장으로 이동했을 때 그 결과로 직장이 팽창되고, 이러한 팽창은 직장벽의 신장수용체를 자극하는 배변반사(defection reflex)에 의해서 일어난다. 이 반사작용은 평활근으로 이루어진 내항문괄약근(internal anal sphincter m.)이 이완하여 직장과 S상결장이 격렬하게 수축하고 골격근으로 이루어진 외항문괄약근(external anal sphincter m.)이 이완할 때 일어난다. 소장에서는 내용물이 보통 세균이 성장하기에는 너무 빨리 이동하기 때문에 상대적으로 세균이 적게 존재하지만, 대장에서는 500여 종이나 되는 유익한 세균이 존재한다. 미주신경은 횡행결장 중앙부까지만 지배하고, 그 아래는 골반신경이 지배하고 있다. 부교감신경의 흥분으로 아세틸콜린이 분비되면 수축이 촉진되고, 교감신경의 흥분은 노르에피네프린을 분비하여 수축을 억제한다.

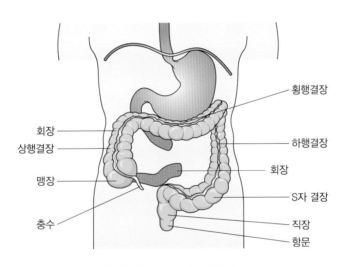

[그림 6-26] 대장의 구조

6.3 삼킴의 생리학

　우리는 섭식을 통하여 생명을 유지한다. 삼킴 또는 연하(swallowing)[6]는 근육의 수의운동(voluntary movement)에 의해 시작되어 자율적인 반사작용을 통해 진행되는 복잡한 과정이다. 음식물을 삼킬 때 그 과정을 의식적으로 조절할 수 있기는 하지만, 일부 과정은 무의식적으로 진행된다.

　정상적인 삼킴은 음식물을 치아로 씹기, 음식물을 인두로 옮기기, 인두에서 식도까지 이동시키기,

---

6) swallowing 또는 deglutition은 '삼킴' 또는 '연하'를, aphagia는 'not'을 의미하는 접두사 a_와 'eating'을 의미하는 어근 －phagia의 합성어로 삼킴불능(inability to swallow anything)을 가리키고, dysphagia는 'difficult'를 의미하는 접두사 dys－와 'eating'을 의미하는 어근 －phagia의 합성어로 삼킴장애 또는 연하장애(disorders of swallowing)를 가리킨다.

식도에서 연동운동을 하는 것뿐만 아니라 삼킴과 삼킴 사이의 호흡이 부드럽고 안정적인 패턴으로 나타날 때 이루어진다. 삼킴은 전두엽, 뇌간, 망상체, 구강 및 인두의 지각신경 등의 섬세하고 복잡한 신경지배를 받는 조임근 또는 괄약근(sphincter m.)을 비롯한 많은 두경부 근육과 골격 등의 상호작용에 의해 이루어진다.

6.3.1 음식덩이의 이동

정상적인 삼킴능력은 구강에서 위로 음식덩이를 빠르게 운반하는 것에 따라 좌우된다. 유동액으로 된 음식덩이는 2초 안에 인두를 지나 5초 안에 위로 들어가게 된다. 효율적인 이동은 음식덩이 및 중력에 압력을 가하는 신경근육의 수축 강도에 의해 이루어진다. 서로 협응하는 신경근육의 수축과 이완으로 음식덩이에 높은 압력을 주는 영역과 음식덩이의 아래에 음압을 주는 영역이 만들어지면서 효율적인 음식덩이 이동이 이루어진다. 삼킴연쇄의 일부는 식도에서처럼 그 위치 때문에 음압인 채로 남아 있게 된다. 높은 압력과 낮은 압력을 주는 영역을 만드는 것은 삼킴 밸브인 입술, 구개, 기도폐쇄 (airway closure), 인두식도구역(pharyngoesophageal segment, PES)의 개방과 폐쇄, 아래식도 조임근 또는 하식도괄약근(lower esophageal sphincter, LES)의 개방과 폐쇄의 협응과 강도에 의해 대부분 이루어진다(〈표 6–5〉 참조).

〈표 6–5〉 삼킴 밸브

밸브	기능
입술	폐쇄로 구강 내 압력을 만듦
구개	외부 물질로부터 비인강을 폐쇄함
진성대	기도 보호
가성대	기도 보호
인두식도(상식도괄약근)	음식덩이가 들어갈 때 이완되고 역류를 막기 위해 닫힘
하식도 괄약근	음식덩이가 들어갈 때 이완되고 역류를 막기 위해 닫힘

입술을 열고(밸브가 개방되었을 때) 삼킬 때와 입술을 닫고 삼킬 때를 비교하면 다르다는 것을 경험할 수 있다. 혀는 최초의 양압을 제공한다. 혀의 후방운동은 설골의 끄는 힘에 의해 후두가 상승하도록 한다. 효과적인 후두상승은 후두에 음압 영역을 만드는 것을 도와주며, 음식덩이가 높은 압력이 있는 영역에서 음압 영역으로 빠르고 안전하게 움직이게 한다. 근육의 약화나 근육 상호간의 불협응 같은 병리적인 조건에 의해 압력이 높은 영역에서 높은 압력이 있는 다른 영역으로의 이동은 음식덩이의 흐름을 방해하며 기도로 흡인될 수 있는 음식덩이의 정체(stasis)를 일으키고 잔여물(residue)을 남긴다.

삼킴의 과정은 〈표 6–6〉처럼 구간별로 시간을 측정하기도 한다.

〈표 6-6〉 구간별 시간 측정

구강통과시간 oral transit time(OTT)	음식덩이의 후방추진이 일어나는 시간과 음식덩이가 하악으로 가는 시간 사이의 간격
인두통과시간 pharyngeal transit time(PTT)	상식도괄약근(UES)이 열리고 음식덩이가 통과하여 OTT가 끝나는 사이까지의 시간간격
인두지연시간 pharyngeal delay time(PDT)	인두상승이 시작되어 OTT가 끝날 때까지의 시간간격
인두반응시간 pharyngeal response time(PRT)	음식덩이가 UES를 지날 때부터 PDT가 끝날 때까지의 시간간격
연인두폐쇄시간 duration of velopharyngeal closure	전방인두벽과 연구개의 접촉이 처음부터 끝까지 일어나는 시간간격
후두폐쇄시간 duration of laryngeal closure	후두가 닫히는 시간간격
상식도괄약근 개방시간 duration of UES opening	삼킴 동안 UES가 열리는 시간간격
설골 상하 운동시간 duration of hyoid movement	설골하강의 상승 시작부터 끝날 때까지의 시간간격
후두거상시간 duration of laryngeal elevation	후두하강의 상승 시작부터 끝날 때까지의 시간간격
식도통과시간 esophageal transit time	음식덩이가 UES와 LES를 통과하여 위장으로 들어가는 순간까지의 시간간격

6.3.2 삼킴의 기전

삼키기 위해 음식덩이를 준비하고 구강에서 인두로 음식덩이를 운반하기 시작하면서 여러 생리적인 사건이 0.5초 내에 일어나게 된다. 먼저 성대가 내전한 다음, 입술이 폐쇄된다. 그리고 가성대가 닫히면 인두식도구역(PES)이 열리게 된다. 연속적인 삼킴의 마지막으로 성대가 다시 열리고 호흡이 재개된다.

아래이복근 또는 악이복근, 이설골근, 하악설골근의 수축에 의해 혀가 뒤쪽으로 움직이면서 기저가 후인두벽과 만나게 되고, 구인두수축근의 수축과 상승에 의해 전방으로 움직이게 된다. 혀의 후방이 후퇴하면 설골이 하악에서 상전방으로 들어 올려진다. 설골은 삼킴이 일어나는 동안 대부분 상승되어 있다.

구개에 의한 비인강폐쇄와 함께 양압이 음식덩이에 작용한다. 혀와 설골의 연결 및 설골과 갑상-윤 상연골의 연결에 의해 후두는 상전방으로 당겨지고 혀의 기저가 열린 기도를 부분적으로 덮은 상태가 된다. 후두가 상승하면 후두개는 기도의 상부로 내려가서 음식덩이가 기도로 들어가는 대신에 식도로 바로 향하도록 기도를 보호하는 정교한 체제를 마무리 짓는다. 빠르고 완전한 후두상승(평균 2~3cm) 은 하인두영역의 음압 형성을 돕는 역할을 한다. 음식덩이가 인두로 들어가면, 또 하나의 기도 보호요 소인 후두계곡을 음식덩이가 나뉘어 지나게 된다. 〈표 6-7〉은 기도 보호의 다섯 가지 기제이다.

동시에 인두의 수축근이 인두를 좁고 짧게 하기 위해 작용하여 음압 영역으로 음식덩이가 흘러가도록 양압을 충분히 유지하게 한다. 흥미로운 것은 인두근의 수축기간이 음식덩이의 크기에 영향을 받지 않는다는 것이다. 음식덩이가 식도로 향하면서 하인두영역의 후두 양쪽 측면에 있는 조롱박오목(pyriform sinus)으로 나뉘어 흘러들어 가게 된다. 둘로 나뉜 음식덩이는 인두식도구역(PES)을 지나 식도로 들어가면서 다시 합쳐지게 된다.

〈표 6-7〉 기도 보호의 기제

기제	작용
기도폐쇄	진성대 및 가성대가 내전되고, 후두구(喉頭口)가 좁아짐
후두상승	후두가 상승하여 혀의 기저 아래로 기울어짐
혀기저 수축	혀의 후방이 움직여 혀기저로 음식덩이가 기도로부터 멀어지게 함
후두개 전도 (epiglottis inverts)	후두상승과 갑상후두개인대(thyroepiglottic ligament)가 수축해서, 후두개가 후두구를 막도록 함
후두계곡	음식덩이가 둘로 나뉘어서 기도에서 멀어지게 함

인두식도구역(PES)의 개방은 세 가지 방법으로 이루어진다. ① 활차신경 및 미주신경에 의하여 중추신경계-인두수축에 반응하여 이완, ② 설골 상승에 의해 기계적으로 유도된 이완 후 인두식도구역의 개방, ③ 경부 식도로 음식덩이를 하부로 밀어 넣는 힘에 의하여 영향을 받는다는 것을 알 수 있다. 음식덩이가 경부 식도로 들어가면 구인두단계 동안 활동했던 여러 해부학적 구조는 휴지기로 돌아간다. 음식덩이를 전달하기 전에 식도는 닫힌다.

처음에 일어나는 연동의 수축파(contractile wave)가 가장 강하다(Crary & Groher, 2003: 26). 그 힘은 인두에서 내용물을 얼마나 깨끗하고 효과적으로 전달했는지에 따라 달라진다. 음식물을 효과적으로 전달할수록 파동은 강해진다. 하나의 음식덩이를 여러 번에 나누어 삼키면 연동을 방해하게 된다. 잔류한 음식덩이를 보내기 위한 식도의 활동으로 일어나는 두 번째 파장은 음식덩이가 위로 가면서 식도를 넓히고 음식덩이 자체로 전파된다. 이를 2차연동파라고 부른다. 연동파의 시작은 하식도괄약근(LES)에 메시지를 보내게 되고 음식덩이가 위로 흘러들어 갈 수 있도록 하식도괄약근을 이완시킨다. 음식덩이의 유형(유동체 vs. 고형)에 따라, 음식덩이가 전달되는 속도는 3~10초가 걸린다.

일단 연수의 삼킴중추를 자극하면 복잡한 삼킴과정이 예정된 프로그램에 따라 불수의적으로 진행된다. 정상 성인은 24시간 동안 약 600번의 삼킴작용을 하는데, 보통 식사 중에 200번, 깨어 있는 상태에서 350번 그리고 수면 중에 50번을 한다.

6.3.3 삼킴의 신경학적 조절

삼킴에 관여하는 말초의 원심성 및 구심성 근육은 6개의 뇌신경이 조절한다. 뇌간의 연수에 있는 삼킴중추는 삼킴 수행능력을 통합하여 통제하는 중요한 곳이다. 뇌간보다 상위에 있는 피질하 및 피질중추는 자극을 받으면 삼킴 행동에 관련된다.

1. 말초에서의 조절

정상적인 삼킴과정에 관여하는 뇌신경에는 삼차신경, 안면신경, 설인신경, 미주신경, 부신경 그리고 설하신경이 있다. 삼차신경은 촉각, 압력, 온도 감각정보를 전달하고 원심성 섬유를 저작근으로 보낸다. 혀를 뒤로 미는 바깥 혀밑근육 또는 외설하근(external hypoglosssal m.)과 관련된 안면신경은 안면근육, 특히 입술의 조절과 관련된 운동신경으로 맛을 전달한다. 그리고 특수화된 감각가지인 고삭신경(chorda tympani)은 턱밑샘과 혀밑샘을 통해 구강에 수분을 제공하고 뇌간의 위침분비핵 또는 상타액핵(superior salivatory nucleus)을 자극한다. 설인신경은 구인두에서 촉각과 온도를 담당하고, 혀 뒤쪽의 미각정보를 전달하는 기능을 한다. 자율운동신경섬유는 뇌간의 아래침분비핵 또는 하타액핵(inferior salivatory nucleus)과 정보를 주고받음으로써 귀밑샘을 통해 구강에 대부분의 수분을 공급한다. 미주신경은 삼킴에 핵심적 기능을 한다. 이 신경은 삼킴과 관련된 근육뿐만 아니라, 폐 같은 호흡기관과도 관련되어 있다. 부신경은 미주신경과 함께 인두수축 근육조직에 분포되어 있다. 끝으로, 설하신경은 모든 혀내근조직(intrinsic tongue musculature)과 대부분의 혀외근(extrinsic tongue m.)에 대한 운동신경을 담당하고 있다(〈표 6-8〉 참조).

〈표 6-8〉 삼킴에 관여하는 뇌신경

뇌신경	기능
삼차신경(CN V)	감각: 구강 내 촉각과 압력
	운동: 저작근, 범구개긴장근, 하악설골근, 하악두힘살
안면신경(CN VII)	감각: 혀의 앞쪽 2/3의 맛감각 담당, 입술의 촉각
	운동: 입술근육
설인신경(CN IX)	감각: 혀 뒤쪽 1/3의 맛감각, 촉각, 온각, 통각을 담당
	운동: 경상인두근, 식도인두구역(부교감 신경섬유)
미주신경(CN X)	감각: 인두, 후두, 기도, 식도, 내장
	운동: 연구개, 인두, 후두의 근육지배
부신경(CN XI)	운동: 설구개를 제외하고는 CN X와 같음
설하신경(CN XII)	운동: 혀의 고유근 및 하악설골근과 전반의 하악악이복근을 제외한 외래근

2. 중추신경조절

시상하부는 갈증과 허기 반응을 조절하는 역할을 담당한다. 식욕중추(appetite center)에는 섭식중추(intake center)와 포만중추(satiety center)가 있으며 섭식중추는 시상하부 복외측핵에 있고 포만중추는 사상하부 복내측핵에 있다. 일반적으로 음식물의 섭취량은 이 두 중추에서 정확하게 조절한다. 이 두 중추작용은 상호 길항적이어서 섭식중추가 흥분하면 포만중추가 억제되고 포만중추가 흥분하면 섭식중추가 억제된다(305쪽 '식욕조절호르몬' 참조).

모든 상행감각정보는 시상(thalamus)을 지나 두정엽(parietal lobe)의 감각운동띠(sensorimotor strip)로 전달된다. 중심전피질(precentral cortex) 바로 앞에 있는 앞 가쪽 부위(anterolateral region)는 피질 수준

에서 운동 측면을 담당하는 것으로 본다. 이 경로는 피질하(subcortex)의 흑질(substantia nigra)을 지나 뇌교(pons)의 망상체로 가서 뇌간의 삼킴중추에서 끝난다. 시상하부, 변연계 그리고 소뇌(cerebellum)로부터의 운동심유도 삼킴 행동에 영향을 미친다.

섭식은 혈중의 포도당(glicose) 농도를 높이고 유리지방산 농도를 감소시킨다. 포만중추에는 포도당 수용뉴런(glucoreceptor neuron)이 있다. 이 뉴런에는 포도당 수용체가 있어서 포만으로 포도당 농도가 높아지면 K^+ 투과도의 감소로 탈분극을 일으켜서 흥분의 빈도를 증가시킨다. 섭식중추에는 포도당 농도의 상승에 따라 흥분의 빈도를 낮추는 포도당 감수성 뉴런(glucose sensitive neuron)이 있다. 한편, 이 뉴런은 유리지방산에 의하여 흥분의 빈도를 증가시켜 공복감을 느끼게 한다.

3. 삼킴중추

뇌간(brainstem)의 의문핵(necleus ambiguous)과 고립로핵(nucleus tractussolitarius, NTS)을 포함하는 망상체(reticular formation) 안에 있는 어떤 영역이 삼킴중추 또는 연하중추(swallowing center)로 알려져 있다(Murry & Carrau 2001). 그렇지만 때로는 대뇌가 손상된 환자에게서도 비정상적인 삼킴이 관찰되고, 소뇌도 삼킴조절에 일부 관여한다는 보고가 있어 아직까지 삼킴중추에 관한 확실하고도 완전한 이론이 정립된 것은 아니다.

이 의문핵과 고립로핵은 뇌신경과 상호작용하고 있다. 고립로핵은 촉각, 온도, 맛 같은 감각과 구심성 정보를 수용한다. 삼킴과 호흡중추의 상호작용은 삼키는 동안 호흡을 중단해야 하기 때문에 매우 중요하다. 삼키는 동안 모인 감각정보는 운동 산출을 통합하는 의문핵으로 전달되며, 이때 의문핵은 다시 6개의 뇌신경을 통해 운동명령을 삼킴근육으로 전달한다(6개의 뇌신경은 〈표 6-7〉 참조). 삼킴에 관여하는 뇌신경과 여러 영역에서 오는 감각정보와 운동정보를 모두 통합하고 있기 때문에, 고립로핵과 의문핵을 합하여 삼킴중추로 여기는 연구자들도 있다. 고립로핵으로부터의 축삭(axon)은 뇌교(pons)로 올라가서, 시상하부(hypothalamus)에서 나온 피질연수계(corticobulbar system)의 외측에 있는 감각로(sensory tract)에 의해 합쳐지는 것으로 추정된다([그림 6-27] 참조).

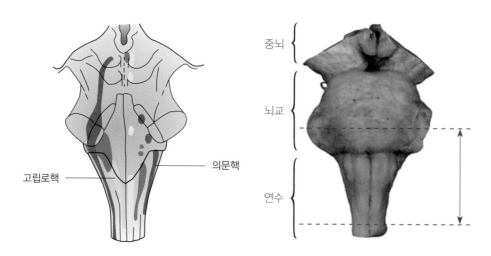

[그림 6-27] 삼킴중추

6.3.4 영유아의 삼킴

영유아는 구강과 인두구조 간의 해부학적 관계가 성인과 다르다. 영유아의 경우 설골과 후두가 성인보다 훨씬 높이 위치하여 좀 더 효과적으로 기도를 보호할 수 있다.

Als & Brazelton(1981)은 영유아는 환경에서 오는 자극을 차단하거나 조절하기 위하여 보호하는 반응이 고도로 조직화되어 있다고 하였다. 이 반사의 대부분은 구강으로의 영양 섭취를 안전하게 확보하도록 특별히 작용한다. 즉, 영유아가 삼킬 때 음식을 이동시키거나 기도를 보호하도록 돕는다. 이들 반사는 촉각입력으로 유도된다. 신생아는 여러 행동 반응을 이용하여 촉각자극에 대한 거부, 인내, 수용을 스스로 표현할 수 있다. 안면과 구강에 대한 촉각자극 수용은 성공적인 섭식과 생존을 위해 반드시 필요하다(Wolf & Glass, 1992).

삼킴과정은 음식이 구강으로 들어가 다루면서 삼키기 위해 음식덩이를 만들며 시작된다. 음식은 식도의 1차, 2차 연동을 통하여 위(stomach)로 전달된다. 신생아 위의 해부학적 용적은 30~35cc이다. 이 용적은 생후 1개월이 되면 100cc로 증가한다(Crelin, 1973). 위에 도달하면, 산과 다른 유동액이 음식물을 부분적으로 소화하고, 십이지장(duodenum)까지 지속된다. 소장의 십이지장과 회장에서는 췌장액(pancreatic juice)과 담즙산(bile acid)을 수용하여 탄수화물, 지방, 단백질 등으로 음식을 분해한다. 또한 회장(ileum)에서는 영양소를 흡수하고, 결장(colon)으로 쓸모없는 부산물을 운반하여, 직장(rectum)을 통해 배출한다(Glass, 1968). 결장의 박테리아는 비소화물에 작용하여 대변에 고약한 냄새가 나게 한다. 신생아의 대변은 일반적으로 신생아의 결장에 박테리아가 없기 때문에 냄새가 나지 않는다. 냄새가 난다면, 이는 위장관(gastrointestinal tract)에 출혈 같은 심각한 손상이 있다는 신호일 수 있다(Batshaw & Perret, 1998).

?! 부정맥: 빈맥 vs. 서맥

성인의 심장은 1분에 70회 정도 규칙적으로 박동한다. 부정맥(arrhythmia)이란 심장이 지나치게 빠르거나 늦거나 하여 맥박이 불규칙하게 뛰는 것을 말하는데 빈맥성 부정맥과 서맥성 부정맥이 있다.

빈맥(tachycardia)이란 출혈이나 심장의 이상, 심각한 질병으로 인해 심장이 1분에 90회 이상 비정상적으로 빨리 뛰는 것을 말한다.
서맥(bradycardia)이란 미주신경이나 교감신경의 이상으로 인해 심장이 1분에 60회 이하로 비정상적으로 느리게 뛰는 것을 가리킨다.

영유아의 기도는 섭식을 하는 동안 해부학적 특성 및 하기도를 보호하는 반사를 통해 보호받는다. 정상적인 삼킴은 날숨주기(expiratory cycle)에 일어난다. 만약 물질이 비인강·후두·기관 또는 폐로 들어가게 되면, 음식물을 깨끗이 치우기 위해 방어반사가 촉발된다. 기도방어기제로는 재채기, 기침, 삼킴 무호흡(swallow apnea), 저산소증과 서맥(bradycardia), 기관수축(broncho-constriction) 등이 있다(Wolf &Glass, 1992). 적은 양의 음식물이 폐로 유입되면 점막섬모(mucocilia)와 림프액이 음식물을 밀어 낸다. 식세포작용(phagocytosis)으로, 폐포는 림프계를 통해 흡인된 물질을 제거할 수 있다(Curtis & Langmore, 1997). 섭식 동안에 영유아와 양육자 간에 일어나는 심리사회적 상호작용은 태어난 후 시작된다. 상호작용행위는 적절한 섭식기술의 전수뿐 아니라 먹기 위한 적절한 행동과 태도의 형성에 필수적이다. 정상적인 신생아는 쉽게 양육자에게 배고프다는 욕구를 알려준다. 영유아는 싫증날 때까지 섭취하며, 그 후에 포만감을 표현한다. 초기 섭식에서 반응과 집중은 영유아가 행동을 조절하게끔 도와주며, 자기조절 과정에 중요하다.

?! 삼킴장애의 합병증

폐렴(pneumonia), 영양실조(malnutrition) 및 탈수증(dehydration)은 삼킴장애의 증상일 수도 있다. 그런데 사실 이런 것들은 안전하지 못한 삼킴으로 초래된 흡인이나 폐렴의 위험 혹은 비효율적인 삼킴으로 인해 충분한 양의 음식물이 위장에 도달하지 못해서 생기는, 삼킴장애의 한 합병증이기도 하다.

태어난 지 첫 2~3개월 동안, 영유아의 주요 목표는 그들의 환경에 항상성을 가지는 것이다. 수면조절, 규칙적으로 먹기, 그리고 발달적으로 도움이 되는 깨어 있는 상태가 목표의 일부이다. 환경과 증진된 상호작용은 영유아가 주요 양육자나 다른 사람과 감정적인 관계를 형성하는 데 도움을 준다. 좀 더 젖꼭지를 조절하고 만지고, 웃고, 사회적인 놀이를 하는 것은 즐거운 섭식경험을 통해 촉진할 수 있다. 섭식은 점차 사회적인 시간이 된다. 만약 영유아와 양육자 간에 약속이 발달하는 데 실패한다면, 영유아는 식욕을 잃고 즐거워하지 않을 것이다.

영유아는 첫 4개월에서 6개월에 젖꼭지를 통해 영양분을 받게 된다. 모유수유와 유동식을 먹는 아동은 첫 1년 동안 부가적인 음식이 필요하지 않다. 대부분의 영유아는 약 6개월이 되어 첫 과도기적인 섭식단계 때 다른 음식을 먹기 시작한다. 중추신경계의 성숙은 젖꼭지를 통한 섭식에서 과도기적 섭식으로 변하도록 도와준다. 스스로 젖을 떼는 것은 영유아의 자기조절과 관련된 것이다. 젖꼭지를 상하로 빨기, 즉 sucking에 대한 흥미는 종종 5개월에서 6개월 사이에 줄어들기 시작하며, 주위 환경에 대한 관심과 흥미도 이 시기에 일어난다.

0~5개월의 정상 영유아의 호흡 패턴은 '복부호흡(belly breathing)'이다(Davis, 1987). 영유아의 발성은 이 호흡 패턴의 영향을 받는다. 그러나 호흡과 관련된 움직임은 성장과 더불어 변화한다. 자세가 안정되면 중력에 대항하여 움직이는 것을 배우고, 지지 없이 앉을 수 있게 되면 호흡 패턴은 복부에서 흉곽으로 바뀐다. 영유아의 경우, 출생에서 이후 6개월 정도까지는 느슨한 입술, 제한된 입술 폐쇄가 특징적이며 혀는 안으로부터 밖으로 빨기, 즉 suckling을 하게 되며, 6개월에서 9개월 이후에는 입술이 꽉 다물어지고, 제한된 혀 폐쇄 등으로 혀가 위로부터 아래로 빨기, 즉 sucking으로 발달하게 된다(Morris & Klein, 1987).

문화적인 차이가 있지만, 6개월에서 1년 사이에 4개의 섭식기술이 발달한다. 이러한 기술은, ① 숟가락으로 먹기, ② 씹어야 하는 딱딱한 덩어리 음식 조절하기, ③ 손가락이나 숟가락을 통해 혼자서 먹기, ④ 컵으로 마시고, 혼자서 컵을 조절하기이다. 이러한 섭식기술은 구강의 감각운동, 손에서 입으로의 미세한 운동 협응 같은 발달을 통해 시작된다. 즉, 6개월에서 1년 사이에 몸은 안정성을 확보하고, 말단은 운동성을 가지고 스스로 먹는 활동단계에 이르게 된다.

숟가락으로 먹는 것은 4개월에서 6개월쯤에 일어나고, 이때 전형적인 앞-뒤 혀의 움직임이 줄어드는 것을 볼 수 있다. 5개월에서 7개월 때 영유아는 숟가락을 통해 약간 딱딱한 물질을 먹는 것을 배우게 되고, 약 8개월이 되면 빠르고 효과적으로 숟가락을 사용하여 음식을 먹을 수 있다. 앞으로의 머리 움직임과 위-아래로 입술을 사용함으로써 입으로 숟가락을 가져온다. 몸조절의 발달과 안정된 앉기 자세는 좀 더 발달된 머리조절을 가능하게 한다. 약 6개월에 구강운동 활동은 턱의 수직적 움직임인 씹는 것으로 특징지을 수 있다. 약 7개월에 대근육운동이 발달한다. 혀의 증진된 유연성, 특히 측면으로의 움직임은 삼킴 전에 음식덩이를 조절하도록 도와주고 딱딱한 음식덩이를 조절하는 능력도 발달 증진된다(Morris & Klein, 1987).

6.3.5 노화와 삼킴

공기 통로인 기도와 음식물 통로인 식도는 서로 다른 근육의 완벽한 통제가 이루어지는데, 때때로 노화나 신경학적인 문제로 인하여 제 기능을 다 하지 못할 수도 있다. 또한 노인에게는 갑상연골, 윤상연골, 설골의 골화가 진행되고 후두개의 폐쇄부전 또는 후두의 하강[8]이 두드러지게 나타날 수 있다.

개인에 따라 다르지만 노인은 젊은 사람에게는 문제 되지 않는 하찮은 탈수 등에도 삼킴장애가 일어날 수 있다. 또한 흡인이 된 후에도 저항력이 매우 약하기 때문에 쉽게 폐렴에 걸릴 수 있다. 이에 대한 의식적 또는 무의식, 보상적인 행동으로 고령자는 천천히 먹거나 부드러운 것을 골라 먹는 경우가 흔하다.

삼킴장애는 보통 신경학적인 손상의 결과이다. 신경학적 질병은 노인에게 더 흔하므로 노화가 삼킴반응에 어떻게 영향을 미치는지 이해하는 것이 중요하다. 이러한 이해는 삼킴에 영향을 미치는 것이 질병 때문인지 노화 때문인지 치료사가 구분해야 하기 때문에 중요하다. 또한 치료사는 소화관(alimentary tract)을 손상시킬 수 있는 신경학적 질병이 있는 사람의 삼킴 행동에 노화가 어떤 영향을 미치는지 평가할 수 있어야 한다.

노화(aging)는 흔히 근육크기와 결합조직의 탄력성(connective tissue elasticity)을 감소시키고, 근육 크기와 탄력성의 손실은 운동의 힘과 속도를 떨어뜨린다. 노화현상은 호흡근육뿐만 아니라 머리와 목 부위의 근육에도 영향을 미칠 수 있다. 이러한 변화는 노인의 삼킴 행동에 영향을 미친다. 노인의 삼킴은 속도 면에서 젊은 사람과 구별된다는 증거가 있다. 삼킴 속도의 감소가 삼킴장애(dysphagia)를 초래하는 것은 아니지만, 이로 인해 음식덩이가 잘못된 방향으로 갈 위험이 커진다. 신경학적 질병이나 피로가 근육에 스트레스를 주면 근육이 정상적인 삼킴에 필요한 힘을 잃을 수도 있다.

• 구강단계: 노인의 혀는 정상적인 기능에 영향을 미칠 수 있는 변화가 나타날 수 있다. 지방조직이

---

8) 후두의 위치를 연령별로 보면 다음과 같다. 영유아-제2번 경추(C2), 청장년-제6번 경추(C6), 노인-제7번 경추(C7)

혀에 축적되고 연결섬유가 증가한다. 이로 인해 근육의 힘과 운동의 범위가 감소한다. 이와 똑같은 변화가 저작근에서도 나타날 수 있다. 노인에게는 또한 주요 미각수용기(primary taste receptor)의 손실이 빈생하고, 일부 연구는 후각의 감소를 보고하였다. 침(saliva)의 감소와 함께 대개 의학치료의 부작용으로, 삼킴 행동에 중요한 감각기관은 위험한 상태가 된다. 고르지 않은 치열도 삼킬 때 통증을 느끼거나(odynophagia) 씹기가 비효율적일 수 있다. 씹기 어렵다거나 맛을 잃었다는 불만은 결국 입으로 하는 섭취를 피하려 해서 영양부족(undernutrition)을 일으킬 수 있다.

- 인두단계: 실험연구는 성대(vocal folds)의 운동 변화보다는 호흡량(respiratory capacity)의 감소와 더 관련되어 있는 것 같긴 하지만, 노인의 기도폐쇄 지속시간이 감소하는 것 같다고 보고된 바 있다. 인두식도구역(PES)의 개방 범위의 감소와 관련하여 노인은 기도로 들어갈 수도 있는 음식덩이 잔류를 더 많이 경험하는 것으로 보인다. 인두식도구역의 압력을 계측검사(manometry)로 측정한 연구자들은 노인에게서 괄약근(sphincter)의 압력이 낮게 나타나는 것을 발견했다. 이는 노인이 젊은 사람과 비교했을 때 식도에서 환류된 물질을 효율적으로 막지 못한다는 것을 의미한다.

- 식도단계: 일부 실험적 증거는 식도의 연동운동(esophageal peristalsis) 힘이 노화과정 중에 약해진다는 것을 보여 준다. 비록 증명되지는 않았지만 이는 식도에 근접해 있는 가로무늬근의 힘과 정상적인 연동반응을 일으킬 수 있는 초기의 수축능력이 약화되었기 때문이다. 인두식도구역 계측검사 결과와 유사하게, 노인은 위의 내용물을 막는 하식도괄약근(LES)의 압력이 젊은 사람만큼 강하지 않을 것이라는 증거가 있다.

?! 위식도역류질환 vs. 후인두역류

위식도역류질환(gastroesophageal reflux disease, GERD)은 하식도괄약근(lower esophageal sphincter m., LES)의 무력으로 위산(gastric acid)을 포함한 위 내용물이 식도로 역류되는 현상을 가리킨다. 증상으로는 위액은 산성이므로 식도에 작열감(속쓰림), 메스꺼움과 함께 목쉰소리가 나오며, 역류가 반복되면 식도염, 소화성 식도협착이나 식도궤양, 더 나아가 호흡장애를 일으킬 수 있다. 이런 역류 현상이 어떤 문제가 발생하기 전까지는 아무런 증상이 없이 조용히 진행될 수 있다.

후인두역류(laryngopharyngeal reflux, LPR)는 위의 산성 내용물이 식도를 따라 끝까지 올라와서 상식도괄약근(upper esophageal shincter m., UES)을 벗어나 인두와 후두에까지 역류되는 질병이다. LPR은 누구에게나 일어날 수 있으며, 성대결절, 성대용종, 역류성후두염, 성문하 협착, 궤양과 육아종 등 다양한 후두질환을 야기할 수 있다. 후두-인두 역류가 있는 사람들은 목구멍에 음식물이 달라붙어 있는 듯한 느낌, 인후통(sore throat)으로 인한 가슴쓰림(heartburn)과 귀의 염증, 잠에서 깨어났을 때 입안에서 쓴맛이 느껴지는 현상, 혹은 드물지만 호흡장애, 심하면 흡인(aspiration) 등의 증상을 호소하게 된다.

6.4 삼킴의 단계

삼킴 또는 연하(swallowing)는 구강준비기, 구강기, 인두기, 식도기 등 4단계로 나눌 수 있다. 그러나 각 단계는 서로 독립적으로 기능하지 않고 상호연관되어 있다. 즉, 삼킴이 이루어지려면 통합된 방식으로 삼킴과정이 일어나야 한다.

삼킴중추(swallowing center)는 연수(medulla oblongata) 안에 있다. 혀와 구강 내 근육에 의해 음식덩이(bolus)가 처리되었을 때 구개나 인두 쪽으로 순차적으로 음식덩이가 이동하는 것을 삼킴반사(swallowing reflex)라 한다. 연수에 있는 삼킴반사중추는 설인신경의 구심성 신경에 의하여 흥분되고 말초로 보내는 원심성 명령은 설하신경, 삼차신경, 설인신경 및 미주신경을 통하여 전달되어 구강, 인두, 후두 및 식도에 있는 근육에 영향을 미치게 된다. 이 근육들의 협응(coordination)으로 음식덩이가 인두를 거쳐 식도로 내려가게 된다. 전통적으로 구강준비기는 사람이 그 활동에 신경을 쓰면 쉽게 바뀔 수 있기 때문에 인두기나 식도기보다도 수의적인 단계로 여겨 왔다. 대부분의 사람에게 각 삼킴단계는 의식적인 수준에서 이루어지지 않는다. 이러한 수의적인 요소는 알약이나 친숙하지 않은 음식덩이를 삼켜야 할 때 가장 많이 일어난다. 보통 인두기와 식도기는 구강기보다 더 반사적이다. **[그림 6-28]**은 삼킴 시 음식덩이의 이동을 보여 주는 각 단계를 구분한 것이다.

6.4.1 구강준비기

구강준비기(oral preparatory phase)에서는 음식이나 음료를 구강 내에서 분해하고 작은 덩어리로 형성한다. 단단한 음식물을 기계적으로 분쇄하고 침과 섞어 삼킴을 위한 구성물을 음식덩이(bolus)라고 한다. 음식이 입안으로 들어오는 순간부터 입술은 음식물이 입 밖으로 흘러나오지 않도록 단단히 닫힌 상태를 유지한다. 어금니를 경계로 음식덩이를 옆으로 이동시키기 위해 혀가 움직인다. 턱의 반복적인 움직임에 의한 으깨기(crushing)는 음식덩이의 크기를 줄인다. 음식덩이의 크기는 삼키는 음식물의 점도(viscosity)에 따라 다르다. 즉, 음식덩이의 점도가 증가하면 삼키는 최대량은 감소하는데, 이는 음식덩이가 인두, 특히 상식도괄약근(upper esophageal sphincter m., UES)을 쉽게 통과하도록 하기 위한 것이다. 음식물의 점도가 높을수록 입천장을 향한 구강부분의 압력이 높아지며 더 많은 근육활동이 필요하다. 한번 시작되고 반사적으로 씹기를 지속하면 피질입력에 의해 음식물의 점도가 바뀔 수 있다. 물론 이러한 활동이 유동체의 음식덩이에는 필요하지 않지만 유동체의 음식덩이가 기도로 들어가지 않게 하려면 혀에 의한 순간적인 봉쇄가 필요하다.

구강준비기에서 저작활동이 없을 때는 연구개가 앞쪽 아래로 쳐져 있어서 구강을 인두로부터 분리한다. 그러나 씹어야 할 필요가 있는 음식이 들어오면 혀와

구강-인두 삼킴장애의 증상

- 흡인(aspiration): 음식물이 기도로 넘어가 진성대 아래까지 내려간 것
- 침습(penetration): 음식물이 후두 안으로 어느 정도 들어갔으나 진성대 아래까지는 내려가지 않은 것
- 잔여물(residue): 삼킴 후 입안이나 인두에 남아 있는 음식물

아래턱의 측면 회전운동을 일으킨다. 혀는 음식을 치아 위에 올려놓는다. 위아래 치아가 마주쳐 음식을 으깨면 음식은 혀의 가운데로 떨어지고, 아래턱이 떨어질 때는 다시 치아 위에 올려놓는다. 음식덩이가 만들어지고 삼킴의 구강기가 시작하기 전까지 이 같은 순환과정이 무수히 반복되며, 이렇게 씹는 동안 순환적인 움직임과 함께 혀는 침과 음식을 섞는다. 볼근육조직(buccal musculature)의 긴장은 외측구(lateral sulcus)를 닫아 음식물이 양옆에 있는 아래턱과 볼 사이의 고랑 안으로 떨어지는 것을 막아 준다.

쌍으로 된 측두근(temporalis), 교근(masseter), 협근(buccinator), 익돌근(pterygoid)이 고형 음식을 준비할 때 활동하게 된다. 이러한 저작활동은 침샘을 자극하여 삼키기 쉽게 고형 음식덩이에 수분을 제공하여 매끄럽게 만든다. 적절한 침은 구강 건강, 맛 촉진, 위의 정상적인 산−염기 균형(acid−base balance)을 유지하는 데 중요하다. 앞에서 보았듯이, 침을 생산하는 주요 도관으로는 이하선, 악하선, 설하선이 있다. 이들은 안면신경과 설인신경의 지배를 받는 운동 자율신경섬유에 의해 자극된다. 구강은 혀, 치아, 잇몸, 구개에 있는 기계적인(촉각, 압력) 수용기를 풍부하게 가지고 있다. 이들 기계적 수용기로 들어온 감각정보는 삼차신경을 따라 뇌간 중추로 간다. 뇌간은 삼킴활동 협응의 중추이다. 온도 변화에 반응하는 다른 수용기 또한 삼차신경의 감각분지로 연결된다. 맛(화학수용기)에 의한 감각정보는 혀의 전방 2/3에서 설하신경에 의해, 혀의 후방에서 활차신경에 의해 따로 중개된다. 맛, 온도, 씹기에 의한 감각정보는 뇌간으로 보내져서 연수의 고립로핵(nucleus tractus solitarius)에서 통합된다.

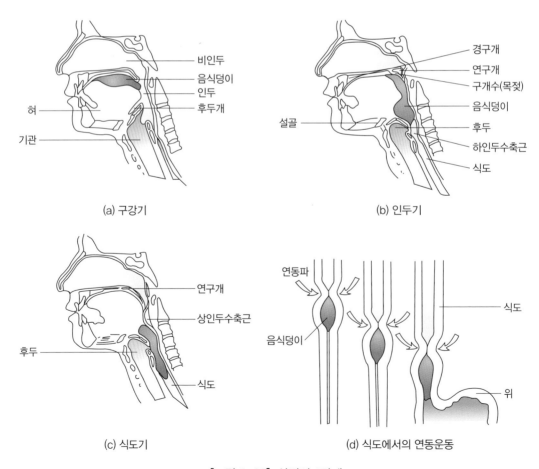

(a) 구강기

(b) 인두기

(c) 식도기

(d) 식도에서의 연동운동

[그림 6-28] 삼킴의 4단계

6.4.2 구강기

구강기(oral phase)는 혀가 음식덩이를 연인두 쪽으로 누르며 뒤쪽으로 이동시키므로 구강 구조의 뒤쪽으로 이동시켜 삼킬 준비를 하는 시기를 가리킨다. 구강준비기와 구강기는 섭식자가 의지적으로 하는 수의적 운동이다.

구강의 앞쪽에서 혀는 치조돌기(alveolar process)와 수직적인 접촉을 하게 되고, 이때 혀와 연구개의 수직적인 접촉은 뒤쪽에서 일어나 인두까지 음식덩이를 보낸다. 삼키기 위한 음식덩이가 준비되면 삼킴을 시작한다. 삼킴반응이 일어나는 순간에 음식덩이는 구인두(oropharynx)로 밀려 들어가고 이어서 후두인두(laryngopharynx)로 들어가게 된다. 이 활동에서 중요한 구조는 혀이다. 삼키기 전에 설하신경의 지배를 받는 혀는 음식덩이를 올려놓고 움직이고 삼킴이 시작되도록 경구개에 음식덩이를 밀어 압력을 주게 된다. 삼키는 순간에 수축이 일어나게 되면 혀의 외근, 기본적으로 삼차신경의 지배를 받는 악이복근(digastric m.), 미주신경의 지배를 받는 하악설골근(mylohyoid m.), 설하신경의 지배를 받는 이설골근(geniohyoid m.)에 의해 혀는 음식덩이를 후방으로 밀어넣게 된다. 이들 근육이 설골에 연결되어 있어서 설골은 전상방으로 상승하게 된다. 혀의 뒤쪽은 미주신경의 지배를 받는 구개설근(palatoglossus m.)의 움직임에 의해 상승한다. 비인두에 구개를 붙이는 상승은 미주신경의 지배를 받는 구개인두근(palatopharyngeus m.) 및 미주신경과 부신경의 지배를 받는 구개범거근(levator veli palatini m.)에 의해 동시에 일어난다. 구강과 비인두의 해부학적 구조는 아니지만, 기도폐쇄 활동, 즉 후두기도방어(laryngotracheal protection)는 구강기의 삼킴 시작과 연결되어 있다. 기도폐쇄의 주요 구조로는 미주신경과 되돌이후두신경가지의 지배를 받는 가성대와 진성대가 있다. 기계적인·화학적인, 그리고 물에 반응하는 수용기가 대량으로 이 영역에 분포하고 있다. 이들 수용기의 감각은 미주신경의 감각분지인 상후두신경(superior laryngeal n.)에 전달된다.

6.4.3 인두기

인두기(pharyngeal phase)에서는 삼킴반사가 일어나고 음식덩이는 인두를 지나게 되는데, 다음의 반응이 동시에 일어나야 한다. 연인두문(velopharyngeal port)이 닫혀서 음식이나 유동체가 비강으로 들어가는 것을 막아야 하고, 구개범장근(tensor veli palatini m.) 및 구개올림근 또는 구개거근(levator palatini m.)에 의한 연구개올림(velar elevation)이 일어나며, 구개인두근(palatopharyngeus m.)에 의한 연구개의 수축 및 상인두괄약근에 의한 인두 뒷벽의 전방운동(Passavant's pad), 인두 측벽의 중앙운동이 일어나야 한다.

음식덩이는 식도의 위쪽에 있어야 하고 후두가 위로 움직이며 후두개와 성대가 기도를 막아 주어야 하는데, 이때 후두개의 폐쇄와 들어 올림(elevation)을 통한 기도 보호가 일어나고 기도흡입을 막기 위한 후두폐쇄로 진성대폐쇄, 가성대폐쇄, 후두개에 의한 후두 상부 폐쇄가 일어나게 된다. 또한 설골이 확장되는데 설골상근(suprahyoid muscles) 등이 움직여 후두가 확장된다. 후두는 들어 올려져 이 단계에서 움직이게 된다.

윤상인두괄약근(cricophryngeal spincter)이 느슨해지면 음식덩이가 식도로 들어간다. 이때 윤상인두영역의 개방이 일어나고 상식도괄약근(upper esophageal sphincter, UES)이 윤상연골에 연결되어 있는 윤상인두 부위를 들어 올린다. 상식도괄약근(UES)은 호흡 동안에 식도의 공기 흡입을 막기 위해 폐쇄되고 식도에서 인두까지 역류를 막는다. 정확한 시간이나 기전(mechanism)은 알려져 있지 않지만 상식노쌀약근의 개방은 아래와 관련이 있다.

① 개방을 위해서 UES의 이완이 일어남.
② 후두의 상하 · 전후운동을 담당함.
③ 음식덩이의 압력은 UES의 개방을 더 크게 함.

인두기에는 음식물이 구협궁(faucial arches)에서 식도까지 이동하고 흡인(aspiration)으로부터 기도를 보호한다. 인두기와 관련된 해부학적 구조에는 후두개, 후두계곡(vallecula), 조롱박오목(pyriform sinus), 갑상연골, 윤상연골, 후두, 경추, 후인두벽이 있다. 음식덩이를 운반하는 주요 근육에는 구개인두근, 경돌인두근이 있어서 음식덩이가 도착할 때까지 인두를 상승시켜 짧게 한다. 아래수축근 또는 하수축근(inferior constrictor m.)에는 윤상인두근의 순환섬유(circular fiber)와 갑상인두근의 사근조직(oblique musculature)이 포함된다. 식도의 상부 1/3은 원형근과 세로근조직(longitudinal musculature)이 모여 이루어지고, 이는 상식도괄약근(UES)이라 부르는 기능적인 단위를 만든다. 상경추신경절의 교감 연쇄에 따른 신경자극전달에 의해 삼킴이 일어나지 않는 동안 상식도괄약근은 닫혀 있다. 이완은 삼키기, 트림, 구역질을 하는 동안 뇌로 보내는 부교감 신호에 의해 이루어진다.

6.4.4 식도기

식도기(esophageal phase)에서 음식덩이는 식도의 윗부분에 있으며 음식물이 위로 내려가도록 하는 상식도괄약근의 이완으로 시작된다. 식도의 연동파(peristalsis wave)는 2~4cm/sec의 속도로 전파되며, 식도기의 지체시간은 8~20초 정도이다. 식도 통과속도는 음식덩이의 점도(viscosity) 및 신체의 위치에 따라 상당히 차이가 날 수 있다. 예를 들면, 서 있는 상태에서 물을 마시면 1초 후에 위에 도달하며 점성의 물질은 5초 후 그리고 고형의 덩어리는 대략 9초 이후에 도달한다. 연동파의 압력의 크기는 음식덩이의 크기에 따라 커진다. 하식도괄약근이 열리고 음식덩이는 위 안으로 들어가며 음식덩이가 위로 들어간 후에 다시 닫힌다. 즉, 내압이 잠깐 증가했다가 안정 시의 긴장도로 돌아온다. 이 같은 이완은 미주신경을 통해 중개되는 반사이다.

물론 삼킴은 4단계[9]가 통합적으로 작용하는 하나의 행동이며 반사행동이라기보다 감각자극에 따라 계획된 행동이다. 마침내 음식덩이는 식도를 통해 위로 이동하게 된다.

---

[9] 1~2단계는 의식적으로 일어나고, 3~4단계는 무의식적으로 일어난다. 언어치료사는 앞의 단계 중 1~3단계를 주의해서 보아야 한다. 4단계는 직접적인 치료보다는 의학적인 치료가 필요한 경우가 대부분이다.

?! 식욕조절호르몬

식욕(appetite)은 시상하부, 소화관, 지방조직 간의 상호작용을 통해 조절된다. 음식물을 섭취하면 지방조직에서 포만호르몬(satiety hormone)인 렙틴(leptine)이 분비되어 복내측 시상하부에 작용하여 식욕을 억제하고 체내 대사를 활발하게 함으로써 체중을 감소시키게 한다. 위가 비어 있는 경우, 위에서 분비되는 공복호르몬(hunger hormone)인 그렐린(ghrelin)이 시상하부에 작용하여 식욕을 촉진하며 위산분비와 위 운동성을 증가시켜 섭취에 대비하도록 조절한다. 즉, 그렐린 농도가 올라가면 우리는 '배고픔'을 느끼고 식욕이 올라가 음식을 찾게 된다. 연구에 의하면, 포만호르몬과 공복호르몬은 수면, 스트레스과 밀접한 관계에 있다고 한다. 즉, 수면이 부족하고 스트레스가 많을수록 그렐린의 분비가 상승되어 결국 더 많이 먹게 된다고 한다.

위(stomach)는 식도를 통해 내려온 음식덩이를 받아 화학적, 기계적 소화를 돕는다. 위에서 화학적 소화란 펩신과 염산이 포함되어있는 위액(gastric juice)을 통해 위 안으로 들어온 음식물을 분해하는 것이다. 여기서 펩신은 단백질을 분해하고 염산(hydrochloric acid)은 살균의 기능과 활성 pH를 만들어 주는 역할을 한다. 위액은 기본적으로 강한 산성을 띠고 있어 어지간한 세균들은 박멸된다. 하지만 헬리코박터 파일로리균은 강한 산성 환경에서도 생존할 뿐만 아니라 위암과도 상관관계가 있는 것으로 보고되어 있다. 그리고 위에서 기계적인 소화란 위로 들어온 음식물이 위액과 섞여 있는 상태에서 위의 유문 쪽이 파도치듯 수축하는 연동운동에 의해 걸쭉한 미즙(chyme)으로 변하는 것을 말한다.

소화와 삼킴의 해부와 생리 Tips

1 음식물 입자가 구개와 치아에 접촉되면 좌우, 전후 및 상하의 저작운동(masticatory movement)이라는 씹기반사를 유발하며 1회의 저작주기는 약 0.6~0.8초가 걸린다.

2 저작근으로는 교근(masseter m.), 측두근(temporal m.), 내측익돌근(medial pterygoid m.), 외측익돌근(lateral pterygoid m.) 등이 있다.

3 인간의 5감(시각·청각·촉각·미각·통각) 이외에 제6감이 있듯이, 맛에 있어서도 단맛·짠맛·신맛·쓴맛 이외에 제5의 맛으로 우마미(umami)가 있다.

4 혀의 운동은 설하신경(hypoglossal n.)의 지배를 받으며 일반감각은 혀의 앞 2/3에 대해 삼차신경의 설신경(lingual n.)과 혀의 뒤 1/3에 대해 설인신경(glossopharyngeal n.), 그리고 특수감각은 혀의 앞 2/3로 안면신경의 고삭신경(chorda tympani)의 지배를 받는다.

5 주요 침샘(salivary glands) 가운데 악하선(submandibular salivaryglands)은 구강분비물의 70%까지 담당하고 있다. 물론 이하선(parotidglands), 설하선(sublingual salivary glands)도 각각 25%, 5%를 생산하고 있다.

6 소화관의 벽은 안쪽에서부터 점막층(mucosa), 점막하층(submucosa), 근육층(muscular layer), 장막층(serosa)으로 구성되어 있다.

7 소화관(digestive tube)의 경로는 다음과 같다. 구강(oral cavity) → 인두(pharynx) → 식도(esophagus) → 위(stomach) → 소장(small intestine) → 대장(large intestine) → 항문(anus)

8 식욕중추(appetite center)에는 섭식중추(intake center)와 포만중추(satiety center)가 있으며 시상하부(hypothalamus)에 위치한다. 이 두 중추의 작용은 상호 길항적이어서 섭식중추가 흥분하면 포만중추가 억제되고 포만중추가 흥분하면 섭식중추가 억제된다.

9 삼킴중추(swallowing center)는 연수(medulla oblongata) 안에 있다.

10 정상 성인은 24시간 동안 약 600번의 삼킴작용을 하는데, 보통 식사 중에 200번, 깨어 있는 상태에서 350번 그리고 수면 중에 50번이다.

11 식도의 연동파(peristalsis wave)는 2~4cm/sec의 속도로 전파되며, 식도기에서 지체시간은 8~20초 정도 걸린다.

12 연동파는 20여 초 간격으로 보통 대만(greater curvature) 부근에서 생겨나고, 10~40cm/sec의 전파속도로 유문(pylorus)을 향해 진행된다.

단원정리

1. 소화관 벽의 4층 구조에 대하여 설명하시오.

2. 타액(saliva)의 성분과 기능은 무엇인가?

3. 기계적 소화와 화학적 소화란 무엇인가?

4. 인두와 식도의 구조와 기능에 대하여 설명하시오.

5. 위에서의 연동운동(peristalsis)을 설명하시오.

6. 소장에서의 분절운동(segmentation movement)에 대하여 설명하시오.

7. 탄수화물, 단백질, 지방을 분해하는 소화기관은 무엇인가?

8. 췌장(pancreas)의 주요한 기능은 무엇인가?

9. 삼킴에서 수의적 단계와 불수의적 단계란 무엇인가?

10. 상부식도조임근(UES)과 하부식도조임근(LES)의 역할은 무엇인가?

11. 소화에서 큰창자 또는 대장(large intestine)의 주요한 역할은 무엇인가?

12. 담즙(bile)이 분비되는 소화기관은 무엇인가?

ANATOMY AND PHYSIOLOGY FOR SPEECH, LANGUAGE, AND HEARING

CHAPTER **07**

청각기관의 해부와 생리

"인간은 언어를 통하여 상호간에 의사를 전달하고 정보를 교환하며, 사랑과 증오 등의 감정을 표현한다. 한 개인이 사회적이며 문화적인 지식을 습득하여 완성된 인격체로 성장하는 것은 말을 알아듣는 청각기관이 온전할 때 비로소 이루어진다. 따라서 청각은 인간의 가장 기본적인 감각으로서 정상적인 삶을 영위하는 데 필수불가결한 것이다. 사람의 귀는 아주 예민한 검출기로 0.1~0.5dB의 세기를 구별할 수 있고, 들을 수 있는 강도 영역은 겨우 들을 수 있는 것에서부터 고통스럽게 큰 것까지 10^{13}배에 걸쳐 있다."

청각이란 공기 또는 물을 통해 전파되는 소리의 파동을 감지하는 것이다. 파동이 공기를 통해 전파될 때, 공기분자가 밀집된 곳과 성성한 곳이 존재하게 된다. 물리학자들은 파동이라는 말 대신 주기(cycle)라는 용어를 많이 사용하며, 음파의 주파수(frequency)는 초당 주기수(cycles per second, CPS) 또는 hertz(Hz)라는 단위로 표기한다. 우리가 소리의 높낮이로 인식하는 것이 바로 음파의 주파수에 해당한다. 예를 들어, 고음의 주파수는 15,000Hz 정도이고 저음의 주파수는 100Hz 정도이다. 소리의 에너지량을 강도(intensity) 또는 음량(loudness)이라 하며, 그 측정단위는 데시벨(decibel, dB)이다.

외이에서 들어온 음향 에너지(acoustic signal)를 중이에서 이소골의 지렛대 작용을 이용한 기계적인 에너지(mechanical energy)로 변환하고 다시 이 에너지가 내이에서 유압 에너지(hydraulic energy) 형태로 변환되면 달팽이관 안에서 기저막의 유모세포가 활동전위를 일으킨다. 이러한 에너지는 30,000개 정도로 이루어진 청신경(auditory nerve)을 타고 전기적 에너지(electric energy)의 힘으로 뇌의 대뇌피질 측두골에 위치해 있는 청각중추(auditory center)로 전달된다. 우리는 이러한 과정을 거쳐 마침내 그 소리를 인지하게 된다.

7.1 청각기관의 구조와 기능

귀는 측두골(temporal bone) 속에 수용되어 있는 청각과 평형감각을 감지하는 기관으로 외이(external ear), 중이(middle ear) 및 내이(innner ear)로 구성되어 있다([그림 7-1] 참조).

소리의 전달과정을 알기 위해서는 먼저 청각기관의 구조와 기능을 살펴보아야 한다. 청각기관은 소리를 모아서 전달해 주는 외이, 공기 중 음파를 기계적 에너지(mechanical energy)로 바꾸어 주는 중이와 기계적 에너지를 전기적 에너지로 전환해 주는 내이로 크게 나누어 볼 수 있다. 이 가운데 외이와 중이는 소리가 전달되는 전음부라 하고 내이와 와우는 감음부라고 한다. 외이, 중이, 내이의 전체 구조는 [그림 7-2]와 같다. 내이로 전달된 소리정보는 청신경을 통해 뇌의 청각영역으로 전달된다.

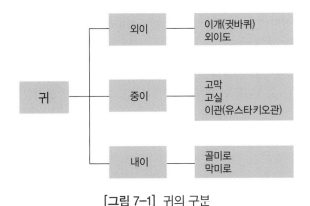

[그림 7-1] 귀의 구분

한편, 소리전달 방식은 크게 공기전도(air conduction)와 골전도(bone conduction)의 두 가지로 나누어 볼 수 있다. 공기전도는 말 그대로 소리가 공기를 통해 전달되는 것을 말하는데, 음파가 외이와 중이

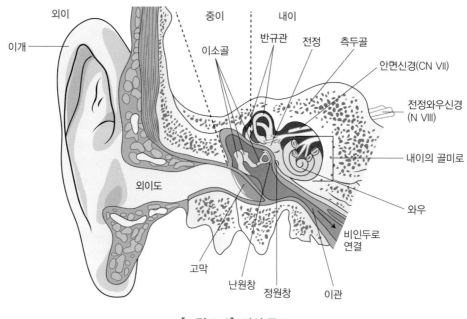

[그림 7-2] 귀의 구조

를 거쳐 내이까지 전달되는 것을 말한다. 반면, 골전도는 음파가 고막을 거치지 않고 내이로 직접 전달되는 것을 말한다. 두개골에서 직접 골미로를 통해 림프로 전해지는 것을 순수골전도라 하며, 두개골에서 이소골을 거쳐 난원창으로 전달되는 것을 골-고실전도라고 한다. 이러한 음파의 전달이 어떤 과정으로 이루어지는지를 알기 위해 외이, 중이, 내이의 해부적 구조와 각각의 기능에 대해서 살펴보도록 한다.

7.1.1 외이

외이(external ear)에는 귓바퀴 또는 이개와 외이도가 포함된다.

음파는 외이에 가장 먼저 도달한다. 따라서 외이의 주요 기능은 소리 모으기이다. 원래 귀는 끝이 길고 뾰족했을 뿐만 아니라 소리 나는 방향에 맞추어 움직이는 운동능력(ear mobility)을 가지고 있었으나 진화과정에서 '말려든 테'로 오므라들어 현재의 모양이 되었다. 이러한 모양은 소리를 모으는 데에 매우 유리하다. 외이는 소리를 모으는 것 이외에도 머리와 함께 소리의 방향을 지각하는 데에 도움을 준다.

1. 이개

귓바퀴 또는 이개(auricle)의 외측 가장자리에 이륜(helix)이 있고 이륜과 평행하는 더 안쪽에 대이륜(antihelix)이 있으며, 이륜과 대이륜 사이의 함몰부를 주상와(scapha)라 한다. 또한 대이륜이 상방으로 연장하여 두 융기로 나누어지는 것을 대이륜각(crura of antihelix), 대이륜 안쪽의 함몰부를 삼각오목 또는 삼각와(triangular fossa)라고 한다. 또한 대이륜 안쪽의 함몰부를 이개강(cavum concha)이라 하고, 이개강은 외이도의 입구가 된다. 여기서 이개정을 덮는 모양으로 전방에서 돌출한 것을 이주(tragus)라 하고, 이것과 상대하여 후방의 작은 돌출을 대이주(antitragus)라 한다. 그리고 대주의 하방, 즉 외이의 가장 아래쪽에는 연골이 없는 귓불이라 하는 이수(lobule of auricle)가 있다([그림 7-3] 참조).

귓바퀴는 두께가 약 0.5~1.0mm인 탄성연골(elastic cartilage)과 피부조직으로 이루어져 있다. 이개의 피부조직은 우리 몸에서 가장 얇으며 피하지방층이 없고 혈관도 단층이기 때문에 동상에 걸리기 쉽다. 이개는 삼차신경의 지배를 받으며 귀를 움직이게 하는 신경은 안면신경이지만, 인체에서는 그 운동을 거의 볼 수 없다. 그러나 개나 말 등의 동물은 소리 나는 방향을 감지하는 데 귓바퀴가 매우 중요한 역할을 한다.

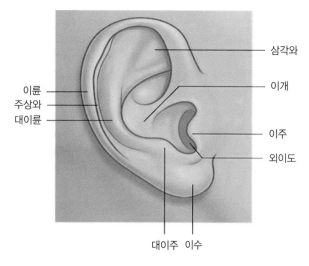

[그림 7-3] 이개

2. 외이도

외이도(external auditory canal)는 이개정(cavum concha)에서 고막까지의 관으로 성인의 경우 길이 3.0~3.5cm, 너비 0.7~0.9cm 정도이다. 외부로부터 청각기관을 보호하기 위하여 [그림 7-4]에서처럼 S자형으로 굽어 있다. 외이도의 바깥

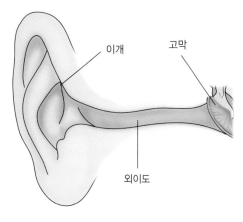

[그림 7-4] 외이도

쪽 1/3은 연골로 되어 있으며 안쪽 2/3는 뼈(측두골)로 되어 있다. 신생아는 측두골의 발달이 완성되지 않아 골부외이도가 없다. 연골부의 피부두께는 1~1.5mm이며, 연골부에는 귀털 및 이모낭, 피지선(sebaceous gland), 한선의 변형인 이도선(ceruminous gland)이 있다. 귀지(cerumen/ear wax)는 이도선의 분비물이다. 오렌지빛의 귀지는 쓴맛이 나서 벌레를 쫓는 성질을 가지고 있으며, 기타 이물질이 귀 안쪽으로 들어오는 것을 막아 준다. 또한 귀털도 벌레들이 도관을 타고 침입하는 것을 막아 주는 역할을 한다.

외이도는 미주신경과 삼차신경이 지배하고 있어서 외이도를 자극했을 때 미주신경반사로 기침이 날 수 있으며, 후두질환이 있을 때 귀의 통증을 호소하게 되는 것도 이 때문이다.

7.1.2 중이

중이(middle ear)는 외이도를 통해 들어온 음파(진동)를 고막과 이소골이라는 뼈를 통하여 내이에 전

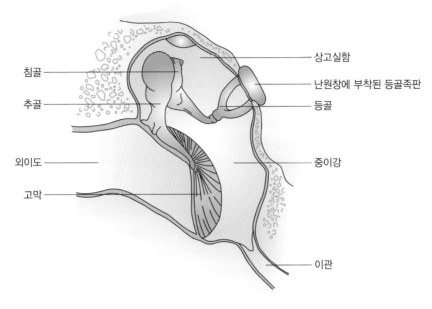

상고실함

난원창에 부착된 등골족판

침골

추골

등골

외이도

고막

중이강

이관

[그림 7-5] 중이

달하는 작용을 한다. 중이는 측두골 안에 있으며, 중이에 포함되는 구조물은 고막, 고실 혹은 중이강 및 이관(auditory tube) 혹은 유스타키오관(Eustachian tube)이 있으며, 고실 안에는 이소골 및 이내근이 있다([그림 7-5] 참조).

1. 고막

고막(tympanic membrane/eardrum)[1]은 외이도와 고실 사이에 위치하는 얇은 막으로 크기는 보통 가로 9~10mm, 세로 8~9mm 정도이다. 두께는 약 0.1mm이고 모양은 타원형이며 성인의 고막은 경사도가 40~50°이다. 그러나 신생아의 고막은 원형에 가깝고 성인보다 두꺼우며 거의 수평을 유지하는데, 성장하면서 점차 경사가 생긴다.

[그림 7-6]에서 보듯이, 고막은 상벽과 하벽이 서로 경사되게 부착되어 있으며 그 중간에 배꼽에 해당하는 고막제(tympanic umbo)가 추골병에 붙어 있다. 상벽과 고막제의 경사는 약 140°이며, 고막제와 하벽의 경사는 27°이다.

건강한 정상 고막의 경우 반투명의 진주양회백색(pearly gray) 또는 담홍색을 띠며 [그림 7-7]에서처럼 빛

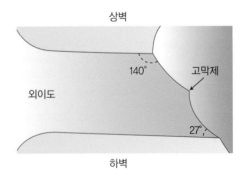

상벽

140°

고막제

외이도

27°

하벽

[그림 7-6] 고막의 경사도

---

1) 고막을 tympanic membrane이라 부르는데 이는 원래 클래식 음악에 주로 사용되는 큰북의 일종인 팀파니(tympani)와 얇은 막(membrane)의 합성어이다. 즉, "두드리는 타악기의 가죽 같다"는 의미에서 붙여진 이름이다.

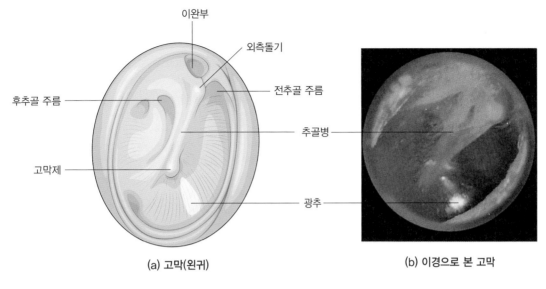

<table>
</table>

| (a) 고막(왼귀) | (b) 이경으로 본 고막 |

[그림 7-7] 고막

에 반사되어 밝게 보이는 부분이 하전방에 있는데, 이 부분을 광추(cone of light)라고 한다. 광추는 오른귀의 경우 5시 방향에 있고, 왼귀의 경우 7시 방향에 있다. 고막은 내측으로 약간 함몰되어 있는데, 가장 많이 함몰되어 있는 부분을 배꼽(umbo)이라 한다. 배꼽 부분의 고막 안쪽에는 이소골 중 추골병(handle of malleus)의 하단이 밀착해 있다. 고막제는 오른귀의 경우 1시 방향에 추골과 닿아 있고, 왼귀의 경우 11시 방향에 추골과 닿아 있다.

고막은 임상적으로 전상부(anterior superior), 전하부(anterior inferior), 후상부(posterior superior), 후하부(posterior inferior)의 네 부분으로 나누며, 이러한 분류 이외에 고막제를 중심으로 동심원을 그어 중심대(central zone), 중간대(intermediate zone), 변연대(peripheral zone)의 세 부분으로도 나눌 수도 있다. 또한 추골추벽(malleolar fold)을 경계로 긴장부(pars tensa)와 이완부(pars flaccida)로 나누기도 한다.

고막은 얇지만 조직학적으로 3층으로 형성되어 있는데, 가장 바깥층을 외피층(outer epithelial layer), 중간층을 섬유층(fibrous layer), 가장 안쪽 층을 내점막층(inner mucosal layer)이라 한다.

고막은 외부 환경으로부터 고실을 보호하고 소리의 진동을 고실 내로 전달하는 역할을 한다. 고막을 진동시키는 음파는 중이와 내이를 거쳐 신경자극으로 바뀌어 뇌에 전달되는데, 이 고막은 매우 민감하여 그 표면을 1cm의 1/10억만 움직여도 그 진동을 탐지할 수 있다. 고막은 쉽게 손상될 수 있는데, 머리핀 등의 물체가 귀에 들어가면 고막이 파열될 수도 있고 폭발음이나 갑작스러운 압력 변화에도 파열될 수 있다. 또한 중이염 같은 중이 내 질환으로 인해 고막이 손상될 수도 있는데, 이러한 경우 소리전달에 문제가 생기게 된다.

2. 이소골

이소골(ossicle)은 고막 뒤에 위치하며 고실 내에 있는 작은 뼈인 추골, 침골, 등골을 말한다. 이 3개의 작은 뼈는 **[그림 7-8]**에서처럼 연쇄적으로 이어져 있다.

(1) 추골

망치뼈 또는 추골(malleus)은 이소골 중에서 가장 큰 뼈인데 길이는 약 7.5~8.0mm 정도이며, 두부(head), 경부(neck), 자루(handle)로 구성되어 있다. 그리고 경부에서 자루 부분이 시작되는 곳에 단돌기(short process)가 있다([**그림 7-9**] 참조).

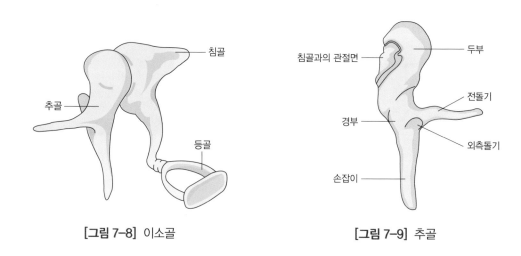

[**그림 7-8**] 이소골   [**그림 7-9**] 추골

(2) 침골

모루뼈 또는 침골(incus)은 크게 몸체(body), 장각(long crus), 단각(short crus)으로 구성되며 장각의 끝을 두상돌기(lenticular process)라 한다. 침골의 두상돌기와 등골의 두부는 침골등골관절(incudostapedial joint)을 이룬다([**그림 7-10**] 참조).

(3) 등골

등자뼈 또는 등골(stapes)은 우리 몸에서 가장 작은 뼈로 알려져 있는데 두부, 전각, 후각, 발판(footplate)으로 구성되어 있다. 등골의 높이는 3.3mm 정도이며 발판의 크기는 약 3.4×1.4mm이다. 또한 발판은 윤상인대(annular ligament)에 의해서 난원창(oval window)의 가장자리에 부착되어 있다([**그림 7-11**] 참조).

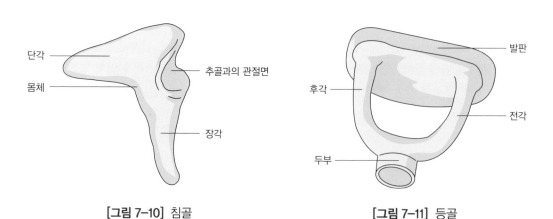

[**그림 7-10**] 침골   [**그림 7-11**] 등골

?! 비행기 이륙 시 귀가 먹먹해지는 이유

비행기가 이륙하여 갑자기 고도가 상승할 때 귀가 먹먹해진다. 외이와 외이도의 압력이 변하지만 중이강 (tympanic cavity)의 압력은 변하지 않기 때문이다. 탑승객들은 그 압력 차이로 인하여 일시적으로 귀에 통증을 느끼게 된다. 이때 크게 하품을 하거나 침을 꿀꺽 삼키면 이관 또는 유스타키오관이 열려 중이강의 압력이 외부와 같아지면서 귀의 먹먹한 증상이 사라지게 된다.

3. 고실

고실(tympanum, tympanic cavity)은 중이강이라고도 하며 외이와 내이 사이의 측두골에 위치하는 공기로 찬 공기강이며 내벽은 점막으로 덮여 있다. 고실 안에는 이소골과 이내근이 포함되어 있다. 고실은 예각의 삼각형 프리즘 모양으로 후벽이 넓다. 고실에는 두 개의 구멍이 있는데, 하나는 난원창이고 다른 하나는 정원창(round window)이다. 난원창은 등골의 발판과 맞닿아 있고, 제2고막(secondary tympanic membrane)으로도 불리는 정원창은 막혀 있다.

고실을 고막이 부착된 부위를 기준으로 나누면 상고실(epitympanum), 중고실(mesotympanum), 하고실(hypotympanum)로 나눌 수 있다. 상고실에는 추골두부(malleus head)와 침골체부(incus body)가 있다. 중고실에는 추골의 추골병, 단돌기, 침골장각(long process of incus) 등이 위치한다.

고실의 앞벽은 이관에 의해서 비인강과 연결된다. 후벽은 유양동구(aditus ad antrum)에 의해서 유양동(mastoid)으로 연결되며 내벽의 후상방은 난원창과 닿아 있고, 후하방은 정원창으로 연결되어 내이 쪽으로 닿아 있다. 한편, 고실의 외측은 고막과 닿아 있으며 고실의 위쪽은 중두개와(middle cranial fossa)와 닿아 있고, 아래쪽으로는 경정맥(jugular vein)이 지나간다.

4. 이내근

이소골의 근육을 이내근(auditory m.)이라 하는데, 고막장근(tensor tympani m.)과 등골근(stapedius m.)이 있다. 이들 2개의 근육은 강한 음에 반사적으로 수축하여 내이를 보호하는 기능이 있다. 고막장근은 이관의 상부에서 나와 추골의 경부하방에 부착되어 있다. 고막장근은 삼차신경(trigeminal n.)의 세 번째 가지인 하악신경(mandibular n.)의 지배를 받는다. 등골근은 우리 몸에서 가장 작은 근육으로 알려져 있는데, 중이 후벽에서 나와 힘줄 또는 건(tendon)의 형태로 등골경부에 부착된다. 등골근은 안면신경의 지배를 받는데, 수축하면 등골이 후외방으로 당겨진다. [그림 7-12]에서 고막장근과 등골근의 위치를 살펴보자.

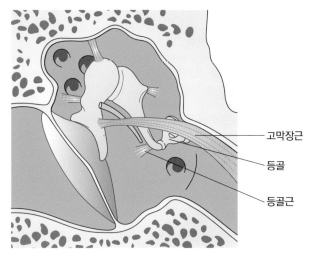

[그림 7–12] 이내근

등골근 및 고막장근은 중이강 안에서 소리의 전도를 조절하는 기능을 하는 이내근이다. 즉, 고막장근의 수축은 고막을 중이강 쪽으로 이동시키며, 등골근의 수축은 등골을 수직으로 들어 올려 고막을 약간 외이도 쪽으로 이동시킨다. 이러한 이내근의 기능은 강한 음에 반사적으로 수축하여 강한 음에 의한 내이의 손상을 막아 주는 역할을 한다.

이것을 청각반사(acoustic reflex) 또는 고실반사(tympanic reflex)라 한다. 청각반사 수치를 나타내는 가장 낮은 소리의 역치는 85~90dB이며, 이를 청각반사역치(acoustic reflex threshold)라 한다.

5. 이관

이관(auditory tube)은 다른 말로 유스타키오관(Eustachian tube) 또는 인두고실관(pharyn-gotympanic tube)이라고도 한다. 이관은 고실의 상부전벽에서 시작하여 내하전방으로 내려가서 비인강 입구까지 이른다. 이관의 전체 길이는 성인의 경우 약 3.5~4cm 정도이며, 고실쪽 1/3은 골부이고 비인강 쪽 2/3은 연골부로 되어 있다. 고실 입구(tympanic orifice)는 고실의 바닥 부분에 위치하며, 비인강 입구(nasopharyngeal orifice)는 경구개의 20mm 위쪽으로 위치한다. 이관은 부위별로 세분하여 인두부, 연골중앙부, 협부와 골부로 나눈다. 인두부에서 협부까지의 연골부 길이는 대략 20~25mm이며, 골부에서 고실 또는 중이강까지의 길이는 대략 12mm이다.

이관은 전체가 호흡기 점막으로 덮여 있으며 기도의 연장으로 볼 수 있는데 기관지와는 달리 점막하 근육

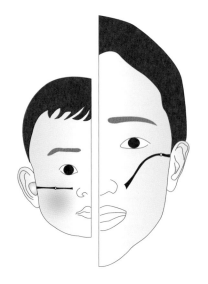

[그림 7–13] 이관: 아동(좌), 성인(우)

이 없다. 이관은 평상시에는 대개 폐쇄되어 있으나 연하, 하품 또는 재채기 후 일시적으로 열려 고실의 환기로 역할을 한다. 또한 중이의 압력을 대기압(760mmHg)에 맞추어 고막에 의한 내·외부의 압력이 같도록 고실압력을 조절하는 기능도 담당한다. 이관이 열리기 위해서는 구개범장근(tensor veli palatini m.)이 작용하며 구개범거근(levator veli palatini m.)도 미약하게나마 수축하여 이관을 여는 데 기여한다.

[그림 7-13]에서처럼 이관의 길이는 아동의 경우 성인보다 짧아 약 2.5~3.5cm이다. 또한 성인의 이관은 뒤집어진 S자 모양으로 약 45° 정도 기울어져 있다. 유아의 이관은 골부에서 연골부로의 협부가 불완전하게 형성되어 있고 거의 수평을 띤다. 따라서 유아가 인두염에 걸렸을 경우 중이로 감염되기 쉬워 중이염이 발생되기 쉽다. 이렇게 이관을 통한 감염은 아데노이드와 다른 림프조직의 팽창으로 인해 더욱 심해질 수 있으며, 이러한 팽창으로 인하여 이관이 완전히 막힐 수 있다. 결과적으로 이러한 급성 또는 만성 중이염은 유·소아의 일시적 청력손실의 주요 원인이 된다.

7.1.3 내이

내이(inner ear)는 측두골의 추체부에 위치하고 있다. 내이는 구조와 형태면에서 매우 복잡하기 때문에 미로(labyrinth)라고 부르기도 한다. 내이의 구성은 [그림 7-14]와 같이 와우, 전정, 반고리관으로 이루어져 있다. 내이에서 소리를 감지하는 기관은 와우(cochlea)이지만, 내이에서 소리를 감지하는 기능 못지않게 중요한 기능이 하나 더 있다. 즉, 우리 몸의 균형 또는 평형을 유지하게 하는 기능이 그것이다.

내이의 미로는 골미로(osseous labyrinth)와 막미로(membranous labyrinth)로 구분되는데, 막미로를 골미로가 둘러싸고 있다. 골미로와 막미로 사이에는 외림프액(perilymph)이 있고 막미로 안에는 내림프액(endolymph)이 있다.

전정과 반고리관 속의 모세포에서 감지된 정보는 속귀신경 또는 전정와우신경(vestibulocochlear nerve)의 안뜰가지 또는 전정가지(vestibular branch)를 통해 중추로 전달된다. 내이에서는 중이로부터 전달된 기계적 에너지(mechanical energy)가 전기적 에너지(electrical energy)로 바뀌며, 이러한 전기적

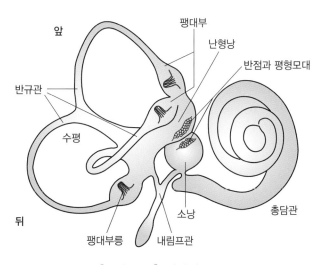

[그림 7-14] 내이의 구조

<표 7-1> 골미로와 막미로의 관계

골미로	막미로	감수감각
전정	구형낭, 난형낭	평형감각
골반규관	막반규관	
와우	와우관	청각

신호는 청신경을 통해 뇌의 청각중추로 전달된다.

1. 와우관(달팽이관)

와우(cochlea)란 명칭은 '달팽이'를 의미하는 그리스어 'kokhlos'에서 유래되었다. 사람의 와우관 또는 달팽이관(cochlea duct)은 2.5회전을 하며, 관의 길이는 약 35mm 정도이다. 2.5회전 후 첨부에 거의 갔을 때 그 끝에 와우공 또는 헬리코트레마(Helicotrema)라고 하는 작은 공간이 있는데, 기저부는 정원창으로 막혀 있다. 달팽이관의 끝은 차츰 좁아지는 원통 모양을 하고 있으며, 기저 · 중간 · 첨단회전부로 구분한다. 기저막은 상부보다 하부가 더 얇고 좁으며 뻣뻣하다. 즉, 상부는 두껍고 넓으며 느슨하다. 고주파수의 소리는 하부를 자극하고, 저주파수의 소리는 상부를 자극한다. 어느 경우든, 자극을 일으키는 음신호는 액체에 파동을 일으키고, 이는 다시 기저막의 움직임을 유발한다.

[그림 7-15]에서처럼, 와우의 단면을 보면 내부는 골나선판(osseous spiral lamina)과 전정막 또는 라이스너막(Reissner's membrane)이 와우 내부를 전정계(scala vestibuli), 고실계(scala tympani), 중간계(scala media)의 세 부분으로 나눈다. 그리고 와우의 가운데에는 와우의 축이 되는 뼈가 있는데 이를 와우축(modiolus)이라 한다. 달팽이관 정상은 와우공에 의해 연결되어 있다. 전정계는 라이스너막 위에 있고,

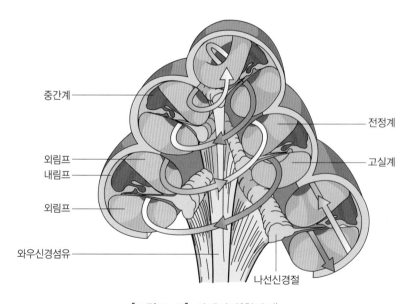

중간계

전정계

외림프
내림프
고실계

외림프

와우신경섬유

나선신경절

[그림 7-15] 달팽이관(횡단면)

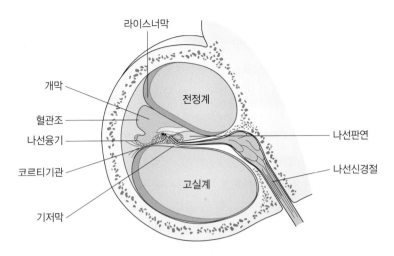

[그림 7-16] 코르티기관과 주변의 구조물

한쪽 끝은 등골의 발판 및 난원창으로 막혀 있다. 고실계는 정원창에서 끝나는 관으로 기저막(basilar membrane) 아래에 있으며, 중간계는 전정계와 고실계 사이에 있는 구획으로 기저막과 라이스너막으로 형성된 삼각형의 관이다. 중간계의 외측벽에는 혈관조(stria vascularis)와 나선인대(spiral ligament)가 있는데, 혈관조는 내림프의 분비 및 영양에 관여하는 것으로 알려져 있다. 전정계와 고실계는 물보다 점성이 두 배인 외림프액(perilymph)이 들어 있으며, 중간계 속에는 세포액의 조성과 유사한 내림프액 (endolymph)이 들어 있다.

중간계와 고실계를 구분 짓는 기저막은 막미로의 중요한 부분이며 **[그림 7-16]**같이 그 위에는 코르티 기관(organ of Corti)이라 하는 와우감수기(receptor organ of cochlea)가 놓여 있는데, 이는 와우의 핵심적 부위이다. 코르티기관의 위쪽에는 덮개막(tectorial membrane)이 있으며, 코르티기관은 주 세포간(rods of Corti)에 의해서 내외 양측으로 구분된다. 안쪽에는 1열로 배열된 내유모세포(inner hair cell)가, 바깥 쪽에는 3열로 배열된 외유모세포(outer hair cell)가 존재한다. 이러한 유모세포들은 여러 가지 지지세포 (supporting cell)에 의해서 지지된다.

유모세포는 청각감수체세포로서 막대처럼 생긴 다이테르세포(Deiter's cell)라는 지지세포를 통해 기 저막에 고정되어 있다. 유모세포의 첨단에는 부동섬모(stereocilia)가 있는데 망상막을 통과하여 가장 긴 섬모의 끝이 위에 있는 개막에 삽입된 상태로 있으며, 유모세포 하나하나에는 와우 신경섬유의 말 단이 부착되어 있다.

2. 코르티기관

진동이 난원창으로 전달되면 음파는 와우에 도달하게 된다. 이러한 진동이 전정계의 외림프에서 유 압파를 결정한다. 유압파가 전정계 아래로 움직임에 따라 코르티기관(organ of Corti)[2]을 위와 아래로

---

2) 이탈리아의 해부학자 Alfonso Corti(1822~1888)에서 유래하였으며 나선기관이라고도 한다. 청력의 실제 기관으로 소리 의 진동을 유모세포들이 신경흥분으로 변환시켜 전정와우신경의 와우측에 의해 뇌로 전달한다.

밀어낸다. 이러한 달팽이관의 변형(deformation)이 코르티기관 위를 덮고 있는 개막을 움직이게 하고 그 움직임은 유모세포의 부동섬모를 휘게 한다.

유모세포의 끝은 50~100개의 부동심모로 일러진 뻣뻣한(stiffened) 섬모로 되어 있으며 위로 정렬되어 있다. 유모세포의 가장 긴 섬모들이 개막의 하단에 고착되어 있기 때문에 개막이 움직이면 아래에 있는 섬모들도 따라 움직이게 된다. 유모세포가 움직일 때 부동섬모는 한 방향으로, 그다음에는 다른 방향으로 휘게 된다. 부동섬모는 단백질로 서로 연결되어 있으며 마치 스프링이 붙어 있는 것처럼 같은 방향으로 움직인다. [그림 7-17]에서 보듯, 3~4열로 병렬된 외유모세포와 한 줄로 배열된 내유모세포는 다이테르(Deiter)세포, 헨센(Hensen)세포 및 클라우디우스(Claudius)세포 등에 의해서 지주된다. 이들 외유모세포와 내유모세포는 청신경섬유와 연결되어 있는데 이 부분을 시냅스라 하고 유모세포에서 방출된 신경전달물질은 이 부분을 통해 신경섬유로 자극을 전달한다.

한편, 유모세포들과 연결된 청신경섬유는 크게 두 가지로 나눌 수 있는데, 하나는 구심성 청신경 섬유로 뇌쪽으로 정보를 전달하고 다른 하나는 원심성 청신경섬유로 말초 부분으로 정보를 전달한다. 구심성 청신경섬유 중 95%는 Type I 섬유로 내유모세포와 연결되어 있으며, 나머지 5%는 Type II 섬유로 외유모세포와 연결되어 있다. 구심성 청신경섬유는 약 2만 5,000~3만 개로 유모세포의 전체 수와 비슷하다. 내유모세포의 경우 내유모세포 하나에 약 20개의 Type I 섬유가 연결되어 있으며, 외유모세포의 경우 약 20개의 외유모세포에 Type II 섬유 하나가 연결되어 있다. 따라서 대부분의 청신경섬유가 내유모세포와 연결되어 있음을 알 수 있다. 청신경섬유는 기저막을 따라 분포되어 있고 기저막처럼 주파수 선택성을 가지고 있으므로, 특정한 주파수 자극에 대해서 해당하는 신경섬유의 반응률이 높다.

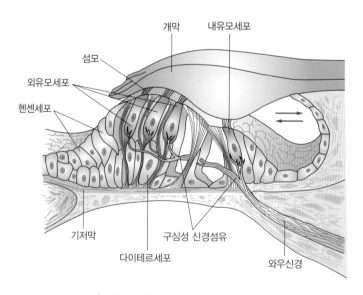

[그림 7-17] 코르티기관(나선기관)

〈표 7-2〉 귀의 주요 기관 및 기능

구조		기능
외이	이개	음파를 모아 외이로 보내는 경로
	외이도	음파를 고막으로 보냄
	고막	음파와 동시적으로 진동
중이	이소골	추골, 침골, 등골을 거쳐 난원창과 연결
		고막의 진동을 와우 속 액체로 전달
	난원창	등골의 움직임에 따라 난원창이 진동
내이	전정계	난원창의 진동은 전정계에 포함된 외림프를 진동하게 함
	고실계	전정계로 계속되는 외림프를 포함
	중간계	내림프를 포함하며 기저막을 갖고 있음
	기저막	외림프의 움직임에 따라 움직이며 코르티기관이 있음
	코르티기관	와우 속 액체의 움직임에 의해 기울어짐으로써 수용기 전위를 나타내는 소리의 수용기와 유모세포를 포함
	개막	진동하는 기저막의 움직임과 고정된 개막과 관련하여 수용기 전위를 나타냄
	정원창	외림프 속 액체의 움직임과 조화되어 진동하여 와우 속 압력을 분산시키지만 소리의 인식에는 관여하지 않음

3. 청각세포의 기능

앞서 언급했듯이 중간계에는 내림프액이, 전정계와 고실계에는 외림프액이 차 있다. 내림프액은 Na^+ 이온보다 K^+ 이온이 더 많이 포함되어 있으며, 외림프액에는 반대로 K^+ 이온보다 Na^+ 이온이 더 많이 포함되어 있다. 그리고 유모세포 위를 덮고 있는 개막과 유모세포 사이에 망상막이 있는데 이 부분의 아래쪽, 즉 코르티기관 내부에는 코르티림프(cortilymph)라고 하여 Na^+ 이온이 K^+ 이온보다 많이 포함되어 있는 림프액이 존재한다. 따라서 중간계의 내림프의 안정막전위(resting membrane potential)는 +80mV이며, 지주세포와 유모세포의 휴지전위는 음전위를 가지는데, 외유모세포의 경우 -70mV, 내유모세포의 경우 -40mV이다.

한편, 유모세포의 끝에는 섬모다발이 있는데 각 섬모에는 3~7개 정도의 이온 통로가 있다. 따라서 전체적으로 보면 섬모다발마다 대략 100개 정도의 이온 통로가 있는 것으로 추정된다. 이 이온 통로로 Na^+와 K^+ 이온이 이동하게 된다. 평상시에 이온 통로는 닫혀 있는 것이 아니라 통로 중 약 20%가 개방되어 있다. 이 이온 통로가 모두 개방될 때는 섬모다발이 한쪽으로 구부러질 때이다. 섬모다발이 구부러지는 것은 기저막과 개막의 중심점(hinge point)이 다르기 때문인데, 음파가 전달되어 와우 내부가 상하로 운동할 때 개막과 기저막이 회전운동을 한다([그림 7-18] 참조).

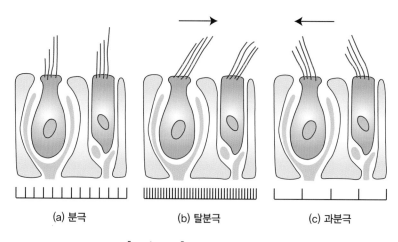

(a) 분극   (b) 탈분극   (c) 과분극

[그림 7-18] 청신경의 방전율

이때 섬모는 서로 옆으로 연결되어 있기 때문에 섬모가 개막에 삽입되어 있는 가장 키 큰 섬모 쪽으로 기울 때 이온 통로가 열린다. 이온 통로가 열리면 외부의 양이온이 유모세포 안으로 유입되는데, 이때를 탈분극(depolarization)이라고 한다. 탈분극이 되면 신경전달물질을 담고 있던 포낭이 자극을 받아 신경전달물질이 유모세포 말단에서 방출된다. 이때부터 청각정보의 신경전달이 시작된다. 한편 구부러졌던 섬모다발이 제자리로 돌아오면 다시 이온 통로가 닫히게 된다.

7.1.4 소리자극의 전달경로

소리자극의 전달경로는 다음과 같이 요약될 수 있다.

① 음파가 외이도(external acoustic meatus)를 통해 고막(tympanic membrane)에 도달한다. ② 고막의 진동에 의해 이소골(auditory ossicles)이 움직인다. 음파에 따라 20~20,000Hz의 주파수로 진동한다. 고막이 진동하면 망치뼈 또는 추골(malleus), 모루뼈 또는 침골(incus), 등자뼈 또는 등골(stapes)도 따라 움직인다. ③ 난원창(oval window)에 닿아 있는 등골의 움직임에 의해 전정계(scala vestibuli) 안의 외림프액(perilymph)에 진동이 일어난다. ④ 진동파가 고실계(scala tympani)의 정원창(round window)을 향해 진행할 때 기저막(basilar membrane)이 움직여진다. ⑤ 기저막의 진동에 의해 덮개막(tectorial membrane)에 닿아 있는 유모세포(hair cell)의 진동이 일어난다. ⑥ 자극 위치와 강도는 속귀신경 또는 내이신경(auditory nerve, VIII) 와우분지(cochlear branch)를 통해 뇌의 청각중추(auditory center)로 전달된다.

1. 외이에서의 소리전달

외이는 소리를 모으는 역할을 하며 동시에 음원의 방향지각에 도움을 준다. 음파는 머리와 외이에 의해서 그 음향학적 속성이 변하게 되는데 그 변화된 속성 때문에 소리의 방향을 구별할 수 있다. 영향을 받는 속성은 주로 음파의 진폭(amplitude)과 위상(phase)이다. 예를 들어, 음원이 오른쪽 50° 정도에 위치한다고 할 때 머리와 외이 중, 특히 이개 때문에 왼귀로 전달되는 음파는 회절(diffraction)되어 진폭이 감소하게 되고 상대적으로 왼귀로 전달되는 소리의 크기(loudness)가 작아져 음원이 오른쪽에 있다고 지각하게 되는 것이다. 또한 오른귀보다 왼귀에 음파가 도달하는 시간 또는 위상에도 차이가 생기므로, 이러한 차이 때문에도 음원의 방향지각이 이루어질 수 있다.

외이도는 소리를 전달해 주기도 하지만 단순히 소리를 전달하는 통로 역할만 하는 것이 아니라 소리를 공명시켜 소리를 증폭해 주기도 한다. 공명은 보통 한쪽이 막힌 관에서 일어나는데, 고막이 있기 때문에 외이도는 공명관으로서 효과를 발휘할 수 있다. 공명관의 길이가 전체 파장 길이의 1/4에 해당할 때 이러한 공명관에서 발생하는 소리가 가장 크고 잘 들린다. 이렇게 볼 때 외이도의 길이가 30~35mm라면 2~3kHz에서 약 15~20dB 정도의 공명효과를 얻을 수 있다.

2. 중이에서의 소리전달

음파의 전도는 통과하는 매질에 따라 달라지는데, 특히 서로 다른 종류의 매질을 통과할 때 음압에 영향을 받을 수 있다. 특히 공기에서 액체로 음파가 진행하면 음압이 크게 감소한다. 그런데 소리의 전달경로를 보면 중이에서 내이를 거칠 때 이러한 상황이 발생하므로 음압의 증폭기전이 필요해진다. 일찍이 Békésy(1960)는 음파가 직접 도달한다면 공기와 내이 림프액의 음향 교류저항(impedance)에는 큰 차이가 있어서 음향 에너지의 대부분이 내이 입구에서 반사되고, 극히 일부인 약 0.1%의 에너지만이 내이로 투과될 수 있다고 주장하였다. 이런 이유로 중이는 음향 에너지를 효율적으로 내이로 전달하기 위하여 다음과 같은 작용을 한다.

첫 번째 기전은 고막과 난원창의 면적비에 의해서 이루어진다. **[그림 7-19]**에서처럼 고막과 난원창의 면적비는 17:1이다. 넓은 면적에서 받아들인 음파는 좁은 면적을 지날 때 그 면적이 좁아지는 만큼 에너지가 집중되는 효과가 발생하여 결과적으로 음압이 증가한다. 따라서 고막을 통해 들어온 음파는 이소골을 거쳐 난원창으로 전달될 때 25dB 정도의 음압이 증가한다.

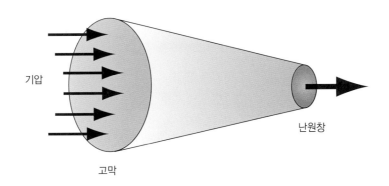

기압

고막

난원창

[그림 7-19] 고막과 난원창 사이의 압력 증폭

출처: Ferrand(2007: 257)에서 수정 인용

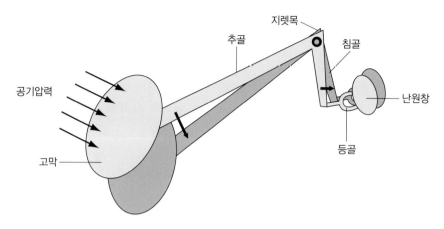

[그림 7-20] 지렛대를 이용한 압력의 증폭

두 번째 기전은 지렛대효과(lever effect)로 잘 알려져 있는 추골병과 침골의 길이 비에 의한 것이다. [그림 7-20]에서 보듯이 추골병과 침골의 길이 비는 1.3:1 정도인데 추골병을 진동시킨 음향 에너지가 보다 짧은 침골로 전달되면서 농축되는 효과가 있다. 이때 2.5dB 정도의 음압이 증가하는 이득이 발생한다. 마지막으로, 원추형 모양의 고막과 추골병의 전단효과(shearing effect)[3] 또는 좌굴효과(buckling effect)[4]로 인해 복원력이 효과적으로 추골병에 가해짐으로써 2~3배의 음압증강효과가 있어 약 6dB 정도의 이득을 얻을 수 있다. 고막과 이소골을 거치면서 음파가 전달될 때 나타나는 음압증강효과는 전달되는 소리의 주파수와 관련이 있는데, 중간 정도의 주파수대에서 가장 큰 효과를 볼 수 있다.

앞에서 보았듯이 중이의 음압증강 작용에는 세 가지가 있는데, ① 고막과 등골발판의 면적 차이, ② 추골병과 침골장각의 길이에 의한 지렛대효과, ③ 고막이 늘어났다가 줄어듦으로써 생기는 전단 또는 좌굴 효과를 들 수 있다. 중이의 음압이 증가하더라도 중이에서 가장 잘 전도되는 대역은 1~2kHz 사이[5]로 보고되고 있다(Kringlebotin & Guundersen, 1985).

중이에서 내이에 이르기 전까지 음압의 증강은 다음 수치에서 보듯이 모두 31.5~36.5dB이다.

면적비(hydrodynamic ratio)	17:1=25dB	
지렛대 비(lever ratio)	1.3:1=2.5dB	31.5~36.5dB
좌굴효과(buckling effect)	2~3배=4~9dB	

---

3) 고막의 표면장력과 고막장근의 긴장도의 평형점에서 고막이 원추형의 모양을 형성하고 그 한 변에 추골병이 위치한다. 이때 음압이 가해지면 원추형 모양의 고막이 집음효과를 보이게 되고 외부의 힘에 의한 고막의 변형이 있고 난 후에 복원력(elasticity)이 효과적으로 가해져 음압의 증강효과가 생기는데, 이를 전단효과 또는 좌굴효과라고 한다.

4) 좌굴효과란 외부 힘에 의하여 변형을 일으킨 물체가 그 힘이 제거되었을 때 다시 원상태로 돌아가려는 성질을 가리킨다.

5) 1,000Hz 이하의 주파수에서는 중이구조물의 경직성(stiffness)에 의한 전도율의 감소, 그리고 2,000Hz 이상에서는 이소골의 질량에 의한 전도율의 감소와 고막의 비효율적인 진동에 의한 전도율의 감소를 보인다.

3. 내이에서의 소리전달

와우 안에서 소리가 전달되는 원리는 크게 두 가지이다. 진행파에 의한 것과 외림프, 내림프의 전기적 성분의 차이가 있다.

(1) 진행파

공기에서의 소리 파형은 속도에 비례하여 움직이는 반면에 물 같은 림프로 채워진 기저막에서는 오히려 속도가 감소한다. 따라서 파(wave)의 길이는 등골에서 파형이 멀리 떨어질수록 길어진다.

그네를 미는 것처럼 등골은 압력의 파형을 전정계로 민다. 등골발판의 진동으로 생긴 음파가 난원창으로 전도된 후 다시 전정계 안의 외림프로 전도되고 기저막을 진동시킴으로써 유모세포가 흥분하게 된다. 그런데 기저막은 소리의 주파수에 따라, 또는 소리의 세기에 따라 진동되는 부위가 각기 다르다. 왜냐하면 기저막의 모양은 펼쳤을 때 기저부에서 첨단부로 갈수록 넓어지는 형상이기 때문이다. 따라서 기저막의 기저부 쪽은 경직성(stiffness)이 상대적으로 더 크며 첨부(apex)로 갈수록 경직성이 줄어들고 무게가 증가한다.

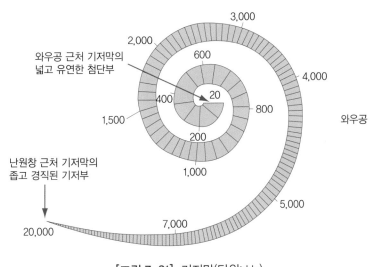

[그림 7-21] 기저막(단위: Hz)

이러한 이유로 저주파수 음은 첨부 쪽에서 최대진폭 부위가 발생하며 고주파수 음은 기저부 쪽에서 최대진폭 부위가 발생하게 되는 것이다. 이처럼 기저막에서는 각 진동주파수가 달팽이관에서 특정한 위치의 유모세포를 자극한다. 즉, 서로 다른 소리는 각각의 특정한 유모세포를 자극하고 얻은 정보는 청각피질로 전달되는 것이다. 기저막은 주파수선택성(frequency selectivity)을 가질 수 있다. [그림 7-21]은 기저막의 주파수 할당을 보여 주는데, 이러한 청각감수체계를 토노토픽 체계(tonotopic organization)라 한다.

[그림 7-22]에서처럼 기저막의 기저부에서 최고의 진동을 일으키는 고주파음의 파동은 단거리를 이동하다가 사라지고, 저주파음의 파동은 기저막의 첨부까지 멀리 이동하여 그곳에서 최고의 진동을 일

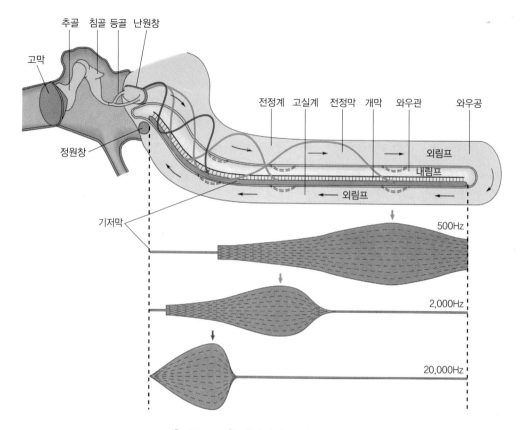

[그림 7-22] 기저막의 주파수 할당

으키므로 각 주파수의 파동은 각각 독특한 운동 양상을 보이며 최대진폭 부위의 유모세포를 흥분시킨다. 이같이 특정한 파동이 특정한 부위에 있는 유모세포를 흥분시킨다는 사실이 1960년 Békésy에 의해 진행파이론(traveling wave theory)으로 밝혀졌으며 Helmholtz(1821~1894)의 공명이론(resonance theory)과 더불어 와우는 소리의 높이와 크기를 감지하는 곳으로 알려져 있다.

고주파수 음의 진행파(traveling wave)는 단거리를 이동하다가 사라지고 저주파수 음의 진행파는 첨부까지 멀리 이동하여 그곳에서 최고의 진동을 일으키므로, 각 주파음의 진행파는 각각 독특한 운동 양상을 보이면서 진폭이 커질 뿐만 아니라 진동되는 기저막의 길이도 길어진다. 또한 진폭 부위가 최대인 곳에서 활동전위(action potential)도 최고로 발생한다.

(2) 청각중추

언어의 지각에서 산출까지의 모형도를 살펴보면 귀, 눈, 피부의 감각세포가 소리를 감지(detection)하고, 변별(discrimination)과 확인(identification)의 단계를 거쳐 이해(comprehension)에 이르게 되며, 다시 청각중추(auditory center)를 거쳐 베르니케영역을 통하여 브로카영역으로 가서 다시 원심성 신경에 의하여 명령을 받은 운동신경이 최종적으로 근육으로 명령을 보내면 성대의 진동을 거친 후 조음기관의 운동에 의해 소리가 산출되는 것이다.

여기서 감지란 소리의 유무에 대한 인식이며 소리를 지각하는 가장 기본 단계이다. 변별은 두 소리를 들었을 때 같거나 다르다고 말하는 능력을 가리키므로 변별은 감지보다 더 높은 단계가 된다. 확인은 들리는 소리가 어떤 소리인지 말할 수 있는 능력을 의미하며, 이해란 감지하고 변별하는 능력, 확인은 종합적이고 최종적인 단계를 가리킨다([그림 7-23] 참조).

일찍이 베케시(Georg von Békésy)는 소리자극의 전달경로를 규명하기 위해 인간의 사체에서 코끼리의 사체에 이르기까지 다양한 동물의 달팽이관에 관해 끊임없이 연구하여 마침내 난원창에 가해진 진동 에너지가 기저막을 굽힌다는 것을 발견하였다(von Békésy, 1960). 그의 이론에 따르면 기저막의 물리적 특성 때문에 소리의 진동수에 따라 가장 많이 굽는 부위가 정해진다. 즉, 주파수가 높은 소리는 난원창에서 가장 가까운 끝부분을 굽게 한다.

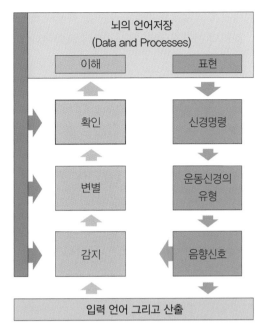

[그림 7-23] 언어의 지각에서 산출까지의 모형도

?! 게오르그 폰 베케시(Georg von Békésy) (1899~1972)

베케시는 헝가리 태생의 미국 생리학자이다. 그는 1947년 미국으로 건너가 1960년 하버드대학교 정신청각연구소에서 달팽이관 안에서 소리의 전달과정을 발견하였다. 그리고 이듬해인 1961년 노벨생리의학상을 수상하였다.

만약 달팽이관이 폐쇄된 체계라면 어떠한 진동도 난원창으로 전달되지 못할 것이다. 왜냐하면 본질적으로 액체는 압축될 수 없기 때문이다. 이 체계는 막으로 덮인 창인 정원창이 있어서 달팽이관 내의 액체가 앞뒤로 움직일 수 있다. 등골의 발판은 난원창 뒤의 막을 진동시켜서 고주파나 저주파의 음파를 달팽이관으로 전달한다. 이 진동에 의해 기저막의 일부가 앞뒤로 휘게 된다. 이에 따라 기저막 아래에 있는 액체의 압력 변화가 정원창의 막으로 전달되고, 이 창은 난원창의 움직임과는 반대 방향으로 안 또는 바깥으로 움직인다. 즉, 등골의 발판이 안으로 밀려 들어올 때 정원창 뒤에 있는 막은 바깥으로 밀려 나간다.

달팽이관은 액체로 가득 차 있어서 공기를 통하여 전달된 소리가 액체 매질로 전달되어야 한다. 이 과정은 정상적으로는 매우 비효율적이다. 왜냐하면 공기가 직접 달팽이관의 난원창에 부딪치는 경우에는 공기를 통해 전달되는 소리 에너지의 99.9%는 반사될 것이기 때문이다. 그러나 이소골이 연쇄적으로 연결되기 때문에 에너지를 아주 효율적으로 전달할 수 있다. 이 작은 뼈는 기계적인 장점이 있는데, 등골의 발판은 난원창에 대해서 미세하지만 강력한 에너지 전이를 일으킨다. 이러한 전이를 통해 에너지가 고막에서 추골로 전이될 때보다 훨씬 강력해진다.

소리의 전달경로는 다음과 같이 요약된다.

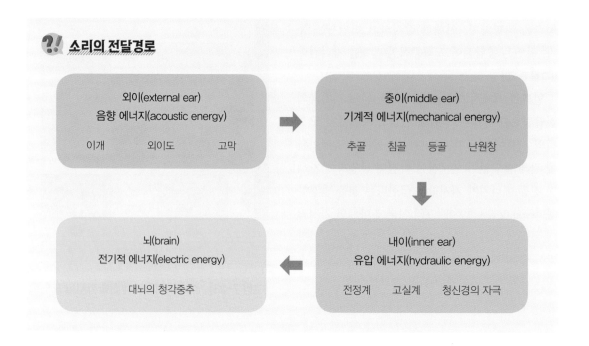

?! 소리의 전달경로

외이(external ear)
음향 에너지(acoustic energy)

이개   외이도   고막

중이(middle ear)
기계적 에너지(mechanical energy)

추골   침골   등골   난원창

뇌(brain)
전기적 에너지(electric energy)

대뇌의 청각중추

내이(inner ear)
유압 에너지(hydraulic energy)

전정계   고실계   청신경의 자극

① 외이도(external auditory canal)를 따라 들어온 음파는 고막을 때려서 진동을 일으키게 한다.

② 고막의 진동은 중이에 있는 3개의 뼈를 진동하게 한다. 음파가 고막을 울릴 때 고기압과 저기압의 교대가 고막을 앞뒤로 진동하게 한다. 아주 작지만 음파가 움직이는 거리는 주어진 소리의 세기(intensity)와 주파수(frequency)에 따라 다르다. 고막은 저주파수(low frequency), 즉 낮은 피치에서는 천천히 반응하고 고주파수(high frequency)에서는 빨리 반응한다.

③ 고막의 중심부가 또 다른 진동을 하게 하는 망치뼈 또는 추골에 연결되어 있다. 진동은 추골에서 모루뼈 또는 침골로, 다시 등자뼈 또는 등골로 전달된다. 등골의 발판은 난원창의 진동을 일으키게 한다. 등골이 앞뒤로 움직임에 따라 난원창의 막을 안쪽과 바깥쪽으로 밀고, 이로 인하여 난원창은 고막의 진동에 비하여 약 20배 정도 힘차게 진동한다. 왜냐하면 이소골은 고막의 넓은 면적에 퍼진 작은 진동을 효율적으로 난원창의 좁은 면적에 더 큰 진동으로 전달해 주기 때문이다.

④ 등골발판의 진동은 와우의 외림프액에 유압파(fluid pressure waves)를 만들며, 난원창의 안쪽으로 돌출되면서 전정계의 외림프액을 밀게 된다.

⑤ 외림프액의 진동은 기저막의 변위를 유발한다. 짧은 파장(즉, 높은 피치)은 난원창 근처에 있는 기저막의 변위를 일으키고, 긴 파장(즉, 낮은 피치)은 난원창에서 어느 정도 떨어진 기저막의 변위를 일으킨다. 기저막의 움직임은 기저막에 부착되어 있는 나선기관의 유모세포가 감지한다.

⑥ 전정계 안에 있는 외림프와 달팽이관 안에 있는 내림프의 진동은 고실계(scala tympani)의 외림프로 전달된다.

⑦ 고실계 외림프에서의 진동은 결국 제2고막(secondary tympanic membrane)으로 알려진 정원창으

로 전달되면서 사라진다([**그림 7-24**] 참조).

　이처럼 압력파는 전정계로부터 고실계로, 그리고 종국에는 정원창까지 전달된다. 압력파는 전정계와 고실계 벽에서 변형되면서 전정막을 뒤쪽과 앞쪽으로 밀어 달팽이관 내부에 있는 내림프액에 압력파를 만들게 한다. 이때 내림프액의 압력파는 기저막을 진동하게 하고, 그로 인하여 덮개막(tectorial membrane)에 대하여 나선기관의 유모세포를 움직이도록 한다. 부동섬모가 굽으면서 궁극적으로 신경충동이 전해지는 활동전위가 만들어진다. 즉, 유모세포는 와우신경에서 활동전위(action potential)를 유발하게 하고, 이렇게 만들어진 활동전위는 중추신경(CNS)에 전도된다. 그리고 마침내 활동전위는 대뇌피질에서 해석됨으로써 언어음으로 지각되는 것이다.

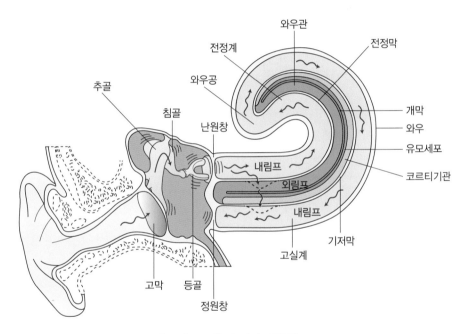

[그림 7-24] 소리의 전달경로

7.1.5 청신경의 전도

　제8번 뇌신경(CN VIII) 또는 전정와우신경은 [**그림 7-25**]에서 보듯이 두 갈래로 나뉘어 있는데, 한쪽 갈래인 전정지(vestibular branch)는 평형감각과 관련이 있고 또 다른 갈래인 청각지(acoustic branch)는 달팽이관의 유모세포가 많은 부분으로서 소리전달과 관련이 있다. 청신경의 좌우 가지들은 달팽이관에서 출발하여 측두골을 지나 내이도(internal auditory meatus)를 통과하여 뇌간으로 이어진다. 이 단계에서 대부분의 신경섬유가 한쪽 귀에서 다른 쪽 귀로 교차되고, 일부는 교차되지 않는다. 이런 상황 때문에 뇌가 양쪽 귀에서 들리는 소리를 비교할 수 있는 것이다. 또한 소리가 시작하는 곳의 위치를 아는 데 도움이 된다.

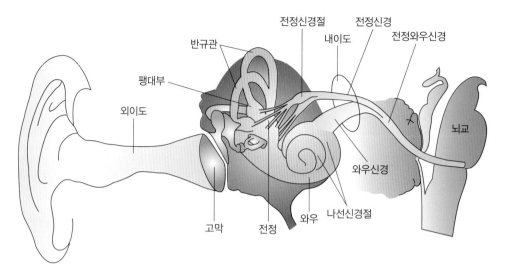

[그림 7-25] 청신경

1. 상행로

청신경은 코르티기관의 유모세포 기저부에서 시작한다. 여기서 시작된 청신경섬유는 나선신경절(spiral ganglion)에서 뉴런을 거쳐 뇌교(pons)의 외측부로 들어가게 된다. 여기서 와우신경핵(cochlear nucleus)에 연결된다. 와우신경핵은 전복측, 후복측, 배측의 세 부분으로 나뉘어 있는데, 배측와우신경핵은 정중선을 지나 반대측의 올리브핵에서 연접하고, 상행 도중에 일부는 하구(inferior colliculus)에서, 일부는 내측슬상체(medial geniculate body)에서 각각 연접을 교체하여 측두엽 대뇌피질의 일차청각피질에 도달한다.

복측와우신경핵은 동측 또는 반대측에 존재하는 상올리브핵군(superior olivary complex)에서 연접한 다음 상행한다. 이때 상올리브핵군에 존재하는 신경세포는 양쪽 귀에서 들어오는 정보를 받아, 소리의 세기를 비교하여 같은 쪽과 반대쪽의 외측게재핵(nucleus of lateral lemniscus)에 정보를 보낸다. 한편, 같은 쪽 올리브핵군을 거쳐 외측게재핵에 온 정보는 반대쪽 하구로 전달된다. 여기에서 일부는 동측슬상체를 거쳐 일차청각피질(primary auditory cortex)에 도달하고, 일부는 반대쪽 하구를 거쳐 반대쪽 내측슬상체와 일차청각영역에 도달한다. 이처럼 청각신경로를 따라 전달되는 청각정보는 적어도 5~6회의 연접과정을 거치며, 양쪽 귀에서 전달되는 정보를 비교하는 것은 내측상올리브핵을 비롯한 뇌의 여러 부위에서 시행되고 있다. [그림 7-26]은 청각중추신경로를 단순화한 도식이다.

한편, 상올리브핵은 양쪽 와우핵으로부터 구심성 압력을 받는데, 같은 쪽에서는 흥분성 신호를 받으며 반대쪽에서는 억제성 신호를 받는다. 이렇게 하여 양쪽에서 발생하는 신호의 시간과 소리의 세기를 계산하여 그 차이에 의존하여 음원의 방향과 위치를 결정한다.

하소구핵의 경우 상올리브핵과는 달리 양측의 상올리브핵과 반대 측의 배측와우핵에서 구심성 정보를 받는다. 하소구핵의 중심핵은 음원의 위치결정에 관여하고 있다고 알려져 있다.

청각정보가 가장 마지막으로 도달하는 곳은 뇌피질의 청각영역이다. 청각피질 중 일차청각영역은 브로드만영역 41에 해당하며, 대부분은 실비우스 열구(Sylvian fissure)에 깊게 파묻혀 있다. 일차청각피

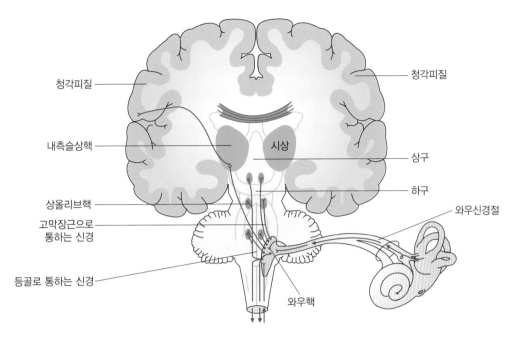

[그림 7-26] 주요 청신경로

질 인근에 있는 브로드만영역 42는 이차청각피질 또는 청각연합피질이다(**[그림 7-27]** 참조). 청각로에서 와우각으로부터 멀어지면 뉴런을 활성화하기 위하여 보다 복합적인 음의 양상이 필요하고, 순음(pure tone)에 대해서는 많은 세포가 전혀 반응하지 않는다. 예를 들면, 하구에는 변조의 특이한 방향과 정도를 갖는 주파수 변조음에만 흥분할 수 있는 세포가 있다. 그리고 하구의 다른 세포는 만일 진폭변조음이라면 그 한 가지 음에 반응한다. 이 경우는 변조가 흔히 뉴런을 흥분시키기 위하여 어떤 특성을 가져야 한다.

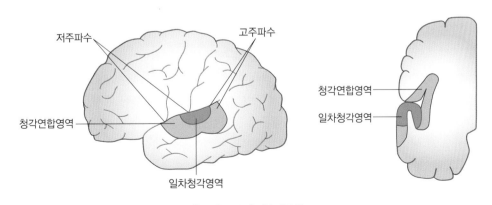

[그림 7-27] 청각중추

2. 하행로

앞에서 언급했듯이, 대부분의 청신경은 일반적으로 감각신경이다. 약 95%의 섬유가 와우에서 뇌로 구심성 정보를 전달한다. 그러나 약 5%의 신경섬유는 뇌에서 귀로 원심성 신경을 자극한다. 이런 정보는 귀의 기능을 조절하는 데 사용된다. 어떤 정보는 위험할 정도로 큰 소리를 보호하는 것을 돕고 부드러운 소리에 반응하는 이소골 연쇄(ossicular chain)를 조정한다. 뿐만 아니라 원심성 정보가 와우의 유모세포 가까이에 가서 부적절한 주변 소음을 차단하고 중요한 소리를 들을 수 있도록 돕는다.

7.2 전정기

전정기(vestibular apparatus)는 골미로(bony labyrinth) 안에 있는 막결합구조(membrane bound structure)로 구성되어 있기 때문에 막미로(membrane labyrinth)라고도 불린다. 막미로는 내림프액(endolymph)으로 차 있으며 막미로와 골미로 사이에는 외림프액(perilymph)이 들어 있다.

전정기는 3개의 반규관과 구형낭, 난형낭으로 구성된다. 전정기관의 기능은 우리 몸의 평형(balance)을 유지하는 것이며, 이러한 작용은 소뇌에서 통괄하고 있다. 전정기의 속은 림프액으로 가득 차 있으며 몸의 움직임에 따라 움직이는 림프액이 유모세포를 자극하여 움직임을 느끼도록 한다. 감지된 정보는 청각과는 달리 대뇌의 체성지각영역으로 보내지며, 이곳에서 전신으로 명령을 내려 수의근과 자율신경으로 균형을 유지하게 된다. 전정(vestibule)은 직경이 약 4mm로 전방의 와우와 후방의 반고리관 사이의 막미로 중앙부에 위치하며, 3개의 반규관과 연결된다. 안뜰의 외측벽에 있는 난원창은 중이강으로 연결된다. 안뜰의 후하방은 내림프관(endolymphatic duct)이 위치하는 전정도수관(vestibular aqueduct)과 연결되어 있다.

7.2.1 반규관

반고리관 또는 반규관(semicircular canal)은 원(circle)의 2/3(즉, 240°)를 그리는 원형관으로 그 안은 림프액으로 차 있다. 외측반고리관은 머리의 수평면에서 30° 상방으로 열려 있으며, 앞반고리관과 수직반고리관[6]은 90° 각도로 위치하고 있어 모든 방향의 회전성 운동을 감지할 수 있다. 이 3개의 반고리관은 서로 직각으로 교차되어 공간의 3면을 대표한다([그림 7-28] 참조).

반고리관 안에 있는 유모세포에는 부동섬모(stereocilia)와 운동섬모(kinocilia)가 있는데 운동섬모는 부동섬모의 한쪽 끝에 위치한다. 좌우측 반고리관은 측두골 내의 해부학적 위치상 서로 쌍을 이루고 있어서, 서로 거의 동일 평면상에 놓여 있기 때문에 동일한 머리의 회전성 운동에 있어서 한쪽 반고리관의 자극반응 시 이와 쌍을 이루는 반대쪽 반고리관은 억제반응이 일어나는 밀고-당기기 배열(push-pull arrangement) 형태를 갖추고 있다. 다시 말하면, 수평반고리관에서는 운동모가 난형낭 쪽으로 위치하며, 수직반고리관에서는 난형낭 반대쪽으로 위치한다. 따라서 같은 난형낭 방향의 회전운동에도 수직반고리관과 수평반고리관은 서로 반대 방향으로 자극의 전달, 즉 분극(polarization)이 이루어진다.

---

[6] 수평반고리관은 머리를 좌우로 흔드는 회전을, 앞반고리관과 수직반고리관은 상하로 기울이는 회전을 감지한다.

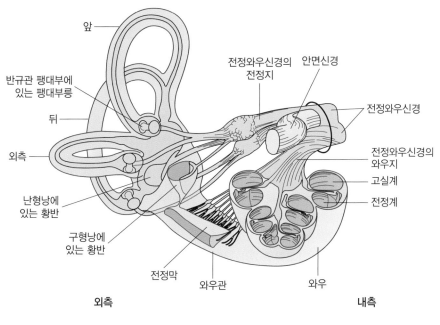

앞

반규관 팽대부에
있는 팽대부릉

뒤

외측

난형낭에
있는 황반

구형낭에
있는 황반

전정막

전정와우신경의
전정지   안면신경

전정와우신경

전정와우신경의
와우지

고실계

전정계

와우관   와우

외측   내측

[그림 7-28] 반규관

팽대부릉(crista ampullaris)은 반고리관 주행 방향과 직각으로 형성되어 있고, 팽대부(ampulla)[7]의 중심을 가로지르는 안장 모양이다. 감각상피에는 유모세포와 지지세포가 있고 바닥에는 기저막이 놓여 있다([그림 7-29] 참조). 머리를 회전할 때는 팽대부릉정[8]을 반대쪽으로 밀어내게 하고, 움직이다 정지하게 되면 관성(inertia)에 의하여 팽대부릉정의 액체가 어느 한쪽으로 쏠리게 된다.

?! 메니에르병

정확한 원인은 밝혀지지 않았으나 메니에르병(Meniere's disease)은 내이를 둘러싸고 있는 내림프액의 순환에 문제가 있는 것으로 알려져 있다. 내림프액은 분비와 흡수가 일정하게 유지되어야 한다. 메니에르병은 어떤 이유로 갑작스럽게 내림프액의 분비 증가로 내이의 압력이 증가할 때 생기는 질환이다. 이 병에 걸리면 발작성 어지럼증, 귀울림(이명) 청력감소, 귀 먹먹함 현상이 장기적으로 자주 반복될 수 있으며, 때로 몸의 균형을 잃거나 구토 증세까지 보이기도 한다.

---

7) 팽대부는 각 반고리관의 기저에 위치하고 있는 볼록한 부분으로, 여기에 팽대정(cupula)이 있고, 팽대정은 아교질영역으로 되어 있어 막에 의해 내림프액과 분리되어 있다.
8) 팽대부릉정은 팽대부릉의 위쪽에 놓여 있는 약 1.1mm 높이의 아교성(gelatinous) 구조로서, 그 안에는 유모세포가 있다.

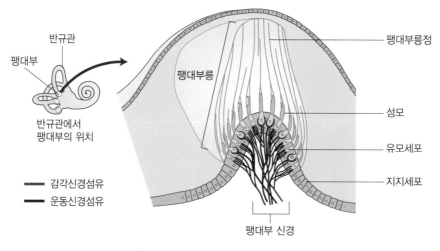

[그림 7-29] 팽대부 및 팽대부릉

7.2.2 이석기

[그림 7-30]에서 보듯이, 난형낭(utricule)과 구형낭(saccule)에는 감수기관인 평형반(utricular macula)이 있다. 평형반에 있는 유모세포의 부동섬모(stereocilia)는 젤라틴 덩어리로 뻗어 있고 젤라틴 덩어리는 탄산칼슘으로 구성된 비중이 높은 작은 과립이 있는데 이를 이석(otolith: oto=ear, lith=stone)이라 하고, 이들이 형성하는 막성구조를 이석막(otolith membrane)이라 한다. 이석은 구형낭에는 수직으로, 난형낭에는 수평으로 달려 있다. 머리를 기울이면 이석은 자체의 무게 때문에 기울게 되고 그때의 움직임이 감각모를 자극하여 몸의 위치를 파악하게 된다. 2개의 이석기가 1벌이 되어 몸의 기울어진 정도를 측정한다.

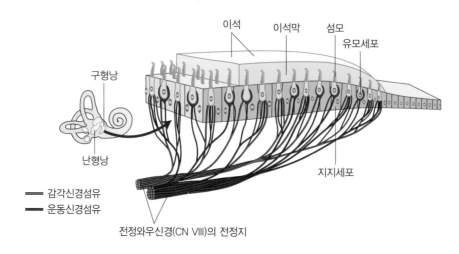

[그림 7-30] 이석기

　난형낭의 유모세포는 머리에서 수평 방향으로 향해 있어서 부동섬모가 수직적으로 뻗게 되고, 구형낭의 유모세포는 머리에서 수직 방향으로 향해 있어서 부동섬모는 수평으로 향하게 된다. 이러한 방향 때문에 난형낭은 앞뒤로의 선형가속을 감지하는 반면에 구형낭은 위아래로의 선형가속을 감지한다.

　이석막은 유모세포 위에 놓여 있으며 밀도는 주위의 내림프액보다 크기 때문에 이석막 무게에 의해 유모세포의 전단력(shearing force)이 작용하게 된다. 이석막이 이동하면 이석막과 감각유모세포 사이의 상대적 거리가 달라지기 때문에 부동섬모가 구부러지게 된다. 부동섬모가 운동섬모 쪽으로 기울면 유모세포는 흥분하여 탈분극이 되며, 부동섬모가 운동섬모의 반대쪽으로 기울면 유모세포의 흥분은 억제되어 과분극상태가 된다.

　이석막이 황반(macula) 위에 위치하기 때문에 [**그림 7-31**]에서처럼 머리를 앞쪽으로 기울이면 이석막은 중력에 의해서 당겨진다. 유모세포 위의 이석이 아래로 쏠리게 되어 유모세포가 앞쪽으로 휘어지게 된다.

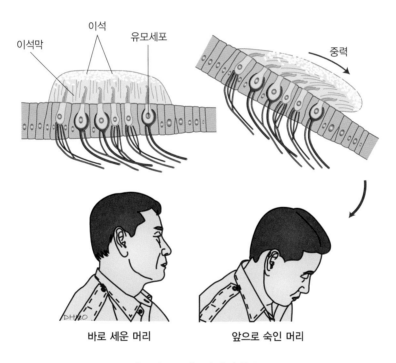

[그림 7-31] 이석의 운동

7.2.3 분극 및 탈분극

　반고리관의 팽대부에 있는 부동섬모(stereocilia)가 운동섬모(kinocilia) 쪽으로 기울어지면 유모세포(hair cell)가 탈분극(depolarization)되고, 부동섬모가 운동섬 반대쪽으로 기울면 유모세포는 과분극(hyperpolarization)된다([**그림 7-32**] 참조).

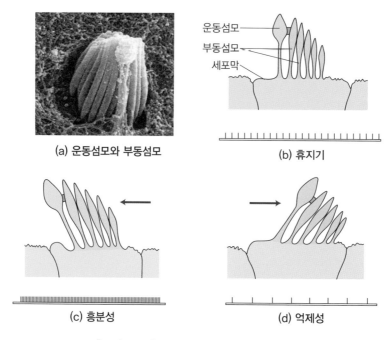

(a) 운동섬모와 부동섬모

운동섬모
부동섬모
세포막

(b) 휴지기

(c) 흥분성

(d) 억제성

[그림 7-32] 전정기 내의 분극과 탈분극

7.2.4 전정신경

사람의 전정신경(vestibular n.)은 약 20,000개의 신경섬유로 이루어지며, 90% 이상이 유수신경섬유 (myelinated nerve fiber)로 구성되어 있고, 신경세포의 크기는 대체로 5㎛ 이하이다. 전정신경은 대부분 구심성 신경(efferent n.)으로 되어 있다.

전정신경의 전달경로는 다음과 같다([그림 7-33] 참조).

① 전정신경절(vestibular ganglion)로부터 전달되는 감각축삭(sensory axons)은 전정신경(vestibular nerve)을 통하여 전정핵(vestibular nucleus)으로 보내진다.

② 전정신경은 축삭을 체위근(postural m.)과 동안신경(oculomotor n.), 활차신경(trochlear n.)과 외전 신경(abducens n.) 같은 안외근(extrinsic eye m.)을 제어하는 운동핵(motor nuclei)에 영향을 주는 소뇌(cerebellum)로 보낸다.

③ 전정신경은 또한 축삭을 시상(thalamus)의 후배측핵(posterior ventral nucleus)으로도 보낸다.

④ 마침내 시상신경(thalamic n.)은 피질(cortex)의 전정영역에 투사(project)된다.

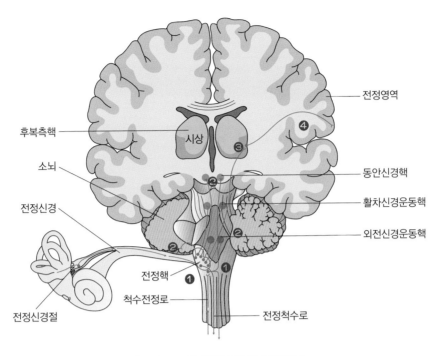

[그림 7-33] 전정신경의 전달경로

출처: Seely, Stephens, & Tate(2003:540)

7.2.5 말소리의 지각

말소리의 지각에 대하여 일찍이 Daniel Ling(1976, 1989)은 모음 [i], [u], [ɑ]와 고주파 영역의 치찰마찰음 [s], [ʃ]를 이용하여 소위 Ling 5를 개발하였다. 지각실험의 결과가 바나나 모양과 흡사하다고 하여 이후 스피치 바나나(speech banana)로 명명되었다. 이 방법은 성인과 아동의 기본적인 의사소통 능력을 정확하고 빠르게 평가할 수 있는 유용한 도구로 오랫동안 사용되었다.

Ferrand(2007)는 주파수와 강도에 따라 지각을 기본주파수 영역, 모음포먼트 영역, 주요 자음영역, 그리고 치찰마찰음 영역과 같이 좀 더 구체적으로 구분하였다. **[그림 7-34]**에서 보듯이, 기본주파수 영역(area of fundamental frequency)은 80~250Hz, 모음포먼트 영역(vowel fomant area)은 포먼트 F1, F2, F3 범위인 250~3,500Hz로 설정하였으며, 이는 주요 자음영역(major consonant area)과 중복된다고 하였다. 그리고 회화음역[9]에서 가장 높은 주파수가 지각되는 [s], [ʃ]와 같은 치찰마찰음 영역(sibilant fricative area)은 3,500~8,000Hz라 하였다.

---

9) 일반적으로 200~6,100Hz의 영역을 가리켜 회화음역(conversational range)이라 한다. 귀는 전체 회화음역에 대하여 똑같은 감도를 가지지는 않는다. 1,000Hz의 소리는 0dB의 소리도 들을 수 있는 데 반해, 100Hz의 소리는 적어도 40dB는 되어야 들을 수 있다. 귀는 1,000~3,000Hz 사이의 소리에 대하여 가장 민감하기 때문에 이 영역을 최적주파수(optimum frequency)라 한다.

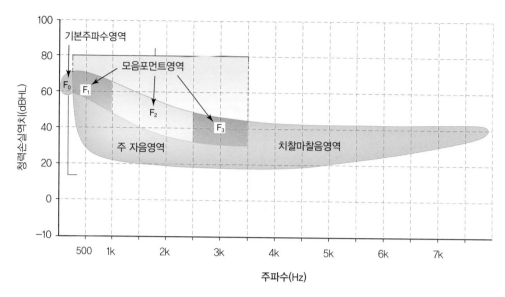

[그림 7-34] 모음과 자음의 주파수 영역

출처: Ferrand(2007: 273)

7.2.6 청력장애

1. 유형

청력장애에는 음을 전달하는 기관인 외이와 중이에 병변이 있을 때, 기도청력(air conduction)에는 장애가 있으나 골도청력에는 장애가 없는 전음성 난청, 내이와 청신경에 병변이 있을 때 생기는 감각신경성 난청, 그리고 전음성과 감각신경성 장애가 공존하는 혼합성 난청 등으로 장애 유형을 분류할 수 있다.

(1) 전음성 난청

전음성 난청(conductive hearing loss, CHL)은 음을 외이도, 고막, 이소골을 거쳐 달팽이관에 전달하는 과정에서 달팽이관 이전과정에 문제가 생겨서 발생하는 청력손실을 가리킨다. 주요 원인으로는 중이염(otitis media)이나 이경화증(otosclerosis)에서 비롯된 중이의 손상이 있다. 전음성 난청은 전음기관에만 병변이 있을 때 순음청력검사상 골도역치는 정상이고 기도역치만 손실한 경우를 말하며, 어음이해도는 매우 우수한 편이고 보청기를 착용했을 때 감각신경성 환자보다 더 큰 효과를 얻는 것으로 알려져 있다.

(2) 감각신경성 난청

감각신경성 난청(sensorineural hearing loss, SNHL)은 달팽이관 또는 청각경로의 이상으로 인한 청각장애를 일으킨다. 진동이 난원창을 통해 외림프로 전달되는 데에는 문제가 없지만, 감각수용기가 반응을 하지 못하거나 그 반응이 중추신경계통으로 전달되지 못하는 것이다. 예를 들어, 매우 큰 소리에 의해 유모세포의 고정섬모가 파괴되어 생기는 경우와 세균의 감염에 의해 생기는 경우가 있다. 공기전도와 골전도의 결과가 모두 비정상이며, 공기전도와 골전도의 역치 차이가 10dBHL 이내를 나타낸다. 속귀 또는 내이의 장애는 낱말분별력을 저하시켜 치료와 재활에 어려움을 겪기도 한다. 관련된 질환으로는 선천적 유전적 소인, 장기간 큰 환경소음에의 노출, 노화 또는 약물 부작용 등을 들 수 있다. 감각신경성 난청의 경우, 첫째, 보청기의 착용과 지도가 필요하고, 둘째, 인지 청능 언어 독순 수화 및 심리훈련을 통하여 청각자활(aural habilitation) 또는 청각재활(aural rehabilitation)을 해 주어야 한다. 인공와우이식(cochlear implant, CI)은 감각신경성 난청 환자에게 가장 적합한 수술이다.

(3) 혼합성 난청

청각경로 가운데 어떤 부분은 전음성 기관의 문제, 그리고 어떤 부분은 감각신경성 기관의 문제가 생길 수 있는데, 이를 혼합성 난청(mixed hearing loss, MHL)이라 한다. 혼합성 난청의 원인은 다양한데, 일례로 중이염으로 인한 전음성 난청에 지속적인 감각신경성 난청이 추가되었을 경우에 발생한다. 이 경우 감각신경기관의 이상은 골전도역치를 통하여 알 수 있고, 전음성 기관의 이상은 기도-골도 차이를 보면 알 수 있다. 만약 공기전도역치가 55dBHL이고 골전도역치가 30dBHL이라면 나머지 25dBHL은 전음성 기관에 문제가 있어서 발생한 것이 분명하다.

2. 청력장애의 등급

청력장애의 정도는 회화음역(speech range)에 속하는 주파수인 500, 1,000, 2,000Hz에서의 기도청력의 역치를 산술평균(pure tone average)하여 구하는 방법과 1,000에서의 기도청력을 2배 하고 4등분하여 산출하는 방법이 있다. 국제표준화기구(ISO)에서 정한 청력장애의 기준표는 〈표 7-3〉과 같다.

〈표 7-3〉 청각장애의 기준표

청력손실(1964, ISO 기준)	구분	
10~26 dBHL	Normal limits	정상역
27~40 dBHL	Mild hearing loss	경도난청
41~55 dBHL	Moderate hearing loss	중도난청
56~70 dBHL	Moderately severe hearing loss	중고도난청
71~90 dBHL	Severe hearing loss	고도난청
91dB 이상	Profound hearing loss	농

※ ISO: 국제표준화기구(International Organization for Standardization)

7.2.7 노화에 따른 청력의 변화

나이가 들면 후각(smell), 미각(taste), 시각(vision), 평형감각(sense of equilibrium), 청각(hearing) 등의 특수감각 기능이 감퇴된다. 여타 특수감각에 비하여 청각은 그래도 비교적 노화(aging)의 영향을 덜 받는 편이다. 그렇지만 나이가 듦에 따라 고막의 탄력성이 조금씩 감퇴하고 달팽이관의 신경세포의 퇴행성 변화로 고주파 영역에 대한 청력이 떨어지게 된다. 이것을 노화에 따른 노인성 난청(presbycusis)이라 한다.

노인성 난청은 갑자기 들리지 않는 돌발성 난청(sudden sensory neural hearing loss)과는 달리 양쪽 귀가 서서히 안 들리는 증상이다. 초기에는 고음을 듣기 어렵고, 점차 중저음에서도 어음변별력(speech intelligibility)이 떨어져 비슷한 말을 구분하는 것을 어려워한다. 우리나라에서 시행된 복수의 유병율 조사에 따르면, 65세 이상 인구에서 약 30% 이상이 노인성 난청을 겪고 있다는 결과가 나왔다.

보통 내이(inner ear)나 청신경에 장애가 생기는 감각신경성 청력장애 형태로 나타난다. 또한 외이나 중이에 이상이 있어 소리가 내이에까지 도달하지 못하는 전도성 청력장애로도 발생할 수 있다. 이에 대한 원인은 보통 다양한 요인이 복합적으로 작용하는 것으로 알려져 있다. 예를 들어 감각신경기관의 손상, 청각중추의 퇴화, 고막과 이소골의 퇴화, 장기간 소음노출, 이독성 약물에 의한 손상, 가족력의 유전인자, 달팽이관 내의 유모세포의 손상 등이 있다.

노인성 난청은 서서히 진행되기 때문에 뒤늦게 인지하더라도 해결책을 마련하는데 적정한 시기를 놓치기 쉽다. 가벼운 문제로 여겨 방치한다면 청각(hearing), 언어(language), 인지(perception) 기능이 저하될 수 있어 조기에 치료를 받아야 한다. 이러한 난청 증상이 지속된다면 극도의 피로감과 스트레스로 다른 사람들과의 의사소통이 어려워져 고립에 처하게 되어 다양한 사회활동의 제약이 오고, 우울증(depression), 치매(dementia)[10] 등 다양한 문제를 동반하기도 한다. 물론 환자 본인뿐만 아니라 대화를 하는 상대방에게도 상당한 스트레스를 야기하기도 한다. 이를 예방하고 삶의 질을 높이기 위해서는 이과의사(otologist) 또는 청능치료사(audiologist)로부터 적기에 정확한 청력검사를 받아 청력 회복을 돕는 적합한 보청기(hearing aid)를 착용하여야 한다.

특별한 예방법은 알려져 있지 않지만 젊어서부터 일상생활 속에서 생활습관을 개선함으로써 실질적인 도움이 될 수 있다. 예를 들어, 장시간 이어폰 사용, TV 시청 시 지나치게 높은 볼륨, 평소 지인들과 지나치게 큰소리로 대화하는 습관, 등과 같이 지나친 소음에 노출되지 않도록 주의하는 것이다. 또한 야구장이나 공연장 등에서 장시간 지나친 고성방가도 고막에 나쁜 자극을 줄 수 있다. 간접적인 위험인자로는 장기간 과도한 술, 담배, 소염제 또는 항생제 등에 포함된 청각에 해로운 이독성 약물 등이 있다.

7.2.8 인공와우이식

인공와우이식(cochlear implant, CI)은 선천적·후천적 요인에 의해 유모세포(hair cell)에 손상을 입어 보청기를 사용해도 도움을 받지 못하는 양측 고도난청 환자의 와우 내에 전자장치를 이식하는 수술이다. 1980년대 초에 세계적으로 상용화에 성공한 CI장치는 2006년까지 전 세계적으로 약 8만 명 이상이

---

10) 미국 존스홉킨스 블룸버그 보건대학의 한 연구팀에서 2023년 "청력장애와 치매의 유병율"의 상관관계를 밝히는 조사보고에서, 80세 이상의 미국인 2,413명의 중/고도 청력장애 환자 가운데 61%가 치매환자로 판명되었다고 발표하였다.

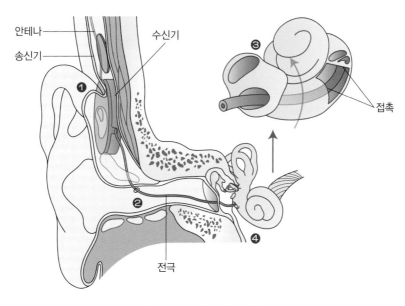

안테나

송신기

수신기

접촉

전극

[그림 7-35] 와우이식

이식수술을 받았다. 국내에는 1980년대 후반에 도입되어 이식환자의 수가 빠르게 증가하고 있다.

[그림 7-35]에서 보듯, 두피 밖에 위치한 안테나가 달린 송신기(sender)는 두피 아래에 있는 수신기(receiver) 또는 자극기(stimulator)에 신호를 보내고 청신경(auditory nerve)에 전자코드를 교대로 보낸다. 마이크로폰은 마이크로프로세서를 통해 전달된 음파를 모으기 위해 귀 뒤에 시킨다. 마이크로프로세서는 음파를 분석하고 이식된 장치에 있는 전극(electrode)에 자료를 다시 중계한다. 환자는 실제적으로 뚜렷한 음을 듣지 못하지만 신경감각으로 구별할 수 있는 소리진동으로 변환된 전기자극을 수용하는 것이다. 따라서 처음 인공와우로 듣는 경우, 음성신호는 마치 잡음 또는 기계음으로 들리게 된다. 이처럼 CI장치는 청각이 손실된 환자의 청력을 회복시키기 위해 외부의 마이크를 통해서 들어온 음성신호를 전기신호로 바꾸어 환자의 와우 내 청신경세포를 전기적으로 자극하여 청력을 보조하는 인공신경장치이다.

외부의 음성신호는 먼저 마이크로폰에 의해서 감지되고 어음처리기(speech processor)로 전달된다. 이때 어음처리기는 전송된 전기신호를 주파수 대역으로 나누어 소리를 증폭(amplifying)·여과(filtering) 등의 처리과정을 거쳐 부호화(coding)한다. 부호화된 전기신호는 전파코일(transmitting coil)로 전달되고, 이 신호는 피부를 통해 수용기(receiver) 또는 자극기(stimulator)로 보내진다. 수용기는 다시 전극을 통해 적절한 양의 전기자극을 와우로 보낸다. 끝으로, 전기자극은 전류의 형태로 와우 안에 장착된 미세전극(electrode array)을 통해 청신경을 자극하여 뇌에 신호를 전달한다.

7.3 심리음향

7.3.1 기초개념

물리음향, 청지각, 그리고 심리음향에서 사용되는 단위가 다소 복잡하여 혼란을 일으키는 경우가 많다. 특히 심리음향학(psychoacoustics)에서는 물리적인 용어와 심리적인 용어의 단위를 혼동하기 쉽다. 예를 들어, 물리적 개념인 주파수(frequency)의 단위는 Hertz(약어로 Hz)인 데 반하여 이의 심리적 지각을 의미하는 피치(pitch)의 단위는 멜(Mel)[10]이다. 지금은 피치의 단위로 대부분 Hertz를 쓰고 있기는 하다. 마찬가지로 물리적 개념인 진폭 또는 세기의 단위는 데시벨(DeciBel, dB)[11]인 데 반하여 이의 심리적 지각을 의미하는 소리의 크기 라우드니스(loudness)는 손(sone)이다. 그러나 소리의 크기라도 동일한 크기를 나타낼 때는 폰(phon)을 쓴다. 물리음향에서 세기와 압력의 단위로 사용되는 와트(Watt)와 다인(Dyne)이 상대적 개념을 나타내는 벨 또는 데시벨과는 어떤 관계인가를 설명하는 것은 간단하지 않다. 게다가 데시벨을 나타낼 때도 음압수준을 나타내는 dBSPL, 강도수준을 나타내는 dBIL, 그리고 청력수준을 나타내는 dBHL 등이 어떠한 면에서 차이가 있는가를 알아야 한다.

음성레벨계측기(sound level meter)에 의해 측정되는 음향신호의 물리적인 특성을 소리의 세기(intensity)라 한다. 신호의 크기는 소리의 세기와 밀접한 관계가 있다. 즉, 소리의 세기가 증가함에 따라 청자도 그 소리가 더 크게 들리는 것으로 인식한다. 반면에 소리의 크기(loudness)는 인식된 소리의 세기에 대한 주관적이고 심리적인 느낌이다. 주파수와 피치처럼 소리의 세기와 크기도 선형적인 관계는 아니다. 인간의 청력체계는 주파수에 따라 소리의 세기가 다를 때 동일한 크기의 소리로 인식하는 방식으로 신호에 대해 반응한다. 폰(phon)은 동일한 소리의 크기를 나타내는 단위이다(〈표 7-4〉 참조).

〈표 7-4〉 주파수 vs. 피치, 진폭 vs. 소리의 크기

물리적 자질	심리 또는 지각자질
명칭(단위)	명칭(단위)
주파수(Hz)	피치(Mel)
진폭(dB)	소리의 크기(sone) (phon): 동일 소리

1. 벨과 데시벨

진폭(amplitude)은 진동의 폭, 즉 입자가 변위한 정도의 소리의 힘(세기)을 나타낸다. 두 개의 소

---

10) 멜(mel)은 음의 높이, 즉 피치의 단위이며, 1,000Hz의 순음을 40dBSL(sound level)에서 고정시켰을 때를 1,000mel이라 한다.
11) 농아자였던 알렉산더 그레함 벨(Alexander Graham Bell(1847~1922)의 이름을 딴 단위인 벨(bel)의 1/10을 가리킨다.

리 사이에 상대적인 소리의 세기, 즉 강도를 측정하기 위한 단위로 데시벨(Decibel, dB)이라는 단위를 사용한다. 세기가 10배 증가하면 세기준위는 10dB 증가하지만, 세기가 100배 증가하면 세기준위는 20dB 증가한다는 것도 알아야 한다. 소리의 힘은 힘의 제곱에 비례한다. 다시 말하면, 압력은 힘의 제곱근이다. 물리학에서 강도레벨(intesity level, IL)이란 신호의 힘을 평방센티 당 와트 수로 측정한 것이다. 음향학에서 사용되는 측정단위는 와트(watt)와 다인(dyne)이다. 발화와 지각의 음향학에서는 음압수준(sound pressure level, SPL)이 측정되며 압력의 단위는 평방 센티미터 당 다인(dyne/cm[12])이다. 강도를 나타내는 단위는 데시벨이다. 그런데 데시벨에도 종류가 많다. 난청의 정도를 정확하게 측정할 때에는 dBHL(hearing level)을 이용하는데 이는 청력이 정상인 20세 남녀가 주파수별로 들을 수 있는 가장 작은 소리를 0으로 정한 것으로 주파수별 강도인 셈이다. 반면, dBSPL(sound pressure level[13])은 주파수에 관계 없이 소리의 압력을 절대 수치화한 것이다. 즉, dBSPL은 소리의 크기를 압력(P)의 비율로 나타낸 것으로 다음과 같은 값을 가진다.

$$dBSPL = 20 \log(P/P_0)$$

$$P_0: \text{기준음압, } P: \text{측정음압}$$

이에 따라 음압이 2배가 되면 dBSPL은 6dB 증가한다. 다시 말하면, 사람의 귀는 6dBSPL 높아질 때마다 소리가 2배 크게 들린다. 즉, 기준 dB보다 6dB가 높으면 4배, 18dB가 높으면 8배 크게 들린다는 계산이다.

2. 폰과 손

폰(phon) 단위는 주관적 보고에 기반을 두기 때문에 이 보고가 얼마나 정확한지 알고자 하는 것은 매우 흥미 있는 일이다. 즉, 소리의 크기에 있어서 동일하지 않다고 판정되는 2개의 연속적인 주파음의 음압이 얼마나 차이가 있는지에 대하여 알려고 하는 것이다. 소리 세기 차이의 역치를 측정하기 위하여 설계된 실험은 이 역치가 매우 작음을 보여준다. 역치 부근에서 동일한 주파수의 2개의 주파음(tone)은 음압수준의 차이가 3~5dB 순서일 때 소리의 크기에서 차이가 있다고 한다.

주관적인 소리의 크기는 손(sone)으로 표시한다. 소리의 크기가 40dB이고 주파수가 1,000Hz인 주파음을 대조음으로 정하고 시험음의 크기를 추정하여 손(sone) 값을 얻는다. 이 방법으로 얻어지는 주관적인 인식 세기는 폰보다 훨씬 복잡한 음파들의 세기를 식별할 수 있다. 이때 얻어진 손 값들을 폰 값과 대비하여 이중 로그 시험지에 기록하면 40폰 이상의 크기 수준에서는 직선이 그려지는 것으로 보아 소리 감각의 크기는 음압의 제곱함수에 비례함을 알 수 있다. 즉, 10폰을 증가시키면 인식되는 크기는 2배로 증가한다.

---

12) 다인(dyne)은 힘의 단위로, 1gram이 물체에 작용해서 $1cm/sec^2$의 가속도가 생기는 힘을 가리킨다.
13) $0dBSPL = 0.0002dyne/cm^2 = 10^{-16}watt/cm^2$

3. 강도

음성레벨계측기(sound level meter)에 의해 측정되는 음향신호의 물리적인 특성을 강도(intensity)라고 한다. 강도는 음파의 진폭과 비례하며 데시벨로 측정된다. 사람의 귀는 0.1~0.5dB의 세기를 구별할 수 있고, 들을 수 있는 청각 강도의 영역은 겨우 들을 수 있는 것에서부터 고통스럽게 큰 것 까지 10^{13}배에 걸쳐 있다. 어떤 사람은 음파의 에너지가 진폭과 직접적으로 비례할 것이라고 기대할지도 모른다. 실제로 음파의 에너지는 진폭의 제곱에 비례한다. 따라서 강도는 거리가 멀어질수록 낮아진다. 자유음장 (free field), 즉 공기 외에는 아무런 장애물이 없는 가상공간에서 발생하는 소리는 모든 방향으로 일정하게 퍼진다. 같은 힘을 가진 소리가 A1, A2, A3, A4로 고르게 퍼져 나가면서 소리가 차지하는 면적은 지름(r)의 제곱으로 증가한다. 즉, 정해진 면적에서 강도는 지름의 제곱에 반비례한다는 것이다. 따라서 음원의 위치에서 지름(거리)이 2배 증가하면 강도는 1/4로 줄어들게 되며, 지름(거리)이 3배 늘어나면 강도는 1/9로 줄어든다는 이야기다. 다음 공식에서와 같이, 이러한 소리의 특성을 '역제곱 법칙(inverse square law)'이라 한다.

$$I = 1/d^2 \text{ where } I = \text{intensity and } d = \text{distance}$$

강도가 증가되는 것은 증가된 기류에 대해 성대에서 더 큰 저항이 발생하기 때문이다. 다시 말해, 더 큰 진폭의 음성 압력파를 형성하기 위해 더 많은 양의 공기를 방출하면 두 성대는 더 멀리 떨어진다. 말하는 동안 성대는 언어 메시지와 맞는 강도와 기본주파수(fundamental frequency, F0)를 바꾸기 위해 긴장 특성을 지속적으로 변화시킨다. 이런 지속적인 변화는 말의 운율(prosody)과 같은 언어적 의미를 나타낸다. 더 나아가 문장 전체에서 나타나는 운율의 변화, 즉 억양(intonation)은 감정(emotion)과 태도 (attitude)에 따라 달라지게 되는 것이다.

4. 음압레벨

귀는 압력에 민감한 기관이기 때문에 보통 음압 차이를 통해 청력의 세기를 비교하게 된다. 소리의 힘은 그 자신의 곱에 해당하는 압력에 비례한다. 다시 말해, 소리의 힘은 압력의 제곱에 비례하게 된다. 예를 들어, 압력이 2배라면 힘은 4배로 커지게 된다. 압력은 친숙한 용어지만, 가끔 힘(force, F)과 같은 의미로 사용되는데 이는 부적절하다. 힘(F)은 밀거나 당기는 것으로 간단하게 정의될 수 있는 반면에, 압력(pressure, P)은 힘이 단위 면적(area, A)에 작용될 때 생긴다. 압력과 힘의 관계는 다음과 같이 나타낼 수 있다.

$$P = F/A \quad F = P \times A$$

보통 음압은 평방 센티미터 당 다인(dyne)으로 측정되며(dynes/cm^2), 적용되는 표준비교압력은 0.0002dynes/cm^{2}와 비교되는 소리의 압력을 음압레벨(sound pressure level, SPL)이라고 한다. SPL은 특정한 압력과 표준비교치 사이의 dB 차이를 가리킨다.

5. 가청주파수

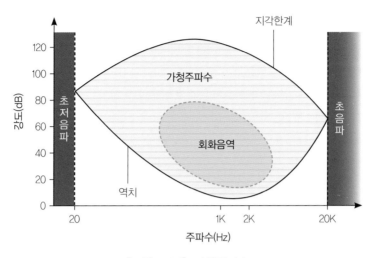

[그림 7-36] 가청주파수

주파음의 청각 능력은 음압뿐만 아니라 주파수에 의존한다. **[그림 7-36]**에서 보듯이, 건강하고 젊은 성인은 20~20,000Hz 또는 4~130phon까지 들을 수 있으며, 이를 가청주파수(audible frequency, AF) 또는 가청역치(threshold of audibility)라 한다. 물론 이러한 한계는 사람마다 다르다.

20,000Hz 이상의 주파수를 초음파(ultrasound)라 하고 20Hz 이하를 초저주파(infrasound)라 한다. 사람의 귀는 10^{13}W/m^{2}의 미약한 음향신호를 감지할 수 있고, 수면 시에도 10^{-9}W/m^{2}를 감지할 수 있

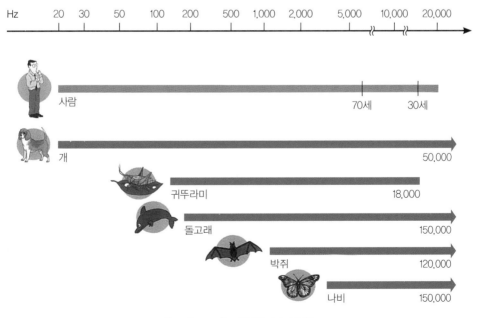

[그림 7-37] 가청주파수 범위

다. 사람의 귀는 1,000~3,000Hz 범위의 주파수에 감수성이 가장 높으며 이보다 높거나 낮은 주파수에 대한 민감성은 현저히 떨어진다.

[그림 7-37]에서 보듯이 귀뚜라미는 100~18,000Hz 주파음을 들을 수 있지만, 어떤 동물들은 초음파대의 주파음을 들을 수 있다. 예를 들어, 개는 20~50,000Hz까지, 돌고래는 150~150,000Hz까지, 박쥐는 1,000~120,000Hz, 그리고 나비는 2,500~150,000Hz의 소리를 감지할 수 있다. 코끼리는 20Hz 이하의 초저음파를 감지할 수 있고, 역시 초저음파를 이용하는 하마는 그 소리를 5km 밖까지 더 멀리 전달할 수 있다. 초저음파는 지진, 천둥, 화산의 폭발이나 큰 기계의 진동에 의하여 생길 수 있다. 기계진동음은 근로자들에게 상당히 귀찮은 존재다. 왜냐하면 초저주파는 비록 귀에는 들리지 않지만 오랫동안 초저주파에 노출되면 몸을 손상시킬 수 있기 때문이다.

6. 절대가청한계

[그림 7-38]은 인간의 절대가청한계(absolute threshold of audibility)를 보여 주고 있다. 그림은 압력의 주관적인 단위인 dBSPL과 압력의 객관적인 단위인 dyne의 관계를 나타낸다. 맨 아래의 곡선(실선)은 인구의 1%에 해당하는 좋은 귀를 가진 사람들만이 들을 수 있는 '문턱세기수준'이다. 그 위 또 다른 실선은 인구의 50%에 해당하는 사람들이 이 한계준위 또는 또는 그 이하를 들을 수 있다. 맨 위 곡선은 '고통을 느끼기 시작하는 준위'를 나타낸다. 즉, 인간의 귀는 120dB 이상의 소리에 장시간 노출되면 소음성 난청이나 청지각 문제가 발생될 수 있다. 감지한계선에서 알 수 있듯이 이것은 진동수에 따라 크게 변하지 않는다.

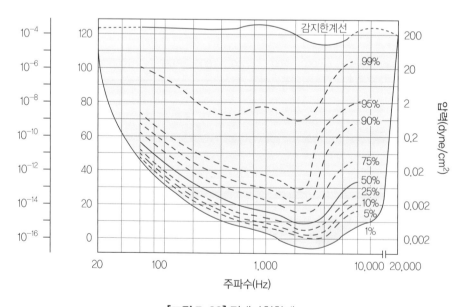

[그림 7-38] 절대가청한계

출처: Denes & Pinson(1993:95)으로부터 수정 인용

7. 소리의 상대적 크기

사람의 청력은 기준음(0dB)에 비하여 상대적인 크기로 결정된다. 〈표 7-5〉는 소리의 상대적 크기를 보여 주고 있다. 1dB의 10배는 10dB이고, 1dB의 100배는 20dB이다. 또한 1dB의 1,000배는 30dB이고, 1dB의 100만 배는 60dB가 된다. 0dB는 소리가 없다는 것이 아니라 사용된 소리기준과 압력기준이 같다는 것을 의미한다. 예를 들어, 시골집의 소음이 30dB라는 말은 달리 말해서 '평균적인 인간이들을 수 있는 가장 작은 소리보다 30dB 더 크다는 것이다.

〈표 7-5〉 소리의 상대적 크기

소리	데시벨(dBSPL)	절대역치와 비교
절대역치(absolute threshold)	0	
나뭇잎 바스락 소리	10	10배 더 크다.
시계 째깍 소리	20	100배 더 크다.
도서관의 조용함	30	1,000배 더 크다.
보통 대화	60	100만 배 더 크다.
음식 믹서기 소리	90	10억 배 더 크다.
시끄러운 록 콘서트	120	1조 배 더 크다.
제트기 이륙 소리	150	1,000조 배 더 크다.

7.3.2 음파의 간섭

다른 모든 파동과 같이 음파도 간섭을 한다. 이 경우 마루(peak)와 마루가 만나면 진폭이 증가한다. 그러나 마루와 골(valley)이 만나면 진폭은 감소한다. 음파의 경우 마루는 밀 또는 압축(compression)

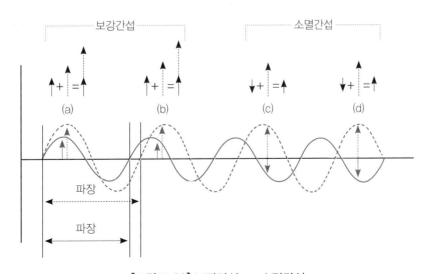

[그림 7-39] 보강간섭 vs. 소멸간섭

에, 골은 소 또는 희박(rarefaction)에 해당한다. **[그림 7-39]**과 같이, 같은 주파수의 신호가 서로 간섭하는 경우가 있을 수 있다. 즉, (a)와 (b) 지점에서는 마루와 마루, 또는 골과 골이 만나서 소리가 증폭되는 보강간섭(constructive interference)을 나타내고 (c)와 (d) 지점에서는 반대로 마루와 골, 또는 골과 마루가 만나서 감폭되는 소멸간섭(destructive interference)을 보여 주고 있다.

만일 같은 진동수로 동일한 소리가 나오는 2개의 스피커로부터 같은 거리에 앉아 있으면 2개 스피커의 중첩효과로 소리는 더 커진다. 진동의 압축과 희박이 박자에 맞추어 같은 위상으로 도달하기 때문이다. 그러나 스피커를 약간 옮겨서 스피커로부터의 경로 차이가 반 파장이 되게 하면 한 스피커의 희박을 다른 스피커의 압축이 채우게 된다. 이 경우 음파를 반사하지 않으면 아무런 소리도 들리지 않는다.

7.3.3 소리의 상대적 특성

소리의 정의는 두 가지로 볼 수 있다. 첫째, 음향물리학적인 개념으로 소리는 대기에서의 파동(wave motion)[14]으로 정의 내릴 수 있다. 둘째, 심리음향학적인 개념으로 소리는 청각 기능의 자극으로 인한 지각현상이라고 할 수 있다. 전자의 경우 소리는 자극제(stimulus)이며, 후자의 경우 소리는 감각(sensation)이다. 이 같은 소리의 이중성은 어떠한 관점에서 소리를 보는가에 따라 달라진다.

1. 주파수와 피치

심리음향학적인 개념에서 주파수(frequency)는 피치(pitch)로 해석된다. 주파수와 피치는 같은 것 같지만 실제로 주파수는 매우 구체적이고 절대적인 수치가 있는 반면에 피치는 상대적인 개념이 내포된다. 예를 들어, 같은 주파수의 소리라 할지라도 세기에 따라 인간의 두뇌는 다른 피치로 해석한다.

주파수는 1초 동안 일어나는 성대진동의 횟수를 가리킨다. 반면에, 피치는 음파의 지각된 주기를 가리킨다. 주파수가 높으면 높은 소리(high tone)가 되고, 주파수가 낮으면 낮은 소리(low tone)가 된다. 주파수는 물리적인 현상인데 반하여, 피치는 감각적, 심리적인 현상이다. 주파수의 단위는 Hz이고 피치(주파수의 지각)의 단위는 멜(mel)이다. 주파수와 피치는 직접적으로 관련된다. 일반적으로 진동주파수가 증가할 때, 우리는 피치가 증가했다고 느끼고, 진동주파수가 감소하면 피치가 내려갔다고 느낀다.

인간의 청각체계는 특히 반응하기 쉬운 주파수가 있다. 1,000Hz 이하의 주파수에서 감지된 피치는 그 주파수와 1차 선형의 관계를 보여 준다. 그러나 **[그림 7-40]**의 멜 곡선에서 보여 주는 바와 같이, 주파수가 1,000Hz 이상으로 올라갈수록 피치의 변화에 대한 지각능력은 점점 무디어진다.

---

14) 파동은 전파되는 방향과 물체 내의 입자가 운동하는 방향에 따라 횡파(transverse wave)와 종파(longitudinal wave)로 구분할 수 있다. 횡파란 물결이나 빛의 파동과 같이 입자의 운동이 파동 전체의 전파 방향에 대해 지각인 경우를 가리키며, 종파란 소리와 같이 입자의 운동이 전파방향을 따라서 왕복하는 경우를 가리킨다.

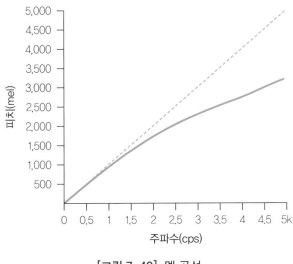

[그림 7-40] 멜 곡선

2. 강도와 소리의 크기

소리의 상대적인 개념은 강도(intensity)와 소리의 크기(loudness)에서도 마찬가지로 적용된다. 소리의 세기는 물리적 수치로 측정이 가능하지만 소리의 크기는 심리적 개념이다. 이들 역시 주파수와 피치의 관계와 마찬가지로 비선형적인 관계이다. 즉, 소리의 세기가 10배 높아졌다고 해서 소리의 크기가 10배 커졌다고 느끼지 못하는 현상이다. 예를 들어, 스피커의 출력이 10watt일 때와 100watt일 때를 비교하면 소리의 세기는 10배 높아졌지만 실질적으로 사람이 느끼는 소리의 크기는 약 2배 커졌다고 느낀다.

사람의 귀는 $10^{-13}W/m^2$에서 최고 $1W/m^2$ 세기의 소리를 들을 수 있다. 이것은 최저에서 최고까지 1조 갑절인 10^{12}배의 세기에 걸쳐 있어 대단히 넓은 범위이다. 아마도 이와 같은 넓은 범위 때문에 사람이 느끼는 소리의 크기는 강도에 비례하지 않을지도 모르겠다. 물론 세기가 클수록 소리가 더 크게 들리는 것은 사실이다. 그러나 2배로 크게 들리는 소리로 만들어 내려면 강도를 약 10배로 증가시켜야 한다. 이것은 가청진동수의 중간쯤에 있는 진동수에 대해서는 대체로 잘 맞는다.

3. 주파수와 강도

사람들은 말소리를 귀에서 강도 형태로 감수하지만, 뇌에서는 데시벨의 형태로 지각한다. 이때 강도의 증가를 그대로 지각하는 것이 아니라 감수한 강도가 10배씩 증가하기 때문에 10배는 10dB, 100배는 20dB, 1,000배는 30dB의 크기로 듣는다. 인간은 주파수와 강도를 분리하지 않고 유기적으로 결합하여 지각한다. 또한 인간의 청각체계는 저주파수 대역이나 고주파수 대역보다는 중간대역(mid-range frequency)에 더 민감하다. 따라서 중간대역의 주파수는 강도가 낮아도 잘 지각될 수 있지만 저주파수나 고주파수에서는 훨씬 더 높은 세기의 소리를 필요로 한다.

일상생활의 경험으로부터 우리는 주파음을 강도뿐만 아니라 주파수와 관련된 피치에 의해서도 평가할 수 있다. 연속적으로 들리는 주파음의 피치를 구별할 수 있는 능력은 놀라울 정도로 좋다. **[그림**

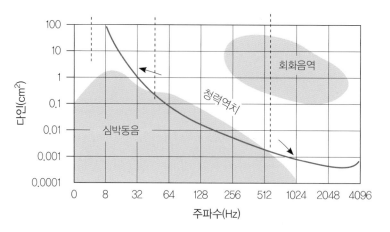

[그림 7-41] 청력역치와 심박동 소리의 감지

7-41]은 청력역치와 심박동 소리의 관계를 보여 주고 있다. 즉, 건강한 성인은 자신의 심장박동음을 40~520Hz의 저주파대역에서 감지할 수 있다.

4. 소리크기 곡선

음압의 진폭이 커지면 소리가 크게 들리지만 이들 사이의 관계는 정비례하지 않는다. 우리가 주관적 또는 심리적으로 느끼는 소리의 크기를 라우드니스(loudness)라고 한다. 그런데 물리적으로 같은 음압이라 하여도 주파수가 다르면 소리의 크기가 다르게 느껴진다. 1,000Hz를 기준으로 하여 같은 크기로 들리는 점들을 연결한 [그림 7-42]은 건강한 성인에게서 얻은 동등소리크기곡선(equal loudness curve)을 보여 주고 있다.

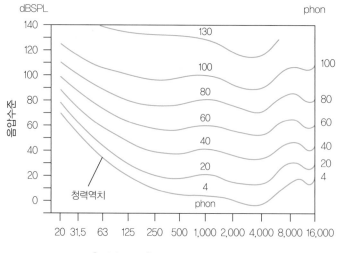

[그림 7-42] 동등소리크기곡선

　이 곡선은 인간의 귀가 소리의 강도를 각 주파수마다 다르게 인지하는 것으로 기록하고 있다. 예를 들어, 1,000Hz의 10dBSPL과 같은 강도의 소리는 100Hz에서 30dBSPL의 소리이고 10,000Hz에서는 22dBSPL의 소리이다. 동등크기소리곡선에 따르면, 인간은 2,000~5,000Hz에서 가장 민감하게 반응하며 저주파음에 더 둔감하다. 그러나 이러한 현상은 강도가 커질수록 소멸된다.

　여기서 얻어진 음의 크기(loudness)를 정량화한 단위가 폰(phon)과 손(sone)[15]이다. 이들은 다 같이 순음에 대한 청자의 반응을 기초로 한 단위들이기 때문에 주관적인 음의 크기를 나타낸 것이다. 다만 손(sone)은 40dB의 1kHz를 기준으로 한 값이기 때문에 폰(phon)보다 훨씬 복잡한 음파들의 세기를 식별할 수 있다. 폰과 손과 같은 개념은 우리의 귀가 자극음의 같은 주파수에서 가장 작은 소리의 차이를 찾아내는 실험을 통하여 가능하다. 이를 강도의 식별역치(intensity discrimination limen)라고도 하며, 다른 말로 최소식별차이(Just Noticeable Degree, JND)라고도 한다. 정상청력을 가진 사람의 경우에는 아주 작은 음압수준에서는 JND가 크지만 아주 높은 음압에서는 JND가 작다.

5. 회화음역

　[그림 7-43]에서 보듯이, 분홍색으로 표시된 200~6,100Hz의 영역을 가리켜 회화음역(conversational range)이라 한다. 회화음역의 강도는 보통 40~82dB까지 42dB를 가리킨다. 귀는 전체 회화음역에 대하여 똑같은 감도를 가지지는 않는다. 1,000Hz의 소리는 0dB의 소리도 들을 수 있는데 반해, 100Hz의 소리는 적어도 40dB는 되어야 들을 수 있다. 귀는 1,000~3,000Hz 사이의 소리에 대하여 가장 민감하기 때문에 이 영역을 최적진동수(best frequency)라 한다.

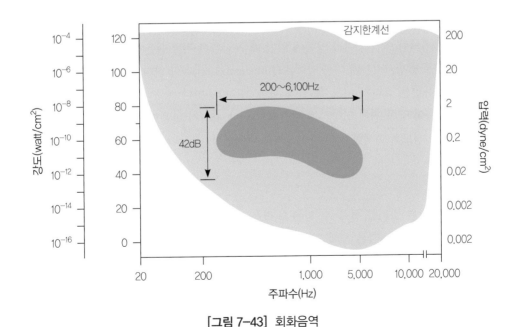

[그림 7-43] 회화음역

---

15) 폰(phon)은 1kHz를 기준으로 하여 같은 크기로 들리는 점들을 연결한 것이고, 손(sone)은 40dB의 1kHz를 1sone으로 하여 청력의 크기를 정량화하기 위해서 사용된다.

7.3.4 청각의 분별력

인간의 청각에 대한 분별력(localization of sound source)은 탁월하다. 소리의 방향을 감지하는 능력과 소리의 주파수 특성을 구분하는 능력은 오래전부터 임상실험을 통해서 연구되었고 결과는 다음과 같이 요약될 수 있다.

1. 음원식별

우리는 하나의 음원(sound source)에서 들려오는 소리뿐만 아니라 연속적인 소리도 들을 수 있으며, 그 소리가 들려오는 음원의 위치도 지각할 수 있다. 즉, 우리의 뇌에서 청각중추(auditory center)는 공간 및 시간의 차이를 변별할 수 있다. 실제로 우리는 귀로 음원의 방향을 매우 민감하게 구별할 수 있다. 공간 및 시간에 대한 변별능력은 양쪽 귀를 필요로 한다(binaural hearing). 방향성 청각(directional hearing)의 물리적 기초는 한쪽 귀가 다른 쪽 귀에 비하여 음원으로부터 보다 멀리 존재한다는 것이다. 소리는 제한된 속도로 전파되기 때문에 멀리 있는 귀에는 보다 느리게 도달하고 강도 또한 낮아진다. 그런데 1,400Hz 이하의 음원방향을 식별하는 가장 중요한 원인은 두 귀를 자극하는 시간차 때문이라는 사실이 밝혀졌다. 그러나 1,400Hz 이상에서는 두 귀를 자극하는 강도의 차이가 가장 중요한 원인으로 밝혀졌다. 사람은 양쪽 귀에서 강도의 비교는 1dB 차이까지 구별할 수 있다. 3×10^{-5}초의 미세한 지연까지도 감지할 수 있으며, 이는 중심선으로부터 약 3^0 정도 음원의 분산에 일치한다.

소음이 많은 곳에서 두귀듣기 또는 양이청취(binaural hearing)는 공간에서 방향 설정보다 더욱 중요한 기능을 가지고 있는데 이는 간섭하는 소리가 존재하는 곳에서 청각신호의 분석을 돕는 역할을 한다는 것이다. 양쪽 귀의 차이는 주위 소리를 억제하고 관심있는 소리를 약 10dB 정도의 청력을 증가시켜 찾아내기도 한다. 이처럼 인간의 귀가 양쪽에 있기 때문에 한쪽 귀로 듣는 경우와 양쪽 귀로 듣는 경우에 서로 다른 효과를 발생시키는데 이를 양이효과(binaural effect)라고 한다.

청각계의 많은 뉴런은 소리가 어느 쪽 귀에 제시되든 반응한다. 어떤 뉴런, 특히 상올리브핵에 있는 뉴런들은 자극음이 양쪽 귀에 도착하는 시간의 차이에 따라서 반응한다. 이 뉴런들의 발화율(firing rate)에는 1mm/sec 정도의 미세한 시간 차이까지도 반영한다.

2. 매스킹 효과

어떤 소리가 또 다른 소리를 들을 수 있는 능력을 감소시킬 수 있다. 차폐효과 또는 매스킹 효과(masking effect)는 어떤 음이 다른 음에 의해 잘 들리지 않는 현상을 가리킨다. 다시 말해, 동등한 조건에서 음압수준이 높은 소리가 낮은 소리를 압도하여 들을 때 음압이 낮은 소리를 전혀 인식하지 못하는 청각특성을 가리킨다. 예를 들면, 또렷하게 들렸던 시계의 초침소리가 에어컨 소리에 의해 들리지 않는 경우이다. 또 다른 예로는, 동일한 주파수 성분의 소리를 두 스피커로 출력한 경우 한쪽 스피커에서 나는 소리를 전혀 인식하지 못하는 경우이다. 신경생리학적으로 볼 때, 소리의 자극에 따라 신경충동이 일어나는 경우 방전하는 신경섬유는 다른 정보를 동시에 뇌에 전달할 수 없다. 차폐는 음압이 상대적으로 높은 소리가 낮은 소리에 가면을 씌워 안 들리는 현상으로 이해하면 된다. 즉, 동일한 주파수

성분의 소리를 두 스피커로 출력한 경우 한쪽 스피커에서 나는 소리를 전혀 인식하지 못한다. 만약 주파수 성분이 비슷한 경우에는 그 차이만 인식된다. 예를 들어, 소리의 주파수 성분이 전반적으로 동일하나 2kHz 대역에서 한 소리가 다른 소리보다 약간 큰 경우에는 그 소리의 다른 주파수 대역은 매스킹이되고 2kHz만 구분되어 들리게 된다. 이 매스킹 효과는 청각에 한정된 것이 아니라 미각, 후각, 시각 등에 있어서도 일어난다. 예를 들어, 싫은 냄새를 제거하기 위해 조미료를 많이 넣는다거나 해서 맛을 바꾸는 것이다.

매스킹 효과는 다음의 특징을 갖는다.

① 방해음의 레벨이 올라가면 매스킹의 양은 확대된다. 예를 들어, 2개의 음에 음량 차이가 있는 경우, 큰 음량이 작은 음량을 매스킹한다.
② 방해음의 주파수에 가까울수록 매스킹의 양은 확대된다. 예를 들어, 2개의 음이 동일한 주파수이거나 가까운 주파수이면, 서로 영향을 주어 잘 안 들리게 된다.
③ 낮은 음은 높은 음을 매스킹하지만 낮은 음을 매스킹하지 않는다.

3 칵테일파티 효과

1953년 영국의 인지과학자 콜린 체리(Colin Cherry, 1914~1979)는 각종 소음이 난무하는 시끄러운 파티장에서도 본인이 흥미를 갖는 이야기는 선택적으로 들을 수 있다는 것을 실험을 통해 밝혀냈다. 배경소음(background noise)이 있음에도 인간이 어떤 특정한 사람의 음성을 선택적으로 들을 수 있다는 능력은 가히 놀랄만하다. 우리는 한 번쯤 서로 얼굴을 맞대고 있는 상대방의 말도 잘 들리지 않는 파티장에서 자기와 관련된 이야기는 잘 들리는 것을 경험할 수 있다. 즉, 인간에게는 감각기억(sensory memory)이 있어서 필요한 정보를 선택적으로 지각할 수 있다는 이론이다. 다시 말해, 인간은 자기가 원하는 소리에 집중하여 그 소리만을 듣고 다른 소리를 차폐할 수 있는 능력이 있다는 것이다. 이것을 가리켜 칵테일파티 효과(cocktail party effect)라 한다. 예를 들어, 한 사람이 눈을 감고 여러 명이 똑같은 책을 똑같은 크기, 감정, 속도로 읽는다고 하여도 집중을 한다면 여러 명 가운데 특정한 사람의 목소리를 정확하게 구분하고 의미를 파악할 수 있다는 것이다. 물론 이때 위치를 바꾸어도 지각하는 데는 아무런 문제가 없다는 것이다. 또 다른 예로는, 강의시간에 교수님의 목소리가 잘 들리지만 옆 친구들의 소곤거리는 소리에 집중을 한다면 옆 친구들의 소곤거리는 소리가 더 잘 들린다.

4. 하스 효과

헬무트 하스(Helmut Haas, 1928~2019)는 1949년 그의 박사학위 논문에서 성분이 같은 음압을 두 개의 스피커로 출력을 하되, 한쪽 스피커의 출력을 약 10~40msec 정도 지연시키더라도 마치 하나의 스피커에서만 소리가 나는 것으로 인식한다는 것을 알았다. 이때 다시 반대쪽 신호를 약 10dB 정도 줄이면 다시 정중앙에서 나는 것으로 인식한다는 것이다. 즉, 수평면 내에서 동일한 소리가 짧은 시간 간격을 두고 서로 다른 방향에서 귀에 도달하는 경우에, 늦게 들어온 음성신호는 귀에 먼저 도착한 소리에 의해 차폐되는 현상을 가리킨다. 이러한 현상을 하스 효과(Haas' effect)라고 한다. 여러 음원 중에서 먼저 들리는 소리의 음상(sound image)을 인지한다고 하여 선행음 효과(precedence effect)라고도 한다. 이는 인간의 청각구조 가운데 방향을 감지하는 능력이 시차와 상대적인 음압에 의존하고 있다는 것을 입증한 결과라고 할 수 있다.

청각기관의 해부와 생리 Tips

1 외이는 귓바퀴(auricle)와 외이도(EAC)로 구성된다. 외이는 주로 소리를 모으는 기능을 가지고 있으며, 소리의 방향을 지각하는 데도 도움을 준다.

2 중이는 고막(tympanic membrane), 중이강(middle ear cavity), 이관(auditory tube), 이소골(ossicle) 및 이내근(auditory m.)으로 구성된다. 중이는 외이로부터 전달된 음향학적 에너지(acoustic energy)를 기계적 에너지(mechanical energy)로 바꾸어 내이로 전달한다.

3 난원창(oval window)은 와우로 들어가는 입구에 있는 얇은 막으로 중이와 전정계를 분리시킨다. 등골의 진동은 와우의 외림프를 움직이며, 이 움직임은 기저막(basilar membrane)으로 연결된다.

4 내이의 유모세포로부터 전달되는 전기적 신호는 청신경을 통해 뇌의 청각중추(auditory center)로 전달되어 지각하게 된다.

5 평형(equilibrium)은 내이의 전정기관(vestibular apparatus)과 반규관(semicircular canal)의 모세포를 통해 전달된다. 중력과 가속은 섬모를 움직이는 힘을 제공한다.

6 사람의 귀는 10^{-13}W/m^2에서 최고 1W/m^2 세기의 소리를 들을 수 있다. 이것은 최저에서 최고까지 10조 갑절인 1,013배의 세기에 걸쳐 있어 대단히 넓은 범위이다.

7 사람의 귀는 20~20,000Hz 또는 4~130phon 범위의 소리진동에 반응할 수 있는데, 이를 가청음역(hearing range) 또는 가청역치(threshold of audibility)라 한다.

8 폰(phon)은 1kHz를 기준으로 하여 같은 크기로 들리는 점들을 연결한 것이고, 소리의 크기 단위인 손(sone)은 40dB의 1kHz를 1손으로 하지만, 2손은 80dB이 아니라 50dB이다.

9 사람은 나이가 들수록 20kHz에서 심하게는 4~5kHz로 청지각능력이 떨어질 수 있다.

10 사람은 보통 200~6,100Hz의 소리로 대화를 나누는데, 이를 회화음역(conversational range)이라 한다.

11 사람의 청각체계는 저주파수 대역이나 고주파수 대역보다는 중간대역(midrange frequency)에 더 민감하다. 따라서 중간대역의 주파수는 강도(intensity)가 낮아도 잘 지각할 수 있지만, 저주파수나 고주파수에서는 훨씬 더 높은 세기의 소리가 필요하다.

12 사람은 1,000~3,000Hz 부근의 소리를 특히 잘 듣기 때문에 이 영역을 최적진동수(best frequency)라 한다.

13 1,400Hz 이하의 음원 방향을 식별하는 가장 중요한 원인은 두 귀의 시간차 때문이고, 1,400Hz 이상의 음원 방향을 식별하는 가장 중요한 원인은 두 귀의 강도차 때문이다.

단원정리

1. 이소골(auditory ossicles)의 주요한 기능을 설명하시오.

2. 전정기관(vestibular organ)에서 구형낭(sacculus)과 난형낭(uricle)의 기능은 무엇인가?

3. 이관(auditory tube) 또는 유스타키오관(Eustachian tube)이란 무엇인가?

4. 기저막(basilar membrane)의 구체적인 기능은 무엇인가?

5. 가청역치(threshold of audibility)란 무엇인가?

6. 회화음역(conversational range)이란 무엇인가?

7. 감각신경성 난청(sensorineural hearing loss, SNHL)이란 무엇인가?

8. 차폐효과(masking effect)란 무엇인가?

9. 심리음향(psychoacoustics)이란 무엇인가?

10. 주파수(frequency)와 피치(pitch)와의 관계에 대하여 설명하시오.

11. 양이효과(binaural effect)를 설명하시오.

12. 칵테일파티효과(cocktail party effect)란 무엇인가?

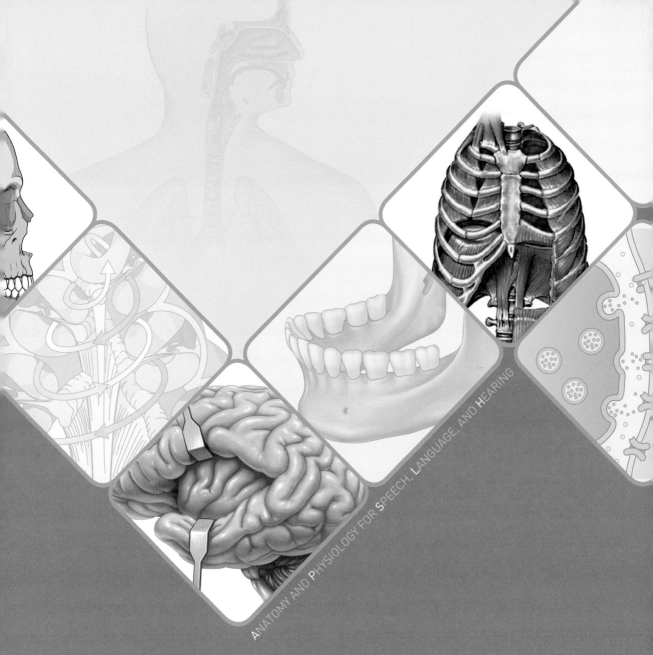

CHAPTER 08

요약 및 결어

8.1 요약

　지금까지 우리는 언어의 생성 및 지각에 관련이 있는 주요한 기관들의 해부와 생리에 관하여 종합적으로 살펴보았다. 이를 통해 화자가 한마디 음성을 만들고 공기라는 매체를 통해 청자에게 보낼 때 수많은 단계를 거치는 복잡한 과정이 있다는 것을 알게 되었다. 이러한 전달체계에서 사소한 단계라도 생략되거나 왜곡된다면 우리는 화자가 처음에 의도한 음성을 들을 수 없는 것이다. 인간의 의사소통체계는 매우 복잡하면서도 신비스럽다. 의사소통은 말과 글뿐만 아니라 얼굴표정이나 몸짓 등으로도 가능하지만 주로 입말(spoken language)에 의해서 수행된다고 할 수 있다. 입을 통해서 나오는 한마디의 음성이 만들어질 때 우리 몸에서 어떠한 일이 일어나는지를 살펴보기로 하자.

　음성(speech)은 호흡을 이용하여 산출된다. 호흡로(respiratory tract)를 통하는 공기의 움직임은 물리적인 힘과 신경 및 화학적인 작용에 의하여 조절된다. 특히 기도(airway)의 모양(shape)과 크기(size)의 변화는 그 체계가 음성을 위해 사용될 때 기류에 크게 영향을 준다. 호흡을 할 때나 음성을 산출할 때 기류는 항상 고기압에서 저기압으로 이동한다. 발성(phonation)을 위해 폐로 들어오고 나가는 공기의 움직임은 흉곽의 크기를 변화시키는 여러 호흡근에 의하여 제어된다. 그 근육들은 어떠한 내재적인(inherent) 리듬을 가지고 있지 않으며, 호흡중추(respiratory centers)로부터 신경충동(nerve impulse)을 받을 때만 수축이 된다.

　음성을 생성하기 위해서는 우선 소리를 만드는 성대가 떨려야 하고, 성대점막의 진동은 뇌의 명령을 받은 신경의 전달이 있어야 한다. 이때 성대의 떨림은 독자적으로 발생하지 못하고 여러 성대근육의 협응에 의하여 이루어지게 된다. 또한 성대의 진동은 결국 폐로부터 나오는 날숨에 의해서 가능하고, 그 날숨은 성문 아래에서 생성되는 압력이 대기의 압력보다 커질 때 가능하다. 그러나 이것만 가지고는 한마디의 음성도 만들어지지 않는다. 성대의 진동을 일으키기 위해서는 많은 후두의 내근 및 외근, 성대를 둘러싸고 있는 여러 연골과 막조직은 물론 진동을 일으키는 에너지원인 호흡의 힘을 이용해야 하기 때문에 여러 호흡근도 관여해야 한다. 이렇게 하여 성대음원이 만들어지면 인두강, 구강 또는 비강에서 공명되어 소위 소릿길이라는 성도를 지나가게 된다. 이 성도를 구성하고 있는 것은 후두, 인두, 연구개, 혀, 아래턱, 입술 등이 있으며, 이들의 상호관계에 의해서 서로 다른 소리가 만들어지는 것이다. 성도를 따라 구강, 인두강, 비강 같은 공명강이라고 하는 빈 공간들이 있는데, 이 빈 공간들은 소리의 크기를 증폭시켜 주는 역할을 한다.

　조음기관들은 어떤 특정한 모음에 적합하게 움직임으로써 비로소 하나의 말소리를 만들어 내는 것이다. 신경계는 언어를 계획하고 근섬유에 명령을 내려 성대가 매우 규칙적으로 진동하는 데 기여한다. 이렇게 해서 생성된 한마디의 말은 그 화자의 입을 떠나 공기 같은 매체를 이용해서 전파된다. 소리는 성대가 떨릴 때 생기는 압력파에 의해서 전달되며 1초 동안의 성대진동 횟수는 주파수가 되고 성대가 떨리는 폭을 음의 강도를 나타내는 진폭이라 한다. 음향학적으로 볼 때 모든 소리는 에너지의 도움을 받아서 하나 또는 다른 종류의 진동으로부터 나온다. 그래서 일찍이 Isaac Newton(1642~1727)은 "소리의 원천은 진동체(tremulous body)이다."라고 하였다. 그러나 진동 자체만으로 음성을 만들어 낼 수 없으며 다음 세 가지 요건이 충족되어야 한다. 첫째, 공기, 나무, 금속 같은 전파매체(propagating medium)가 있어야 하고 소리자극은 인간이 들을 수 있는 진동범위인 초당 20~20,000회 안에 있어야 한다. 뿐만 아니라 진동은 충분히 감지할 만큼의 소리 크기를 나타내는 진폭을 가지고 있어야만 한다. 음원과 청자 사이의 거리가 멀수록 가청도 역시 떨어지기 때문이다.

이 책에서는 말소리의 산출에 필요한 폐와 횡격막 같은 호흡기관(respiratory organ), 성대를 의미하는 발성기관(vocal organs), 혀·연구개·입술·아래턱 같은 조음기관(articulatory organs), 삼킴과 관련된 소화기관(digestive organs), 말소리의 지각에 관여하는 청각기관(auditory organs) 그리고 모든 기관을 조정하고 총괄하는 신경계(nervous system)에 대하여 종합적으로 기술하고 있다.

제1장은 해부생리의 기본적인 이해를 위해 필요한 해부학의 기초개념과 우리 몸의 근간을 이루는 골격과 근육에 대한 포괄적인 내용을 담고 있다. 먼저, 발성에서 지각에 이르는 과정인 언어연쇄(speech chain)를 전반적으로 이해하고, 이 책에서 사용되는 해부학 용어의 소개와 생명체의 특성, 각종 기관에 대하여 간략하게 조감하였다. 인체의 골격과 근육은 호흡 및 언어의 생성, 조음 및 지각에 직접적으로 관련이 있기 때문에 해부생리학의 큰 틀을 이해하는 취지에서 설명하고자 하였다.

제2장에서는 호흡(respiration)의 기본원리와 호흡에 기여하는 근육과 골격의 기능 및 그 작용에 대하여 기술하고 있다. 호흡계는 코, 인두, 기관, 기관지 및 폐로 이루어져 있으며 이 중에 폐는 산소를 혈액에 공급하고 이산화탄소를 내보내는 가스교환, 즉 호흡작용을 하는 기관이고 나머지 부위는 기도(respiratory tract)로서의 역할을 한다. 호흡작용에 직접적 또는 전반적으로 관여하는 호흡근으로는 횡격막, 늑간근, 흉부근 등이 있다. 호흡근의 활동은 우리의 활동수준과 밀접한 관계가 있다. 예를 들어, 조용히 숨쉴 때는 운동할 때보다 적은 양의 산소를 필요로 한다. 호흡과 말소리 생성에 관여하는 근육은 기본적으로 동일하다고 할 수 있다. 호흡은 생명유지를 위한 자동화된 기능이지만 말소리를 내는 데 필요한 기류를 제공해 준다. 발성은 호흡에 의하여 만들어진 공기의 공급을 이용하여 성대의 진동을 유발시킴으로써 생성된다. 태초부터 인간에게 호흡과 발성은 기능적으로 서로 긴밀하게 상호작용하여 왔음을 알 수 있다. 발성기관인 후두의 1차적인 기능은 폐의 밸브로서의 역할과 들숨 시 음식물이나 다른 이물질이 폐로 들어가는 것을 보호하는 역할을 하는 것이고, 2차적인 기능은 주로 날숨을 이용하여 음성 및 언어 산출을 하는 데 있다. 즉, 기류는 음성을 생성하는 데 에너지원(source of energy)으로 작용한다. 물론 이때 공급된 기류의 양과 압력은 생성된 음성의 길이와 크기를 결정하는 요인이 되는 것이다. 따라서 발성과정을 체계적으로 이해하기 위해서는 호흡의 원리를 알아야 한다.

제3장에서는 발성과 조음의 해부와 생리에 관해 구체적으로 논의를 하고 있다. 발성기관의 구조(structure)와 기제(mechanism) 가운데 성대의 진동에 관한 원리는 중요하다. 그 과정을 간단히 기술하면 다음과 같다. 폐로 유입된 공기가 대기압(760mmHg)보다 높은 압력에 의하여 발성기관인 성대를 내전시키게 된다. 성대의 진동 과정은 흔히 풍선을 부풀려서 풍선의 목을 가늘게 늘이고 그 가는 틈새로 공기가 빠져나갈 때와 흡사하다고 한다. 성대는 소량의 공기가 닫힌 성문의 좁은 틈으로 분사됨으로써 주기적으로 여닫힘 운동을 한다. 성대는 성인남성의 경우 보통 초당 약 120번 정도, 성인여성은 약 220번 정도 진동을 하는데 이때 공기가 일정한 비율의 짧은 분사형태(puff of air)로 방출되는 것이다. 또한 성대의 진동에서 나오는 성대음원(glottal sound source)이 말소리가 되기까지의 과정, 즉 조음과정(articulation process)을 살펴보고 있다. 즉, 성대음원으로부터 식별 가능한 언어음을 만들어 내기 위해서는 인두강(pharyngeal cavity), 구강(oral cavity), 비강(nasal cavity) 같은 공명강(resonant cavities)에서 소리가 울리게 됨으로써 증폭되고 성도를 지나면서 조음기관의 작용에 따라 서로 다른 소리로 만들어

져서 입술 바깥으로 나오게 되는 것이다.

제4장에서는 신경계의 구조와 기능을 포함하여 흥분 또는 자극의 전달원리에 대하여 구체적으로 알아보았다. 인간을 비롯한 모든 동물은 외부 환경의 변화를 각종 감각기관을 통하여 인식하고 그 정보를 뇌에 전달하여 감각을 일으키고, 경우에 따라서는 운동기능으로 반응을 나타낸다. 이런 반응은 모두 신경세포와 그들의 연결회로(network)에 의하여 수행된다. 신체 내외의 정보는 감각수용기에 의해서 수집되어 그 신호가 신경계에서 처리되어 의식과 지각으로 나타난다. 또 모든 동작, 운동의 기초인 골격근의 수축도 운동신경을 따라 전달되는 신호에 의해 시작되며 많은 근육을 동원하여 시간적·공간적으로 조화된 신체활동을 일으키고 신체의 항상성 유지에 매우 중요한 역할을 하고 있다. 신경계는 뇌와 척수를 포함한 중추신경계(CNS)와 뇌에서 생기는 뇌신경(cranial nerve) 및 척수에서 생기는 척수신경(spinal nerve)으로 이루어진 말초신경계(PNS)로 구분된다. 신경계의 기본 단위인 뉴런은 수상돌기, 세포핵, 축삭을 포함하며 세포체는 핵, 니슬소체, 신경섬유 및 소기관을 포함한다. 수상돌기는 자극을 받으며, 축삭은 신경흥분파를 세포체로부터 멀리 전달한다. 뉴런을 둘러싸고 있는 교세포막을 수초라 하고, 중추신경계에서는 희돌기세포에 의하여, 그리고 말초신경계에서는 슈반세포에 의하여 형성된다. 신경은 말초신경에서 축삭의 집합이다. 감각뉴런은 구심성이며 유사단극성이고, 운동뉴런은 원심성이고 다극성이며, 중간뉴런은 전적으로 중추신경계에 위치한다. 체성운동신경은 골격근을 지배하고 자율신경은 평활근, 심근 및 분비선을 지배한다. 뉴런은 환경에서 시각, 청각, 후각, 미각 등 직접적으로 정보를 받아들이기도 하고 다른 뉴런으로부터 정보를 받아들이기도 한다. 정보를 주는 뉴런의 종말단추와 정보를 받는 뉴런의 수상돌기나 세포체막 사이의 접합부인 시냅스를 통해서 정보가 전달된다. 활동전압은 축삭의 막전위가 흥분역치 수준에 도달할 때 일어난다. 활동전압은 전기적인 것으로 막에 있는 전압의 의존성 이온통로를 통과하는 나트륨양이온(Na+)과 칼륨양이온(K+)의 흐름에 의해 야기된다. 신경섬유에서 일어나는 활동전위가 랑비에 마디에서 발생하며, 도약전도는 무수신경축삭에서의 전도보다 더 빠르고 훨씬 효율적이다. 활동전압이 축삭 끝에 도착하면 시냅스소낭들이 시냅스틈으로 신경전달물질(neurotransmitter)을 전달한다. 흥분역치에 도달하는 순간 막의 나트륨 통로가 열리고 확산력과 정전압에 의해 나트륨양이온(Na+)이 유입되고 막전위가 탈분극되면서 통로가 열리기 시작하여 흥분역치에 다다르면 완전히 열린다.

제5장에서는 뇌의 해부 및 생리와 언어능력에 대하여 알아보았다. 신경계의 기본기능은 근육을 움직여서 운동(movement)이나 행동(behavior)을 하게 하고 여러 감정과 정서는 물론 지적 활동을 총괄하는 기능을 갖고 있지만, 그중에서도 음성과 언어를 이해하는 기능에 초점을 맞추고 있다. 또한 기억은 언어의 수행에 밀접한 관계가 있으므로 기억의 작동 기제에 대하여도 간단히 살펴보았다. 물론 뇌의 언어기능은 아직도 알려진 것보다는 모르는 것이 훨씬 더 많은 것이 사실이다. 언어중추(language center)로는 언어의 이해를 담당하는 베르니케영역(Wernicke's area)과 언어구사의 말하기 운동에 관여하는 브로카영역(Broca'sarea)을 들 수 있다. 베르니케영역에서는 수용된 청각 및 시각정보를 이해한다. 여기서 파악된 정보는 궁상섬유속에 의하여 운동피질 하단에 있는 브로카영역으로 투사된다. 브로카영역은 베르니케영역에서 오는 정보와 언어 유형을 형성하여 운동피질로 송출해서 발성시키는 것이다. 그러므로 대뇌혈관사고(cerebrovascular accident, CVA) 등으로 언어중추가 손상되면 실어증, 실행증, 실인증 같은 장애가 발생한다.

제6장은 정상적인 소화와 삼킴의 해부생리와 삼킴의 단계를 다루었다. 삼킴은 감각요소와 운동요소의 복잡한 상호작용에 의해 이루어진다. 삼킴에 관련된 뇌신경은 고립로핵(NTS)으로 감각정보를 보낸다. 운동요소는 의문핵(NA)에서 조직화된다. 또한 고립로핵과 의문핵은 삼킴중추를 형성하게 되는데, 이 부위는 뇌간의 연수에 위치한다. 삼키는 동안 음식덩이(bolus)의 준비와 이동은 관련 근육들의 협응에 의해 열리고 닫혀야 하는 일련의 밸브의 연속으로 이해될 수 있다. 이 활동은 음식덩이 주변에 양압영역과 음식덩이 아래의 음압영역에 의해 만들어진다. 이러한 압력의 불균형이 중력과 함께 음식덩이를 이동하게 한다. 삼키는 동안 호흡은 정지되며, 안전하게 삼키기 위해 기도를 보호하는 것이 여러 단계로 이루어진다. 그것은 주로 진성대와 가성대 수준에서의 기도폐쇄, 인두 들어 올리기, 혀 기저부의 수축, 후두개의 기울어짐 등이다. 한편, 삼킴장애 또는 연하장애(dysphagia)는 이미 언어치료사의 치료영역으로 자리매김하였다. 미국언어청각협회(ASHA)의 언어치료사의 진료영역 기준에 따라 삼킴장애는 언어치료사로서 말-언어만큼이나 중요시해야 할 부분이다. 사실상 말-언어에 필요한 많은 부분의 근육이 섭식에도 사용되고 있다. 삼킴장애를 가진 환자가 말·언어장애를 동반하게 되는데, 언어치료사가 삼킴 능력을 보면서 동시에 말-언어능력을 진단하고 치료하는 것이다.

제7장에서는 청각계의 구조와 청지각의 전달과정에 대하여 알아보았다. 인체는 외이의 귓바퀴에서 소리를 모으고 도관을 통해서 소리를 일차 증폭시켜서 고막을 진동하게 한다. 고막을 지나면서 약해진 압력은 인간의 뼈 가운데 가장 작은 이소골(추골, 침골, 등골)이라 하는 세 개의 작은 뼈의 지렛대 작용에 힘입어 다시 크게 증폭되어, 결국 난원창이라 하는 내이의 입구를 통하여 와우관으로 들어가게 된다. 인간의 귀는 청각은 물론 몸의 균형을 유지하기 위해 평형기관의 역할을 하거나, 기압의 변화를 조정하여 환경에 적응하도록 되어 있다. 네 발로 다니는 동물은 상당히 안정되어 있지만 직립생활(vertical living)을 하려면 끊임없이 미묘한 균형을 잡아가지 않으면 안 되기 때문에 평형감각을 담당하는 기능이 매우 중요하다. 청각계의 구조는 시각계보다 훨씬 더 복잡하며, 입을 통한 의사소통에서는 청각이 시각보다 더 중요하다고 할 수 있다. 예를 들면, 시각장애인이 청각장애인보다 다른 사람들과의 의사소통에 더 유리하다. 실제로 정서발육 면에서 청각장애가 시각장애보다 더 심한 정서장애를 초래한다고 한다. 인간은 태어나자마자 청력이 쇠퇴하기 시작한다. 갓난아기는 초당 20~20,000Hz에 이르는 주파수의 음파를 감지할 수 있다. 그러나 성년이 되면 최대 청력역치는 이미 초당 16kHz로 떨어지고, 대략 60세에 이르면 이 수치는 12kHz까지 떨어질 수 있으며, 인간의 청력은 나이가 들어감에 따라 심하게는 4~5kHz까지 계속해서 떨어질 수 있다고 한다.

우리는 귀로 소리를 지각하지만, 우리의 귀는 그 크기를 정확하게 감지할 수 없다. 인간의 귀는 6dB 높아질 때마다 2배로 크게 들리지만, 복잡한 배수만큼 지각할 수 있는 사람은 아무도 없을 것이다. 이처럼 인간의 심리적인 측면에서 소리에 관한 성질을 다루는 학문을 심리음향학(psychoacoustics)이라고 한다.

8.2 결어

이 책에서는 다루고자 하는 범위에 비하여 내용의 기술은 많은 부분을 생략한 채 이루어질 수밖에 없었다. 그것은 필자가 아직 이 분야에 대하여 과문하고 좀 더 많은 후속 연구가 필요하다는 것을 스스로 인정할 수밖에 없는 결과일 것이다. 특히 이 책을 마무리하면서 필자는 언어기관의 현장해부에 대한 더 많은 경험이 필요하다는 것을 절감하였다. 부족하지만 책자로 내놓을 수밖에 없었던 이유를 굳이 든다면 이 분야에 대한 종합적인 연구가 거의 또는 전혀 이루어지지 않았기 때문에 한 발짝 앞서 나가는 사람의 고민이 있었다는 것이다.

　기존의 연구에서는 언어의 발성에서 지각까지의 과정을 심층적으로 설명하는 데 미흡한 부분이 있었다. 특히 이는 언어기관과 관련된 해부생리에 대하여 전반적이고 종합적인 접근의 부재에서 비롯되었다고 생각한다. 우리는 무심코 하나의 소리를 발성하거나 듣게 되지만 의식할 수 없는 아주 짧은 기간 동안에 많은 근육, 골격 및 각 관련 기관이 서로 정밀한 협응(coordination)을 통해서 절묘한 작품을 만들어 낸다는 사실에 주목할 필요가 있다. 다시 말하면, 여러 후두내외근, 골격, 연골, 신경의 작용뿐만 아니라 호흡기관, 조음기관 및 청각기관 등의 고도로 정교한 협응이라는 과정을 거치지 않고는 불가능하다는 것이다. 만약 조금이라도 협조체제에 부조화가 일어난다면 언어장애 또는 청각장애가 올 수도 있는 것이다. 사람의 음성은 물리적이고 객관적인 속성을 가지고 있지만, 귀로 들을 때는 심리적이고 주관적인 판단에 의하여 평가를 하게 되어 있다. 끝으로, 이 분야는 소리의 특성을 과학적으로 연구하는 음성과학자(speech scientist)들이 연구의 폭을 넓혀 시도해야 할 새로운 영역으로 자리매김할 필요가 있음을 지적하고 싶다.

참고문헌

고도흥(2015). 음성언어의 측정, 분석 및 평가. 서울: 학지사.

고도흥(2016). 음향물리. 후두음성언어의학(제2판). 대한후두음성언어의학회, 29-40. 서울: 범문에듀케이션.

고도흥(2018). 의사소통장애 용어집. 서울: 학지사.

고도흥, 구희산, 김기호, 양병곤 역(1999). 음성언어의 이해 (*The Speech Chain*, Denes, P. & Pinson, E., 1993. W. H. Freeman and Company). 한신문화사.

권미선, 김종선 역(2007). 삼킴장애의 평가와 치료 (*Evaluation and Treatment of Swallowing Disorders* (2nd ed.), Longemann, J. 1998, PRO-ED, Inc.). 서울: 학지사.

김선해(2008). 연령별·성별에 따른 한국인의 기본주파수 연구. 한림대학교 박사학위 논문.

김성태, 표화영, 권순복 역(2014). 음성장애 (*Voice Disorders*). 서울: 박학사.

김향희(2012). 신경언어장애. 서울: 시그마프레스.

배진애, 류병래, 박정식(2007). 실어증의 이해. 서울: 학지사.

백남종(2008). 신경조절과 뇌 가소성(Neuromodulation and Brain Plasticity). Brain & NeuroRehabilitation, Vol. 1, No 1, 12-19.

신희백(2018). Clear Speech 중재프로그램이 파킨슨병 환자의 말명료도에 미치는 효과. 한림대학교 박사학위논문.

심희정(2016). 근긴장성 발성장애와 내전형 연축성 발성장애의 판별에 대한 켑스트럼과 스펙트럼 분석의 유용성. 한림대학교 박사학위논문.

유재연, 황영진, 한지연, 이옥분 역(2014). 음성과 음성치료 (제9판, *Voice and Voice Disorders*). 서울: 시그마프레스.

이애영 역(2000). 파킨슨병과 파킨슨증후군 (*Parkinson' Disease and Parkinsonian Syndromes*, Stern, M. & Hurtig, H. (Eds.) 1999, W. B. Saunders Company). 경기: 군자출판사.

이연숙, 구재옥, 임현숙, 강영희, 권종숙(2021). 이해하기 쉬운 인체생리학(개정판). 파워북.

이현숙, 고도흥 역(2012). 언어의 뇌과학: 뇌는 어떻게 말을 만들어 내는가. 사카이 구니요시 저. 서울: 한국문화사.

이현숙, 심홍임, 고도흥 역(2008). 태내기억: 버스트라우마의 기억. 시치다 마코토, 쓰나부치 요우 저. 서울: 한국문화사.

이현숙, 심홍임, 고도흥 역(2008). 유아교육과 뇌. 사와구치 도시유키 저. 서울: 한국문화사.

홍준현, 김광애, 강선희, 김양담, 류장근, 민병옥, 박제윤 편저(2022). 최신 의학용어. 현문사.

황진아, 고인송, 김수연, 박정화, 심유진, 정은정, 정혜연, 황혜진(2018). 재미있는 인체생리학(개정판). 수학사.

Afifi, A., & Bergman, R. (2005). Functional Neuroanatomy. McGraw Hill.

Corbin-Lewis, K., Liss, J., & Sciortino. (2005). *Clinical Anatomy & Physiology of the Swallow Mechanism*. Thomson.

Baken, R. (1987). *Clinical Measurement of Speech and Voice*. Allyn and Bacon.

Baken, R. (1998). An overview of laryngeal function for voice production. In R. Sataloff (Ed.), *Vocal Health and Pedagogy*, 27-45. Singular Publishing Group, Inc.

Bekesy, G. (1960). *Experiments in Hearing*. New York: McGraw-Hill.

Benjamin, B. (1981). Frequency variability in the aged voice. *J. of Gerontology, 36*, 722-726.

Bess, F., & Humes, L. (2003). *Audiology: Fundamentals* (3rd ed). Lippincott-Williams & Wilkins.

Blake, D., Heiser, M., Caywood, M., & Merzenich, M. (2006). Experience-dependent Adult Cortical Plasticity Requires Cognitive Association between Sensation and Reward. *Neuron, 52*(2), 371-381.

Boliek, C., Hixon, T., Watson, P., & Morgan, W. (1996). Vocalization and breathing during the first year of life. *J. of Voice, 10*, 1-22.

Boone, D., McFarlane, S., Von Berg, S., & Zraick, R. (2014). *The Voice and Voice Therapy* (9th ed.). Pearson.

Borden, G., Harris, K., & Raphael, L. (2003). *Speech Science Primer: Physiology, Acoustics, and Perception of Speech* (4th ed.). Philadelphia: Lippincott Williams & Wilkins.

Cherney, L. R. (1994). *Clinical Management of Dysphagia in Adults and Children*. An Aspen Publication.

Crary, M. A., & Groher, M. E. (2003). *Introduction to Adult Swallowing Disorders*. Butterworth-Heinemann.

Clark, J., Yallop, C., & Janet Fletcher. (2007). *An Introduction to Phonetics and Phonology* (3rd ed.). Blackwell Publishing.

Cooke, S. F., & Bliss, T. V. (2006). Plasticity in the human Central Nervous System. *Brain 129*, 1659~1673.

Corbin-Lewis, K., Liss, J., & Sciortino, K. (2004). *Clinical Anatomy & Physiology of the Swallow Mechanism*. Delmar/Cengage Learning.

Cunningham, jr., E., Donner, M. Jones, B., & Point, S. (1991). Anatomical and Physiological Overview. *in Normal and Abnormal Swallowing* (Eds. by Jones, B. & Donner, M.), 7-32. Springer-Verlag.

Darley, F., Aronson, A., & Brown, J. (1969). Clusters of deviant speech dimensions in the dysarthria. *Journal of Speech and Hearing Research, 12*, 462-496.

Davis, P., Zhang, S., Winkworth, A., & Bandler, R. (1996). Neural control of vocalization. *J. of Voice, 10*, 23-38.

Doidge, N. (2007). *The Brain that changes itself: stories of personal triumph from the frontiers of brain science*, New York: Viking.

Drake, R., Vogel, W., & Mitchell, A. (2005). *Gray's Anatomy for Students*. Elsevier Inc.

Eskenazi, L., Childers, D., & Hicks, D. (1990). Acoustic correlates of vocal quality. *J. of Speech and Hearing Research*, *33*, 298-306.

Fant, G. (1960). Acoustic Theory of Speech Production. The Hague, Netherlands, Mouton.

Ferrand, C. (2000). Harmonics-to-noise ratios in prepubescent girls and boys. *Journal of Voice*, *14*, 9-14.

Ferrand, C. (2007). *Speech Science: An Integrated Approach to Theory and Clinical Practice*(2nd ed.) Allyn and Bacon.

Ferrand, C. (2012). *Voice Disorders: Scope of Theory and Practice*. Pearson.

Fletcher, S. (1992). *Articulation: A Physiological Approach*. Singular Publishing Group, Inc.

Fucci, D., & Lass, N. (1999). *Fundamentals of Speech Science*. Allyn and Bacon.

Germann, W., & Stanfield, C. (2002). *Principles of Human Physiology*. Benjamin Cummings.

Geschwind, N. (1979). Specialization of the human brain. *Science America*, *241*, 180-199.

Goodglass, H. (1993). *Understanding aphasia*. San Diego: Academic Press.

Groher, M. (1997). *Dysphagia: Diagnosis and Management* (3rd ed.). Butterworth-Heinemann.

Hall, K., & Yairi, E. (1992). Fundamental frequency, jitter, and shimmer in preschoolers who stutter. *J. of Speech and Hearing Research*, *38*, 783-793.

Hardcastle, W. (1976). Physiology of Speech Production. London: Academic Press.

Hardy, E., & Robinson, N. (1999). *Swallowing Disorders: Treatment Manual* (2nd ed.). Imaginant.

Hirano, M. (1974). Morphological structure of the vocal cord as a vibrator and its variations. *Folia Phoniatrica*, *26*, 89-94.

Hirano, M. (1981). *Clinical Examination of Voice*. Wein, Austria, Sprunger-Verlag.

Hirano, M., & Kakita, Y. (1985). Cover-body theory of vocal fold vibration. In Daniloff (Ed.), *Speech Science*. San Diego: College-Hill Press.

Hirano, M., Kurita, S., & Nakashima, T. (1981). The structure of the vocal folds. In Stevens & Hirano (Ed.) 1981, 33-41.

Hirano, M., Kurita, S., & Nashima, T. (1981). Growth, development and aging of human vocal folds. In D. Bless & J. Abbs (Eds.) *Vocal Fold Physiology: Contemporary Research and Clinical Issues*, 22-43. San Diego: College-Hill Press.

Hirano, M., Ohala, J., & Vennard, W. (1969). The function of laryngeal muscles in regulation of fundamental frequency and intensity of phonation. *J. of Speech and Hearing Research*, *12*, 616-628.

Hirose, H., & Gay, T. (1972). The activity of intrinsic laryngeal muscles in voicing control, *Phonetica*, *25*, 140-164.

Hixon, T., Goldman M., & Mead, J. (1973). Kinetics of the chest wall during speech production. *J. of Speech and Hearing Research*, *16*, 78-115.

Hoit, J., & Hixon, T. (1987). Age and speech breathing. *J. of Speech and Hearing Research*, *30*, 351-66.

Hoit, J., Hixon, T., Watson, P., & Morgan, W. (1990). Speech breathing in children and adolescents. *J. of*

Speech and Hearing Research, *33*, 51-69.

Hoit, J., & Hixon, T. (1987). Age and speech breathing. *J. of Speech Hearing Research*, *30*, 351-66.

Jean, A. (2001). Brain Stem Control of Swallowing: Neuronal Network and Cellular Mechanisms, *Physiological Reviews*, *Vol. 81*(2), 929-69.

Kent, D., & Read, C. (1992). *The Acoustic Analysis of Speech*. Singular Publishing Group, Inc.

Kent, R. (1997). *The Speech Sciences*. Singular Publishing Group, Inc.

Laver, J. (1980). *The Phonetic Description of Voice Quality*. Cambridge Univ. Press: London.

Lieberman, P., & Blumstein, S. (1988). *Speech Physiology, Speech Perception, and Acoustic Phonetics*. Oxford: Cambridge University Press.

Lindner, H. (1989). *Clinical Anatomy*. Prentice-Hall International Inc.

Ling, D. (1976). *Speech and Hearing-Impaired Child: Theory Practice*. Washington D.C.: Alexander Graham Bell Association for the Deaf.

Ling, D. (1989). *Foundations of Spoken Language for Hearing Impaired Children*. Washington D.C.: Alexander Graham Bell Association for the Deaf.

Logemann, J. A. (1998). *Evaluation and Treatment of Swallowing Disorders* (2nd ed.). Pro. Edu.

Luria, A. (1973). *The Working Brain*. A Member of the Perseus Books Group.

Martini, F., & Bartholomew, E. (2021), *Essentials of Anatomy & Physiology* (8th ed.), Pearson.

McKinley, M., O'Loughlin, V., & Bidle, T. (2021). *Anatomy & Physiology: An Integrative Approach* (3rd ed.). McGraw-Hill Education.

Moore, B. (2003). *An Introduction to the Psychology of Hearing* (5th ed.). Academic Press.

Murry, T., & Carrau, R. (2001). *Clinical Manual for Swallowing Disorders*. Singular.

Palmer, J. (1993). *Anatomy for Speech and Hearing*. Williams & Wilkins.

Perkins, W., & Kent, R. (1986). *Functional Anatomy of Speech, Language, and Hearing*. Allyn & Bacon.

Pickett, J. M. (1999). *The Acoustics of Speech Communication: Fundamentals, speech perception theory, and technology*. Boston: Allyn and Bacon.

Poter, R., Hogue, D., & Tobey, E. (1995). Dynamic analysis of speech and nonspeech respiration. In F. Bell-Berti & L. Raphael (Eds.), *Producing Speech: Contemporary Issues*, 169-185. New York: American Institute of Physics.

Reetz, H., & Jongman, A. (2009). *Phonetics*. Wiley-Blackwell.

Rubin, J., & Bradshaw, C. (2000). The Physiologic Anatomy of Swallowing. in *Swallowing Manual*. (Eds). by Rubin, J., Broniatowski, M., & J. Kelly), 1-20. Singular.

Russell, N., & Stathopoulos, E. (1988). Lung volume changes in children and adults during speech production. *Journal of Speech and Hearing Research*, *31*, 146-155.

Saladin, K., & McFarland, R. (2014). *Essentials of Anatomy & Physiology*. McGraw-Hill Education.

Stanfield, C. (2017). *Principle of Human Physiology* (6th ed.). Pearson Education, Inc.

Seikel, J., Drumright, D., & Seikel, P. (2004). *Essentials of Anatomy and Physiology for Communication Disorders*. Clifton Park, NY: Thomson Delmar Learning.

Seikel, J., King, D., & Drumright, D. (2010). *Anatomy and Physiology for Speech Language, and Hearing* (5th ed.). Delmar/Cengage Learning.

Sperry, E., & Klich, R. (1992). Speech breathing in senescent and younger women during oral reading. *Journal of Speech and Hearing Research, 35,* 1246-1255.

Stathopoulos, E., & Sapienza, C. (1993). Respiratory and laryngeal function of women and men during vocal intensity variation. *Journal of Speech and Hearing Research, 36,* 64-75.

Stemple, J. (2000). *Voice Therapy* (2nd ed.). Singular.

Stevens, K., & Hirano, M. (1981). *Vocal fold physiology.* Tokyo: Univ. of Tokyo Press.

Titze, I. (1991). A model for neurologic sources of aperiodicity in vocal fold vibration. *Journal of Speech and Hearing Research, 34,* 460-472.

Titze, I. (1994). *Principles of Voice Production.* Englewood Cliffs, NJ: Prentice Hall.

Tortora, G., & Derrickson, B. (2011). *Principles of Anatomy & Physiology* (13th ed.). John Wiley & Sons, Inc.

van den Berg, I. (1958). Myoelastic-Aerodynamic Theory of Voice Production. *Journal of Speech Language, and Hearing Research, 1,* 227-224.

Vander, A., Sherman, J., & Luciano. D. (2001). *Human Physiology* (8th ed.). McGraw-Hill Higher Education.

Zemlin, W. (1998). *Speech and Hearing Science: Anatomy and Physiology* (4th ed.) Boston: Allyn and Bacon.

용어해설 ....●

1회 호흡용적(tidal volume, TV) 한 번의 호흡 동안 폐에 들어오거나 나가는 공기의 부피를 가리키며, 성인남성은 약 500cc, 성인여성은 약 450cc임.

2차 성징(secondary sexual characteristics) 직접적으로 생식과 관련된 것은 아니지만 남성과 여성을 구분 짓는 다양한 외부적 특징.

ㄱ

가성대(ventricular folds, false vocal cords) 진성대 바로 위와 옆에 위치하며 앞 가쪽으로 피열연골(arytenoid cartilages)에 붙어 있는 점막조직의 노출을 가리키며, 성대의 습도를 조절하는 기능을 함. = 실주름(vetricular folds)

가수분해(hydrolysis) 화학반응 시, 물과 반응하여 원래 하나였던 큰 분자가 몇 개의 이온이나 분자로 분해되는 반응

각회(angular gyrus) 측두엽의 뒷부분에 위치하는 뇌의 연합영역으로 언어 · 청각 · 시각 · 체성정보 등을 통합하는 중추이며, 특히 회상을 맡고 있는 부분임.

간뇌(diencephalon) 대뇌와 중뇌 사이에 있는 뇌의 한 부분으로 시상과 시상하부로 구성된 뇌의 한 부분.

감각신경(sensory n.) 구심성신경이라고도 하며, 감각기관에서 내외부의 변화를 감지하여 중추신경계로 충격을 보내는 신경.

갑상선기능항진증(hyperthyroidism) 갑상선호르몬의 분비과다에 의해 일어나는 것으로 체온상승, 과혈당, 체중감소 등의 증상이 일어남.

갑상피열근(thyroarytenoid m.) 성대를 좁히고 긴장시키는 후두내근.

건(tendon) 근육과 뼈를 연결하는 결합조직. = 힘줄

경동맥(carotid artery) 목동맥이라고도 하며, 뇌에 혈액을 공급하는 가장 주된 동맥.

경상설근(styloglossus m.) 혀를 위쪽과 뒤쪽으로 들어 올리는 기능을 하는 후두외근.

계면활성제(surfactant) 폐포벽의 표면 긴장을 낮추어서 폐포의 팽창을 유지하는 물질.

계측검사(manometry) 삼킴과 관련된 소화관의 압력을 측정하는 검사.

고립로핵(neucleus trctus solitarius, NTS) 안면신경, 설인신경, 미주신경으로부터 구심성 정보를 받아들이는 세포체가 있는 연수의 망상체(reticular formation) 부위로 삼킴과 관련된 감각활동을 통합하는 기능이 있음.

고막(tympanic membrane) 외이도의 끝에 있는 막으로 공기의 진동에 의하여 진동하며 이 진동을 중이의 이소골에 전달함. = 귀청(eardrum)

고실계측기(tympanometer) 고막과 중이의 뼈들이 소리의 진동에 얼마나 잘 반응하는지를 측정하는 장치.

골격근(skeletal muscle) 골격에 붙어 있고, 서로 수의적 조절하에 뼈의 움직임을 담당하는 횡문근으로 체성신경계의 시배를 받음.

골전도(bone conduction) 뼈의 진동을 통해 소리가 전도되는 과정.

공명(resonance) 닫혀진 튜브 안에서 음파의 반사 때문에 특정 주파수의 강도가 높아지는 기제.

공명강(resonant cavities) 인체 내의 빈 공간으로 소리를 울리는데 기여함.

과분극(hyperpolarization) 안정막 전압으로부터 막전위가 증가, 안정막 전압보다 더 음(−)의 값을 가지는 것.

관성(inertia) 질량으로 인한 물질의 성질로서 외부에 힘을 가하지 않는 한 일직선상에서 정지상태 혹은 운동상태를 유지하려는 성질.

교련섬유(commissural fibers) 한쪽 대뇌피질에서 반대쪽 대뇌피질로 연결되는 섬유다발을 가리키며 좌우 대뇌반구를 연결하는 뇌량, 전교련, 뇌궁교련이 여기에 속함.

교차(decussate) 한쪽 귀에서 시작되는 많은 청신경섬유들이 두뇌의 반대편 쪽으로 연결됨.

구강건조증(xerostomia) 입마름증이라고도 하며, 타액 분비량이 1분 당 0.1ml 이하로 입안이 몹시 마르는 증상.

구개거근(lavator palatini m.) 구개올림근이라고도 하며, 연구개를 올리거나 후진하게 하는 근육.

구개설근(palatoglossus m.) 혀의 뒷부분을 올려서 연구개를 내리게 할 수 있는 혀 외근.

구형낭(saccule) 난형낭(uricle)과 함께 전정낭의 하나로 머리의 기울어진 각도를 탐지함.

궁상섬유속(arcuate fasciculus) 베르니케영역과 브로카영역을 연결하는 축삭다발로 이 다발이 손상되면 전도성 실어증이 생김 = 궁형속

근탄성기류역학이론(myoelastic aerodynamic theory) 성대의 저항보다 성문하압(P_{sub})이 커질 때 성대가 개방(외전)되고, 기관을 통해 올라오는 기류가 성문이라는 좁은 공간을 통과할 때 속도는 빨라지고 압력이 떨어지는 베르누이 효과(Bernoulli effect)에 의해 성대는 폐쇄(내전)된다. 이러한 과정이 근육의 탄성력에 의해 반복되면서 성대의 진동이 계속된다는 이론.

기능적 자기공명영상화(functional magnetic resonance imaging, fMRI) 자기장과 컴퓨터 영상법을 통해 정신적 조작이 진행되는 뇌의 부위를 찾아내는 진단기법.

기본주파수(fundamental frequency, F0) 복합음을 이루는 구성성분 중 가장 하위의 주파수를 가리키며, 귀로 들을 때는 피치(소리의 높낮이)로 지각됨. 보통 성인남성의 평균 F0는 120Hz이며 성인여성의 평균 F0는 220Hz 정도임.

기저막(basilar membrane) 와우관 안의 중간계의 바닥으로 코르티기관의 기저를 만드는 얇은 피막.

길항근(antagonistic m.) 신근(extensor)과 굴근((flexor)과 같이 사지를 반대 방향으로 움직이는 근육.

길항작용(antagonism) 근육이나 호르몬 등이 서로 반대되는 작용을 하는 것.

ㄴ

나선기관(spiral organ) cf. 코르티기관

난독증(dyslexia) 시각이 정상이고 평균 지능을 유지하고 있으나 읽기에 결함이 있는 증세.

난원창(oval window) 중이의 등골(stapes)에서 증폭된 음파의 진동이 내이의 달팽이관으로 이동되는 부위.

내늑간근(internal intercostal muscle) 호흡근으로 수축 시 늑골을 밑으로 안으로 끌어들여 흉강의 크기를 감소시킴.

내이도(internal auditory meatus) 와우각에서 뇌간으로 이어지는 전정와우신경(CN VIII)까지의 통로.

내호흡(internal respiration) 세포 내 대사과정으로 영양분자로부터 에너지의 전도 동안 미토콘드리아 내에서 산

소를 사용하고 이산화탄소를 생성함.

농(deaf) 보통 90dB 이상의 청력손실자로 정상적인 상황에서 담화 시 듣거나 이해할 수 없는 사람.

뇌 가소성(plasticity) 변형력에 의해 뇌 안의 신경망이 새롭게 재구성될 수 있다는 이론. = 신경 가소성(neuroplasticity)

뇌량(corpus callosum) 뇌에서 가장 큰 교련섬유로 뇌의 양측에 있는 신피질 영역을 상호 연결하는 기능을 함.

뇌졸중(stroke) 혈전이나 다른 장애 물질이 뇌 영역으로 공급되는 혈류를 차단시킬 때 생기는 뇌 손상.

뇌척수액(cerebrospinal fluid, CSF) 맑은 액체로서 혈장과 비슷하며, 뇌실계와 뇌와 척수를 둘러싸고 있는 지주막하강을 채우는 유동액으로 충격을 완화시키는 기능을 함.

뇌하수체(pituitary gland) 뇌의 기저부에서 시상하부에 연결된 작지만 가장 중요한 내분비선으로 부신피질자극호르몬, 갑상선자극호르몬, 황체호르몬, 성장호르몬 등의 분비를 통제함.

ㄷ

다극성 뉴런(multipolar neuron) 하나의 축삭과 많은 수상돌기가 특징인 뉴런.

다발성 경화증(multiple sclerosis, MS) 신경계의 모든 부분에 영향을 주는 자가면역, 진행성, 염증 신경질환.

다인(dyne) 힘의 단위로, 1초에 1그램의 양을 초당 1cm의 속도로 증가시키는데 드는 힘.

단기기억(short-term memory) 용량이 제한되어 있고, 방금 일어난 사건에 대한 기억으로 대개 20~30초밖에 보관되지 않음.

대뇌편측성(cerebral lateralization) 대뇌의 좌반구와 우반구의 기능이 서로 전문화되어 있다는 이론. 에를 들어, 대부분 언어능력은 좌반구에 편중되어 있음.

대뇌혈관사고(cerebrovascular accident, CVA) 뇌에서 출혈을 동반하는 혈관의 손상이나 혈관이 막혀 혈류의 감소를 초래, 조직의 산소 감소로 인해 초래되는 뇌손상. = 뇌졸중

덮개–몸체이론(cover-body theory) 성대는 5개의 층 구조로 이루어져 있다. 상피와 고유층의 표층으로 이루어진 덮개(cover)와 중간층과 심층으로 이루어진 이행부(transition)가 서로 다른 밀도와 탄성력으로 성대근을 구성하는 갑상피열근을 긴장시킴으로써 성대가 진동된다는 이론.

덮개막(tectorial membrane) 개막이라고도 하며, 코르티기관 위에 있는 막으로 유모세포의 섬모가 단단한 선반 역할을 하느 막에 부착되어 움직임.

도약전도(salvatory conduction) 유수축삭에서 활동전위가 한 랑비에결절에서 다음 랑비에결절로 빠르게 지나가는 것.

동공(pupil) 빛이 통과하는 안구의 구멍.

동등음량곡선(equal loudness curve) 가청 스펙트럼 전반에 걸쳐 각 주파수에 동일한 크기로 지각되는 음압수준을 나타내는 곡선.

동맥(artery) 혈액을 심장에서 멀어지는 방향으로 보내는 혈관.

두 귀 사이의 강도차(interaural intensity difference) 음원이 한쪽 귀보다 다른 귀에 더 가까이 위치해 있을 때 가까운 귀에 있는 소리가 더 큰 강도를 가짐.

두 귀 사이의 시간차(interaural time difference) cf. 양이효과

등골(stapes) 중이의 이소골 가운데 마지막 뼈로서 침골로부터 진동을 받아 내이의 난원창에 그 진동을 전달함. = 등자뼈.

등골근(stapedius muscle) 난원창에서 등골의 운동을 바꾸는 중이 근육.

디옥시리보핵산(deoxyribonucleic acid, DNA) 염색체를 구성하는 화학물질로서 생물의 유전정보를 가짐.

ㄹ

라링고그래프(laryngograph) Fourcin에 의해 고안되었으며, 성대를 가로지르는 교류저항을 측정하기 위해 사용되는 기구. = 전기성문파측정기(electroglottograph, EGG)

랑비에결절(node of Ranvier) 유수신경섬유에서 수초와 수초 사이에 수초로 덮여 있지 않은 짧은 마디.

롤란도 열구(fissure of Rolando) 대뇌반구에서 전두엽과 두정엽을 분리하는 홈.

롬바드 효과(Lombard effect) 자신의 소리를 들을 수 없는 화자가 성대를 강화하는 현상.

ㅁ

마비말장애(dysarthria) 조음근육을 관장하는 신경 부위의 손상으로 인하여 근육의 마비, 약화, 또는 불협응에서 초래되는 언어장애.

막전위(membrane potential) 세포막 사이의 전하(electrical charge)로서 세포 안과 세포 밖의 전위의 차이를 가리킴.

말초신경계(peripheral nervoud system, PNS) 뇌와 척수를 제외한 나머지 신경으로 뇌신경, 척수신경, 자율신경으로 이루어져 있음.

맛봉오리(taste bud) 미각 수용기를 갖고 있는 혀의 구조물. = 미뢰

망막(retina) 여러 층의 막으로 이루어진 눈의 가장 안쪽에 있는 막으로 빛을 감지하고 시각정보를 처리 통합하여 시신경을 통해 뇌에 전달함.

망상체(reticular formation) 연수에서 전뇌 속으로까지 뻗어 있는 뉴런의 그물 모양의 망으로 행동의 각성(arousal), 주의(attention), 심장반사, 감각운동기능에 중요한 기능을 함. = 그물체

매스킹(masking) 차폐라고도 하며, 두 음의 진동수의 차, 강도가 크게 다를 때 약한 음이 들리지 않는 현상.

매스킹효과(masking effect) 차폐효과라고도 하며, 어떤 음이 다른 음의 방해로 인해 들리지 않게 되거나 듣기 어렵게 되는 현상.

메니에르 질환(Meniere's disease) 어지럼증이나 현기증, 편측성 청력손실과 이명을 포함할 수 있는 내이질환.

멜(mel) 음 높이에 대한 심리적 단위로 1,000Hz의 소리는 1,000멜의 음높이를 가짐.

무도병(chorea) 한 신체 부분에서 다른 부분으로 흐르는, 지속되지 않고 일정하지 않으며 춤을 연상시키는 정형화되지 않은 경련성 운동.

무정위운동(athetosis) 신체의 여러 부분에서 동반되는, 느리고 비틀리고 비자발적인 움직임이 계속되는 상태.

물질대사(metabolism) 생물체 내에서 일어나는 유기화합물의 모든 화학반응과 이에 수반되는 에너지의 변환으로 동화작용과 이화작용이 있음.

미로(labyrinth) 내이 조직을 이루고 있는 연결관과 통로로 연결된 액체로 메워진 체계.

미주신경(vagus nerve) 인두, 후두, 기관, 폐, 심장, 위와 창자 등 여러 기관으로 가지를 뻗어 있는 10번 뇌신경으로 혼합신경.

ㅂ

반고리관(semicircular canal) 모세포로 덮여 있으면서 세 평면의 방향으로 이루어져 평형감각에 민감한 관. = 반규관

반사궁(reflex arc) 반사를 일으키는 일을 하는 뉴런과 이들의 연결로 이루어진 회로.

반향언어증(echolalia) 자폐증의 초기증상으로 다른 사람이 하는 것을 자동적으로 따라 하는 것.

베르누이 효과(Bernoulli effect) 협착된 곳을 지나는 기체나 액체가 속도는 증가하고 압력은 떨어진다는 이론

벨-마겐디 법칙(Bell-Magendie law) 척수의 배쪽 신경근은 운동신경이고 등쪽신경은 감각신경이라고 주장하는 원리.

보강간섭(constructive interference) 두 소리의 진폭에 골과 골 또는 정점과 정점이 만나서 소리가 커지는 효과.

부갑상선(parathyroid gland) 갑상선의 등쪽에 붙은 2쌍의 작은 내분비선으로 혈중 칼슘농도를 유지, 혈액응고 및 세포막 안정성 등을 조절함.

부교감신경(parasympathetic nerve) 자율신경계의 두개천골 부위로 흥분 시 부교감신경의 절후섬유말단에서는 아세틸콜린이 분비됨. 주로 기관의 활동을 안정시켜서 평형상태(equilibrium)로 되돌리는 기능을 함.

부비동(paranasal sinus) 비강을 둘러싼 두개골 중에서 속이 비어 공기로 차 있는 공간으로, 상악동·전두동·사골동·접형골로 이루어져 있음.

부정교합(malocculusion) 상악(윗턱)과 하악(아래턱)t이 서로 맞지 않는 상태.

분극(polarization) 막 내외의 이온농도 차에 의해 막 내부에는 외부보다 많은 음이온이 존재하며 외부에는 내부보다 양이온이 좀 더 많이 존재하는 상태.

불응기(refractory period) 세포가 재흥분을 거부하는, 활동전위 다음에 오는 짧은 기간.

비장(spleen) 면역기능을 담당하는 2차 림프기관의 하나.

ㅅ

삼킴반사(swallowing reflex) 혀와 구강 내 근육에 의해 음식덩이(bolus)가 처리되었을 때 구개나 인두 쪽으로 순차적으로 음식덩이가 이동되는 반사. = 연하반사

상식도괄약근(upper esophageal sphincter m., UES) 인두식도괄약근이라고도 하며, 인두와 식도의 이음부를 조여 주는 근육.

선행음 효과(precedence effect) cf. 하스효과

설골설근(hyoglossus m.) 혀를 아래로 내릴 수 있게 하는 혀 외근.

설소대단축증(ankyloglossia) 혀의 띠주름이 비정상적으로 짧아 혀끝의 움직임이 자유롭지 못한 관계로 종성(받침)을 정확하게 발음하는 데 문제가 있음.

섭식중추(feeding center) 사람으로 하여금 먹도록 하는 시상하부의 측면에 위치한 뉴런의 집합체.

성도(vocal tract) 성문에서 입술까지의 거리로 성인남성은 17cm이고, 성인여성은 남성의 5/6 정도임.

소멸간섭(destructive interference) 두 소리의 진폭에서 정점과 골이 만나거나 골과 정점이 만나 소리의 크기가 겹치는 만큼 줄어드는 간섭효과.

속화증(cluttering) 말빠름증이라고도 하며, 빠른 말과 혼란스러운 조음이 특징인 언어장애를 가리킴.

송과선(pineal gland) 호르몬인 멜라토닌을 분비하는 뇌 속의 작은 분비선.

스펙트럼(spectrum) 성분파의 종류와 양을 분석하기 위하여 아력파를 x축 주파수(frequency)와 y축 진폭(amplitude)으로 표시한 그래프.

시냅스(synapse) 두 뉴런을 구분하는 작은 간극으로 확산되는 화학 전달물질의 분비를 통해 시냅스전 뉴런의 활동전위가 시냅스후 뉴런의 막전위에 영향을 미치는 두 뉴런 사이의 특수화된 연접 부위.

시상(thalamus) 대뇌 하부에 위치한 회색물질로서 뇌에 있는 핵으로 냄새를 제외한 모든 감각으로부터 온 뉴런이 피질수용영역으로 가는 도중 시냅스를 이루는 곳으로 제 뇌실의 측벽 일부를 형성하며 시상하부와 시상상부로 나누어짐.

시상하부(hypothalamus) 제 뇌실의 하단에 있는 부위로서 시상과 함께 간뇌를 이루며 시신경교차, 유두체, 회백융기 및 누두 등으로 구성되며, 위장기능·체온·혈관 운반·체내 수분 함량·수면·정서반응 등의 조절중추로서 뇌하수체전엽 호르몬 분비를 조절함.

식도(esophagus) 인두에서 위까지 이어지는 길이 24cm의 근육관.

식도발성(esophageal speech) 후두음성을 대신하기 위해 트림을 이용하여 소리를 산출하는 방법.

신경역치(neural threshold) 짧은 자극이 막의 급격하고 현저한 전기적 변화를 촉발되게 하는 탈분극의 수준을 가리킴.

신경전달물질(neurotransmitter) 시냅스에서 분비되는 화학물질로 도파민(dopamine), 아세틸콜린(acetylcholine), 아데노신(adenosine), 세로토닌(serotonin) 등이 있으며 신경충격에 의해 분비되어 다른 뉴런을 활성 혹은 억제시킴.

신경조절물질(neuromodulator) 신경전달물질과 호르몬의 중간쯤되는 성질을 지닌 화학물질.

실무율(all-or-none principle) 활동전위의 크기와 모양이 그것을 일으킨 자극의 강도와는 독립적이라는 원리. = 절대적 유무원리.

실문법증(agrammatism) 실어증 환자의 주요 특징으로 문법적 요소를 생략하는 증세.

실비우스 열구(fissure of Sylvius) 뇌반구에서 측두엽과 상엽(upper lobe)를 분리하는 홈.

실서증(agraphia) 일부 실어증과 동반하여 나타나는 쓰기 장애. = dysgraphia

실성증(aphonia) 성대의 남용, 기질적 질병, 불안 같은 심리적인 원인으로 정상적인 발성능력이 손실된 상태. = 발성불능증

실어증(aphasia) 뇌의 손상으로 인하여 언어를 사용하거나 이해하는 능력을 부분적 또는 전체적으로 상실한 언어장애.

실인증(agnosia) 실어증 환자가 감각정보를 통해 사물을 인식하는 데 어려움을 겪는 증상.

실행증(apraxia) 근육의 자발적 조화에 어려움이 있는 증상.

ㅇ

아데노신삼인산(adenosine triphosphate, ATP) 미토콘드리아에서 만들어지는 생체세포의 생명활동에 필요한 에너지 공급원으로 작용하는 화학에너지 물질.

아세틸콜린(acetylcholine, Ach) 강한 염기성 물질로서 흥분성 신경전달물질로 기능을 함.

아스퍼거증후군(Asperger's syndrome) 전반적 발달장애(pervasive developmental disorders, PDD)의 약한 형태로, 지능과 언어발달은 정상이나 사회성이나 의사소통 기술에 문제가 있는 증상.

악관절(temporomandibular joint, TMJ) 하악골과 두개골이 만나는 귀 앞 부위의 관절. = 턱관절

안정막전위(resting membrane potential) 뉴런이 자극되지 않을 때 막 내외에 걸려 있는 전위($-70 \sim -100$mV) = 휴지전위

알츠하이머병(Alzheimer's disease) 기억상실, 혼란, 우울, 안절부절못함, 환각, 망상 그리고 식사, 수면 및 기타 일상적인 활동의 장애로 특징지어지는 병.

양이간강도차(interaural intensity difference) 음원이 한쪽 귀보다 다른 귀에 더 가까이 위치해 있을 때 가까운 귀에 있는 소리가 더 큰 강도를 가짐.

양이효과(binaural effect) 음원이 한쪽 귀에 더 가까이 있을 때 소리가 가까운 귀에 더 일찍 도달하여 나타나는 효과. = 두 귀 사이의 시간차

양전자방출 단층촬영술(positron-emission tomography, PET) 주입된 화학물질에서 방출된 방사능을 측정하여 살아 있는 뇌의 활동을 시각화 시키는 방법.

역제곱법칙(inverse square law) 소리의 세기는 소리의 근원과 거리 제곱으로 변화한다는 법칙.

연동운동(peristaltic movement) 연속적이고 불수의적인 근육의 수축과 이완을 특징으로 하는 운동.

연인두폐쇄부전(velopharyngeal incompetence, VPI) 음식을 삼키거나 말을 하는 동안 연구개가 인두벽에 닿지 않아 구강과 비강을 분리하지 못하는 경우.

연하중추(swallowing center) 뇌간의 연수에 위치해 있으며 삼킴운동을 조절하는 중추. = 삼킴중추

연합섬유(association fibers) 양쪽 대뇌반구의 동일 부위를 연결하는 섬유다발을 가리키며 구상섬유속, 상종섬유속, 하종섬유속, 궁상섬유속, 대상섬유속이 여기에 속함.

외측윤상피열근(lateral cricoarytenoid m.) 소각연골을 회전시킴으로써 성문의 중앙 부분을 압축하는 근육으로 수축하면 성대가 내전됨.

외측익돌근(lateral pterygoid m.) 턱을 올리고 내리게 하는 한 쌍의 턱 근육.

운동실조증(ataxia) 소뇌의 손상으로 인한 자세 불균형과 비정상적으로 보행하는 증상.

위식도역류병(gastroesophageal reflux disease, GERD) 위(stomach)의 내용물이 하부식도괄약근(LES)을 지나 식도로 역행하는 특징을 보이는 증후군.

위치이론(place theory) 주파수는 기저막의 여러 위치에 있는 감각신경섬유를 활성화시켜 기저로 갈수록 주파수가 높아지며 정점으로 갈수록 주파수는 더 낮아짐.

유문괄약근(pyloric sphincter) 유문부와 십이지장 사이에 있으며, 이 근육의 여닫는 작용으로 음식물이 옮겨짐.

유스타키오관(Eustachian tube) 16세기 해부학자인 Batolommeo Custachio에 의해 발견된 중이와 비인두(nasopharynx)를 연결하는 좁은 관으로 중이 안팎의 공기압의 균형 유지에 도움을 줌. = 이관

음원-여과기이론(source-filter theory) 폐로부터 나온 기류가 음향적으로 근원이 되는 후두와 여과기 역할을 하는 성도를 거쳐 인간의 음성으로 만들어진다는 이론.

음향 이미턴스(acoustic immittance) 중이를 통과하는 에너지의 흐름이나 저항.

음향 임피던스(acoustic impedance) 매개물 소리의 속도와 밀도의 산물로 추정되는 저항값으로 속도와 밀도가 증가하면 저항도 증가함. 뼈의 음향 임피던스는 혈액보다 약 5배 정도가 큼.

의문핵(nucleus ambiguous) 미주신경, 설인신경, 부신경에 기여하는 연수의 망상체에 있는 핵으로 삼킴중추가 있는 부위.

이명(tinnitus) 귀울림이라고도 하며, 내이의 손상에 의해 귓속에서 윙윙거리는 소리를 듣게 되는 증상.

이석기관(otolith organ) 회전운동에 대한 정보를 제공하는 내이에 있는 감각기관으로 난형낭과 구형낭을 포함함.

이소골(ossicle) 고막의 진동을 증폭하여 내이로 전달하는 중이의 작은 뼈. 추골·침골·등골의 가지로 구성됨.

인공와우이식술(cochlea implant, CI) 청각장애인의 달팽이관이나 기타 귀의 다른 부위에 전자장치를 삽입하여, 소리가 달팽이관에서 직접 청신경 말단까지 전달되도록 하는 수술.

인대(ligament) 뼈와 뼈 또는 기관과 기관을 연결시켜 주는 것. cf. 건

인두식도구역(pharyngoesophageal segment, PES) 아래 인두의 갑상인두근과 윤상인두근, 목식도의 빗근과 고리근으로 이루어진 삼킴 기능을 하는 부위. cf. 상식도괄약근

인후두역류(laryngopharyngeal reflux) 역류물질이 하식도괄약근뿐만 아니라 상식도괄약근도 통과하는 위식도역류병의 변이로 쉰목소리나 목의 통증 같은 후두와 인두 증상을 일으킴.

ㅈ

자기공명영상화(magnetic resonance imaging, MRI) 자기장과 고주파장을 이용하여 홀수의 원자값을 가진 원자를 같은 방향으로 회전시킨 다음 이들 전자기장을 제거하고 원자가 방출하는 에너지를 측정하여 살아 있는 뇌를 그림으로 나타내는 방법.

자기뇌도기록법(magnetoencephalography, MEG) 뇌의 자기장을 측정하는 기법.

자폐스펙트럼장애(autism spectrum disorders) 유전적인 뇌의 손상으로 인하여 대인관계를 형성하거나 언어를 발달시키는 데 어려움이 있는 장애.

작업기억(working memory) 경험한 것을 수 초 동안만 머리속에 받아들이고 저장하고 인출하는 정신기능.

전단효과(shearing effect) 중이에서 고깔 모양의 고막이 소리를 모아주는 집음효과와 고막이 긴장된 후 다시 복원되는 과정에서 고막에 밀착된 추골병에 음압이 증강되는 효과를 가리킴. = 좌굴효과

전반적 발달장애(pervasive developmental disability, PDD) 유아 자폐증이나 아동 정신분열증을 포함하여 현저한 비정상적인 행동과 타인과의 상호관계에 심각한 장애를 보임. cf. 아스퍼거증후군

전정기관(vestibular organ) 반고리관, 난형낭, 구형낭을 포함하는 평형감각을 탐지하는 내이의 기관.

전해질(electrolytes) 물이나 다른 용매에서 용해될 때 이온을 내며 전기적 흐름을 발생케 하는 물질. 칼륨(K), 칼슘(Ca), 나트륨(Na) 같은 주요 전해질들은 체액균형을 유지하는 데 필수적임.

절대가청한계(absolute threshold of audibility) 청각기관이 어떤 자극을 탐지할 수 있는 최소한의 자극량

정원창(round window) 달팽이관 고실계의 끝에 있는 막으로 둘러싸인 작은 틈.

젠커 게실(Zenker's diverticulum) 독일의 병리학자 Friedrich A. Zenker(1825~1898)에 의해 밝혀졌으며 식도와 연결되는 곳의 인두점막의 탈출로 음식물이 이 게실에 걸릴 수 있음. = 인두식도게실

조롱박오목(pyriform sinuses) 음식덩이가 식도로 들어가기 전에 지나가는 후두 외측의 하인두에 있는 피라미드 공간. = 이상동

조음(articulation) 조음기관을 움직이고 성대음조를 변화시켜 말소리를 만들어 내는 역동적인 과정.

조음기관(organs of articulation) 소리를 고르는 기관으로 혀, 아랫입술, 아래턱과 같은 능동부와 구개, 이, 윗입술, 윗턱 등과 같은 수동부가 있음.

주파수 이론(frequency theory) 청각뉴런들의 활동전위 주파수의 차이에 따라 피치의 지각이 이우어진다는 이론.

중뇌수도(cerebral aquaduct) 뇌척수액을 운반하는 제3뇌실과 제4뇌실을 연결하는 좁은 관.

중이근(middle-ear m.) 중이의 이소골에 연결되어 있는 근육으로, 매우 강한 소리에 대해 수축반응하며 이소골의 떨림을 감소시키는 기능이 있음.

지연효과(delay effect) 좌우 귀에 도달하는 시간차가 1~30msec의 범위 안에서 다르게 들리다는 청각이론.

지주막(arachnoid membrane) 거미막이라고도 하며, 3개의 층으로 된 뇌척수막 가운데 중간층.

지주막하공간(subarachnoid space) 신경계를 둘러싸는 지주막 아래의 뇌척수액으로 채워져 있는 영역.

진폭(amplitude) 소리나 다른 자극의 강도로 진폭이 클수록 더 큰소리로 지각됨.

진행파이론(traveling wave theory) 선로도체를 따라 에너지가 전파되어 갈 때, 지정된 전파 방향으로 진행하는 보통의 파. 와우관은 입사되는 청각신호를 진행파의 성분으로 분석한다는 이론. = 이동파

ㅊ

차폐(masking) cf. 매스킹

차폐효과(masking effect) 매스킹 효과

척수신경(spinal n.) 척수와 말초의 감각수용기나 근육 사이에 정보를 전달하는 신경.

척주(vertebral column) 속칭 척추라고 하며, 신체를 지지하는 뼈대로 경추, 흉추, 요추, 미골로 구성되어 있음.

첨부(apex) 등골이 와우관과 만나는 지점에서 가장 멀리 위치한 와우관의 한쪽 끝.

청각반사(acoustic reflex) 중이의 저항값을 변화시키는 시끄러운 소리에 대한 중이의 반사작용으로, 이때 고막 긴장근과 등골근이 반사적으로 수축됨.

청각피질(auditory cortex) 측두엽에 위치해 있으며 말소리를 분석하고 명확히 파악하는 기능을 하는 대뇌 청각영역 = 헤슬회(Heschel's gyrus)

청력도(audiogram) 음조(tone)의 주파수별로 순음을 들을 수 있는역치를 그래프로 그린 것.

초음파(ultrasound wave) 가청주파수의 최고치인 20,000Hz보다 높은 음파.

초저음파(infrasound wave) 10Hz 미만의 진동.

총폐활량(total lung capacity, TLC) 폐활량과 잔기용적의 합을 말하며, 성인 남성의 경우 약 6.0L임.

최소식별차이(just noticeable degree, JND) en 자극 사이의 차이를 귀로 식별할 수 있는 최소강도 차이.

최적진동수(best frequency) 귀가 가장 민감하게 수용할 수 있는 1,000~3,000Hz를 가리켜 최적의 진동수라 함. cf. 회화음역

추골(malleus) 중이의 이소골 중에서 첫 번째의 것으로 고막으로부터 진동을 전달받아 침골로 전달함. = 망치뼈

추체로(pyramidal tract) 대뇌에서 척수까지 시냅스 없이 하향 운동하는 전도로로 척수에서 척수하부 운동뉴런과 직접 또는 간접 시냅스를 형성함.

추체외로(extrapyramidal tract) 뇌간의 망상체에서 기시하는 망상척수로가 중요한 역할을 하며 대뇌와 소뇌로부터 흥분성 및 억제성 명령을 받으며 수의성 운동의 미세조절에 관여함.

침골(incus) 중이의 세 개 이소골 가운데 두 번째 것. = 모루뼈

침습(penetration) 음식덩이가 인두 전정(vestibule) 안, 진성대 위로 들어가는 것을 가리킴. 그러나 내용물이 진성대 아래로는 가지 않음.

ㅋ

칵테일파티 효과(cocktail party effect) 선택적 지각(selective perception)이라고도 하며, 주변 환경에 개의치 않고 자신에게 관심 있는 정보만을 선택적으로 받아들이는 심리직 현상.

컴퓨터단층촬영술(computerized axial tomography, CT) 염료를 주입한 다음 머리에 X-선을 투과시키고 반대편에서 그것을 탐지하여 살아 있는 뇌를 시각화하는 방법.

코르티기관(organ of Corti) 기저막에 위치하고 와우관 내의 움직임에 의해 자극되는 모세포를 지닌 청각기관 = 나선기관

ㅌ

탄성(elasticity) 변형된 구조가 원래의 모습으로 회복히는 힘.

토노토픽 체제(tonotopic organization) 기저막에서 모세포의 흥분은 주파수의 자극에 따라 선택적으로 일어나는 데, 기저부(base)로 갈수록 고주파가, 첨단부(apex)로 갈수록 저주파가 할당되어 있다는 이론.

투사섬유(projection fibers) 대뇌피질과 피질하구조를 이어 주는 섬유다발로 대뇌피질 쪽은 넓고 뇌간 쪽은 좁기 때문에 넓은 방사상의 구조로 나타나므로 방사관이라고도 함.

ㅍ

파장(wavelength) 음파에서 골에서 골, 또는 정점에서 정점까지의 거리.

파킨슨병(Parkinson's disease) 기저핵에서 도파민 경로의 손상으로 인한 병으로서 느린 운동, 운동 개시의 곤란, 근육의 경직, 그리고 진전을 초래하는 병.

파형(waveform) 음파에서 진폭을 시간으로 표시.

평활근(smooth muscle) 내장기관의 운동을 통제하는 근육.

폐활량(vital capacity, VC) 흡식용량과 예비용적의 합을 말하며, 성인 남성의 경우 약 4.8L임.

포만중추(satiety center) 식욕을 억제하는 시상하부의 복내 측에 존재하는 신경섬유 덩어리.

포먼트(formant) 성대의 공명의 정점으로 스펙트럼에서 뾰족한 봉우리에 해당하는 주파수를 가리킴. 보통 제1포먼트와 제2포먼트의 상호관계(거리)에 따라 모음의 질이 달라짐.

표면장력(surface tension) 액체의 표면을 최소화하는 방향으로 작용하는 힘

프티알린(ptyalin) 전분을 가수분해하는 타액의 효소로 침 아밀라아제라고도 함.

피열간근(interarytenoid m.) 성대를 닫히게 하는 기능을 하는 피열연골 사이의 근육으로 사피열근과 횡피열근이 있음.

ㅎ

하스효과(Haas' effect) 음원(스피커 등)의 신호를 약간 지연시키면 음상은 왼쪽 스피커 방향으로 옮겨지는 현상.

항상성(homeostasis) 체온, 혈압, 맥박, 등과 같은 내적 환경이 항상 일정한 상태로 유지되는 현상.

헌팅턴병(Huntington's disease) 진전, 운동장애 그리고 우울증, 기억장애, 환각과 망상을 비롯한 심리적 증상으로 특징지어지는 유전성 장애.

헤슬회(Heschl's gyrus) 대뇌반구 청각피질에 위치하여 내이에서 오는 청각신호를 수용하는 영역.

혈뇌장벽(blood-brain barrier) 혈장 내 특정 분자들이 중추신경계로 들어가는 것을 선택적으로 방지하는 구조.

활동전위(action potential) 짧은 전기적 충동으로 축삭을 따라서 정보를 전달하는 것으로 나트륨과 칼륨에 대한 막투과성의 순간적인 변화에 의하여 나타남. 역치 이상의 자극에 의해 생성되는 축삭의 탈분극화로 보통 −55mV에서 일어남.

회화음역(conversational range) 건강한 성인이 들을 수 있는 음역은 20~20,000Hz이지만 보통 우리가 말할 때 음역은 200~6,100Hz를 범위 안에 있으며, 이를 회화음역이라 함. cf. 최적진동수

횡문근(striated muscle) 가로무늬근이라고도 하며, 대부분은 골격근이며 중추신경계의 통제를 받아 의지대로 움직일 수 있는 특성을 지님.

후두(larynx) 설골 아래, 기관 위에 위치하며 일차적 기능은 이물질이 폐에 들어가지 못하게 막아 주는 것.

후두개(epiglottis) 나뭇잎 모양으로 생긴 연골로 기도로 음식이나 액체가 들어가는 것을 막아 주는 기능을 함.

후두실(laryngeal ventricle) 진성대와 가성대 사이의 공간. = 모르가니실

후두인두(laryngopharynx) 제6경추(cervical vertebra) 높이의 설골에서 식도까지 뻗어 있는 후두 뒤쪽 부위를 가리킴.

흡인(aspiration) 삼킨 음식이 진성대 아래의 기관에 들어가는 것.

흡인성 폐렴(aspiration pneumonia) 음식물과 같은 이물질이 기도로 흡입되면서 폐에 염증을 일으키는 질환.

흥분성 시냅스후 전위(excitatory postsynaptic potential, EPSP) 흥분성 신경전달물질의 작용에 의해 시냅스후 뉴런에 생기는 탈분극성(흥분성)의 막전위.

희돌기교세포(oligodendrocyte) 뇌와 척수에 있는 특정 축삭들을 둘러싸서 절연하는 교세포.

DNA(deoxyribonucleic acid) 세포의 유전체이며 핵 안에서 발견되고 단백질 합성과 세포복제의 청사진을 제공.

GABA(gamma-aminobutyric acid) 중추신경계에서 억제성 신경전달물로 작용하는 아미노산.

RNA(ribonucleic acid) 세 가지 형태(전령 RNA, 리보솜 RNA, 전사 RNA)로 존재하는 핵산으로 유전자 전사와 단백질 합성에 관여.

찾아보기

한글

영문

저자 소개

고도흥(高道興)**,** Ph.D., K–SLP, ASHA Fellow

필자는 현재 한림대학교 언어청각학부 명예교수로서 미국 University of Georgia(M.A.)와 University of Kansas(M. Phil & Ph.D.)에서 일반언어학(General Linguistics)과 음성과학 (Speech Sciences)을 전공하였으며, 캐나다 University of Toronto에서 강의와 연구를 하였다.

(사)한국음성과학회 회장, (사)한국언어청각임상학회 회장, (사)한국언어재활사협회 이사장, 전국재활치료단체총연합 회 상임대표를 역임하였으며, 미국언어청각협회(ASHA)에 서 석학회원(碩學會員)인 펠로우십(Fellowship)을 수상하였 다. 또한 국제학술지(Clinical Archives of Communication Disorders)의 편집인(Editor-in-Chief)을 역임하였다.

언어기관의 해부와 생리

Anatomy and Physiology
for Speech, Language, and Hearing (4th ed.)

2013년 2월 15일 1판 1쇄 발행
2014년 2월 20일 1판 2쇄 발행
2017년 2월 20일 2판 1쇄 발행
2019년 2월 20일 2판 2쇄 발행
2019년 7월 20일 3판 1쇄 발행
2021년 9월 20일 3판 2쇄 발행
2023년 8월 10일 4판 1쇄 발행

지은이 • 고도흥
펴낸이 • 김진환
펴낸곳 • ㈜ 학지사

　　　　04031 서울특별시 마포구 양화로 15길 20 마인드월드빌딩
대표전화 • 02-330-5114　　팩스 • 02-324-2345
등록번호 • 제313-2006-000265호

홈페이지 • http://www.hakjisa.co.kr
인스타그램 • https://www.instagram.com/hakjisabook

ISBN 978-89-997-2941-6　93700

정가 39,000원

출판미디어기업 학지사

간호보건의학출판 학지사메디컬 www.hakjisamd.co.kr
심리검사연구소 인싸이트 www.inpsyt.co.kr
학술논문서비스 뉴논문 www.newnonmun.com
교육연수원 카운피아 www.counpia.com